Estudios en la Misión del Reino

MISIÓN INTEGRAL

Un Nuevo Paradigma
Para el Pentecostalismo Latinoamericano

MIGUEL ÁLVAREZ

© 2017 Publicaciones Kerigma / MISIÓN INTEGRAL Un Nuevo Paradigma Para el Pentecostalismo Latinoamericano Miguel Álvarez, PhD

Publicado originalmente en inglés como: *Integral Mission a Paradigm for Latin american Pentecostals*. Regnum Books International *2016*

Regnum is an imprint of the Oxford Centre for Mission Studies St. Philip and St. James Church Woodstock Road Oxford, OX2 6HR, UK

Traducción y Adaptación Licenciado: Mario Porras

Edición en español: Jesús Escudero

© 2017 Publicaciones Kerigma

Salem Oregón, Estados Unidos

Todos los derechos son reservados. Por consiguiente: Se prohíbe la reproducción total o parcial de esta obra por cualquier medio de comunicación sea este digital, audio, video escrito, salvo para citaciones en trabajos de carácter académico según los márgenes de la ley o bajo el permiso escrito de Publicaciones Kerigma.

www. publicacioneskerigma.org

Diseño de Portada: Publicaciones Kerigma

2017 Publicaciones Kerigma

Salem Oregón

All rights reserved

ISBN: 978-1-948578-02-8

Estudios en la Misión del Reino

MISIÓN INTEGRAL

Un Nuevo Paradigma
Para el Pentecostalismo Latinoamericano

MIGUEL ÁLVAREZ

TABLA DE CONTENIDO

RECONOCIMIENTOS 7

PREFACIO 9

INTRODUCCION 14

ESTUDIO HISTORICO DE LA MISION INTEGRAL 17

MISIÓN Y PENTECOSTALISMO 57

MISIÓN INTEGRAL EN AMÉRICA LATINA 71

ENFOQUE PENTECOSTAL A LA MISION INTEGRAL 97

DIALOGO CON LAS ENSEÑANZAS CATOLICAS DE LA ACCION SOCIAL 119

MISION Y LA ECONOMIA 143

MISION PENTECOSTAL: EL CASO DE HONDURAS 167

AMPLIANDO EL DEBATE SOBRE LA MISION PENTECOSTAL 205

PENTECOSTALES, SOCIEDAD Y MISION 235

MISION, COMUNIDAD Y DISCIPULADO 263

CONCLUSION 283

BIBLIOGRAFIA 297

RECONOCIMIENTOS

Esta obra es el resultado de varios años de investigación. En el transcurso del tiempo me he acerado a pastores, líderes denominacionales y a obreros laicos. Mis preguntas siempre apuntaban a aprender acerca de sus ideas de la misión y cómo implementaron esas ideas en sus congregaciones y comunidades.

En mi travesía visité a los líderes en sus oficinas. Siempre fueron amables y dispuestos a cooperar con mi investigación. Siempre una taza de café era servida con mucho aprecio y solidaridad. También pasé mucho tiempo viajando a lugares donde se ofrecía servicio social a niños, drogadictos, alcohólicos y otros. Este trabajo se realizó en diferentes lugares de Honduras. Para mí esta experiencia fue muy enriquecedora. Soy originario de Choluteca, Honduras y realicé mis primeros años de ministerio en Tegucigalpa. Sin embargo, en el momento de la investigación estaba haciendo un trabajo ministerial en Estados Unidos y Ecuador.

Durante las últimas etapas del proceso de la investigación, mi padre, Miguel Antonio, falleció. En ese momento, yo estaba en Ecuador. Así que en esos días viajé a Honduras con sentimientos encontrados. Mi padre estaba al tanto de esta obra y siempre me animó a completarla porque sabía que iba a proporcionar buenas ideas acerca de la misión y el pentecostalismo en América Latina. Mi padre era un caballero. En sus años de ministerio enriqueció a muchos y nuevos ministros, pero él era honesto a la hora de reconocer sus limitaciones. Recuerdo que una vez me dijo: "Me gustaría saber sobre tus hallazgos en esta investigción. Deseo poder estar allí cuando presentes de esta obra". Aunque no pudo verla terminada, estoy seguro que él se habría alegrado verla en este formato, iniciando nuevos diálogos sobre la misión.

Este volumen es parte de mi disertación en el Centro para Estudios Misioneros de Oxford (OCMS). La disciplina académica de OCMS fue necesaria para la producción exitosa de este trabajo. Mi interacción con compañeros que sirven en el mismo campo y la supervisión de mis asesores me mantuvo enfocado en el proyecto. Agradezco a todos ellos. Creo que el sistema de investigación del OCMS es uno de los mejores, si no el mejor del mundo.

Debo decir que estoy particularmente agradecido con mis supervisores académicos Andrew Kirk y John Crabtree. Su consejo fue vital para alcanzar el objetivo de este estudio. También agradezco a

David Singh, quien me dirigió en el campo de la investigación académica. Más tarde Julie Ma guio mi estudio, especialmente en las últimas etapas del proceso. También estoy agradecido a Wonsuk Ma por su apoyo durante este tiempo. Él ha recorrido la milla extra para ayudarme en el proceso de la investigación, en cada forma posible. También las observaciones críticas y analíticas de Tom Harvey me ayudaron a mejorar la presentación del manuscrito. Damon So me ayudó con gran parte del apoyo técnico. Me enriqueció su ayuda teológica creativa. Andy Harthropp también me ayudó en las primeras etapas de la pre-viva y viva final. Ben Knighton se aseguró de cumplir con los procedimientos académicos y los requisitos de OCMS y la Universidad de Middlesex. Ralph Bates corrigió el manuscrito final. Aprecio también la ayuda de Andrew Hudson, quien corrigió los primeros borradores. También agradezco a mi hija, Belle Álvarez, quien también corrigió el manuscrito.

Roland E. Vaughan ha sido un padre espiritual para mí. Ha estado a mi lado durante mi viaje como ministro desde que tenía 18 años. A lo largo de los años me ha enseñado acerca de la integridad espiritual y moral. Roland ha sido un ejemplo de humildad y obediencia para mí. Reconozco su contribución espiritual en la producción de esta obra también.

¡Mi esposa, Mireya, merece el mayor reconocimiento! Ella sacrificó su propio trabajo académico para poder verme avanzar. Ella es mi compañera en la vida, en la crianza de los hijos, en el ministerio y en los asuntos académicos. Sin duda su consejo también lleva mucho peso en la producción de esta obra. Pero lo que es más importante, doy gracias al Espíritu Santo por permitirme hacer este trabajo. Mis ocupaciones como misionero, pastor y educador me han mantenido ocupado la mayor parte del tiempo. Él es el que me dio la fuerza y la motivación para permanecer enfocado y positivo sobre el estudio. Su guía divina fue necesaria en cada paso del camino. Así que, con profunda gratitud reconozco la obra del Dios Trino en la realización de este volumen.

Miguel Álvarez

PREFACIO

Hace más de 16 años conocí al Dr. Miguel Álvarez en los pasillos del Seminario Teológico Pentecostal en Cleveland, Tennessee. Un amigo mutuo, Ricardo Waldrop, nos presentó. Fue en ese momento que aprendí sobre la travesía cultural y misionera de Miguel. Había estado dedicado a tiempo completo a servir al Dios de la vida incluso más allá de sus fronteras latinas. En ese tiempo, era el Rector del Seminario Asiático de Ministerios Cristianos en Manila, Filipinas. Desde entonces, nos hemos visto en la misión y reuniones pastorales en los Estados Unidos o en América Latina. También hemos participado en reuniones con los teólogos de la misión en otros lugares.

Con el tiempo me di cuenta que ambos compartimos preocupaciones similares acerca del servicio cristiano entre los pobres y marginados. Hemos visto la realidad de la misión en nuestro continente y muchas veces hemos desafiado a nuestra denominación cristiana a centrar su atención en la gente que sufre en el mundo. También hemos discutido sobre la necesidad de que los pentecostales participen en las actividades civiles. Ahora bien, para nosotros está claro, que a pesar de su crecimiento numérico y su creciente visibilidad en las grandes ciudades, los pentecostales todavía se abstienen de la participación sociopolítica. Por esa razón que este volumen es necesario. Porque nos presenta a una reflexión significativa sobre la misión, pero desde ángulos que pueden parecer controversiales para algunos porque no son comúnmente tratados entre los pentecostales.

El propósito de este volumen es fortalecer al pentecostalismo en su contribución a la transformación del servicio público. Los pentecostales emergen como portadores de la fe, pero también deben asumir su responsabilidad civil. Ellos son parte de la esperanza para este gran continente. Álvarez argumenta que la misión pentecostal no ha logrado involucrarse adecuadamente las preocupaciones sociopolíticas de los países latinoamericanos. En realidad, la participación pentecostal ha sido limitada, si la comparamos con la medida de las necesidades que hoy enfrenta la mayoría de la sociedad latinoamericana.

En su investigación, Álvarez comprobó que los pentecostales siempre han sido defensores de los pobres y los marginados y que su proclamación del evangelio también incluye la transformación social. Estos sostienen que las enseñanzas de Jesús deben aplicarse a todas las necesidades humanas. Por lo tanto, algunos pasajes encontrados en la

Escritura ahora se están convirtiendo en parte del mensaje y estilo de vida de muchos creyentes, pues *estos que trastornan el mundo entero también han venido acá...y todos éstos contravienen los decretos de César, diciendo que hay otro rey, sino uno llamado Jesús* (Hechos 17:6,7).

En su presentación, Miguel Álvarez señala la dirección de la misión integral como pensada y practicada por los pentecostales en América Latina. Al colocar el tema en su contexto más amplio, Miguel magistralmente describe el desarrollo histórico de *Missio Dei* en las iglesias pentecostales. Este explica que el pentecostalismo en América Latina es amplio, diverso y multifacético. Tiene diferentes características y colores que, juntos, configuran una cara colectiva, de contexto a contexto, entretejiendo diversas relaciones con la sociedad y la política. El autor hace bien al situar al pentecostalismo como un actor colectivo sumergido en una realidad cambiante que mezcla diversos flujos de reflexión teológica. Él explica claramente cómo los pentecostales se conectan con el tópico de la misión de Dios en el mundo.

Trazar la peregrinación a la reflexión teológica sobre la misión cristiana tanto por la Iglesia Católica como por el mundo evangélico, requiere un estudio extenso. Es una discusión que también demanda una enorme capacidad de análisis y síntesis. Álvarez explora ambos campos en diferentes etapas y mediante una variedad de puntos de vista que ya fueron confrontados por los resultados de un diálogo comprensivo que tuvo lugar en décadas recientes.

Álvarez también estudió la teología de la liberación y sus antecedentes católicos a lo largo de su contraparte en el lado evangélico. Explica cómo los evangélicos conservadores y fundamentalistas argumentaron que la misión cristiana incluye tanto la proclamación verbal del evangelio como la responsabilidad sociopolítica. Para los evangélicos y un pequeño grupo de pentecostales, la clave para redirigir el significado de la misión radica en la comprensión bíblica del reino de Dios. Esta clave hermenéutica es precisamente el impulso detrás de esas nuevas formas de testificar al Dios de la vida. En América Latina, la misión toma lugar en un contexto de injusticia institucionalizada, pobreza extrema, corrupción, marginación y exclusión.

A pesar de la resistencia de la mayoría de los grupos conservadores, el mensaje de misión integral tomó forma y abrió nuevos caminos para el ministerio. Esos caminos estaban más cerca del significado de la nueva vida en el reino tal como lo enseñó Jesús de Nazaret. Miguel Álvarez señala que como resultado de este debate y la creciente aceptación de la propuesta de una misión integral, las iglesias pentecostales pueden participar en una variedad de servicios en favor de los indefensos. Por ejemplo, los pentecostales están trabajando a favor de los niños y adolescentes en riesgo, madres solteras, ancianos abandonados, huérfanos y drogadictos a través de centros de rehabilitación. También iniciaron programas médicos y educativos que previenen los males sociales. Pero también se puede encontrar que en toda América Latina hay un número de activistas sociales que profesan ser pentecostales y que han entrado en la política a favor del bien común.

Los pentecostales encontraron una plataforma teológica en la Fraternidad Teológica Latinoamericana (FTL). En ese foro se reporta como es que un número de creyentes marginados salió gradualmente de la pobreza y abogó por las propuestas de la misión integral. Dicha tarea no fue nada fácil. Hubo confrontación entre el ala conservadora de la comunidad evangélica y los promotores de la misión integral. Los promotores de la misión integral fueron vistos con sospecha. Fueron acusados de "infiltrados" o personas comprometidas con un "evangelio social", del mundo ecuménico peligroso. Pero finalmente, después de un intenso debate dentro de la comunidad evangélica, como ya se ha dicho, la misión integral fue reconocida como una disciplina cristiana. Esta ha sido estudiada y practicada por un número creciente de creyentes y congregaciones locales en toda la región.

La FTL tuvo una participación importante en el desarrollo de la teología de la misión integral. Los misionólogos de la FTL jugaron un papel valioso en este proceso. Estaban situados en un punto de convergencia para la mayoría de los grupos políticos evangélicos y a largo plazo, contribuyeron a cambiar el rostro público de la comunidad evangélica en muchos lugares de América Latina.

¿Dónde estaban los pentecostales en este debate? Un grupo pequeño pero creciente comprendió que la misión cristiana no podía ignorar la dimensión social y política de la vida en el Espíritu. Descubrieron un papel profético que los llevó a denunciar todas las formas de injusticia y opresión encontradas en la región. Numéricamente esto pudo parecer insignificante en el proceso de entender la naturaleza y alcance de la misión cristiana. Pero si se tiene en cuenta el peso numérico del pueblo pentecostal, este avance en la conciencia de la misión puede tener consecuencias sociopolíticas muy importantes. La realidad es que cualquier aparato teórico o marco metodológico que se utilice para examinar a los pentecostales, estos reflejarán un hecho innegable, que hoy en día constituyen y representan al grupo religioso más vigoroso, dinámico y creciente en América Latina.

Aunque difícilmente se pueden encontrar estadísticas oficiales sobre el tamaño de sus miembros, nadie puede negar que las iglesias pentecostales se encuentran principalmente en los barrios pobres de las ciudades y en las zonas rurales marginadas. El mayor peso social de la membresía de los pentecostales se encuentra entre los márgenes de pobreza. Ha sido con la gente en esas condiciones sociales que los pentecostales encontraron un terreno fértil para crecer. Su mensaje de esperanza marcó un acorde con las expectativas sociales de los desamparados y oprimidos de este mundo. Estas y probablemente otras son las razones por las que uno debe prestar atención a los cambios que están teniendo lugar en el contexto teológico y la práctica social de las iglesias pentecostales. Por otra parte, se debe tener en cuenta que el campo religioso en América Latina está experimentando un ajuste significativo. La iglesia Católica está pasando por un timepo de ajsutes y ya está emergiendo nuevos actores dentro de esta. Ahí la presencia espiritual y social va incluso más allá del territorio religioso. El movimiento pentecostal es uno de esos nuevos actores. Así que después de la Iglesia Católica, el pentecostalismo es la segunda fuerza religiosa más significativa en América Latina.

La calidad y la riqueza de la obra de Miguel Álvarez radica precisamente en esa realidad antes mencionada. Ha examinado un tema que ciertamente se conecta con el campo religioso, pero cuyo impacto social va más allá. El pentecostalismo es importante no sólo por el crecimiento numérico de sus miembros sino también por su fuerza colectiva ya que conlleva un peso político que ha sido visible durante el tiempo de elecciones políticas en algunos países.

Al parecer, el pentecostalismo seguirá creciendo numéricamente en América Latina. Sin embargo, no podemos asegurar con certeza que ese aumento en número va de la mano con la conciencia social y política. Además, al proclamar el evangelio, ¿serán capaces de denunciar el pecado social y ayudar a construir democracias más estables? ¿Serán capaces de transformar a la comunidad y asegurar que todos los ciudadanos tengan igualdad de oportunidades? ¿Estarán los pentecostales en contra de todas las formas de discriminación? En este volumen el autor plantea preguntas importantes sobre la misión pentecostal y propone opciones sólidas que podrían hacer que la práctica de la misión tenga éxito en América Latina.

Agradezco a Miguel Álvarez por esta contribución académica. Los pentecostales deberían apreciar este trabajo. Deben estudiarlo a fondo para mejorar sus conocimientos sobre la misión. Este volumen será un excelente libro de texto para el estudio de la misión. También debe estudiarse en los centros de formación pastoral para pentecostales y evangélicos. Además, contiene información muy valiosa para los eruditos interesados en estudiar el desarrollo histórico de la misión en América

Latina. Este trabajo ayuda a entender las fortalezas y debilidades de la práctica de la misión por las diversas familias pentecostales.

Por último, al involucrarse en el contenido de este libro, me gustaría recomendarle al lector que tome en cuenta las siguientes preguntas. ¿Pueden los pentecostales, sin renunciar a nuestra lealtad religiosa, ser agentes activos de la transformación social? ¿Cómo demostraremos el amor de Dios a través de acciones sociopolíticas concretas? ¿Cómo podemos actuar eficazmente en favor de los indefensos e indigentes? ¿Seríamos capaces de mostrar que el evangelio proclamado por los pentecostales tiene un claro interés en el bien común y la justicia social? ¿Comprenderán los pentecostales que la vida en el Espíritu significa amar la vida y defenderla contra toda forma de injusticia?

> Darío A. López Rodríguez, PhD (Oxford Center for Mission Studies) Supervisor Nacional de la Iglesia de Dios en el Perú.
> Lima, Peru.

INTRODUCCION

Mi viaje a lo largo de esta investigación de campo ha sido muy gratificante. Durante el proceso de exploración, tuve la oportunidad de dialogar con autores, líderes de iglesias, compañeros misioneros, miembros de iglesias y cristianos de diferentes tradiciones. En el proceso, revisé la historia y la teología pentecostal reciente y encontré datos significativos relacionados con la misión pentecostal, particularmente en América Latina. También noté que la erudición pentecostal ha crecido significativamente en los últimos años. Sin embargo, el campo de la misión integral parece estar limitado en la producción de literatura académica.

Durante el curso del estudio, viajé a varias partes de América Latina, especialmente a Honduras, para realizar entrevistas y obtener fuentes primarias en mi búsqueda de información. Esta tarea fue apoyada por una actitud positiva de los líderes de la iglesia que estaban dispuestos a cooperar ofreciendo respuestas útiles que cumplieran con el propósito del proyecto. Además, mi interacción con innumerables fuentes académicas fue significativa y muy enriquecedora. A lo largo de la investigación, aprendí sobre la vida y la misión de académicos y profesionales en diferentes contextos. Revisé las obras de algunos escritores hondureños, así como de varios otros de América Latina y otras partes del mundo, para demostrar que la misión pentecostal es ahora una disciplina mundial estudiada por muchos teólogos de todo el mundo. Este ejercicio fue inspirador y me mantuvo en un curso de investigación para obtener más información.

El 28 de junio del 2009, yo estaba en Honduras durante la crisis política que generó un golpe de estado en el país. Fui testigo de las difíciles circunstancias que afectaron a la nación política, económica, social y espiritualmente durante los disturbios de aquellos días. El resultado de la situación ha ido más allá del tiempo de este estudio, pero Honduras tendrá que ser considerada en futuros estudios misionológicos por todas sus implicaciones sociopolíticas en la misión cristiana. Por lo tanto, mis conclusiones sobre este escenario político no son concluyentes y requieren más investigación. No obstante, el hecho de que este escenario político se produjo durante el tiempo de mi investigación no pude evitar referirme al tema en este estudio. Además, mi interpretación es empírica y para ser académicamente sostenida tendrá que ser parte de un proceso analítico profundo, que evidentemente tendrá que ser parte de otro estudio.

El estudio tuvo como objetivo explorar el pensamiento y la práctica[1] de la misión entre las iglesias pentecostales de América Latina, con especial referencia a Honduras. Como se define más adelante en esta obra, pude haber centrado mi investigación en las contribuciones más destacadas de los pentecostales a través de sus varios ministerios en América Latina y particularmente en Honduras. Ese es el tipo de estudio que parece haber impulsado a la mayoría de la erudición pentecostal en los últimos años. Eso no es mi caso, en lugar de estudiar las fortalezas de los pentecostales, decidí examinar aquellas áreas donde se nota claramente sus limitaciones, como la práctica de la misión integral, por ejemplo, que los pentecostales parecen haber omitido o descuidado en la historia reciente. Por lo tanto, esta investigación es sobre lo que los pentecostales deben tomar en consideración a fin de ser más eficientes en el cumplimiento de su misión.

Las limitaciones de tiempo y la falta de recursos adecuados me obligaron a ser creativo en la recopilación de datos. El estudio utiliza información fresca que se recogió durante el tiempo de la investigación y, que de hecho, contiene datos útiles para cumplir con el objetivo del estudio.

Este estudio lo inicié con el supuesto de que las iglesias pentecostales son actualmente defectuosas en su comprensión y práctica de la misión integral. Si mi caso resultó ser cierto, las recomendaciones correctivas fueron para que los pentecostales desarrollaran una base sólida para su comprensión y práctica de la misión. Con este objetivo en mente, exploré y busqué material escrito por misionólogos y practicantes pentecostales.

Para ampliar el alcance del estudio, entrevisté a líderes de denominaciones pentecostales que compartieron información útil para entender algunas de sus ideas y pensamientos sobre su enfoque a la misión integral. El estudio se centró en cuatro elementos principales, que forman parte del proyecto de investigación: descripción, organización de

---

[1] Durante el curso de la investigación, he usado el término pensamiento y práctica de la Misión, varias veces. Un objetivo importante era tener una idea general sobre cómo el pentecostal construye su concepto de misión. El estudioso peruano Bernardo Campos ha contribuido en gran medida a esta causa en América Latina. Véase, por ejemplo, Campos, Bernardo, *Experiencia del Espíritu: Claves para una Interpretación del Pentecostalismo en América Latina* (Quito, Ecuador: CLAI, 2002), pp. 53-68; y Hunsberger George R., *Bearing the Witness of the Spirit: Lesslie Newbigin's Theology of Cultural Plurality* (Grand Rapids, MI: Eerdmans, 1998), pp. 82-112.

los datos, análisis crítico y propuestas creativas. Este enfoque permitió conducir al estudio por la senda de la investigación académica.

En el plan de investigación, diseñé una estrategia que partía de lo general a lo específico. Con el fin de establecer bases sólidas históricas para el estudio de la misión, revisé los debates actuales y recientes de la misión integral en relación con América Latina. El estudio se centró en la discusión histórica evangélica de la misión y en los debates sostenidos por el movimiento conciliar en diferentes épocas y lugares en todo el mundo. Con los marcos evangélicos y ecuménicos en mente desafié algunas de las enseñanzas pentecostales a incluir la acción social al pensar en la misión desde una perspectiva mucho más amplia.

Otra contribución de este estudio es un diálogo teológico entre la Iglesia Católica y los Pentecostales. Si se quiere entender la misión pentecostal en América Latina, este diálogo es crucial. En América Latina la mayoría de los pentecostales son ex-católicos. Ya no se adhieren a la Iglesia Católica, pero sus antecedentes religiosos, culturales e históricos siguen siendo moldeados por enseñanzas católicas, tradiciones y valores culturales. En resumen, hay una singularidad en el pentecostalismo latinoamericano que hace que el movimiento sea diferente al de otros practicados en otras áreas geográficas. Así, la misión también tiene una singularidad pentecostal cuando se estudia en el contexto latinoamericano.

Eventualmente, este trabajo llama a los pentecostales a asumir la responsabilidad social con una actitud transformadora. La misión pentecostal tendrá que incluir las preocupaciones sociales, la marginación y la pobreza en el núcleo de su enseñanza social. También desafía a los pentecostales a trabajar en cooperación con otras organizaciones especializadas en servicios sociales.

1

ESTUDIO HISTORICO DE LA MISION INTEGRAL

En esta sección examinaremos las conexiones históricas de la misionología pentecostal con otras tradiciones cristianas. Echaremos un vistazo a los contextos emergentes de la misión eclesiástica contemporánea y cómo esa conexión ha contribuido recientemente al desarrollo de la misionología pentecostal en América Latina.[1] Esta información es significativa para los pentecostales porque han servido a los pobres y marginados de una manera única. Aun podrían necesitar elaborar una teología de la misión integral, la cual puede tener que incorporar algunos principios discutidos en esta obra.

La discusión se basa en textos contemporáneos escritos por misionólogos y documentos que han salido de consultas importantes donde se discutió la misión. También se limita principalmente a la erudición evangélica, que comenzó a expandirse después del Congreso de Lausanne sobre la Evangelización Mundial en 1972. Lausana es reconocida por la mayoría de los misionólogos como la fuente primaria[2]

---

[1] Estos son algunos teólogos pentecostales que han contribuido a la teología de la misión en años recientes: López, Mario R., *Historia y Misión del Protestantismo Hondureño* (San José, Costa Rica: Editorial Visión Mundial Internacional, 1993); Gilberto Alvarado López, *El Poder Desde el Espíritu. La Visión Política del Pentecostalismo en el México Contemporáneo* (Buenos Aires, Argentina: Publicaciones Científicas para el Estudio de las Religiones, 2006); Darío López, *Pentecostalismo y Misión Integral: Teología del Espíritu, Teología de la Vida* (Lima, Perú: Ediciones Puma, 2008); Mario G. Méndez, 'La Iglesia: Fuerza del Espíritu, Su Unidad y Diversidad', in Carmelo Álvarez (ed.), *Pentecostalismo y Liberación: Una Experiencia Latinoamericana* (San José, Costa Rica: Departamento Ecuménico de Investigaciones, 1992); Elizabeth Salazar Sanzana, *Todas Seríamos Rainhas: Historia do Pentecostalismo Chileno da Perspectiva da Mulher* (ThM, Instituto Metodista da Ensino Superior: Brasil, 1995); Norberto Saracco, 'Mission and Missiology from Latin America', in William D. Taylor (ed.), *Global Missiology for the 21st Century* (Grand Rapids, MI: Baker Academic, 2000); Norberto Saracco, 'Reflections on the Pentecostal Contribution to the Mission of the Church in Latin America', *Journal of Pentecostal Theology* 1.1 (1992); Bravo, *El Fruto del Espíritu*. Otros teólogos son citados en los capítulos siguientes.

[2] Sobre la importancia de Lausanne y Roma, véase Jacques Matthey, 'Mission et Évangélisation dans L'Optique de Lausanne, Rome et Genève', *Perspectives Missionnaires* 1.10 (1985), pp. 36-50.

para el desarrollo de la teología de la misión evangélica actual. Adicionalmente, revisé algunos de los documentos que salieron de los congresos evangélicos de Pattaya, Tailandia; Grand Rapids, Michigan y Lausanne II, en Manila. A modo de comparación, también he revisado algunos de los documentos del Consejo Mundial de Iglesias (CMI), como la Afirmación Ecuménica sobre Misión y Evangelismo (EAME) en 1983, la Asamblea de Nairobi, Kenia en 1975, la Asamblea del CMI en Melbourne, Australia en 1981 y en San Antonio, Texas en 1989. El estudio también revisa la reunión más reciente de la Conferencia sobre Misión Mundial y Evangelización (CWME) en Atenas en agosto de 2005. También he revisado algunos de los documentos preliminares publicados en el *International Review of Mission, Transformation, Pulse, Missiology* y otra reconocida investigación académica especializada en misión. La revisión bibliográfica, también abarcó otras revistas y artículos misionológicos, tales como *Mission Studies, Missionalia and the International Bulletin of Missionary Research*.

Dichos eventos también tuvieron repercusiones en América Latina. Las conferencias evangélicas y las asambleas del CMI debatieron sobre tendencias misionológicas que tuvieron lugar durante el tiempo en que se reunieron. Además, invitaron a representantes de iglesias evangélicas y protestantes de América Latina. Así que es justo afirmar que la mayoría de las denominaciones evangélicas y protestantes siguieron los modelos misionológicos que surgieron de esas reuniones.

Fue durante este tiempo que las iglesias pentecostales comenzaron a crecer significativamente. El contexto ministerial señalaba incidentalmente una misión integral. Mientras tanto, en el mundo evangélico, la Fraternidad Teológica Latinoamericana (FTL) organizó cinco veces el Congreso Latinoamericano de Evangelismo (CLADE) y también publicó el Boletín Teológico Latinoamericano, que se convirtió en la principal fuente de información sobre la teología y la misión evangélica en la región.

Este fue también un contexto de agitación socioeconómica y revolución política en América Latina. Fue el tiempo de la Teología de la Liberación, propuesto por algunos sacerdotes de la Iglesia Católica, con activistas laicos solidarios junto a los pobres de la región.

El contexto anterior parece ser la conexión natural de los Pentecostalismo Latinoamericano con Evangélicos, Protestantes y Católicos. En este capítulo discuto el movimiento de Lausanne y la conexión del CMI con la misión pentecostal. La discusión también es sensible a los contextos sociales, económicos y políticos donde los pentecostales practicaban su fe y misión en las comunidades.³ Fueron eficaces en contextos de pobreza y opresión en la mayoría de las comunidades locales de América Latina.

Misión en los movimientos históricos

La misionología pentecostal nació y surgió de su propia experiencia y creencias,⁴ a través de la influencia de los movimientos evangélicos y conciliares. En América Latina, varias iglesias pentecostales reflejan la confluencia de estas dos grandes corrientes que participaron en su formación y acercamiento al servicio cristiano. Históricamente, tanto la corriente evangélica como la conciliar, han ejercido una fuerte influencia sobre el enfoque pentecostal de la misión integral.⁵ Sin embargo, para el propósito de este estudio, voy a limitar la investigación a la segunda mitad del siglo XX, a partir de la década de 1960, cuando la mayoría de los temas misioneros contemporáneos comenzaron a surgir.

Antes de los años setenta, el pentecostalismo tuvo que luchar para ser reconocido oficialmente como un movimiento cristiano por la

---

³ Wells-Davis, Wilma, *Embattled but Empowered Community: Comparing Understanding of Spiritual Power in Argentine Popular and Pentecostal Cosmologies* (London, UK: Brill, 2010), p. 107.
⁴ Sobre el tema de la misión pentecostal que surgió de su propia experiencia y Creencias, ver el trabajo de García, Deysy. J., *El Movimiento Pentecostal en México* (Coyoacán, México: La Editorial Manda, 2010), pp. 110-20. La autora García elabora acerca de las Expresiones típicas del pentecostalismo, que participa en el emergente contexto de Teología Pentecostal en México. Afirma que "las expresiones del mensaje de los pentecostales causan un impacto social", que es evidente en la transformación de la comunidad. Véase también, Domínguez, Roberto, *Pioneros de Pentecostés en el Mundo de Habla Hispana: México y Centro América* (Barcelona, España: Editorial Clie, 1990), pp. 68-74; y, José A. Watanabe, 'Pensamiento Pentecostal: Un Acercamiento a la Cosmovisión Pentecostal', en Daniel Chiquete and Luis Orellana (eds.), *Voces del Pentecostalismo Latinoamericano* (Concepción, Chile: RELEP, 2009), III, pp. 143-56.
⁵ Algunas ideas sobre la influencia de las corrientes conciliares y evangélicas sobre El movimiento pentecostal, en un alcance global, se pueden hallar en el relato de Harold D. Hunter de la conferencia de Brighton en 1991. El autor hace referencia a la importancia de la oración en un entorno ecuménico. Los pentecostales se sienten cómodos orando y llevando su misión con los cristianos de otras denominaciones. Véase, Hunter, Harold D., "Celebrating 100 Years of Prayer for Christian Unity. Full Communion: A Pentecostal Prayer", *Ecumenical Trends* 37.1 (January 2008). http://www.iphc.org/sites/ default/files/Hunter_FullCommunion.pdf. Accessed 12 January 2013.

mayoría de las organizaciones evangélicas y el movimiento conciliar.[6] Aunque habían evolucionado de la corriente evangélica, las iglesias pentecostales todavía eran consideradas como heréticas[7] y, por lo tanto, no eran dignas de consideradas como una constitución cristiana legítima. Los propios evangélicos no comenzaron a desarrollar un pensamiento misionológico serio hasta los congresos internacionales que tuvieron lugar durante los años sesentas y setentas. Otro elemento que afectó la misionología pentecostal fue su aceptación de participar como miembros del movimiento conciliar[8].

Varias redes pentecostales independientes de América Latina, especialmente en Chile y Argentina, se afiliaron al CMI, aunque algunos han argumentado que esto pudo haber sido simplemente una forma de obtener el reconocimiento formal. Sin embargo, durante décadas, habían luchado contra el rechazo denominacional, particularmente de algunos segmentos influyentes dentro de la corriente evangélica. Los pentecostales también se han visto afectados por la influencia de la Iglesia Católica, presente en América Latina desde hace más de 500 años. La teología y las tradiciones católicas han dado forma a las sociedades latinoamericanas en su enfoque de la vida, la religión y la cultura.[9]

La mayoría de los miembros de la comunidad pentecostal abandonaron la Iglesia Católica por medio de la conversión[10]. Ellos se han unido a la fe pentecostal, pero todavía llevan sus tradiciones católicas, costumbres y patrones sociales de comportamiento. Los misionólogos pentecostales definitivamente tendrán que evaluar la

---

[6] Ortega, Ofelia, 'Mission as An Invitation for Life', *International Review of Mission* 88.348-349 (2009), pp. 88-96.

[7] Owens, Robert R., *The Azusa Street Revival its Roots and its Message* (Lanham, MD: University Press of America, 1988), p. 89. El autor trata sobre la marginación del pentecostalismo en América en las primeras etapas de desarrollo y que tuvo implicaciones históricas para las relaciones futuras entre los pentecostales y las denominaciones principales. Esta actitud era importante porque también afectó a las denominaciones pentecostales que participaron en la evangelización de América Latina en el futuro. Kirk, Andrew, *What is Mission?* (London, UK: Fortress Press, 2000), pp. 38-55.

[8] Véase Anderson, Allan H., *An Introduction to Pentecostalism* (Cambridge, UK: Cambridge University Press, 2004), pp. 19-38.

[9] Véase, por ejemplo, Keen, Benjamin y Keith Hayes, *A History of Latin America* (Boston, MA: Houghton Mifflin Harcourt, 2009), pp. 178-90. Los autores discuten la influencia de la Iglesia Católica Romana sobre las culturas de América Latina.

[10] Dussel, Enrique E., "Un Análisis Contextual de la Iglesia Católica en America Latina", *Pastoralia* 9.1 (1979), p. 72.

influencia histórica de la Iglesia Católica sobre sus miembros cuando se trata de la participación en las preocupaciones sociales.

Una revisión de la misión evangélica

La década de 1960 se caracterizó por el incremento de la injusticia social y económica en el mundo en desarrollo. Esto abrió los ojos de los manifestantes en Occidente y otras áreas geográficas. Los activistas sociales esperaban que esos poderes opresivos y estructuras inquebrantables pudieran sustituirse por mejores. En este punto, esto fue considerado como pensamiento de la misión y la participación en la transformación. Por lo tanto, una creciente influencia de la teología de la liberación sobre los pobres y oprimidos en los Dos Terceros Mundos planteó múltiples preguntas que exigían respuestas de los líderes evangélicos.

Los líderes evangélicos comprendieron la necesidad de convocarse en grandes asambleas para discutir los asuntos más urgentes que afectan al mundo en ese momento. Se dieron cuenta de que era importante traer a la mesa los nuevos temas emergentes con el fin de ofrecer soluciones objetivas y responder a las demandas de sus electores.

En diciembre de 1960, los evangélicos convocaron un congreso en Chicago, Illinois, que se centró en la promoción del evangelismo mundial. Aunque el propósito principal de los organizadores era promover la evangelización de manera tradicional, algunos de los oradores expresaron su preocupación por el espíritu revolucionario que había estado impregnado en la mente de muchas personas en la iglesia y en todo el mundo. Esta fue la primera vez que reconocieron la fuerza emergente de la teología de la liberación en América Latina. Así, consideraron esta ocasión como una oportunidad para dialogar sobre la responsabilidad social de la iglesia para responder a las preocupaciones sociales. Hablando al mundo estudiantil sobre la tarea inacabada, Erick S. Fife, secretario misionero De Inter-Varsity, declaró:

> Tenemos que entender que ha habido cambios radicales que han tomado lugar en la mente del mundo desde la última Guerra Mundial, y estos estudiantes están en contra todo el tiempo y están viviendo en un ambiente intelectualmente estimulante. Están buscando consejos de misión, los cuales sienten que están enfrentando el reto de este día y generación. Están buscando una libertad de

> prejuicio, racial y confesional. Están buscando una mente abierta al Señor y su Obra.[11]

G. Christian Weiss, quien fue el director de la misión de Back to the Bible Broadcast, se interesó en subrayar "la obligación de los cristianos de entrenar al más alto nivel académico los líderes nacionales que serían capaces de dar dirección al curso de sus gobiernos."[12] Otro orador de América Latina, Emilio Antonio Núñez, en su mensaje plenario dijo:

> El espíritu compasivo de Cristo es una de las características principales del cristianismo genuino. Es necesario mantener el equilibrio en el énfasis que se da al desafío de las necesidades de los pueblos. Existe la posibilidad de dar la impresión de que el mensaje de salvación es sólo para los enfermos y los pobres del mundo. El otro extremo es tener miedo del evangelio social y que la oportunidad para el trabajo médico misionero y todas las acciones humanitarias están descuidadas.[13]

(1) Cabe mencionar que el discurso del Congreso sobre Misiones Mundiales en Chicago no fue más allá de la asistencia social como una demostración de la responsabilidad social cristiana. En aquellos días, los líderes evangélicos todavía no estaban discutiendo si la acción política o social era un deber del cristiano. Las cuestiones relacionadas con la justicia social y el papel profético de la iglesia aún no se incluyeron en la agenda. En ese momento, estaban más interesados en la plantación de iglesias y el crecimiento entre los nativos de otras tierras, que era otra manera colonial de referirse a la misión de alcance o misiones mundiales. Este modelo de misión también fue aprendido y practicado por las denominaciones pentecostales basadas en Norteamérica.

(2) Sin embargo, en la declaración del Congreso Evangélico de 1966 en Wheaton, Illinois, en su conclusión, los evangélicos fueron más allá de la asistencia social. Afirmaron que se recomendaban medidas

---

[11] Fife, Eric S., "The Student World and the Unfinished Task", en John O. Percy (ed.), *Facing the Unfinished Task* (Grand Rapids, MI: Zondervan, 1961), p. 123.

[12] Weiss, G. C. 1961. "An Inquiry into the Obligation of Christians", en John O. Percy (ed.), *Facing the Unfinished Task* (Grand Rapids, MI: Zondervan, 1961), p. 262.

[13] Núñez, Emilio Antonio, 'The Ideal Missionary', in John O. Percy (ed.), *Facing the Unfinished Task* (Grand Rapids, MI: Zondervan, 1961), pp. 173-74.

contra los males sociales, como la discriminación racial y contra todas las formas de injusticia social. Algunos observadores concluyeron que este nuevo énfasis en la acción social estaba relacionado con la presencia de un buen número de participantes del Mundo Mayoritario.[14] En contraste con el Congreso de la Misión de Chicago cinco años antes, un gran número de líderes latinoamericanos estaban presentes en Wheaton. Aunque la mayoría de ellos parecían estar más interesados en el anti-ecumenismo que en la responsabilidad social, no se oponían a la declaración final sobre la preocupación social.

(3) Otro congreso significativo sobre evangelismo tuvo lugar en Berlín, Alemania, en 1966. Esto fue patrocinado por la revista Christianity Today en la celebración de su décimo aniversario. El tema del congreso era "Una raza, un Evangelio y una tarea". Habían más de mil participantes de más de cien países[15] y de acuerdo con Athol Gill, el tema de la evangelización y la preocupación social se planteó en las discusiones de grupo, pero no fue adecuadamente debatido. Sin duda, la declaración del congreso incluía una larga sección condenando el racismo, pero lo hizo en términos puramente personales, y al describir la "única tarea" de la iglesia, sólo hablaba de evangelismo. Entre todos los documentos presentados en el congreso sólo uno trató de evangelismo y preocupación social, y se dedicó casi por completo al racismo como una barrera para la evangelización.[16]

Es obvio que durante los años sesenta aún estaba en proceso de formación la comprensión de la responsabilidad social del pueblo de Dios respecto a la justicia y las preocupaciones sociales. Tardaron varios años en darse cuenta de lo importante que era para la iglesia asumir su papel profético en un momento muy crítico de la historia humana. Por cierto, hubieron otros eventos paralelos que hicieron que los evangélicos pensaran y re-examinaran su misión en relación con la responsabilidad social. Un movimiento que sacudió su teología social y de misión fue el Consejo Mundial de Iglesias.

En este momento, los pentecostales no tomaron parte en los debates evangélicos. No sólo los evangélicos se sentían incómodos con

---

[14] Padilla, C. René y Chris Sugden (eds.) *Evangelism and Social Responsibility from Wheaton '66 to Wheaton '83: How Evangelicals Endorsed Social Responsibility* (Bramcote, Nottingham: Grove Books, 1985), p. 5.

[15] Mooneyham, W. Stanley, "Facing a New Day in Evangelism", en C.F.H. Henry and Stanley Mooneyham (eds.), *One Race, One Gospel, One Task* (Minneapolis, MN: Worldwide Publications, 1967), pp. 12-14.

[16] Gill, Athol, "Christian Social Responsibility," en C. René Padilla (ed.), *The New Face of Evangelicalism* (London, UK: Hodder and Stoughton, 1976), p. 90.

los informes de crecimiento pentecostal, sino que también los pentecostales seguían sufriendo por su rechazo por parte de los evangélicos. Sin embargo, los orígenes de la misionología pentecostal se remontan a estos días cuando los evangélicos comenzaron a reunirse en estos congresos históricos. Éstos eran los lugares donde las preocupaciones sociales comenzaron a ser discutidas por el movimiento evangélico.

El alcance de la misión en los movimientos conciliares

La siguiente asamblea del CMI se reunió en Uppsala, Suecia, en 1968. El impulso para la transformación social había llegado a ser tan fuerte que algunos teólogos radicales presentaron la tesis de que la prioridad de la misión era abordar la corrupción social y política. Esto tuvo que lograrse a través de la humanización de las estructuras de poder en todo el mundo, siguiendo el propósito de Dios como confiado a sus misioneros, que ya estaba trabajando dentro de los movimientos que buscaban la transformación sociopolítica.[17] Había dos programas del CMI que parecían controversiales en ese momento: El programa para acabar con el racismo y el de entrar en diálogo con otras confesiones de fe.

La conferencia del CMI de Bangkok se inició en diciembre de 1972 y concluyó en enero de 1973. Comenzó con el tema de la salvación de hoy, pero se centró en otros temas candentes que surgieron en ese momento, particularmente en América Latina. Este fue el momento en que los grupos cristianos y los movimientos revolucionarios comenzaron a ejercer presión sobre los gobiernos de América Latina en temas de pobreza y libertad política. Debido a la delicada reflexión sobre la salvación y la misión, la conferencia concluyó la discusión de tres grandes debates:

1. La salvación fue entendida por los delegados como espiritual, pero incluyó otros aspectos de la humanidad, que tenían que ver con el bienestar de los individuos y su sociedad. La salvación concedida por Dios a través de su Hijo Jesucristo incluyó cuatro elementos claramente

---

[17] Por lo general, la palabra hebrea *shalom* שָׁלוֹם se traduce como "paz", pero su significado es mucho amplio. *Shalom* también se refiere a la "justicia en las relaciones humanas", también denota la reconciliación ", y aún más significa" bienestar "con el propósito de desarrollo completo de la persona y su mundo. Véase, por ejemplo, la explicación de esta palabra por Brueggermann, Walter, *Living Toward a Vision: Biblical Reflections on Shalom* (New York, NY: United Church Press, 1982), p. 100.

declarados: (a) Salvación de los pobres de la explotación humana y la injusticia económica. (b) Salvación de la dignidad humana de la opresión política y del sufrimiento humano. (c) la salvación para el individuo y su mundo contra las fuerzas espirituales y socio-económicas que les alejan del resto del mundo y (d) la salvación que produce esperanza contra los males espirituales y sociales que causan ansiedad y derrota.

Estaba claro que la salvación significa provisión de Dios que abarca a toda la persona y su mundo.[18] Sin embargo, cada uno de estos componentes implica diferentes prioridades según el contexto y la realidad de cada sociedad en particular. Así, en ese momento de la historia humana,

Salvación significa paz para el pueblo de Vietnam, libertad para Angola, reconciliación y justicia para el pueblo de Irlanda del Norte, o simplemente salvación personal para cualquier sociedad sin fe en la esperanza. En Bangkok, los delegados coincidieron en que la justicia debía reflejarse en la conversión del pecador y en el sistema social y económico que le rodea. Cuando las personas son capaces de involucrarse en esta misión dinámica, las iglesias se liberan de estructuras religiosas rígidas y se convierten en receptores de la sanidad y la restauración que tiene en cuenta los cuatro aspectos de la salvación.[19]

2. En la conferencia del CMI en Bangkok, por primera vez, los delegados que representaban al Mundo Mayoritario aparecieron en la plataforma, emitiendo fuertes críticas a las estructuras impuestas por las sociedades occidentales. Antes de Bangkok, la gente en este tipo de convenciones tendía a hablar con una sola voz. Esta vez, los líderes de las naciones en desarrollo tomaron el derecho de hablar y desafiaron a la religión organizada. Condenaron la alienación de la misión por una dominante mentalidad occidental de la conversión colonial de las almas. Esta voz era particularmente fuerte entre los asiáticos, africanos y algunos latinoamericanos que llegaron a la conferencia.

La libertad experimentada por los delegados en sus discursos fue significativa. Sus palabras viajaron rápidamente al mundo cristiano. "Cristo vino a redimir hombres reales, no reflejos pálidos de otros hombres" y "Cristo vino a contestar preguntas que hago y no las que

---

[18] World Council of Churches, *Bangkok Assembly: Minutes and Report of the Assembly of the Commission on World Mission and Evangelism* (Geneva: Switzerland: WCC, 1973), p. 72.
[19] World Council of Churches, *Bangkok Assembly*, 72.

otros piensan que debo hacer".[20] La mayoría de los convocados ejercieron su derecho a identificarse como cristianos. Concluyeron que cada congregación debería tener el derecho de formular la teología y la libertad de desarrollar su propia estructura, liturgia y doctrina. Los modelos no deben ser impuestos o importados de América del Norte y debe haber espacio para un diálogo abierto con otras confesiones de fe. "No hay una teología universal, sino una variedad de teologías que respetan los diversos contextos socio-políticos en los que han surgido".[21]

En la conferencia de Bangkok exigieron una teología contextual, que buscaba poner fin a la dominación occidental de la teología y la práctica de la misión. Además, los delegados estaban ansiosos por reconocer las habilidades creativas y el talento de los cristianos no occidentales. Así, fortaleciendo la teología contextual, el cristianismo tendría las múltiples expresiones de misión en el mundo.

3. Los delegados buscaron una solución responsable a las diferencias entre las iglesias de Occidente y las de los países en desarrollo. En este punto, los delegados acordaron que las iglesias en otros contextos deben tener independencia y que sus propias decisiones y visión para el ministerio deben ser respetadas. La conferencia del CMI de Bangkok se hizo famosa por un documento único que se presentó a la sala, llamado "moratorium".[22] El documento exigía que los misioneros y el personal de los trabajadores transculturales se retiraran del servicio misionero para permitir a las iglesias y movimientos nacionales asumir la responsabilidad de su misión sin interferencia externa.

El moratorium exigía el fin del apoyo financiero externo. Impulsaría a los nacionales a establecer su propia identidad y agenda. La

---

[20] World Council of Churches, *Bangkok Assembly*, 78.
[21] Mays, James L., 1972. "Justice, Perspectives from a Prophetic Tradition", *Biblical Interpretation* 37.1 (1972), pp. 5-17. En aquellos días, los teólogos estaban desarrollando la noción de "teología contextual". Estaban tratando de incluir preocupaciones sociales, económicas y políticas para testificar de Cristo. Pensaban incluir la "teología contextual" en el campo de la teología sistemática y no simplemente adaptar el término como un tema más de discusión. Esta fue quizás una de las adiciones teológicas más significativas a la misión en la conferencia de Bangkok.
[22] No está muy claro cuándo o cómo se presentó la propuesta de moratorium en la sala. Algunos historiadores piensan que el término fue utilizado inicialmente en 1971 durante la Conferencia Cristiana de Asia Oriental. Allí los delegados comenzaron a albergar la idea de enviar a los misioneros a casa para permitir que las iglesias locales desarrollaran sus propios ministerios sin la interferencia externa de los misioneros occidentales, a quienes en este momento histórico se pensaba hacer un trabajo transcultural con una mentalidad colonial. Véase Nacpil, Emerito P., *Jesus' Strategy for Social Transformation* (Grand Rapids, MI: Abingdon Press, 1978), p. 32.

repatriación de misioneros les permitiría actuar en sus propias sociedades industrializadas, trayendo así cambio a las estructuras denominacionales para fomentar la paz y la justicia en el mundo. El propósito aquí era renovar las relaciones ya dañadas entre las organizaciones cristianas.

El moratorium ayudaría a construir el respeto y la cooperación entre cristianos de diferentes tradiciones de todo el mundo. No obstante, el espíritu crítico reflejado en el documento tuvo un notable impacto en los delegados, pues inició un acalorado debate sobre el verdadero propósito de la Obra Misionera, sobre todo en la forma en que fueron percibidos en el llamado campo misionero.[23] En este momento, los misioneros fueron enviados en su mayoría de Occidente a naciones subdesarrolladas, que estaban económica y socio-políticamente en desventaja.

La conferencia en Bangkok también vio que la Sociedad de Misiones Evangélicas de París se había convertido en el Departamento Evangélico Francés de Acción Apostólica. Los franceses habían creado un sistema internacional que permitiría la cooperación entre las iglesias. Su objetivo era servir como un compañerismo de organizaciones cristianas que trabajaron juntos con recursos mutuos en la proclamación del evangelio. Algunos delegados de Bangkok ofrecieron este modelo como una alternativa al moratorium.[24]

Es evidente que la Conferencia de Bangkok se enfrentó a la desigualdad y a la duplicidad de estándares en las relaciones de la iglesia. Esta fue quizás una de las razones de gran impacto de confrontación que tuvo lugar en la reunión. La Comunidad Evangélica de Acción Apostólica fue mencionada en un momento durante los informes de Bangkok como un modelo que podría seguirse en las nuevas relaciones que persigue el movimiento conciliar.

La misión en la década de 1970: Contexto del Congreso of Lausanne I

Durante la década de 1970, muchas creencias y expectativas fueron revisadas en el mundo cristiano. Sin embargo, a los efectos de esta encuesta, abordaré brevemente estos temas, mencionando sólo aquellos considerados generalmente como los más relevantes. El primer informe

---

[23] Véase, Anderson Gerald H., "A Moratorium on Missionaries?", *Christian Century* (January 16, 1974), pp. 42-56.
[24] Anderson, "A Moratorium on Missionaries?" 52.

del Club de Roma,[25] en 1971, articulaba algunas preocupaciones importantes, como el crecimiento de la iglesia sujeto a limitaciones, el mundo siendo finito y la iglesia teniendo que darse cuenta de que los recursos financieros también eran limitados.

Los evangélicos también reconocieron los fracasos de los modelos capitalistas en las hambrunas de África y otras tragedias económicas, sociales y políticas en el mundo. Dado que este era también el momento en que el mundo experimentó la primera crisis del petróleo, las sociedades occidentales se volvieron más conscientes de las debilidades de sus sistemas económicos y su respuesta a la crisis fue insuficiente. A partir de entonces, los líderes cristianos se dieron cuenta de que la comprensión de la misión y la práctica tenía que ser actualizado todo el tiempo. Se adoptaron nuevos enfoques de la misión, que comenzaron a centrarse en la capacitación y el equipamiento de los propios nacionales para el ministerio. Fue este tipo de conclusiones las que allanaron el camino para el movimiento de Lausanne que se reunió tres años después.

En 1974, el Congreso Internacional sobre la Evangelización Mundial tuvo lugar en Lausanne, Suiza. Fue organizado y patrocinado por la mayoría de iglesias evangélicas occidentales. La representación pentecostal fue mínima. No tenían voz como pentecostales y los que asistieron estaban en el congreso representándose a ellos mismos.[26] La Asociación Evangelística Billy Graham convocó el evento. Aunque esto no se reconoce abiertamente, uno de los objetivos del Congreso de Lausanne era responder a las ambigüedades del movimiento ecuménico y su enfoque teológico de la unidad, la cooperación y la responsabilidad

---

[25] El Club de Roma, fundado en 1968, ha actuado desde el principio como un laboratorio de ideas. Sus miembros están involucrados en asuntos políticos y están preocupados por el futuro del mundo y sus habitantes. Por naturaleza, el club no está interesado en la iglesia, sino más bien, se preocupa por el crecimiento económico ilimitado, y el hecho de que el mundo tendrá que darse cuenta de los límites de la economía. Más información sobre el Club de Roma está disponible en http://www.clubofrome.org/ Accesado 12 diciembre 2011.

[26] Entre los pocos líderes pentecostales de América Latina que asistieron a Lausanne fue José G. Minay. Él es un pentecostal chileno asociado con la Iglesia de Dios (Cleveland, TN). Fue después de esa conferencia que Minay comenzó a hablar sobre la importancia del servicio social entre las iglesias pentecostales. Su discurso incluyó a los pobres y marginados en Guatemala. Véase el informe de Richard Waldrop sobre la siguiente publicación. Waldrop, Richard, "The Social Consciousness and Involvement of the Full Gospel Church of God of Guatemala", *Cyber Journal of Pentecostal-Charismatic Research* (2004). http://www.pctii.org/cyberj/cyberj2/waldrop.html. Accessed 10 October 2009.

social. Lausanne exigió que la misión tuviera que centrarse en el propósito y los fundamentos del Evangelio.

El Congreso de Lausanne se convirtió en un hito para los nuevos modelos evangélicos emergentes de ministerio ahora de moda en todo el mundo. Como una reacción obvia al impulso ecuménico del CMI de Bangkok, el Pacto de Lausanne claramente disgregó a los evangélicos de las declaraciones y cualquier asociación con el ecumenismo. El Pacto de Lausanne dejó claro que la prioridad de la misión es "evangelizar a aquellos que aún no han oído hablar de Cristo, el Salvador y Señor del mundo. Así, todos los esfuerzos en cualquier organización cristiana deben contribuir a fortalecer la misión de ser testigos de todos los grupos de personas no alcanzadas en el mundo"[27]. La intención del Congreso de Lausanne fue exponer las amenazas del ecumenismo y revitalizar aquellas áreas que el CMI claramente descuidaba[28].

Con el fin de distanciar a los cuerpos evangélicos de las declaraciones de Bangkok, el Pacto de Lausanne[29] separaba la obra de salvación de cualquier relación con la liberación política. Declaró que la proclamación del Evangelio no parece estar involucrada típicamente en la participación política. Afirmó que la salvación es individual. La persona tiene que aceptar a Cristo como su Salvador y Señor.[30] Sin embargo, en respuesta a las preocupaciones sociales de los delegados del Mundo de los Dos Tercios, Lausanne tuvo que repensar el concepto de responsabilidad social como practicado por los cristianos. Así que incluyeron una pequeña declaración que afirmaba la acción social con la condición de que la responsabilidad se libere de cualquier idea de propósitos "mesiánicos".[31]

---

[27] Véase McGavran, Donald, *Effective Evangelism: A Theological Mandate* (Phillipsburg, NJ: Presbyterian and Reformed Publishing Company, 1988).

[28] Véase, Stott, John, "The Lausanne Covenant: An Exposition and Commentary", *The Lausanne Movement* (2001). http://www.lausanne.org/en/documents/lops/69-lop-3.html. Accessed 10 October 2011.

[29] El Pacto de Lausanne es un documento escrito como declaración de los delegados que participaron en la conferencia. El Pacto ha sido consultado y tomado como referencia por todos los constituyentes evangélicos. Ciertas organizaciones que deseen convertirse en miembros de ciertos grupos o sociedades, se les requiere que firmen personalmente el Pacto de Lausana. Lausanne Movement, *The Lausanne Covenant* (2001). http://www.feb.org/lausanne_covenant.htm. Accessed 04 September 2006.

[30] Stott, John, *Lausanne Movement* (2000). https://www.lausanne.org/content/john-stott-and-the-lausanne-movement. Accessed 7 December 2015.

[31] La palabra "mesiánico" sirve para identificar términos teológicos. La tendencia de los que adhieren a esta marcha es sacramentalizar las causas socio-políticas como manifestaciones directas del Reino de Dios. Hay quienes tienden a enfatizar más la

El pacto de Lausana también es cauteloso acerca del diálogo con los creyentes de otras confesiones de fe. Su única esperanza de salvación sería seguir la proclamación evangélica de las Buenas Nuevas. Una vez que confiesan a Cristo, entonces son bienvenidos en la comunión con los creyentes.

El Pacto de Lausana se convirtió en la principal fuente de orientación para la mayoría de los evangélicos en todo el mundo. El Comité de Lausanne se convirtió en el "portavoz" de varios cuerpos evangélicos.

En el caso de los pentecostales, Lausana les dio la bienvenida siempre y cuando permanecieran evangélicos en su enfoque de la teología y la misión. Sin embargo, hubo algunos pentecostales indígenas no occidentales que decidieron unirse al CMI en su lugar. Los pentecostales independientes querían mantener su distancia del pentecostalismo denominacional y una forma de demostrar su libertad era solicitando su afiliación al CMI.

Algunos organismos independientes de Chile, Argentina, Brasil y otros países de América Latina fueron aceptados como miembros de la Asamblea del CMI. Esta situación generó dificultades internas entre los pentecostales. El mundo ahora ve a esos pentecostales que se alinearon al movimiento evangélico vía el movimiento de Lausanne contra los que eran miembros del CMI. Sin embargo, el Pacto de Lausanne marcó la diferencia entre "evangélicos" y "ecuménicos", y esta división ha existido entre el CMI y el CLME desde 1974.[32]

A mediados de la década de los 70 se considera un período en que la noción de la misión cambió. Este paradigma era tan interesante que incluso el Vaticano publicó un documento en 1975 que abordaba la cuestión de la misión de una manera contemporánea. La publicación vino en forma de una exhortación apostólica, *"Evangelización en el Mundo Moderno"*[33] e introdujo una comprensión general de la misión desde el punto de vista de la Iglesia Católica. Además, en 1975, la Asamblea del CMI de Nairobi y Kenia presentó un enfoque integral para

---

acción social y podrían estar en riesgo de carecer de equilibrio con las disciplinas espirituales. Charles Gailey, Charles y Howard Culbertson, *Discovering Mission* (Kansas City, MO: Beacon Hill Press, 2007), p. 222.

[32] Pruitt, Harold Edward, *Ecumenism and Theological Convergence: A Comparative Analysis Between Edinburg 1910 and the Lausanne Movement*, (DTh, University of South Africa, 2009), p. 116.

[33] Paul VI. 1976. *Evangelization in the Modern World* (London, UK: Catholic Truth Society, 1976), p. 123. También conocido como Evangelii Nuntiandi.

la misión, reuniendo los dos polos del testimonio y la solidaridad. En aquellos tiempos, hubo un redescubrimiento de los detalles del evangelio dentro de la misión global de Dios.

La Misión en la década de 1980: esperanzas de convergencia entre evangélicos y ecuménicos

Es evidente que, durante la década de 1970, había dos vías presentes en las conferencias mundiales sobre misión y evangelismo. Sin embargo, al comienzo de la década siguiente, en Melbourne, Australia, en 1980, el estudio sobre la iglesia y los pobres por la Comisión sobre la Participación de las Iglesias en el Desarrollo y la experiencia del movimiento de la Misión Urbana Rural se vinculó con la Comisión Sobre Misión Mundial y Evangelización para definir los supuestos y prioridades del Reino.[34] Fue en Melbourne donde se reunieron estas dos tradiciones, bajo los auspicios del CMI. El debate de Melbourne fue "Venga Tu Reino". Esta conferencia analizó los supuestos y las prioridades preconcebidas de la misión integral. La manifestación del Reino de Dios[35] se convirtió en el tema más importante de la discusión.

Los participantes comprendieron que era necesario un cambio fundamental de valores y estructuras en la práctica de la misión.[36] Esto era muy importante para los pentecostales independientes, porque veían este acercamiento a la misión integral, como una oportunidad para demostrar que los dones espirituales son signos evidentes del Reino de Dios aquí y ahora. Este giro de los acontecimientos los puso en posición de ventaja con respecto a aquellos pentecostales dominados por evangélicos en el movimiento de Lausanne.

La Experiencia Católica de las Comunidades de Base

Es evidente que la experiencia brasileña de las comunidades de base cobró mucha influencia en el debate iniciado por los delegados latinoamericanos. La conferencia fue llevada a concluir y afirmar que

---

[34] Pruitt, *Ecumenism and Theological Convergence*, p. 22.
[35] El Reino de Dios es un tema que aparece en la mayoría de los textos radicales del Nuevo Testamento. Sin embargo, el Reino de Dios se revela principalmente en las declaraciones de Jesucristo mismo. Véase, por ejemplo, Saracco, Norberto, "Las Opiniones Liberadoras de Jesús," Misión 3:10 (1989), pp. 3-9.
[36] Véase World Council of Churches, *Your Kingdom Come: Mission Perspectives* (Geneva, Switzerland: WCC, 1980).

"los pobres" son el tema de Las Buenas Nuevas y, por lo tanto, deberían ser priorizados en la misión. El CMI describió la Missio Dei como la acción de Dios para y a través de los pobres. Ello son víctimas de la injusticia social. Han sido marginados y excluidos del *shalom* de Dios, un término que también define el propósito final de Dios para la humanidad. Para redimir a los pobres al condición de *shalom*, la obra misionera debe ser de liberación, implicando un cambio en la relación entre los ricos y los pobres, los débiles y los poderosos. Así, los pobres y su redención se convirtió en el criterio que dio medida la Misión Cristiana. Por lo tanto, la misión va más allá de la salvación personal, pues también es responsable de llevar Buenas Nuevas a los oprimidos por los males sociales, políticos y económicos. Por lo tanto, la misión es valorada por el nivel de participación en las responsabilidades espirituales y sociales en favor de aquellos que sufren enajenación.

Prioridades de la mision en America Latina

El cambio en las prioridades de la misión fue percibido como un movimiento que opera en dos direcciones, una desde el centro hacia la periferia y la otra desde la periferia hacia el centro.[37] También quedó claro en el debate que Cristo mismo inició este movimiento. Jesús, el Rey, no nació en un palacio ni en un hospital. Nació en un pesebre. En el momento de su juicio, no fue ejecutado dentro de la ciudad, sino que fue marginado y crucificado fuera de la ciudad en un monte llamado "La Calavera." Él dio una clara indicación de que las Buenas Nuevas del Evangelio se mueve dinámicamente de periferia a periferia. El Reino de Dios no se encuentra en los centros de poder político, económico y religioso. En cambio, se encuentra fuera de las murallas de la ciudad, entre los marginados y los pobres. Así que el mensaje de Dios de redención y juicio está en la periferia con los enfermos, los miserables y los débiles. La ubicación de Missio Dei es con y entre los pobres y se

---

[37] Fue durante el debate sobre el desarrollo que los términos "centro-periferia" fueron introducidos. Estos términos ayudaron a reinterpretar y corregir los conceptos tradicionales de crecimiento y transformación. Contribuyeron a romper la rígida clasificación de las naciones "desarrolladas" y "subdesarrolladas". Estaba claro que en cada uno hay contextos de desempleo, infraestructura limitada y pobreza extrema. Véase, Matthey, Jacques, 'Milestones in Protestant Ecumenical Missionary Thinking from the 1970s to the 1990s', *Ecumenical Mission Study in the WCC* (1999). http://www.sedos.org/english/matthey.htm. Accessed 04 September 2006.

mueve hacia adelante desde la periferia a los centros de poder en el mundo.

Críitica sobre el uso del poder político

La conferencia de Melbourne en 1980 estuvo fuertemente contra el abuso de poder. La actitud de Cristo en la cruz plantea interrogantes sobre el uso del poder en la Misión. En la cruz, Cristo renunció a todo uso del poder para presentar el Reino de Dios a través de la vida de un siervo. La vulnerabilidad del Salvador del mundo debe ser reflejada en la vida y el ministerio de aquellos que sirven en la Misión. Según uno de los aspectos más destacados de la conferencia de Melbourne, los cristianos deben renunciar y rehusarse a utilizar cualquier forma de imposición como instrumento de conversión. Esta fue quizás una de las conclusiones más importantes que surgieron de esta conferencia. La iglesia institucional podría convertirse en un contra-testimonio del mensaje de la cruz sobre aquellos que obligan al sistema a estar por encima de las necesidades de las personas.

El Movimiento de Lausana y las prioridades de la misión

En el mismo año, 1980, el movimiento de Lausanne parecía estar interesado en otras cuestiones relacionadas con la misión de la iglesia. Durante la conferencia que tuvo lugar en Pattaya, Tailandia, los delegados estaban deseosos de encontrar ideas que fueran metodológicamente congruentes y organizativamente compatibles con las conclusiones alcanzadas en el Pacto de Lausana, especialmente aquellas destacadas como prioridades de la misión. La cuestión más importante fue la proclamación del evangelio a los que todavía no han oído hablar de Cristo. La cuestión más significativa en la sala de la conferencia fue "¿Cómo oirán el Evangelio?" En los diversos talleres, los trabajadores interculturales abogaron por una agenda que permitiera a los misioneros llegar a las poblaciones que no tienen iglesias su medio.

Los delegados de Pattaya se centraron en encontrar formas factibles de cooperar en el servicio intercultural. Aunque las personas no pueden ser consideradas unidades aisladas, era igualmente importante continuar la misión a cada grupo de personas y no sólo a las "naciones" políticas, ya que podría haber muchas "naciones" en un país en particular. Pattaya dejó claro que el papel de la iglesia en un país en particular es llegar a los "grupos de personas no alcanzadas".[38] Por lo tanto, debía hacerse un análisis más refinado, que fue lo que Pattaya intentó hacer. La conferencia informó que unos diecisiete mil grupos de personas en el mundo no habían oído el Evangelio hasta ese momento.

Se llevaron a cabo varios talleres para organizar y analizar datos que podrían entonces proporcionar un margen para la planificación estratégica en la evangelización mundial. Sin embargo, la conferencia de Pattaya tenía un acercamiento diferente al evangelismo. Los evangélicos comenzaron a hablar de la evangelización a grupos de personas no alcanzadas, mientras que el CMI se inclinaba por el trabajo social entre los pobres. La diferencia en sí misma abrió una puerta al incipiente diálogo entre evangélicos y el CMI. Era evidente que para ambos movimientos los pobres y los marginados se habían convertido en el enfoque de la misión.

Afirmando la misión

En 1992, un nuevo documento fue presentado por el CMI, "Misión y Evangelismo: una afirmación ecuménica"[39] que puso en relieve algunos acontecimientos clave que habían tenido lugar en el debate de la misión desde los años sesenta. Este trabajo encapsuló los resultados de las conferencias de misión y también involucró la participación de las iglesias ortodoxas, las órdenes de la misión católica, así como congregaciones y diálogos con varios grupos evangélicos. Como resultado, se identificó una visión integral de la misión.[40]

---

[38] El término "personas no alcanzadas" fue acuñado en la conferencia de Pattaya para describir poblaciones del mundo que no tienen un adecuado testimonio cristiano. Los estadísticos de la Misión sugieren que el veinte por ciento es el porcentaje mínimo requerido para que un grupo de personas sea considerado "alcanzado" por el Evangelio. Véase, por ejemplo, Dayton, Edward R., *That Everyone May Hear: Reaching the Unreached* (Monrovia, CA: MARC, 1979), pp. 19-28.

[39] Sobre esta afirmación, véase el informe oficial del Consejo Mundial de Iglesias. "1980—Three Mayor Conferences," *Reformed Reflections*. http://www.reformedreflections.ca/missions/1980-three-major-conference.html. Accesado 12 de noviembre 2011.

[40] El uso de la palabra "(w) holistic" tiene profundas implicaciones misionológicas. Aunque la mayoría
los cuerpos ecuménicos la han utilizado en sus escritos, la verdad es que se puede aplicar a varios significados y múltiples disciplinas. En los círculos de la misión el término podría convertirse en polémico porque apela a una cierta área especializada de la misión. Sin embargo, la palabra "(w) holistic" añade una dimensión de plenitud en la Misión. Incluye proclamación y responsabilidad social. En América Latina, la erudición ha reemplazado la palabra "(w) holistic mission" por "Misión Integral", agregando así

La combinación del Pacto de Lausanne de 1974 con la Evangelii Nuntiandi de 1975 [Evangelización en el Mundo Moderno] hizo una contribución significativa a las lecturas sobre lo esencial de la Misión.[41] Para el propósito de este estudio, nuestra encuesta examina algunas de las contribuciones más significativas a la Misión. Un estudio en profundidad sería necesario para analizar en detalle el impacto y la contribución de cada conferencia. Para nuestros propósitos, sólo hablaré de algunas de las conclusiones que sirven para ilustrar el progreso del pensamiento y la práctica de la Misión entre la iglesia:

(1) Que el corazón del Evangelio es la proclamación del Reino de Dios. Que Jesús mismo inauguró este mensaje de salvación. Él es el Señor crucificado y está llamando al mundo para sí mismo. La iglesia ha sido llamada a dar testimonio de Cristo como la única esperanza de salvación para el mundo. La prioridad de la misión de la iglesia es llamar a la gente al arrepentimiento. Una vez que nazcan de nuevo, declararán el perdón de los pecados y podrán vivir una vida nueva.

(2) La iglesia, en su misión, manifiesta el amor de Dios por el mundo. Tal amor se identifica con el sufrimiento y los pobres como su única fuente de esperanza y redención. Sin embargo, la iglesia no es sólo un instrumento de testimonio, sino que también lleva a cabo la misión de Cristo como mediador entre Dios y la creación.[42]

(3) El CMI declaró que el llamamiento al arrepentimiento también está dirigido a naciones, familias y grupos de personas. También dijo que la conversión personal y la decisión por Cristo son necesarias para que el individuo reciba la salvación de Cristo. Sin esta conversión personal no puede haber un verdadero compromiso de seguirlo a Él en una vida que es de servicio.

(4) Las relaciones interpersonales son las principales fuentes de evangelismo. El Espíritu Santo constriñe a los individuos a responder al Evangelio con fe cuando se establecen relaciones sólidas.

---

un consenso de totalidad en el enfoque final de la Misión. World Council of Churches, *Mission and Evangelism: An Ecumenical Affirmation* (Geneva, Switzerland: WCC, 1982), p. 34.

[41] Esta cuestión de afirmación y las relaciones del CMI con Roma y Lausanne también reportadas por Matthey, 'Mission et Évangélisation Dans L'Optique de Lausanne', pp. 36-50.

[42] Véase, Matthey, Jacques, 'Serving God's Mission Together in Christ's Way: Reflections on the Way to Edinburgh 2010', *International Review of Mission* 99.1 (2010), pp. 21-38. El autor sostiene que Dios quien alcanza al mundo, inicia la misión y la iglesia es un instrumento que lleva dicha misión.

(5) La mayoría de las personas que nunca han escuchado del Evangelio son también los más débiles y los más pobres del mundo. Coincidentemente, son víctimas de un mal sistema económico y de injustas relaciones de clase social. Así, para probar la credibilidad del evangelismo, los delegados propusieron el siguiente argumento: "una proclamación que no ofrece las promesas de justicia a los pobres de la tierra es una caricatura del Evangelio".[43] Por otra parte, "la participación cristiana en las luchas por la justicia que no apunta hacia las promesas del Reino de Dios también hace una caricatura de una comprensión cristiana de la justicia".[44]

Era evidente que los participantes en el debate misionológico de 1982 deliberadamente evitaron defender sus propias posiciones. Tal actitud mostró una genuina voluntad de converger en un documento que representaba altos estándares de cortesía y respeto. Todos los grupos involucrados en el diálogo con el CMI comprendieron esta actitud y cooperaron en el éxito del evento. Años más tarde, en 1987, otra declaración publicada en Stuttgart, Alemania, con respecto a la asociación en la evangelización. Esta declaración también implicaba el mismo nivel de respeto y cortesía.[45] El documento identificaba puntos de acuerdo en lugar de ampliar problemas. Los delegados de Stuttgart apelaron entonces al establecimiento de un programa evangelístico que sirviera para fortalecer las relaciones entre los cristianos, trabajando para un propósito común.

Debate sobre la misión y el evangelismo

Esta conferencia del CMI, celebrada en 1989, no atrajo la misma atención de los medios de comunicación que otras conferencias. Esto pudo haber sido debido a las reuniones simultáneas que tienen lugar en Basilea, Suiza, en el mismo año. En 1989, la Asamblea Ecuménica Europea sobre Paz y Justicia se reunió en Basilea y puede haber afectado a la próxima asamblea en San Antonio, Texas. Sin embargo, en San Antonio se destacaron los avances en el pensamiento de la misión entre los diferentes cuerpos cristianos.

Más tarde ese año, los delegados evangélicos informaron formalmente a los dirigentes de San Antonio que el Congreso de

---

[43] World Council of Churches, *Mission and Evangelism*, p. 42.
[44] World Council of Churches, *Mission and Evangelism*, p. 34.
[45] Las conclusiones de la conferencia de Stuttgart se pueden encontrar en el CMI. *Monthly Letter on Evangelism* (Geneva, Switzerland: WCC, 1987), pp. 1-2.

Lausanne se iba a reunir en Manila. Durante la conferencia de San Antonio, los delegados examinaron los progresos realizados en el diálogo sobre cuestiones teológicas y misionológicas. La idea de reunir los dos movimientos internacionales para una reunión conjunta fue presentada por los delegados evangélicos y pentecostales en San Antonio. Habían aceptado la invitación para participar como observadores en esta asamblea del CMI. Lamentablemente, la propuesta no se materializó y nunca tuvo lugar dicha reunión.[46] A continuación se presentan algunos de los puntos, que surgieron de la asamblea de San Antonio que son útiles para este estudio.

(1) El diálogo del CMI con personas de otras religiones ha generado diferentes reacciones. Los evangélicos no ocultan su incomodidad con este propósito y tienden a oponerse a la idea. El debate teológico sobre la misión no parece haber sido aceptado y, por lo tanto, las relaciones con el CMI no pueden ser plenamente establecidas. El sector misionero no podía integrar a los cristianos opuestos al diálogo con las religiones no cristianas. Los evangélicos estaban convencidos de que al tener esta idea, el CMI había ido demasiado lejos en su enfoque del ecumenismo y, por lo tanto, la naturaleza de la misión estaba en riesgo.[47]

La definición y descripción de la naturaleza de este diálogo no se estableció claramente en la conferencia de 1982, aunque San Antonio trajo más detalles y explicaciones al asunto. En primer lugar, los delegados reafirmaron que los cristianos no pueden ofrecer un plan diferente de salvación que no sea la salvación en Jesucristo.

Los delegados de San Antonio también insistieron en que los cristianos no podían poner límites a Dios y a su gracia salvadora. Sin embargo, reconocieron la tensión generada por estas declaraciones y fueron honestos al declarar que no fueron capaces de resolverlo. Quizás la principal contribución fue hacer que el asunto fuera abiertamente discutido, ayudando al movimiento ecuménico a aclarar su posición con respecto a la misión y el diálogo. También estaban deseosos de afirmar la necesidad de la proclamación del evangelio a todos los grupos de personas, con especial énfasis en aquellos que aún no lo han oído. Esta declaración fue quizás la principal razón por la cual algunas iglesias evangélicas decidieron unirse al CMI en los años siguientes.

---

[46] Matthey, Jacques, "Milestones in Protestant Ecumenical Missionary Thinking from the 1970s to the 1990s", *International Review of Mission* 88.1 (July 1999), pp. 291-303.

[47] Jacques Matthey también discutió este tema en su artículo presentado en Edimburgo 2010. Véase, "Serving God's Mission Together in Christ's Way", pp. 25-27.

(2) La conferencia de San Antonio dio un paso más positivo hacia la participación de la iglesia en favor de la paz y la justicia. Aunque este llamamiento había estado presente en cada conferencia del CMI, en San Antonio las condiciones eran favorables para una declaración más decisiva.[48] Los delegados hablaron sobre el poder creador y redentor del Dios Soberano. Significativamente hablaron sobre el poder: el poder de la resurrección de Cristo y cómo esto se extendió a los movimientos que protestan contra la injusticia y la opresión.

Aunque los delegados de San Antonio trataron de alejarse de los argumentos socio-políticos, no podían abstenerse de hacer pronunciamientos críticos sobre cuestiones políticas. Una gran contribución de San Antonio fue la expansión del universo de la misión con la inclusión del campo de la Creación, que esencialmente llamó la responsabilidad por el medio ambiente. También había una demanda de tierra para los pobres, los campesinos, los marginados y las minorías. Esto se basaba en el entendimiento de que Dios era el creador del mundo y, por tanto, era el verdadero dueño de la tierra. Así, la misión llegó a ser percibida como un movimiento hacia la justicia y la paz, junto con la integridad de la Creación, como ya había sido impulsado por el CMI en la conferencia de Vancouver, 1983.

La asamblea de Vancouver fue significativa debido a las maneras en que los delegados debatieron abiertamente sobre las cuestiones de paz y justicia en favor de los pobres y los marginados del mundo.[49] Los delegados también presionaron al cristianismo en las naciones desarrolladas para prestar atención a la Creación. Estaba claro para ellos que los países desarrollados estaban cometiendo graves abusos contra la naturaleza por el bien de la economía. Hasta la fecha, el debate continúa en diferentes foros en todo el mundo.

(3) La conferencia del CMI en San Antonio sostuvo la religiosidad popular y las fiestas populares observadas por las comunidades no occidentales. Valoraba positivamente el lenguaje religioso simbólico, así como temas que se referían a la fertilidad terrenal ya la sexualidad. Naturalmente, los evangélicos y pentecostales más conservadores, que han visto estas expresiones populares de religión

---

[48] Matthey, 'Serving God's Mission Together in Christ Way', p. 26.
[49] Paulo Suess ha escrito un artículo que identifica las tendencias actuales en la Comunidad ecuménica concerniente al servicio de la iglesia a los pobres. Véase, Suess, Paulo, "Missio Dei and the Project of Jesus: The Poor and the 'Other' as Mediators of the Kingdom of God and Protagonists of the Churches", *International Review of Mission* 92.4 (2003), pp. 550-59.

como paganas y contrarias a las enseñanzas de la Escritura, rechazaron dichas conclusiones.

(4) La conferencia de San Antonio reconoció y apreció los ministerios interculturales en el mundo. Esto era importante en este momento, ya que el CMI había mantenido silencio público sobre el tema desde la conferencia de Bangkok de 1982. Además, San Antonio reafirmó la necesidad de reparar las relaciones rotas entre los cristianos prósperos del Norte y los del Sur en desarrollo. Esto sólo puede suceder a través de un diálogo honesto y sincero.[50]

Lausana II (MANILA 1989)

El Congreso de Lausana II sobre Evangelización Mundial también se reunió en Manila, Filipinas, en 1989. Había más de 3.000 delegados y 170 países representados en la sala. La conferencia tuvo lugar en Septiembre de 1989, pocos meses después del Congreso del CMI de San Antonio. Los participantes en el LCWE no fueron seleccionados por ninguna autoridad eclesial o enviados por sus iglesias. Los amigos confesionales los invitaron y asistieron usando sus propios recursos. Así que el Congreso no tenía reconocimiento oficial de la mayoría de las denominaciones evangélicas. Sin embargo, el Congreso se estableció con una agenda muy larga.

En Lausana II, las discusiones del mundo evangélico se centraron en temas como el evangelio y la cultura, el evangelismo y la responsabilidad social, el estilo de vida cristiano, la conversión y el discipulado de manera contemporánea. El Manifiesto de Manila permaneció coherente con el Pacto de Lausanne, que se convirtió en el manual de la misión para la mayoría de los evangélicos. Sin embargo, hubieron algunos nuevos temas presentados en Manila que deben ser considerados dentro del marco de este estudio.[51]

(1) Los seres humanos son creados a imagen de Dios. Son pecadores y necesitan la redención. Están perdidos sin Jesucristo. Lausanne ve esta realidad como una condición previa para la

---

[50] Stott, John (ed.), *Making Christ Known: Historic Documents from the Lausanne Movement 1974–1989* (Grand Rapids, MI: Eerdmans, 1997), p. 29.

[51] Las veintiuna afirmaciones del manifiesto de Manila pueden encontrarse en Robinson, B. A., 'The Manila Manifesto: An Elaboration of the Lausanne Covenant 15 Years Later', *Lausanne Committee for World Evangelisation* (2003). http://www.religioustolerance.org/evan_cove2.htm. Accessed 10 February 2007. Véase también, LCWE, LCWE, *The Manila Manifesto: An Elaboration of the Lausanne Covenant 15 Years Later* (Ontario, CA: LCWE, 1989), pp. 12-16.

proclamación del Evangelio. Puesto que no hay esperanza para la salvación fuera de Jesucristo, la obra de evangelismo y discipulado debe tener lugar en cada iglesia. Por lo tanto, el mensaje del Evangelio debe ser llevado por todos los que creen en Cristo.[52]

(2) Énfasis en el Jesucristo histórico. Los cristianos son comisionados para anunciar a Jesús de Nazaret que murió en la cruz y también fue resucitado según la Escritura. Contrariamente a Lausanne I, los delegados estaban abiertos a opiniones que favorecieron el diálogo con personas de otras religiones, pero se negaron a pasar de la posición de que no hay salvación sin Cristo.[53] Lausanne II rechazó las falsas doctrinas y repudió los evangelios que son mitad ciertos y mitad falsos.

(3) El papel de la apologética recuperó su lugar en la iglesia. En Manila, los evangélicos enfatizaron la importancia de la proclamación del Evangelio sin duda ni temor. El tema era "el Evangelio completo al mundo entero por parte de toda la iglesia".[54] Además, los cristianos podían defenderla. Así, la apologética se convirtió en una responsabilidad esencial en la predicación y otros deberes asignados por la iglesia.[55] Manila también concluyó que el evangelismo es la primera prioridad en la misión de todos los cristianos. Esto incluye un balance perfecto entre la fe y las buenas obras.

(4) Manila concluyó que el evangelio son Buenas Nuevas para los pobres. Los delegados entendieron que el mensaje de Cristo contiene

---

[52] El movimiento de Lausanne mantiene las ideas de John Stott de nuevo. Sus enseñanzas sobre evangelismo y discipulado continúan influyendo en las iglesias evangélicas y más allá. Sus ideas sobre evangelismo y discipulado se pueden encontrar en su libro sobre los romanos. Véase, Stott, John, *The Message of Romans, The Bible Speaks Today* (Leicester, UK: Leicester and Downers Grove, 1994), pp. 53-55.

[53] Los evangélicos han discutido suavemente su posición con respecto al diálogo interreligioso. Arthur Glasser no ve ningún problema en hablar con la gente de otras confesiones de fe, siempre y cuando no cuestionen el señorío de Jesús. Véase, Glasser, Arthur, 'A Paradigm Shift: Evangelicals and Interreligious Dialogue', *Missiology* 9.4 (1981), pp. 392-408. See also T.C. Muck, 'Evangelicals and Interreligious Dialogue', *JETS* 36.4 (1993), pp. 517-29.

[54] Véase por ejemplo, Wright, Christopher J. H., 'Whole Gospel, Whole Church, Whole World', *Christianity Today* (2009). http://www.christianitytoday.com/ct/2009/october/index.html. Accessed 12 January 2011.

[55] Alister McGrath escribió un artículo que define la apologética evangélica contemporánea. Él construye su argumento basado en el manifiesto de Lausanne en Manila de 1989. Véase, McGrath, Alister E., 'Evangelical Apologetics', *Bibliotheca Sacra* (1988) http://www.theologicalstudies.org.uk/article_apol_mcgrath.html. Accessed 24 July 2011.
El autor afirma que la apologética ayuda a "la gente a comprender la gloria plena de lo que el Evangelio ofrece".

denuncias proféticas contra toda clase de injusticia y opresión.[56] Los cristianos debían permanecer humildes delante de Dios y deseosos de proteger a los pobres y débiles a favor de Cristo con ellos para la salvación, la redención y la solución a sus necesidades más básicas.

(5) La presencia del Espíritu Santo en la Misión. Manila enfatizó que el Espíritu Santo es la fuente más importante de poder para la misión.[57] Este fue quizás el reconocimiento más visible de Lausanne a la enseñanza pentecostal de la espiritualidad, particularmente de la guerra espiritual.[58] Los delegados también insistieron en que Dios quiere ser entendido como el principal evangelista en este mundo.

(6) La prioridad de la iglesia local. Manila reafirmó la prioridad de la congregación local en el trabajo de misión. También enfatizó la importancia de la cooperación en el evangelismo. Esta cooperación se ve ahora en las alianzas entre iglesias y organismos para-eclesiales.[59] En algún momento, hubo discusión sobre la relación que algunos de los delegados tienen con el CMI. Esta cuestión se dejó a su propia decisión. Lausanne no iba a decirles con quién debían relacionarse como socios en el ministerio.

(7) El desafío del nuevo milenio. Manila se enfocó en la urgencia del llamado a proclamar el Evangelio entre los grupos de personas no alcanzadas del mundo.[60] La llegada del nuevo milenio representó un

---

[56] Keller, Timothy, 'The Gospel to the Poor', *Redeemer City to City* 33.2 (2008), pp. 6-7. El autor se opone a la mentalidad colonial de la benevolencia. En su lugar, él llama a una misión que trae el Evangelio a los pobres con un enfoque total. Es más que dar; requiere una relación completa, tal como Jesús se relacionó con ellos.

[57] Matthey, *Serving God's Mission Together in Christ's Way*, p. 27.

[58] En ese momento de la historia era obvio que el movimiento pentecostal y carismático había impregnado a la misión evangélica. Los evangélicos comenzaron a estudiar acerca de la guerra espiritual, particularmente con respecto al evangelismo. Estas son algunas obras publicadas en o después de la conferencia de Lausanne II: Murray, W. Dempster., Byron D. Klaus y Douglas Peterson, *Called and Empowered: Global Mission in Pentecostal Perspective* (Peabody, MA: Hendrickson, 1990); Kraft, Chuck, *Christianity with Power: Your Worldview and your Experience of the Supernatural* (Oxford, UK: Blackwell, 1991). También escribió sobre la guerra espiritual, Kraft, *Deep Wounds Deep Healing: Discovering the Vital Link Between Spiritual Warfare and Inner Healing* (Pasadena, CA: Regal Books 1992).

[59] Sobre el tema de la asociación local y para-eclesial en misión, véase el artículo de Hammett, John S., 'How Church and Para-Church Should Relate: Arguments for a Servant-Partnership Model', *Missiology* 28.2 (2002), p. 201.

[60] Véase, por ejemplo, el informe del Movimiento de Lausanne, "Unreached People Groups", *Lausanne Global Conversation* (2010). http://conversation.lausanne.org/en/home/unreached-people-groups. Accesado 23 Augusto 2011.

paso más cerca de la venida del Señor y la iglesia tuvo que ser consciente de ello. El nuevo énfasis de Lausanne fue: "el Evangelio completo al mundo entero por parte de toda la iglesia".[61]

La urgencia del evangelismo fue presentada como una reacción al movimiento recién creado y militante conocido como "AD 2000 y Más Allá." Este movimiento buscaba llegar con el Evangelio a los "grupos de personas no alcanzadas", ubicadas en una ventana geográfica imaginaria desde África Occidental hasta Asia Oriental, 10 grados a 40 grados al norte del ecuador. Se llamaba desde entonces la Ventana 10/40. "Esas personas, muchas de las cuales estaban presentes en Manila, insistieron en el impulso de evangelizar a todos los pueblos no alcanzados que viven dentro de esa Ventana 10/40".[62]

Fue notable la participación de los delegados pentecostales junto con otros líderes carismáticos, que voluntariamente se abrieron para participar con otros líderes evangélicos en la planificación para el futuro de la misión. Para que estos líderes logren la unidad y la cooperación a este nivel, tuvieron que salir de sus círculos eclesiásticos tradicionales y mostrarse vulnerables por el bien de la Obra de Dios.[63] Esto podría ser visto como una nueva actitud de cooperación y reconocimiento entre Cristianos Este proceso de evolución en las relaciones de la iglesia fomentó la tarea de la Misión.

Consulta Global de la Evangelización Mundial (GCOWE por sus siglas en inglés)

En enero de 1989, alrededor de trescientos líderes de las agencias evangélicas y de las misiones se reunieron en Singapur para considerar lo que el Espíritu Santo estaba diciendo a la iglesia con respecto a la evangelización mundial. Fueron convocados por el movimiento AD 2000 y más allá, creado por algunos miembros del Movimiento de

---

[61] El tema del Evangelio completo al mundo entero por parte de toda la iglesia se discute en Guinness, Os. y David Wells (eds.), 'Global Gospel, Global Era: Christian Discipleship and Mission in the Age of Globalization', *Lausanne Global Conversation* (2010). http://conversation.lausanne.org/en/home/unreached-people-groups. Accesado 23 Augusto 2011.

[62] Wang, Thomas, ed.), 'Countdown to AD 2000', in *The Official Compendium of the Global Consultation on World Evangelization by AD 2000 and Beyond* (Pasadena, CA: William Carey Library, 1989), p. 236.

[63] Véase, Butselaar, Jan van, 'San Antonio et Manille: Deux Cultures Missionnaires', *Perspectives Missionnaires* 1.20 (1990), pp. 19-22.

Lausana.[64] Representantes de Asia, África, América del Norte, Europa y América Latina se comprometieron a cooperar para cumplir la Gran Comisión para el año 2000.

Luis Bush emergió como líder de la Consulta Global sobre la Evangelización Mundial para el año 2000 y Más Allá De (GCOWE). A pesar de los diversos orígenes cristianos y nacionales, representados entre los 300 participantes, hubo una expresión unánime de compromiso con respecto a la Consulta Manifiesto. Declaró lo siguiente: "Creemos que es posible llevar el Evangelio a todos los grupos de personas para el año 2000."[65] En referencia a esto, Thomas Wang, jefe del movimiento de Lausanne, afirmó que el espíritu de GCOWE guíe a los líderes a "Prepararse, dejar de jugar, detener la división y volver la complacencia al entusiasmo".[66]

El enfoque de GCOWE facilitó los esfuerzos hacia la evangelización mundial, utilizando redes nacionales e internacionales. Hubo algunos debates sobre el diálogo y la cooperación interconfesional. Algunos líderes insistieron en las relaciones ecuménicas en particular con la Iglesia Católica para completar la tarea. A esos esfuerzos se opusieron fuertemente a la mayoría de los representantes latinoamericanos, quienes incluso amenazaron con abandonar la consulta si ese tema seguía siendo discutido.[67]

Por otra parte, se presentó muy poca discusión sobre los pobres y las transformaciones de las sociedades en las que se ubica la iglesia. Gran parte del énfasis estaba en la llamada Ventana 10/40, donde existían la mayoría de los grupos de personas no alcanzadas. El GCOWE estaba dominado por un fundamentalismo escatológico que estaba más preocupado por el fin del milenio que por la transformación del mundo con el Evangelio.[68]

---

[64] AD 2000 Movement, *Countdown to AD 2000*, p. vii.
[65] AD 2000 Movement, *Countdown to AD 2000,* p. viii.
[66] AD 2000 Movement, *The Official Compendium*, p. ix.
[67] AD 2000 Movement, *The Official Compendium,* p. 16.
[68] La Consulta Global sobre la Evangelización Mundial dio a luz al Movimiento AD2000 y Más Allá. El objetivo era una iglesia para cada pueblo y el Evangelio para cada persona hacia el año 2000. Los líderes afirman que Dios ha usado el Movimiento AD2000 y Más Allá para movilizar a la Iglesia y centrarse en los pueblos no alcanzados en la Ventana 10/40 y alrededor del mundo. Esto se hizo a través de consultas, esfuerzos de oración, iniciativas nacionales, pistas funcionales y grupos de trabajo y materiales de comunicación. El significado escatológico del final del siglo fue utilizado para motivar a evangélicos y pentecostales a movilizar congregaciones y misioneros. Véase, Robb, John D., *Focus! The Power of People Group Thinking* (Monrovia, CA: MARC, 1989), pp. 32-34.

Caída del Muro de Berlín

En 1989, cuando el CMI celebró su conferencia en San Antonio y Lausana II en Manila, esos delegados fueron los últimos en estar presentes en las conferencias cristianas mundiales, aún en un mundo político y económico dividido entre Oriente y Occidente. Fue en otoño de 1989 cuando el Muro de Berlín cayó.[69] El cristianismo vio por primera vez un mundo con un único modelo de economía. Esta realidad introdujo un nuevo orden mundial con nuevos desafíos y oportunidades para la iglesia.[70] La misión se rediseñó y reorganizó en una nueva cultura de globalización.[71] De repente, los líderes cristianos vieron un cambio rápido, nuevos y poderosos avances en la tecnología que afectaron la comunicación[72] y las formas en que el mensaje del Evangelio fue entregado.

Las realidades del nuevo orden mundial abrieron nuevas oportunidades para la misión en un mundo globalizado. La próxima década estuvo llena de sorpresas y grandes desafíos para la iglesia. En la próxima revisión histórica, resaltaré algunos de esos elementos, que son significativos para la Misión y el propósito de este estudio.

La misión en los años 1990s y más allá

Con el comienzo del llamado nuevo orden mundial anunciado por el Presidente de los Estados Unidos después de la primera Guerra del

---

[69] Francis Fukuyama, entre muchos autores, hace referencia a la caída del Muro de Berlín como el comienzo del actual nuevo orden mundial, que afecta por completo a la vida humana. Véase, Fukuyama, Francis, *State-Building: Governance and World Order in the 21st Century* (New York, NY: Cornell University Press, 2014), p. 102.

[70] Rothstein, Robert L., *Global Bargaining: UNCTAD and the Quest for a New International Economic Order* (Princeton, NJ: Princeton University Press 1979). El autor describe las tendencias contemporáneas en la formación de la Conferencia de las Naciones Unidas sobre el Desarrollo del Comercio (UNCTAD) y su papel en el Nuevo Orden Económico Internacional (NIEO). Sobre el mismo tema, véase, Dyer, Gwyne, *Future Tense: The Coming World Order* (Toronto, Canada: McClelland & Stewart, 2006), pp. 24-26.

[71] Una contribución significativa a la nueva cultura de la globalización fue hecha por Robertson, Roland, "Mapping the Global Condition. Globalization as the Central Concept", en Mike Featherstone (ed.), *Global Culture: Nationalism, Globalization and Modernity* (London, UK: Sage Publications, 1990), pp. 15-29.

[72] Lin, Carolyn A., "Communication, Technology and Global Change", in Carolyn A. Lin and David J. Atkin (eds.), *Communication, Technology and Social Change: Theory and Implications* (Mahwah, NJ: Routledge, 2007), pp. 17-35.

Golfo, el cristianismo tuvo que adaptarse a la nueva realidad. Además, "con la desaparición del marxismo y del comunismo no existe una ideología global que sitúe a los pobres en el centro de su visión de un mejor futuro de la humanidad".[73] Esta declaración refleja una estricta preocupación por los pobres y no por la ideología marxista practicada por la antigua Unión Soviética. Reconoce el hecho de que la causa para ellos, abandonada por todos los sistemas socio-políticos, se ha convertido en una preocupación para la Iglesia. Así, la llegada de los años noventa representó un nuevo reto para los pobres y marginados.

Fue en 1996 que el CMI organizó la próxima Conferencia sobre Misión Mundial y Evangelismo, la última reunión de este tipo celebrada en el siglo XX. La reunión tuvo lugar en Salvador, Bahía, Brasil, con el lema "Llamados a Una Esperanza: el Evangelio en las diversas culturas". Todos los preparativos para esta conferencia fueron descentralizados a través de estudios realizados en diferentes lugares y épocas. Algunas de las conclusiones de esta reunión son importantes para los nuevos contextos emergentes de la misión.[74]

(1) Durante los años noventa, el mundo ecuménico se dio cuenta de que el Evangelio no estaba disponible en todo el mundo y que necesitaban insinuarse en un número de grupos de personas en el mundo que no tenían una iglesia cristiana. Se dieron cuenta de la riqueza en una variedad de culturas y sus respectivas expresiones de la Voluntad de su Creador. Ninguna denominación o grupo de personas puede pretender tener el derecho exclusivo para la difusión del Evangelio. Misionológicamente, todas las culturas deben ser consideradas iguales y tener el mismo valor ante Dios. Dios no sólo quiere llegar a todas las culturas, sino que también quiere que las personas de todas las culturas se conviertan en evangelistas y misioneros. Obviamente, todas las iglesias en todo lugar tendrían que llevar el mensaje del Evangelio a otras culturas también.

La proclamación del Evangelio es transcultural y de igual forma los temas, los evangelistas y los misioneros también. Dios quiere completar la misión de evangelismo en cada cultura y grupo de personas. Él quiere que todas las culturas participen en la proclamación del Evangelio y entonces, asumo que la Misión habría sido cumplida. "Por

---

[73] Myers, Bryant L., *The New Context of World Mission* (Monrovia, CA: MARC, 1996), p. 17.

[74] Véase Duraisingh, Christopher, "Called to One Hope: The Gospel in Diverse Cultures", *Conference on World Mission and Evangelism Salvador, Bahia, Brazil* (24 November-3 December 1996).

lo tanto, el Evangelio debe ser capaz de llegar a ser y desarrollarse en cada cultura según su propia genialidad".[75] Todo contexto cristiano debe ser creativo en su forma de vivir y presentar el Evangelio.

(2) La conferencia del CMI en Salvador, Bahía, también trajo otras ideas. Junto con los dones y talentos naturales de cada cultura, también hay elementos pecaminosos de destrucción, violencia, exclusión y desprecio. Esta paradoja es real: toda cultura muestra elementos de reconciliación, solidaridad y paz, pero también están presentes los caminos del mal, sobre todo entre aquellos que no conocen a Cristo. Hay dos elementos que podrían ayudar a entender este pecado cultural.

El cristianismo sigue luchando contra la discriminación y la opresión de las mujeres.[76] Este es un pecado común de la mayoría de las culturas dominadas por los hombres. Los que trabajan en solidaridad con las mujeres afirman que algunas culturas locales no les dan dignidad y les niegan opresivamente sus derechos humanos. No se anima a las mujeres a desarrollar sus talentos naturales y sus potenciales capacidades.[77] Este tipo de discriminación u opresión no fue causada por las estructuras internacionales de poder, sino por la cultura local. Existen estructuras sociales, costumbres, tradiciones y creencias que sujetan a las mujeres a la opresión.[78]

La religión es parte de la cultura, pero la cultura no puede usar la religión para preservar costumbres, identidad étnica y tradiciones. Esta cuestión es particularmente difícil en América Latina, ya que algunos países o sociedades usan a menudo la religión para preservar la cultura, la sociedad, las tradiciones e incluso la hegemonía política.[79] Por razones obvias, no podría elaborar más sobre este tema, pero el tema podría ser un tema de investigación en estudios posteriores

En Salvador se dejó claro que la cultura no puede usarse para oscurecer los principios del Evangelio. La misión debe identificar las tendencias que llevan a una sociedad a crear o facilitar sistemas

---

[75] World Council of Churches, "Mission and Evangelism", p. 46. La asamblea del CMI en Salvador, Bahía, registró esta declaración para afirmar la creatividad local de los cristianos. Enfatizó el uso de los recursos locales en el contexto de la iglesia.

[76] Sharon Smith ha escrito sobre la opresión de las mujeres y su lucha por la autodeterminación. Véase, Smith, Sharon, *Women and Socialism: Essays on Women's Liberation* (Chicago, IL: Haymarket Books, 2005), pp. 35-36.

[77] Smith, *Women and Socialism*, p. 42.

[78] Smith, *Women and Socialism*, p. 36.

[79] Sobre la influencia de la religión sobre la cultura, en América Latina, véase Lehmann, David, *Struggle for the Spirit: Religious Transformation and Popular Culture in Brazil and Latin America* (Oxford, UK. Wiley, 1996), pp. 68-75.

opresivos, la explotación y la violencia contra los pobres y marginados. Tales tendencias negativas podrían observarse en los Estados Unidos con la discriminación, la violencia y la intimidación dirigidas a los extranjeros, particularmente los inmigrantes hispanos indocumentados que han llegado recientemente al país.

Los líderes políticos han utilizado la guerra contra el terrorismo para perseguir a la Comunidad Latina. Hasta cierto punto, los hispanos se han convertido en chivos expiatorios en la guerra contra el terror. Pero lo que es más detestable es que los cristianos han justificado esas acciones o simplemente han permanecido en silencio. Profetas y pastores quedaron cegados por sus opiniones políticas y su teología fundamentalista de la legalidad.

(3) En la Conferencia del CMI de Melbourne, los delegados llegaron a la conclusión de que la identificación de las culturas no podía ser impuesta de arriba a abajo por centros eclesiásticos, como por ejemplo Roma o Ginebra. Esto tuvo que lograrse a través de diálogos ecuménicos, teniendo en cuenta todas las realidades específicas de las culturas y las comunidades.[80] Cristianos que viven en esas culturas deben ser las que identifiquen las fuerzas o elementos contrarios a la práctica de *missio dei*. La comunidad eclesiástica internacional se dio cuenta de que los datos más significativos fueron adquiridos en cooperación con las iglesias y comunidades locales. Sin embargo, esto era problemático para la familia Protestante, puesto que no tenía un centro común como la Iglesia Ortodoxa o la Iglesia Católica. Sin embargo, los protestantes pueden hacer buen uso de sus estructuras no directivas para ser creativos y ofrecer nuevas alternativas a las estructuras tradicionales de la Iglesia Ortodoxa o Católica. Este es un área donde tanto el movimiento de Lausanne como el CMI pueden demostrar su utilidad. Estas son plataformas donde los Cristianos pueden desarrollar lo que podría llamarse una hermenéutica intercultural, un elemento esencial para mantener la unidad entre las diversas iglesias arraigadas en sus respectivas culturas.

---

[80] En los últimos años han tenido lugar diálogos religiosos entre diferentes confesiones de fe. Eso parece ser un patrón, que puede llevar a los grupos religiosos a compartir el espacio en las mismas comunidades. Véase, por ejemplo, Cobb, John B. *Postmodernism and Public Policy: Reframing Religion, Culture, Education, Sexuality, Class, Race, Politics and the Economy* (Albany, NY: State University of New York Press, 2002), pp. 15-19.

(4) El debate sobre el evangelio y la cultura estuvo lejos de ser cerrado por la Conferencia de Salvador, Bahía.[81] Ha continuado y ha sido particularmente enriquecido por la amplia definición de la cultura utilizada en Salvador, que también incluye la religión. Como resultado, el debate sobre la culturización ya no puede evitar el asunto del sincretismo, cuestión delicada si alguna vez hubo una.[82] La Asamblea del CMI de 1991 en Canberra, Australia, se vio profundamente dividida por la polémica presentación de Chung Hyun Kyung, en la que utilizó símbolos de una religión tradicional coreana en su exposición de la teología cristiana.[83]

Los delegados evangélicos, así como los de las iglesias ortodoxas, se alejaron vehementemente de ese enfoque. Las difíciles discusiones, que pueden tener lugar entre las iglesias ortodoxas y otros miembros del CMI, trajeron nuevas definiciones de la diversidad, la libertad y los límites que están presentes en la discusión de la culturización del evangelio. Esta cuestión también estaba presente en el diálogo ecuménico entre el CMI y los pentecostales, particularmente en la presentación del Evangelio a grupos locales en el mundo en desarrollo.

Este asunto sigue siendo un área de conflicto para los protestantes que muestran fuertes reservas en su enfoque de la religión popular o coloquial.[84] Los protestantes piensan que las iglesias históricas han prestado demasiado a la cultura religiosa y popular y esto se ha convertido en un obstáculo en el diálogo entre los cristianos sobre la misión. San Antonio pudo haber abierto la puerta a estas discusiones de experiencias religiosas pero en la conferencia de Salvador los delegados fueron aún más lejos cuando trataron de distinguir entre el sincretismo que es fiel a Dios y su propósito para el mundo y el sincretismo que es contrario al propósito del Evangelio. Los miembros de la familia protestante no aceptaron la distinción de que existe tal cosa como sincretismo que es fiel al propósito de Dios.

---

[81] Una actualización sobre el debate del Evangelio y la cultura se puede encontrar en Matthews, Ed, "Relationship Between the Gospel and Culture: The Continuing Debate", *Journal of Applied Missiology* 1.2 (2003), pp. 2-4.
[82] Sobre el tema de la culturización en el contexto de América Latina, véase, Wilbert, Johannes, *Enculturation in Latin America: An Anthology* (Los Angeles, CA: UCLA Latin American Center Publications, 2008), pp. 8, 9, 237.
[83] La integración de la religión tradicional coreana con la teología cristiana es ampliamente descrita por Yoon, Sung-Bum. 1998. *Korean Confucianism and Korean Theology* (Seoul, Korea: Kamsin Publications, 1998), pp. 15-45.
[84] Hiebert, Paul G. y Daniel Shaw, *Understanding Folk Religion: A Christian Response to Popular Beliefs and Practices* (Grand Rapids, MI: Baker Books, 2000).

(5) En la esfera del testimonio común y el rechazo total de cualquier forma de proselitismo, la conferencia de 1996 confirmó las declaraciones de anteriores asambleas del CMI. Para los delegados del CMI, era crucial reiterar la no-proselitización, particularmente en el contexto de Europa Oriental, donde hubo una reapertura a las formas de cristianismo después de la Guerra Fría.

Las iglesias ortodoxas que se sintieron invadidas por las iglesias protestantes que reforzaron el asunto. Entre esos nuevos grupos cristianos, los pentecostales parecen no tener respeto por la religión de la gente local o de las iglesias.[85] La actitud de las iglesias ortodoxas pudo haber sido también una respuesta a la llegada de otras tradiciones cristianas a sus tradicionales esferas de influencia.

(6) Finalmente, la atención prestada al lenguaje ya las demandas de los pobres fue significativa en Salvador, Bahía, donde representantes de grupos indígenas exigieron respeto por su cultura y expresiones de identidad.[86] Solicitaron una verdadera asociación con las iglesias históricas en su enfoque de la Misión. Si esta asociación pudiera ser establecida, entonces la preocupación misionera por los pobres decidida en Melbourne ayudaría a revitalizar el mensaje cristiano para el mundo en desarrollo. En el siglo XXI, estos grupos indígenas son cada vez más fuertes, orgullosos portadores de su cultura, religión y tradiciones.

Después de este encuentro con grupos indígenas, los misioneros se han visto obligados a integrar dos tendencias que se han insertado en la agenda misionera de la iglesia: una fue la adopción católica de la opción preferencial por los pobres y la otra la actitud de los cristianos hacia otras religiones.[87] Esto ha llevado a algunos nuevos razonamientos, por ejemplo, que Dios está trabajando entre estas personas antes de que los misioneros llegaran con el mensaje del evangelio. Este cambio se hizo muy claro; estos pueblos ya no podían ser vistos como pobres o paganos, ni simples objetos de desarrollo económico ni simples objetos de la misión. En su lugar, estaban reclamando su condición de miembros en la misión.[88]

---

[85] World Council of Churches, *Towards Common Witness: A Call to Adopt Responsible Relationships in Mission and to Renounce Proselytism* (Geneva: WCC Publications, 1997), pp. 4-5.

[86] El reconocimiento de la pluralidad de misiones fue abordado seriamente, durante la conferencia del CMI en Salvador, Bahía, Brasil. Véase, Mortensen, Viggo y Andreas Nielsen, (eds.), *Walk Humbly with the Lord: Church and Mission Engaging Plurality* (Grand Rapids, MI: Eerdmans, 2010), p. 257.

[87] Mortensen, and Andreas, *Walk Humbly with the Lord,* pp. 300-307.

[88] Mortensen, and Andreas, *Walk Humbly with the Lord*, p. 152.

Esta fue una conclusión poderosa, porque lanzó un nuevo enfoque para el evangelismo. Antes de que los misioneros lleguen a la gente no evangelizada, Dios ya ha estado trabajando con ellos. La llegada de los misioneros es justamente la conexión necesaria para que lleguen al pleno conocimiento y propósito del Evangelio.[89] En otras palabras, Dios llega a ellos primero, en su propia cultura y conocimiento y luego envía misioneros para la conexión final.

Misión y evangelismo

Esta conferencia del CMI sobre la misión y la evangelización tuvo lugar en 2005 en Atenas, Grecia. El objetivo de esta reunión fue explorar y detectar los motivos comunes para el diálogo entre los cuerpos misioneros y la tensión observada en el campo de la misión. El mundo, particularmente en la mayoría de los países del Hemisferio Sur. Atenas también clamó al Espíritu Santo para sanar y reconciliarse: los cristianos han sido llamados en Cristo para construir comunidades reconciliadoras y sanadaras.[90]

En Atenas, era necesario apreciar los esfuerzos y dones de la misión, que se han practicado en diferentes contextos del mundo. Estaba claro que el Espíritu Santo había usado diferentes modelos de evangelización, dependiendo del contexto.[91] Por lo tanto, los delegados de Atenas se sintieron obligados a apreciar estos esfuerzos, ya que Dios los guió en Su propósito entre los pueblos del mundo. Wonsuk Ma, un erudito pentecostal de Corea, presentó un discurso magistral sobre el papel de la neumatología en la misión entre los pobres.[92] Estaba claro que los cristianos y las agencias de misión necesitaban oírse unos de

---

[89] Mortensen, and Andreas, Walk Humbly with the Lord, pp. 152-153.
[90] Un informe completo de este evento se encuentra en Matthey, Jacques, "Come Holy Spirit, Heal and Reconcile", en Jacques Matthey (ed.), *Report of the WCC Conference on World Mission and Evangelism, Athens, Greece* (Geneva, Switzerland: WCC Publications, 2005), pp. 12-16.
[91] Matthey, "Come Holy Spirit, Heal and Reconcile," p. 15.
[92] Ma, Wonsuk, 2007. When the Poor are Fired Up: The Role of Pneumatology in Pentecostal-Charismatic Mission', *Transformation* 24.1 (January 2007), pp. 28-34. El autor afirma que "el pentecostalismo es una religión de los pobres, no para los pobres". A pesar de que las iglesias históricas las marginaron, estas personas que provienen del nivel social y económico más bajo ahora tienen potencial para convertirse en los principales actores de la misión. Ma argumenta que este papel es evidente por el hecho de que el Espíritu Santo decidió usarlos a través de actividades significativas tales como sanidades, bautismo en el Espíritu, profecía y milagros, así como drásticas experiencias de conversión.

otros para aprender cómo mejorar su tarea misionológica. Algunos de los temas más relevantes debatidos en Atenas sobre la misión en el siglo XXI fueron los siguientes:[93]

El objetivo del evangelio

En Atenas, los delegados se dieron cuenta de que el Espíritu Santo continúa trabajando en los corazones, las vidas y la historia de todos los grupos de personas, para superar las malas estructuras de poder y liberar a la gente para servir al propósito de Dios en la tierra. También admitieron que los cristianos también han sido "implicados en el colonialismo, el racismo y el sexismo, pero el evangelio anima a la iglesia a hacer un gran esfuerzo por la liberación y una autocrítica".[94]

Enfoque de la misión

Los delegados también concluyeron que los cristianos deben hablar de *missio dei*. Esto exige justicia para todos los individuos y la sanidad integral de la creación. En esta misión, toda la iglesia ha sido llamada a participar. No debe haber excepciones para los pueblos, independientemente de su cultura, religión o raza.[95] Para cumplir con esta misión, todos los cristianos son llamados a participar. Su enfoque de la misión debe ser completo; pues busca superar el dualismo entre cristianos y no cristianos, así como la espiritualización del evangelio.[96] La Misión es la encarnación de las buenas nuevas de Cristo para testificar y liberar. También implica la educación, la proclamación de la Palabra, y la sanidad para los que están heridos.

También concluyeron que la participación en la misión de Dios incluye la sanidad de nuestras propias comunidades a través de la solidaridad con las necesidades de otras personas y una voluntad

---

[93] Para más información, véase el Consejo Mundial de Iglesias, 'Preparatory Paper', *Report of the WCC Conference on World Mission and Evangelism, Athens, Greece* (Geneva, Switzerland: WCC Publications, 2005), pp. 4-10.
[94] Matthey, "Come Holy Spirit", p. 14.
[95] Esta información está disponible en Kim, Sebastian C.H.K., Pauline Kollontai y Greg Hoyland (eds.), *Peace and Reconciliation: In Search of Shared Identity* (Burlington, VT: Ashgate Publishing Company, 2008), p. 39.
[96] Kim, Kollontai, and Hoyland, *Peace and Reconciliation*, p. 39.

intencional de reconocer sus propios fracasos en el proceso de la misión.[97]

Los delegados estaban convencidos de que el reino de Dios se manifiesta en el contexto del pueblo y que el objetivo de la iglesia es la proclamación del mensaje completo de salvación en Cristo.

Asuntos clave de la Misión

Aunque el énfasis del congreso en Atenas fue más sobre sanidad y reconciliación, pero también hubo otros temas debatidos, entre los cuales he seleccionado los siguientes:

Misión y desarrollo social

La misión y el desarrollo fueron el tema central de la conferencia de Atenas. el enfoque general era que los cristianos necesitaban superar el dualismo, no sólo mantener la tensión.[98] Los delegados insistieron en que el deber y la responsabilidad de la iglesia es compartir todo el evangelio. Para ello, los cristianos necesitan dar testimonio de Cristo en palabra y en acción. La iglesia debe servir a las comunidades al instalar mejores condiciones para aquellos que todavía viven en la pobreza y experimentando el miedo. El evangelio no podría ser completo a menos que se comprometa con estas necesidades tangibles y urgentes del mundo.

Sanidad y reconciliación

La sanidad y la reconciliación tenían un lugar prominente en Atenas. Los cristianos son llamados en Cristo a ser comunidades curativas y reconciliadoras.[99] Atenas debatió sobre estos términos, definiendo el tipo de comunidad que Dios desea que su pueblo llegue a ser:

Una comunidad que da testimonio del evangelio en palabra y obra; que está vivo en la adoración y el aprendizaje; que proclama el Evangelio de Jesucristo a todos; que ofrece a los jóvenes roles de

---

[97] Sobre la cuestión de la salvación para todas las personas, véase, Kärkkäinen, Veli-Matti, *Holy Spirit and Salvation: The Sources of Christian Theology* (Louisville, KY: Westminster John Knox Press, 2010), p. 346.

[98] Véase, por ejemplo, el artículo de Conradie, Ernst M., "Mission as Evangelism and as Development? Some Perspectives from the Lord's Prayer", *International Review of Mission* 94.375 (2005), pp. 557-75.

[99] Kärkkäinen, *Holy Spirit and Salvation*, p. 346.

liderazgo, que abre sus puertas a los extraños y acoge a los marginados dentro de su propio cuerpo; que se compromete con los que sufren, y con los que luchan por la justicia y la paz; que proporciona servicios a todos los que están en necesidad; que reconoce su propia vulnerabilidad y necesidad de sanidad; y que es fiel en su compromiso con la creación más amplia.[100]

Evangelio y cultura

Esta dialéctica había sido central en la conferencia de Salvador, Bahía. Esto había llamado a los cristianos a convertirse en anticulturales al elevar sus voces de manera responsable y hacer que su presencia fuera influyente en medio de las sociedades paganas.[101] Atenas invitó a los cristianos a ser activos en sus lugares de origen y de trabajo para asegurar elecciones libres y justas y promover una educación sana para sus comunidades locales.

Diálogo y testimonio

En Atenas, el debate sobre las relaciones interreligiosas se celebró en medio de tensión. Los presentadores de Europa, América del Norte y Asia estaban convencidos de que Dios sólo habla a través de su fe. Estaban ansiosos de oponerse a cualquier fuente de religión pagana en su comprensión de la revelación de Dios. Ellos estaban dispuestos a admitir que Dios podía hablar a través de las diversas culturas, pero que la precaución debe ser observada cuando otras religiones afirman haber recibido tales revelaciones.

Solidaridad humana y diversidad cultural

Los delegados de Atenas reconocieron la necesidad de asociaciones mundiales en misión, pero que los cristianos deben tener cuidado de no promover una sola teología o cultura.[102] Atenas debatió sobre la necesidad de una interdependencia liberadora, o un diálogo compartido entre todas las diversas experiencias y expresiones del amor de Dios en Cristo. Esto podría considerarse como alternativas a algunos

---

[100] Matthey, "Come Holy Spirit, Heal and Reconcile", p. 16.
[101] Véase Schmidt, Alvin J., *How Christianity changed the world* (Grand Rapids, MI, Zondervan, 2009).
[102] Conradie," Mission as Evangelism and as Development?", p 4.

movimientos nongratos de la globalización. Si las iglesias occidentales apoyaban la necesidad de la globalización en la misión, una de las buenas causas podría ser la necesidad de combatir el problema del SIDA en África.

El diálogo se hizo más difícil cuando algunos oradores también incluyeron la cuestión de los derechos humanos en sus presentaciones. Hablaron sobre los derechos de los homosexuales en la agenda para la implementación de la justicia en América del Norte.[103] Esta discusión abrió un tema que no pudo ser contestado en ese momento y los delegados fueron despedidos con preguntas que todavía no se han respondido en esta área.

Unidad y misión

En Atenas, muchos oradores procedían de iglesias organizadas por uniones confesionales o tradiciones arraigadas en las culturas occidentales. Esto causó controversia entre los delegados de un gran número de ellos procedían de grupos independientes que se han reunido en organizaciones denominacionales alrededor del mundo. Algunos delegados del Sur introdujeron la cuestión de la igualdad en el reparto de responsabilidades relacionadas con la misión cristiana. Era evidente que algunos modelos del cristianismo de América del Norte se han convertido en fuente de divisiones y fragmentación en lugar de agentes de unidad. Los delegados iniciaron un diálogo, que propondría una solución a esta dificultad. Para la mayoría de ellos, la misión sólo podía llevarse a cabo en la verdadera unidad reflejada a través de asociaciones efectivas.[104]

---

[103] World Council of Churches, *Report of the WCC Conference on World Mission and Evangelism*, 8-10. Está claro que los delegados en la conferencia de Atenas terminaron con la convicción de que el cristianismo tendrá que prepararse teológicamente para responder a la emergente agenda gay en el mundo. Un autor que se enfrenta a la edición extensivamente es Ronnie W. Floyd. Él argumenta que los cristianos están siendo desafiados desde varios frentes con respecto a este asunto y que necesitan prepararse bien para enfrentarlo de la manera correcta. Véase, Floyd, Ronnie W., *The Gay Agenda: It's Dividing the Family, the Church, and a Nation* (Green Forest, AR: New Lift Publications, 2004), pp. 17-19.

[104] En la CWME del CMI en Atenas, se presentó el tema de la salud de las obras de arte y posteriormente fue publicado por Yjorhom, Ola, *Apostolicity and Unity: Essays on the Porvoo Common Statement* (Geneva, Switzerland: WCC Publications, 2003), pp. 24-32. 2003. En su presentación valora la asociación como un modelo efectivo para la evangelización en el mundo actual.

Teología contextual y misión

Los delegados de Atenas estaban ansiosos de dialogar sobre la importancia de una teología que es contextual y enfatiza la misión. Aunque la conferencia apuntaba a reforzar el significado de la contextualización de la misión, el tema alcanzó mayores niveles de discusión. Los organizadores invitaron a presentadores de diferentes lugares del mundo a la misión en sus propios contextos particulares. Sin embargo, la mayoría de ellos presentaron documentos con fuertes demandas de justicia, reconciliación, sanidad y unidad. Este fue el caso de algunos representantes sudafricanos en particular, quienes citaron la obra del fallecido David Bosch, ya que él llamó a "la humildad atrevida—atrevida, en nuestro testimonio de la verdad de Dios dada a conocer en Cristo, humilde en nuestro reconocimiento de que nuestras percepciones de esa verdad son necesariamente limitadas por la historia y la cultura ."[105]

---

[105] Bosch, David J., *Transforming Mission: Paradigm Shifts in Theology of Mission* (Maryknoll, NY: Orbis Books, 1991), p. 590.

2

MISIÓN Y PENTECOSTALISMO

El debate sobre la misión integral del pentecostalismo en América Latina sigue siendo incipiente.[1] No hay evidencia de que los pentecostales hayan desarrollado su propia teología de la misión integral. En cambio, han tenido que depender de la conceptualización que las dos corrientes principales que tradicionalmente debatieron sobre la misión y sus implicaciones para los cristianos comprometidos con el servicio social,[2] la Igesia Católica y el movimiento evangélico. Para este estudio revisé los relatos históricos más recientes de los movimientos evangélicos y conciliares porque es evidente que aquellos pentecostales que se comprometen con la misión integral hoy se inspiraron en los debates de los congresos antes mencionados.[3]

Esta sección trata del impacto que las conferencias misionales causaron sobre el pensamiento pentecostal más reciente. La actividad académica de varios escritores han comenzado a surtir efecto sobre el estudio de la misión en el último cuarto del siglo XX.[4] Dicho debate ha tenido lugar en medio del recelo religioso, pues los pentecostales en América Latina han sido históricamente desconfiados de cualquier

---

[1] Smith, Calvin L., "Latin American Pentecostalism: The Ideological Battleground," in *Pentecostal Power Expressions, Impact and Faith of Latin American Pentecostalism*, Smith, Calvin L. (ed.), (Leiden, The Netherlands: Brill, 2011), pp. 86-110.

[2] Martin, David. 1990. Tongues of Fire: The Explosion of Protestantism in Latin America (Oxford, UK: Blackwell, 1990), p. 232; Yamamori, Tetsunao, *Serving with the Poor in Latin America: Cases in Holistic Ministry* (Monrovia, CA: MARC, 1997), p. 164.

[3] Véase, Salazar, Elizabeth, "Gracia y Reconciliación, Un Tema Pertinente para Hoy," en Batista, Israel (ed.), *Gracia, Cruz y Espera* (Quito, Ecuador: CLAI, 2004), pp. 69-80. Calvin L. Smith con respecto a las diferentes expresiones de fe de los pentecostales en América Latina. Véase, Martin, Berenice, "Latin American Pentecostalism: The Ideological Battleground," en Smith, Calvin L. (ed.), *Pentecostal Power. Expressions, Impact and Faith of Latin American Pentecostalism* (Leiden, The Netherlands: Brill, 2011), pp. 86-110.

[4] Campos, Bernardo, *Pentecostalismo y Cultura: La Espiritualidad Pentecostal en el Perú* (Quito Ecuador: CLAI, 1994), pp. 51-68; y, López, Darío, *Pentecostalismo y Misión Integral: Teología del Espíritu, Teología de la Vida* (Lima, Perú: Ediciones Puma, 2008).

diálogo relacionado con el movimiento de Edimburgo en particular.[5] La razón y las consecuencias de tal sospecha serán dejadas para otros estudios. Sin embargo, un número significativo de pentecostales asistieron a la conferencia de Edimburgo 2010, de diferentes partes del mundo.[6]

Con los congresos de Edimburgo 2010 y Lausana III, las iglesias pentecostales fueron desafiadas a pensar y actuar integralmente en la proclamación del evangelio. Debido a su origen, los pentecostales son conscientes que los pobres y marginados necesitan asistencia inmediata en sus condiciones espirituales, sociales, económicas y políticas. Esto se refleja en publicaciones escritas recientemente.[7] En América Latina, hay una combinación de jóvenes y experimentados académicos pentecostales que han comenzado a participar activamente en el debate de la misión integral.[8]

Una conexión reflexiva con estas dos conferencias es necesaria en este estudio. Estos son dos de los movimientos más notables en el mundo protestante: Edimburgo y el Movimiento de Lausana. Los pentecostales son miembros de ambos movimientos y reciben influencia

---

[5] Véase, Westmeier, Karl-Wilhelm, *Protestant Pentecostalism in Latin America: A Study in the Dynamics of Missions* (London, UK: Associated University Press, 1999), pp. 47-56.

[6] Al menos 23 delegados pentecostales se registraron en Edimburgo 2010. Aquellos hombres y mujeres emitieron una declaración pública a la conferencia, que se tituló: "Declaración de los participantes pentecostales en la Edimburgo 2010 Celebración del Centenario Edimburgo, Escocia, 2-6 de junio de 2010." Se emitió en forma de comunicado y se entregó a los dirigentes ejecutivos del congreso. Dicho documento se puede encontrar en http://www.edinburgh2010.org/en/resources/papersdocuments2327.pdf?no_cache=1&cid=33104&did=21557&sechash=89a967a2. Visto el 12 de mayo, 2013.

[7] Véase, Loreto, Cecilia, *Haciendo Frente a la Pobreza*. Philadelphia, PA: Temple University Press, 1994), pp. 32-8; véase también, Castillo, Cecilia. 2009. "Imágenes y Espiritualidad de las Mujeres en el Pentecostalismo Chileno," en Chiquete, Daniel y Luis Orellana (eds.) *Voces del Pentecostalismo Latinoamericano* III (Concepción, Chile: RELEP, 2009), pp. 183-196; y, Tancara, Juan Jacobo 2011. "¿Es la voluntad de Dios? Poder, Sumisión y Rebeldía en Evangélicos/as Pentecostales," en Chiquete, Daniel y Luis Orellana (eds.), *Voces del Pentecostalismo Latinoamericano* IV (Concepción, Chile: RELEP, 2011), pp. 217-232.

[8] López, Darío, *Pentecostalismo y Transformación Social* (Buenos Aires, Argentina: Ediciones Kairós, 2000), p. 39. Además, Orellana, Luis 2011. "El Futuro del Pentecostalismo en América Latina," en Chiquete, Daniel y Luis Orellana (eds.), *Voces del Pentecostalismo Latinoamericano* IV (Concepción, Chile: RELEP, 2011), pp. 141-46; y, Alvarado López, Gilberto, *El Poder Desde el Espíritu. La Visión Política del Pentecostalismo en el México Contemporáneo* (Buenos Aires, Argentina: Publicaciones Científicas para el Estudio de las Religiones, 2006).

directa en su teología de la misión de ambas fuentes. Esta influencia se observa en la teología y en la práctica de la misión en las congregaciones. Al regresar a sus países de origen, los pentecostales implementaron nuevas ideas recibidas en esos eventos e implementa nuevos conocimientos sobre la misión en sus iglesias.

En el año 2010 hubo dos consultas importantes que tuvieron lugar en Edimburgo (2-6 de junio) y Lausana III en Ciudad del Cabo (16-25 de octubre). Entre algunos de los temas que podrían afectar a la misión integral en América Latina se podría mencionar los siguientes.

Edinburgh 2010

(1) Edimburgo 2010 estudió la misión desde una perspectiva Trinitaria. Los delegados se acercaron a la teoría y la práctica de la misión en su comprensión de Dios como Padre, Hijo y Espíritu Santo. Para ellos, la suposición de que Dios es un misionero en su alcance a la humanidad afecta grandemente al papel del testimonio cristiano hoy en día. Además, la capacidad de discernir la acción del Dios Trino en medio de las relaciones interpersonales y cómo éste expresa su amor a la humanidad, ha impactado la comprensión de la eclesiología en lo que se refiere a la vida en la comunidad y la sociedad.[9] La salvación también se consideró en su amplio testimonio bíblico; ya que también incluye la libertad de toda forma de esclavitud. Edimburgo también exploró las interfaces dinámicas que tienen lugar entre la Trinidad, la salvación, la misión integral y el proceso de interpretar la Escritura.[10]

(2) Edimburgo 2010 investigó cómo es que la misión cristiana es observada por personas de otras confesiones de fe. Exploró maneras de testificar de Cristo tomando en cuenta la pluralidad religiosa y cultural de un mundo que está experimentando un resurgimiento significativo de creencias religiosas y una escalada en los diversos conflictos humanos. También exploró el significado actual de la pluralidad teológica e las iglesias y seminarios y cómo es que esa pluralidad afecta a la condición religiosa de las sociedades humanas. Además, los delegados reflexionaron sobre formas viables para abordar la soteriología cristiana en la misionología de hoy e incluso estos analizaron temas relacionadas

---

[9] Balia, Daryl and Kim, Kirsteen (eds.), *Edinburgh 2010: Witnessing to Christ*, Vol. II (Oxford, UK: Regnum Books, 2010), pp.10-29; y, Newbigin, Lesslie, *The Relevance of Trinitarian Doctrine for Today's Mission* (London: Edinburgh House Press, 1963), p. 84.

[10] Balia and Kim, Edinburgh 2010, p. 17.

con la conversión, el proselitismo, el diálogo y el encuentro entre hermanos cristianos, pero de diferentes denominaciones. Edimburgo 2010 exploró temas relacionados con el fundamentalismo religioso, la persecución contra los cristianos y el de aquellos creyentes "secretos" o "sin iglesia" que se han detectado, con expresiones cristianas diferentes, pero con convicciones espirituales singulares y muy significativas.[11]

(3) Misión en medio de la post-modernidad. En Edimburgo 2010, los delegados de la misión consideraron las cuestiones relacionadas con los nuevos fenómenos de la posmodernidad en sus diversas formas, así como su importancia en el pensamiento y la práctica de la misión cristiana. Varios eruditos investigaron un gran número de estructuras cristianas del siglo XXI. Presentaron artículos sobre creencias y prácticas religiosas, así como los principios éticos en un mundo cargado de información y una tecnología altamente desarrollada. Evaluaron la influencia del postcolonialismo con las actuales estructuras económicas y políticas, así como el internacionalismo y su compromiso con la religión institucional.[12] Los delegados también fueron capaces de discernir aspectos comunes y particularidades en contextos postmodernos, que se manifestaron en diferentes niveles de desarrollo en cada región del mundo.

(4) Edimburgo 2010 también evaluó la relación entre la misión y el poder. Los delegados debatieron las cuestiones de cómo se practica la misión en un mundo formado por diversas formas de poder. Esas formas podrían ser identificadas como espirituales, políticas, militares, financieras e internacionales. A medida que estas formas de poder interactúan con la práctica de la misión, afectan la cultura, los derechos humanos y organizaciones civiles. La misión, impulsada por el poder político, también podría tener un efecto negativo sobre la sostenibilidad ecológica. Esto último fue visto con urgencia y mucha atención. También se debatió sobre las desigualdades en los niveles de producción económica, que podrían manifestarse en la mala distribución de la riqueza y la participación desigual en el consumo de recursos. Los delegados también debatieron sobre las tensiones y asimetrías que resultan del ejercicio negativo del poder y cómo estas tensiones podrían afectar la práctica de compartir y comunicar el mensaje del evangelio a

---

[11] Balia and Kim, Edinburgh 2010, pp. 34-55; Véase incluso, Kraemer, Hendrik, *The Christian Message in the Non-Christian World* (London, UK: International Missionary Council, 1938), p. 102.

[12] Kirk, J. Andrew, *The Future of Reason, Science and Faith: Following Modernity and Postmodernity* (Basingstoke, UK: Ashgate, 2007), pp. 146-153.

la sociedad actual.[13] La discusión sirvió para evaluar las funciones del poder y la debilidad en el entendimiento y la práctica de la misión cristiana en muchas socedades y culturas.

(5) Edinburgo 2010 estudió las diferentes formas y estrategias de compromiso misionero transcultural. Los delegados entraron en el debate reconociendo y considerando que hay una variedad de grupos, organizaciones, tendencias, métodos y expresiones de la vida en la iglesia que están involucradas en la misión en el siglo XXI. Era importante para ellos discernir la importancia del testimonio de Cristo en el movimiento misionero de hoy. Para lograr este propósito, tuvieron que revisar los patrones de misión transcultural practicados hasta hoy, las iniciativas evangelísticas y el desarrollo comunitario, ya que surgieron como prácticas claves en el futuro de la misión cristiana.[14] Estos reconocieron la complejidad de la misión contemporánea y la estrategia de la evangelización; y que el cristianismo tendrá que abordar cuestiones relacionadas con la diversidad y la cooperación para tener éxito en la misión de hoy. Los delegados también llegaron a la conclusión que los misionólogos y los practicantes de la misión transcultural tendrán que considerar los problemas de comunicación, la resolución de conflictos y el uso indebido de los recursos.

(6) En cuanto a la educación teológica y la formación cristiana, Edimburgo 2010 también discutió la conexión entre los compromisos de discipulado (catequesis) y misioneros. Para estos, era importante considerar formas para fortalecer los aspectos misionales de la formación teológica y la formación de cada miembro de la iglesia. Querían el mismo nivel de importancia en la capacitación ministerial de los líderes laicos y ordenados, al igual que los miembros comunes de la iglesia. También examinaron diferentes modelos de currículos y metodologías educativas y su efecto sobre el desarrollo del carácter en contextos ministeriales emergentes. Los delegados de Edinburgo 2010 también examinaron la relación entre la academia y la sociedad, las cuestiones locales y globales, el clero y los laicos, así como la gestión de los recursos, la relevancia de los principios cristianos y el uso efectivo de los dones espirituales.[15]

---

[13] Véase también, Brown, Peter, *The Rise of Western Christendom: Triumph and Diversity*, A.D. 200-1000 (Oxford, UK: Blackwell, 2003), pp. 279-285.
[14] Myers, Bryant, "State of the World's Children: Critical Challenges to Christian Mission," International Bulletin of Missionary Research 18.3 (1994), pp. 98-102.
[15] Bosch, David, "Theological Education in Missionary Perspective," *Missiology* 10.1 (1982), pp. 17-9.

(7) Sobre las comunidades cristianas en contextos emergentes de servicio cristiano, Edimburgo 2010 examinó la diversidad de las comunidades cristianas, ya que se basan en diferentes tradiciones y se involucran con nuevos contextos de ministerio. Los delegados prestaron atención a temas como la rápida urbanización, las comunidades de inmigrantes recién establecidas, la movilización de trabajadores migrantes, así como la riqueza, las diferentes formas de pobreza y el surgimiento de mundos virtuales. Anotaron formas subyacentes de expresiones cristianas emergentes incluyendo conceptos tales como cosmovisión, tradiciones, culturización, lenguaje, transformación y costumbres.[16] Los delegados examinaron las maneras en que las congregaciones pueden convertirse en instrumentos activos de sanidad y reconciliación integrales mientras proclaman el carácter transformador de Cristo en la misión y práctica del evangelio.

(8) Edimburgo 2010 revisó la comprensión actual de la misión, la unidad y la eclesiología. Los delegados abordaron diversas interpretaciones de la relación entre misión y eclesiología en los compromisos teológicos y prácticos. Edimburgo 2010 también se relacionó con la obra de la iglesia en el siglo XX, sobre la historia de la misión y el ecumenismo.[17] Esta acción proporcionó el vínculo histórico que podría ayudar a entender la misión integral vigente hoy en día.

(9) Edimburgo 2010 también examinó los temas de la espiritualidad de la misión y el discipulado. La espiritualidad de la misión fue entendida como una motivación y una dinámica para el servicio cristiano que se basa en la identidad trinitaria de Dios. Por lo tanto, la comprensión y la práctica de la misión es guiada por la visión de la iglesia sobre el reino de Dios. El debate trató de las formas individuales y comunitarias de espiritualidad. Estos compararon datos basados en las experiencias del cristianismo primitivo y creyentes de todas las edades. Los delegados examinaron cuidadosamente los nuevos movimientos cristianos, así como las iglesias del Sur Global.[18] Estos "trataron de entender la misión en relación con conceptos tales como la nueva creación, los dones espirituales, la renovación, la reconstrucción, la identidad, el testimonio y el servicio integral, pero también el sufrimiento y el martirio."[19] Los delegados de Edimburgo 2010 estaban

---

[16] Yong, Amos, "Poured Out On All flesh," *PentecoStudies* 6:1 (2007), pp. 16-46.
[17] Balia and Kim, *Edinburgh 2010*, pp. 199-218.
[18] Balia and Kim, *Edinburgh 2010*, pp. 222-42; y, Bosch, David, *A Spirituality of the Road* (Eugene, OR: Wipf & Stock, 2011), p. 116.
[19] Balia and Kim, *Edinburgh 2010*, p. 242.

interesados en explorar el papel del Espíritu Santo, la iglesia y las señales y prodigios que siguen a los creyentes en Cristo.

Edimburgo 2010 seleccionó estos temas a través de un amplio proceso consultivo durante 2006-09 y fue afirmado por muchos líderes misioneros y denominacionales. El comité de dirección continuó produciendo material impreso como una manera de seguir los objetivos del movimiento.

Lausana III

El movimiento de Lausana III se reunió en el mismo año, octubre de 2010, en Ciudad del Cabo, Sudáfrica. El objetivo general del Congreso era evaluar la implementación de la declaración de Lausana: "Toda la iglesia llevando todo el evangelio a todo el mundo." Los siguientes fueron algunos de los tópicos debatidos en Cape Town:

Todo el Evangelio

(1) Lausana III planteó el caso de la verdad y la singularidad de Jesucristo en medio de un mundo pluralizado. Los delegados también examinaron de manera objetiva y madura la interacción del cristianismo con otras religiones. Examinaron el desafío del pluralismo al mundo de hoy, especialmente a la iglesia. En respuesta a la reflexión bíblica y la consideración de esos desafíos, decidieron permanecer enfocados en proclamar la singularidad de Jesucristo.

(2) Lausana III defendió la necesidad de reflexionar sobre una teología de la reconciliación. Los delegados examinaron la cuestión de la identidad humana, que estaba detrás de la mayoría de los conflictos en todo el mundo. También debatieron sobre la ambigüedad del cristianismo en referencia a la nueva ética biomédica emergente. En respuesta, se arrepintieron y confesaron su ambigüedad y pidieron la ayuda del Espíritu Santo para reconciliarse unos con otros.[20]

Todo el Mundo

(1) Buenas nuevas para un mundo fracturado. Lausana III debatió sobre el desafío de las personas que sufren. Los delegados buscaron una mejor

---

[20] Esta información está disponible en Cape Town 2010. *Programa Cape Town 2010*. http://www.lausanne.org/cape-town-2010/faq-programme.html. Accesado 31 mayo 2010.

comprensión de temas desafiantes, tales como la injusticia económica mundial, el daño irreparable al medio ambiente, las enfermedades y la pobreza. Si los quebrantados están en el mundo para convertirse en miembros de la iglesia de Cristo, entonces estos tendrán que ser fortalecidos por el Espíritu Santo una vez que conocen a Cristo y se integran a la iglesia.

(2) El desafío de la tarea no finalizada. En referencia a este tema, los delegados debatieron sobre los nuevos retos y oportunidades para la evangelización mundial, incluidos los grupos étnicos no alcanzados, los migrantes, los grupos en la diáspora y el papel de las mujeres en la iglesia y la sociedad. Los delegados se motivaron mutuamente a buscar caminos nuevos y formas viables para crear alianzas estratégicas que cooperan intencionalmente en la evangelización mundial.

Toda la Iglesia

(1) Lausana III pidió una nueva reforma de la iglesia en el siglo XXI. Los delegados concluyeron que si la iglesia experimenta renovación entonces los líderes tendrían que enfrentar desafíos tales como el relativismo en sus diversas manifestaciones en la sociedad. Estos optaron por la implementación de un carácter como el de Cristo, individual y colectivo. Los delegados también examinaron la enseñanza de la fe y prosperidad, la teología del derecho y otras enseñanzas contemporáneas, como la pureza moral, con el compromiso claro de vivir como verdaderos discípulos de Jesucristo.

(2) Unidad de la Iglesia. El desafío de la unidad llevó a los delegados a investigar quién estaba haciendo misión y qué no se estaba haciendo en al misma. Hubo un fuerte énfasis sobre la unidad y la necesidad de incrementar la cooperación entre los evangélicos. Los delegados de Lausana III pidieron acción intecional haste este propósito. Estos tomaron esta llamada como un mandato para renovar sus compromisos con la fe e intencionalmente dedicarse al discipulado que refleja el señorío de Cristo mientras estos difunden el evangelio a todos los grupos étnicos del mundo, con integridad y valentía.[21]

El Comité de Programa de Lausana III seleccionó equipos de liderazgo en todo el mundo. Su objetivo era determinar los temas que eran relevantes a la iglesia para la evangelización mundial y para la implentación de la misión integral. Este tópico fue abordado

---

[21] Esta información está disponible en http://www.lausanne.org/cape-town-2010/faqprogramme.html. Accesado 31 mayo 2010.

intencionalmente, a través de una serie de reuniones en sitios seleccionados del mundo. Los organizadores de Lausana III afirman que esta serie de reuniones les ayudó a alcanzar la sabiduría y la visión de la mayoría de los líderes nacionales, regionales y globales, sobre la selección de los temas debatidos en Ciudad del Cabo.

Puntos Concluyentes

El movimiento de Lausana fue considerado una fuente de referencia en este estudio porque la mayor parte de su enfoque teológico de la misión integral sirvió de modelo a los teólogos de la misión en América Latina. En el caso de los pentecostales, estos tienden a imitar las iniciativas propuestas por misionólogos evangélicos. Un ejemplo es la imitación al movimiento de *Cooperación Misionera Iberoamericana* (COMIBAM) en América Latina. COMIBAM es un movimiento misionero que se inició a finales de la década de 1980 con el objetivo de enviar plantadores de iglesias transculturales a los "grupos étnicos no alcanzados" del mundo.[22] Eventualmente los pentecostales siguieron este ejemplo y crearon sus propias iniciativas misioneras siguiendo el modelo establecido por los evangélicos a través de COMIBAM.

Los pentecostales latinoamericanos también han participado en el movimiento de Lausana desde el comienzo del movimiento, aunque la mayoría de las veces han sido invitados como evangélicos. Un académico pentecostal que ha hecho contribuciones significativas tanto en el movimiento de Lausanne como en Edimburgo es Wonsuk Ma. Su artículo publicado en Lausanne World Pulse, muestra su pasión y compromiso con la misión.[23] Este mismo enfoque es compartido por muchos otros eruditos pentecostales en todo el mundo. En América Latina, los pentecostales también comenzaron a implementar nuevas

---

[22] El movimiento de Lausanne define a los "grupos de personas no alcanzadas" como grupos étnicos sin un movimiento de la Iglesia Cristiana autóctona y propagándose por sí mismo. Esta definición también es utilizada por los cristianos evangélicos y por los pentecostales. Su objetivo es difundir el cristianismo a los grupos de personas que permanecen sin acceso a él. Véase Comité de Lausanne para la Evangelización Global. "Conversación Global de Lausanne" (2010). www.unreachedpeoplegroups/. Accesado 14 Julio 2013.

[23] Ma, Wonsuk, "The Spirit and Mission: Two Ripples od Pentecostal Mission," *Lausanne World Pulse* (2010). www.lausanneworldpulse.com/themedarticles.php/925?pg=all. Accesado 14 Julio 2013.

ideas misionológicas que incorporaban en la preparación de líderes transculturales.

En este estudio de la historia de la misión integral somos conscientes de que podría escogerse otras áreas de estudio; sin embargo, decidí seleccionar las mencionadas en este capítulo con el fin de rastrear el debate histórico sobre el significado de la misión integral donde los pentecostales podrían ubicarse históricamente. Las conferencias celebradas por el Movimiento de Lausana y el CMI son conocidas como la línea divisoria de la misión en el cristianismo contemporáneo en todo el mundo. Como hemos dicho anteriormente, el término misión integral no fue acuñado sino hasta 1960,[24] y gran parte de su significado proviene del término holístico, que fue ampliamente utilizado por la mayoría de las entidades cristianas a principios del siglo XX.[25]

A través de esta revisión histórica encontré que tanto las corrientes conciliares como las evangélicas han proporcionado la base para la formación de una teología de la misión integral entre los pentecostales en América Latina.[26] Aunque esta afirmación aún no se ha confirmado científicamente, desde un punto de vista empírico, se puede afirmar que los pentecostales coinciden con el énfasis del CMI en el servicio a los pobres y marginados, lo cual permite la creación de una conciencia de para la participación en la acción social a favor de la comunidad.[27]

Por su parte, los evangélicos proporcionaron la estructura académica y el marco teológico para lo que actualmente se conoce como misión

---

[24] Congreso de Wheaton, "The Wheaton Declaration", *Evangelical Mission Quarterly* 2.1 1966), pp. 231-44.

[25] Véase, Little, Christopher R., *Mission in the Way of Paul* (Nueva York, NY: Peter Lang Publishing 2005). A principios del siglo XX, los misioneros y las agencias de misión hablaron sobre las alianzas con los hermanos más jóvenes en el extranjero. Vieron nuevas posibilidades para la expansión del evangelismo uniendo esfuerzos con los nativos. De esa manera, los cristianos abordarían la pobreza y la enfermedad desde un enfoque integral. Este enfoque abrió la puerta al trabajo social, que se inició principalmente a través de la educación.

[26] Schafer, Heinrich, "La Generación del Sentido Religioso: Observaciones Acerca de la Diversidad Pentecostal en América Latina," en Chiquete, Daniel y Luis Orellana (eds.), *Voces del Pentecostalismo Latinoamericano* (Concepción, Chile: RELEP, 2009), pp. 45-72.

[27] Un trabajo que se podría mencionar de este tema es el artículo escrito por Gill, Anthony, 1999. "The Economics of Evangelization," en Sigmund, Paul E. (ed.), *Religious, Freedom and Evangelization in Latin America: The Challenge of Religious Freedom* (Maryknoll, NY: Orbis, 1999), pp. 70-84.

integral.[28] Este nuevo campo se enseña ahora en algunas escuelas de teológica práctica y en las congregaciones de América Latina. Académicos como René Padilla y Samuel Escobar han liderado el camino para enfatizar la totalidad de la misión cristiana.[29] Ellos utilizaron este término para desafiar las concepciones tradicionales de la misión cristiana que habían separado al evangelismo de la responsabilidad social.

Académicos de la Fraternidad Teológica Latinoamericana (FTL) también afirman que el ministerio de Jesús ejemplifica el concepto de misión integral.[30] Este enfoque de la misión se hizo relevante en los últimos años. Los eruditos de la misión de otras partes del mundo están utilizando el término[31] para distinguirlo del enfoque tradicional del evangelismo y la responsabilidad social.

Los cristianos comprometidos con la misión integral a menudo están involucrados en acciones particulares que expresan preocupación por los pobres y la aplicación de la justicia. Aunque el concepto es defendido en gran parte por los cristianos evangélicos, los pentecostales en América Latina tendrán que revisar su compromiso con el evangelismo y el servicio social.[32] Hasta ahora los pentecostales han hecho una misión integral a través de esfuerzos unidos con la comunidad local. Es evidente que este modelo da lugar a un crecimiento numérico significativo. Sin embargo, sería bueno evaluar la influencia de tal crecimiento sobre la solución a las necesidades sociales de América

---

[28] Yamamori, Tetsunao y C. René Padilla (eds.), *The Local Church, Agent of Transformation: An Ecclesiology for Integral Mission* (Buenos Aires, Argentina: Kairos, 2004), pp. 36-43.

[29] El término 'misión integral', también conocido como misión holística, desarrollo cristiano o desarrollo transformacional. Desde la década de 1970, los especialistas de la misión lo han utilizado para describir cómo la Misión Cristiana expresa a Dios y al amor por prójimo. Véase, Padilla, C. René, "How Evangelicals Endorsed Social Responsibility 1966-1983", *Transformation* 2.3 (1985), pp. 28-32.

[30] Véase, Saranyana, Josep Ignasi y Carmen-José Alejus, *Teología en América Latina* (Madrid, España: Iberoamericana, 2002); Véase también, Saracco, Norberto, "The Word and the Spirit of the Evangelizing Community", *Boletín Teológico Latinoamericano* 2.1 (1980), pp. 14-25.

[31] Véase, Vinay, Samuel y Albrecht Hauser, *Proclaiming Christ in Christ's Way: Studies in Integral Evangelism.* (Oxford, UK: Regnum Books, 1989). Otro trabajo fue publicado en África por Wijsen, Frans J., *Seeds of Conflict in a Haven of Peace: From Religious Studies to Interreligious Studies in Africa* (New York, NY: Editions Rodopoi, 2007).

[32] Pérez Baltodano, Andrés, "Dimensiones Culturales del Desarrollo Político e Institucional de América Latina", *Nueva Sociedad* 2.1 (2007), pp. 73-94.

Latina.[33] El pentecostalismo ha celebrado recientemente su primer siglo de testimonio cristiano. Hoy en día, el movimiento se enfrenta a nuevos desafíos y oportunidades similares a las que otras tradiciones cristianas han enfrentado muchas veces.[34] El significado de la misión ha cambiado drásticamente desde los años sesenta en respuesta al nuevo orden mundial. Para los pentecostales, esta es una nueva era. Están construyendo misión en consideración a estas variables,[35] que están afectando su servicio misionero. Los pentecostales deben resistir la tentación de retirarse a sus propias comunidades para sofisticarse socialmente. Ese estilo de vida no es compatible con el *ethus* del pentecostalismo. Al contrario, estos tienen que salir a buscarle solución a las necesidades de la gente en el mundo real. Dentro del movimiento, hay quienes abogan por un alcance extendido que va más allá de las fronteras denominacionales, contrariando a los líderes tradicionales que tienden a sobreproteger la integridad de la doctrina y la práctica del ministerio. Los pentecostales ahora están aprendiendo que si quieren permanecer relevantes en el siglo XXI tendrán que entender y continuar practicando la misión en medio de los que sufren y que viven en sociedades injustas.[36]

Esta es una razón para estudiar la historia reciente de la misión. Aprender de otros movimientos ayudará a los pentecostales a ser actualizados y relevantes para la generación actual. Los pentecostales ahora están presentando una nueva perspectiva[37] tomando en cuenta todos estos hechos y proponiendo un nuevo enfoque a la misión. En tal enfoque, todo el individuo con sus necesidades se tiene que tener en

---

[33] Campos, Bernardo, 'El Pentecostalismo en la Fuerza del Espíritu', *Cyberjournal for Pentecostal and Charismatic Research* 9 (2001) http://www.pctii.org/cyberj/cyber9.html. Accesado 27 diciembre 2017.

[34] El movimiento pentecostal celebró su primer siglo de testimonio cristiano después del avivamiento de la calle Azusa en abril de 2006 en la ciudad de Los Ángeles. Véase McClung, Grant, "Pentecostals: The Sequel. What Will It Take for this World Phenomenon to Stay Vibrant for Another 100 years?" *Christianity Today* (April 1, 2006), pp. 30-6.

[35] Véase, Alvarez, Miguel, "The South and the Latin American Paradigm of the Pentecostal Movement", Asian Journal of Pentecostal Studies 5.1 (2002), pp. 135-153.

[36] Caño Tamayo, Xavier, "Un Panorama de Sufrimiento", *América Latina en Movimiento 1.28 (2011).* https://www.alainet.org/es/active/43912. *Accesado 10 octubre 2011.*

[37] Furlán, Angel F., "Perspectiva Histórica del Paradigma de Desarrollo desde América Latina y el Caribe", en Milton Mejía (ed.), *Perspectiva Ecuménica del Paradigma de Desarrollo* (Quito, Ecuador: CLAI, 2016), pp. 33-7.

cuenta en el proceso de redención. Esta práctica del servicio cristiano puede conducir el camino hacia una sociedad donde la fe será acompañada por el amor fraterno y la justicia para todos sus miembros.

Por otra parte, todavía hay un debate emergente sobre el ministerio y la obra del Espíritu Santo entre aquellos que aún no han conocido a Cristo. Hay una clara indicación que el Espíritu ya está trabajando entre los pueblos del mundo. Él está preparando a los cristianos para ir a ellos con el fin de hacer la conexión final con estos. Este campo parece ser nuevo para los pentecostales, pero algunos parecen estar dispuestos a participar en el debate. Este diálogo también puede incorporar nuevos conocimientos sobre la misión pentecostal. Tal es así porque existe la continuidad de desigualdad en la disponibilidad de lo recursos entre las organizaciones cristianas, que también afecta la unidad de la iglesia.

Esta desigualdad es agravada por los consejos ejecutivos que continúan reduciendo los fondos destinados a los movimientos misioneros. La reducción es aún peor si la agencia misionera muestra interés en el ecumenismo, es decir, una actitud que muestra respeto por el evangelio y todos los hombres, mujeres y niños, receptores del servicio misionero. Todas estas cuestiones discutidas principalmente entre los círculos del Concilio Mundial de Iglesias han iniciado cambios significativos en el pensamiento y la práctica de la misión entre pentecostales también.

El pentecostalismo ha recibido diversas fuentes de influencia para moldear su pensamiento y práctica de la misión.[38] Existe dentro del movimiento una verdadera conciencia de la importancia de la diversidad en su enfoque de misión integral. La comprensión evangélica de la misión sigue siendo muy influyente entre los pentecostales y, sin embargo, el componente de la diversidad en la misión, como propone el Concilio Mundial de Iglesias, continúa haciéndoles reconsiderar su teología de la misión.[39]

El pentecostalismo es un movimiento de masas. Nació y creció en medio de los pobres.[40] Parece, pues, que el movimiento ha desarrollado y transformado su cultura desde adentro hacia afuera. Es claro entonces que puede ser necesario investigar más sobre este

---

[38] Morales, Gamaliel L. 1998. "Moving Forward with the Latin American Pentecostal Movement," *International Review of Mission* 87.347 (1998), pp. 501-12.

[39] Véase, Lindhardt, Martin, *Power in Powerlessness: A Study of Pentecostal Life Worlds in Urban Chile* (Leiden, The Netherlands: Brill, 2012), p. 210.

[40] Chiquete, Daniel, "Healing, Salvation and Mission: The Ministry of Healing in Latin American Pentecostalism," *International Review of Mission* 93.370 (2004), pp. 474-85.

elemento para establecer la influencia real del pentecostalismo en la misión de la iglesia hoy, particularmente entre los más pobres de los pobres.

3

MISIÓN INTEGRAL EN AMÉRICA LATINA

En este punto nos centraremos en la misión pentecostal en el contexto de América Latina. La discusión se establece en el contexto de la investigación realizada en las secciones anteriores. En estas hicimos referencia a la influencia de las corrientes evangélicas y del CMI sobre el pensamiento misionológico de los pentecostales. Vimos cómo el movimiento de Lausana y el CMI han proporcionado antecedentes para un enfoque integral de la misión en América Latina. Aquí el objetivo es proporcionar una visión general del estado actual del debate de la misión integral y la consiguiente influencia de dicho debate sobre la misión pentecostal en en la región.

Las características del pensamiento y la práctica de la misión hacen que las iglesias pentecostales se comprometan co el bienestar de los pobres y lo marginados.
Para ello, están implementando los principios del evangelio a los asuntos más críticos. De esa manera, estos parecen haber comenzado a ofrecer soluciones socioeconómicas, políticas y espirituales en sus países.

El término "misión integral" fue utilizado en la década de 1970 por miembros de la Fraternidad Teológica Latinoamericana (FTL) para describir esa comprensión de la misión cristiana, que abarca tanto la proclamación como la demostración del evangelio. Desde entonces ha crecido en popularidad en los grupos evangélicos y últimamente entre los pentecostales. La palabra integral se usa para describir la totalidad de la misión. Los teólogos la utilizan para referirse a la misión de la iglesia que afirma la importancia de expresar el amor de Dios por todos los medios posibles. Algunos de sus proponentes, Samule Escobar y René Padilla, querían enfatizar la integración de las buenas nuevas con la misión cristiana y utilizaron la palabra integral para señalar su incomodidad con concepciones de la misión cristiana basadas en una dicotomía entre el evangelismo y la participación social. Así como no hay cirstianismo sin evangelismo, tampoco hay evangelismo sin la participación social.

En esta sección exploramos el pensamiento de la misión entre los pentecostales en la historia reciente. La primera parte examina las secuelas del conflicto entre el Norte y el Sur y las diferencias entre Oriente y Occidente, durante la Guerra Fría, en el desarrollo de la teología de la misión en América Latina. La segunda parte estudia la praxis pentecostal de la responsabilidad social. Se analiza la formación de la responsabilidad social entre los pentecostales y su respuesta a los desafíos del servicio social, el desarrollo comunitario y su actitud hacia la violencia y la injusticia social.

Misión en América Latina

En América Latina, al término misión integral también se le conoce como desarrollo transformacional, desarrollo cristiano o misión completa.[1] Los defensores de la misión integral argumentan que el concepto de misión integral está enraizado en la Escritura y ejemplificado en el propio ministerio de Jesús. Es por razón que Charles Van Engen aclara que la misión integral define un término distinto para una comprensión integral de la misión que ha pasado a ser notable en los últimos cuarenta años.[2] Este vocabulario lo distingue de enfoques ampliamente aceptados que enfatizan el evangelismo o la responsabilidad social.

El compromiso con la misión integral se refleja a menudo en una preocupación particular por los que viven en la pobreza y en el compromiso de buscar y promover la justicia social. Afortunadamente, en América Latina, algunos pentecostales ya han comenzado a comprender el concepto de misión integral, defendido hasta hoy por otros varios pensadores evangélicos.[3]

Durante el último cuarto del siglo XX, algunos teólogos escribieron sobre la actitud de aislamiento que caracterizaba al movimiento pentecostal en aquellos días, frente a la tendencia a ignorar las profundas situaciones socioeconómicas que afectaban a América Latina, en ese tiempo. En su estudio chileno durante los años 1965-1966, Christian Lalive d'Espinay informó que "entre otras cosas, la mayoría de los

---

[1] Véase, Padilla, C. René, "Integral Mission and its Historical Development," en Tim Chester (ed.), *Justice, Mercy & Humility: Integral Mission and the poor* (London, UK: Paternoster Press, 2002), pp. 86-94; Escobar, Samuel, "Christian reflections from the Latino South", *Journal of Latin American Theology* 1.2 (2006), pp. 12-6; y Vinay, Samuel, Vinay and Chris Sugden, *The Church in Response to Human Need* (Oxford, UK: Regnum Books, 2003), pp. 62-71.

[2] Van Engen, Charles, *Footprints of God: A Narrative Theology of Mission* (Monrovia, CA: World Vision Publications, 2000), p. 116.

[3] Véase, Haugen, G. A. "Micah Declaration on Integral Mission," en *Micah Network* (2001). http://www.micahnetwork.org/en/integralmission. Accesado 12 enero 2010.

pastores, tanto evangélicos como pentecostales, creían que el evangelio no debía estar involucrado en la política."[4]

También encontró que que muchos pastores pensaban que "los cristianos no deben ocuparse de los problemas sociopolíticos del país, hasta el punto de no hablar de ellos,"[5] Esta línea de pensamiento parece ser muy similar a las ideas fundamentalistas que se enfocaban en mantener la pureza del evangelio contra las amenazas de influencias mundanas.[6]

La influencia del fundamentalismo sobre las denominaciones norteamericanas del siglo XX también fue transferida a los evangélicos y pentecostales en América Latina. Los fundamentalistas se veían a sí mismos como los defensores del cristianismo ortodoxo contra los de las iglesias que intentaban acomodar la fe a las realidades del mundo moderno. También observaban un estilo de vida riguroso que a menudo excluía la actividad social, económica y política de los miembros de la comunidad de fe.

Quizá por su énfasis en ascético de la santidad, para los pentecostales era fácil brazar estas creencias y prácticas. Debido a su sencillez y su origen entre los pobres los pentecostales preferían alejarse del mundo, predicar la Palabra, salvar a la gente y prepararse para la segunda venida del Señor, la cual era inminente. Esta es quizás, una de las razones por las que el acercamiento a la misión integral no les ha sido fácil. Para que estos la abracen completamente tendrán que rearmar su marco doctrinal y teológico. Afortunadamente, algunos ha comenzado a reeducarse en escuelas y seminarios cuyo objetivo es formar integralmente el ministerio y la teología de los pastores.

Misión Integral en la Teología Pentecostal

Durante algún tiempo, los pentecostales clásicos también tuvieron que lidiar con estas ideas y se vieron obligados a incorporar definiciones doctrinales sobre lo que se consideraba pecaminoso, carnal o antiético en la práctica de la Fe.

---

[4] Lalive d'Espinay, Christian, *El Refugio de las Masas* (Santiago de Chile: Editorial del Pacifico, 1968), p. 157.
[5] Lalive d'Espinay, El Refugio de las Masas, p. 145.
[6] Véase, Fries, Heinrich. 1996. *Fundamental Theology* (Washington, DC: Catholic University of America Press, 1996), pp. 11-22; y, Marsden, George M., 2006. *Fundamentalism and American culture* (Oxford, UK: Oxford University Press, 2006), pp. 43-7.

Históricamente y al igual que los evangélicos, los pentecostales tenían la tendencia a enfatizar una dicotomía entre la iglesia y el mundo, Cristo y la sociedad, y lo espiritual y lo material.[7] Debido a su enfoque teológico de la misión, los estos rechazaban el orden actual a causa de la anticipación del nuevo mundo que será establecido por Cristo.[8]

Los pentecostales latinoamericanos heredaron esta dicotomía de las denominaciones norteamericanas y la influencia histórica de la tradición católica, que también tendía a aliarse estrechamente con la clase alta de la sociedad. Este ha sido un patrón desde la época colonial, para someter a las masas de la región. Algunos historiadores han interpretado a esta alianza de la Iglesia Católica con la clase alta como la chispa que encendió la teología de la liberación entre aquellos que anhelaban una mayor justicia social e igualdad en la región. Sin embargo, tales opiniones no eran exclusivamente religiosas; por ejemplo, algunos fueron influenciados por la ideología marxista-leninista, que apoyó a los movimientos revolucionarios del continente en la segunda mitad del siglo XX.[9]

Por otra parte, el pentecostalismo no dio ninguna respuesta profética a las injusticias presentes en las estructuras sociales, políticas y económicas de América Latina, al igual que la teología de la liberación. La teología de la liberación promovía que las enseñanzas de Jesucristo debían entenderse en términos de liberación de las condiciones políticas, económicas y sociales, injustas. Quizás, influidos por la teoría social marxista, sus teólogos consideran que el pecado estructural es la causa principal de la pobreza y la opresión de los pueblos, y consideran que la responsabilidad primaria de la iglesia es su opción por los pobres. Aunque la teología de la liberación se ha convertido en un movimiento internacional e interdenominacional, esta comenzó como una forma de reflexión dentro de la Iglesia Católica en América Latina, en los años 1970s. Se originó principalmente como una reacción moral a la opresión

---

[7] Véase, Bretherton, Luke, *Christianity and Contemporary Politics* (Oxford, UK: Wiley-Blackwell, 2010), p. 192. También véase Menéndez Martínez, Valentín, *La Misión de la Iglesia: Un Estudio Sobre el Debate Teológico y Eclesial en América Latina* (Roma, Italia: Universidad Pontifica Gregoriana, 2001), p. 55.

[8] Véase, Vondey, Wolfgang and Martin William Mittelstadt, *Theology of Amos Yong and the New Face of Pentecostal Scholarship. Passion of the Spirit* (Leiden, The Netherlands: Brill, 2013), p. 11.

[9] Ramos, Marcos Antonio, "Cristianismo, Política y Revolución", *Misión* 3.1 (1984), pp. 92-5.

y la pobreza generalizadas y causadas por la injusticia social en la región.[10]

Políticamente, los pentecostales, tendían a someterse sumisamente a las potencias que controlaban el área política y socioeconómica. Pero, mientras la jerarquía de la Iglesia Católica sirvía a los intereses de la clase alta, los pentecostales estaban inmersos entre los pobres; sin embargo, por la misma razón estos carecían de una comprensión clara de su papel en la misión de la iglesia. No fue sino hasta que crecieron tan rápidamente, en términos numéricos, que los pentecostales aprendieron nuevas formas y oportunidades para expresar sus opiniones y posiciones en las áreas que afectaban a sus comunidades.

Este fue el tiempo en que algunos regímenes democráticos se instalaron en América Latina, en los años 1980s y 1990s. Esto significaba que la participación en la vida política volvía a estar abierta a la población en general. Sin embargo, la investigación, la reflexión, el compromiso y la participación en las preocupaciones sociales no comenzarían de inmediato. Durante ese tiempo, se enteraron que algunos eruditos de la Iglesia Católica habían participado en la llamada teología de la liberación, que teológica y socialmente se basaban en la "opción por los pobres" según los ennunciados del Concilio Vaticano II.[11]

En su historia más temprana, los pentecostales en América Latina se definían a sí mismos como apolíticos,[12] por lo que no cuestionaban el *status quo*. Sin embargoo, hay quienes sostienen que no hay tal cosa como ser apolíticos para incluso aquellos que espiritualizan el asunto, todavía siguen cierto alineamiento político hacia la creencia fundamentalista de que todas las cosas de este mundo están bajo juicio.

Por lo tanto, los cristianos deben abstenerse de participar en la política. Por esa razón, durante algún tiempo, no hubo ninguna respuesta pentecostal a los problemas de la sociedad. Fue hasta que surgió una nueva generación que hubo una refelxión sobre los problemas sociopolíticos contemporáneos debido a la nueva hermenéutica que

---

[10] El sacerdote peruano Gustavo Gutiérrez acuñó el término Teología de la Liberación, y dio al movimiento su presentación más famosa y duradera en su libro, Gutiérrez, Gustavo, *Teología de la Liberación* (Salamanca, España: Ediciones Sígueme, 1971).

[11] Véase, López, *La Misión Liberadora de Jesús*, pp. 101-09; y, Villafañe, Eldin, *The Liberating Spirit: Towards an Hispanic American Pentecostal Social Ethics* (Grand Rapids, MI: Eerdmans, 1993), pp. 143-62.

[12] Véase, por ejemplo, Núñez, Emilio Antonio y William D. Taylor. 1995. *Crisis and Hope in Latin America: An Evangelical Perspective* (Pasadena, CA: William Carey Library, 1995), pp. 245-99.

expresaba preocupaciones por las necesidades humanas en la región.[13] De esa manera, algunos estos se unieron otras voces que pedían justicia social y que también optaron por los pobres y la defensa de los débiles y marginados.[14]

Hasta este momento, la concientización y el análisis sobre cuestiones relacionadas con la justicia social y la opción por los pobres aun es incipiente, pero sigue surgiendo más voces entre los líderes de base. De la misma manera, la educación teológica, la formación pastoral y el servicio cristiano están ahora siendo desafiados a ajustarse a la plenitud del evangelio en el contexto de la iglesia y la sociedad.

Secuelas del Conflicto Norte y Sur

En esta sección examinaremos el conocido conflicto político histórico entre los hemisferios Norte y Sur.[15] Este estudio es importante para dilucidar algunos de los problemas socioeconómicos y políticos que afectaron a la misionología latinoamericana,[16] particularmente durante la llamada Guerra Fría, y que hasta hoy afecta el entendimiento y la práctica de la misión entre los pentecostales. En algún momento, los misioneros de América del Norte fueron utilizados como instrumentos de dominación para combatir las preocupaciones sociales en sus denominaciones y detener el avance del comunismo en la región.

La revolución cubana fue un proceso particularmente identificada como una revolución que Estados Unidos estaba decidido a contener y si era posible subyugar. La política hacia América Latina en los décadas de

---

[13] Saracco, Norberto, "Mission and Missiology from Latin America," en Taylor, William, D. (ed.), *Global Missiology for the 21st Century* (Grand Rapids, MI: Baker Academic, 2000), pp. 357-66.

[14] Padilla, C. René y Chris Sugden (eds.), "Evangelism and Social Responsibility from Wheaton '66 to Wheaton '83," *How Evangelicals Endorse Social Responsibility* (Bramcote, Nottingham, UK: Grove Books, 1985, p. 55; y, Kuzmic, Peter, "History and Eschatology: Evangelical Views," en Nicholls, Bruce J. (ed.), *Word and Deed* (Grand Rapids, MI: Eerdmans, 1986), pp. 130-146 (144).

[15] La discusión no se relaciona con la geografía, sino con División del Norte y del Sur propuesta por los pensadores políticos, económicos, sociales y teológicos. En algunos casos, esta división se conoce como Occidente versus Oriente. Sin embargo, por sus implicaciones socioeconómicas, se había optado por utilizar los términos Norte versus Sur. Véase, Moltmann, Jürgen, *God for a Secular Society* (Minneapolis, MN: Augsburg Fortress, 1999), pp. 46-55.

[16] Sobre este tema del conflicto Norte y Sur y cómo afectó el pensamiento misionero, vease, Padilla, C. René, *Mission Between the Times* (Grand Rapids, MI: Eerdmans, 1985), p. 120.

1960 y 1970 fue impregnada por la necesidad de ganar la región para el capitalismo del mercado libre y hubo frecuentes intervenciones políticas y militares de los Estados Unidos para lograr este fin, uno de los cuales probablemente, sea el mejor ejemplo, fue el golpe de estado de 1973 en Chile.

El conflicto chileno afectó a las iglesias pentecostales de manera directa. Las denominaciones de origen norteamericano se unieron a favor del golpe, pero las autóctonas defendieron el plan eocnómico social de la revolución iniciada por el presidente Salvador Allende. Además, hubo teólogos de la Iglesia Católica que se asociaron con el cambio revolucionario. Sin embargo, hubo otros sectores de la Iglesia Católica, que fueron notablemente conservadores en cuestiones socioeconómicas, políticas y espirituales, particularmente en la jerarquía. Los demócrata cristianos intentaron forjar un curso intermedio pero cuando los problemas sociales se hicieron difíciles tendieron a unirse a los conservadores.[17]

Las iglesias pentecostales no eran inmunes a este conflicto ideológico, especialmente en Centroamérica, donde se prestaban para apoyar a las causas conservadoras. En esa región, la revolución en Nicaragua de 1979 y la guerra civil en El Salvador, a partir de los años 1980, tuvo un efecto altamente polarizador, del cual las iglesias pentecostales estaban lejos de ser inmunes. Durante la segunda mitad del siglo XX, las diferencias socioeconómicas y políticas entre el Norte y el Sur se hicieron muy evidentes. Algunas de esas diferencias siguen sin resolverse, incluso hoy en día.

Abundancia vs Pobreza

En los años 1960 y 70 el conflicto entre estos dos polos—ricos y pobres—se reflejaba en las iglesias. La prosperidad de América del Norte creó su evangelio de fe y prosperidad, mientras que la América del Sur pobre y oprimida creaba su teología de la liberación. Hasta el día de hoy estas posiciones teológicas permancen irreconciliables, con diferencias de opinión que aún hoy no se resuelven.

---

[17]Anderson, Allan H., *An Introduction to Pentecostalism: Global Charismatic Christianity* (Cambridge, UK: Cambridge University Press, 2013), p. 8.

La superioridad financiera del Norte permanecía bajo el control del mercado libre,[18] mientras que por otro lado la fluctuación del mismo determinaba la capacidad económica de las personas, entidades o instituciones. El capitalismo había comprado los valores y servicios de las personas y los había utilizado para construir una sociedad de consumo. La crisis de la deuda externa a principios de los años 1980 provocó un cambio abrupto en América Latina. Los estados intervencionistas dieron paso a regímenes liberales, particularmente en el sentido económico, en los que los mercados dominaron la conducta de los pueblos.

Fue en este contexto donde aumentó los niveles de pobreza y se amplió las divisiones sociales de manera radical. En los últimos años, varios países han visto una reacción política contra los gobiernos neoliberales, especialmente en Venezuela, Bolivia, Ecuador, Argentina y Brasil. En Centroamérica, también, los gobiernos de centroizquierda han estado en funciones en El Salvador y Honduras, pero con resultados diferentes. El gobierno populista de Honduras colapsó en 2009 bajo la presión de fuerzas nacionalistas que lucharon contra un gobierno totalitario respaldado por el presidente venezolano Hugo Chávez.

El pentecostalismo no pudo escapar de este modelo de cristianismo que nació en América del Norte. Los misioneros del norte viajaron hacia el sur para llegar a los grupos de personas "no alcanzadas."[19] El término "Grupos de Pueblos No Alcanzados" fue creado por Ralph Dana Winter y utilizado por primera vez en su presentación en 1974 en el Congreso para la Evangelización Mundial en Lausana, Suiza. Este fue un evento organizado por el evangelista Billy Graham, que se convirtió en el momento decisivo para la misión transcultural. Winter fue fundador del Centro para la Misión Mundial de los Estados Unidos (USCWM), de la Universidad Internacional William Carey y de la Sociedad Internacional para la Misionología Fronteriza.

En el caso de los pentecostales, la mayoría de los misioneros traían consigo su cultura, sus modelos económicos y espirituales.[20] Esta cultura era altamente conservadora en todos los sentidos. La gente local se

---

[18] Alvarez, Miguel, "Hacia una hermenéutica esperanzadora," en Zaldívar, Raúl, Miguel Álvarez y David E. Ramírez *El Rostro Hispano de Jesús* (Tegucigalpa, Honduras: Editorial Universidad para Líderes, 2009), pp. 107-08.

[19] Véase, Winter, Ralph H., *I Will Do a New Thing: The U.S. Centre for World Mission and Beyond* (Pasadena, CA: William Carey Library, 2003), pp. 29-36.

[20] Véase Salmon, Jean (ed.), Dictionnaire *de Droit International* (Bruxelles, Belgique: Bruylant, 2001), pp. 193-94; y Leroy, Ernest, "Colonies," en Rials, Stéphane y Denis Alland (eds.), Dictionnaire *de la Culture Juridique*, Paris: PUF, 2003), p. 231.

convirtió a este pentecostalismo que les enseñó a representar y compartir la fe que habían recibido. Una nueva generación de pentecostalismo nació en un contexto de sociedades oprimidas, muy pobres y alienadas políticamente,[21] particularmente en una región latinoamericana con un trasfondo profundamente católico.

El Sur también experimentó un escenario diferente, donde algunos cristianos parecían haber desafiado abiertamente al contexto de pobreza y opresión que tuvo lugar en la mayoría de los países. La mayoría de estos eran católicos, aunque algunos no mostraron ninguna fe religiosa en particular. Estos individuos se involucraron profundamente en la lucha por la liberación de los pobres, los perseguidos y los oprimidos.[22] En algunos casos surgieron movimientos revolucionarios que se volvieron contra los gobiernos déspotas y, en algunos casos, resultaron lo suficientemente fuertes como para derrocar a esos regímenes del poder.

Este fue el caso de la revolución del Frente Sandinista en Nicaragua en 1979.[23] El Frente Sandinista de Liberación Nacional (FSLN) es un partido político socialista en Nicaragua. El partido lleva el nombre de Augusto César Sandino, que dirigió la resistencia nicaragüense contra la ocupación de Nicaragua en los años 1930. El FSLN derrocó a Anastasio Somoza en 1979, poniendo fin a la dinastía Somoza, y estableció en su lugar un gobierno revolucionario.

En otros casos, las personas fueron capaces de dar un impulso a las reformas gubernamentales a través de la presión popular, particularmente en la implementación de la justicia social y el desarrollo socioeconómico de la población. En el Sur, la gente estaba motivada para desarrollar una conciencia social, para hablar y actuar contra los gobernantes injustos que sirvieron como agentes de represión en beneficio de la clase dominante. En consecuencia, el contexto exigía una teología que motivara a los cristianos a oponerse a esos sistemas

---

[21] Véase el informe de Simpson, John, *In the Forest of the Night: Encounters in Peru with Terrorism, Drug Running and Military Oppression* (New Haven, CT: Arrow Books, 1994), pp, 23-9.
[22] Véase por ejemplo, Gutiérrez, Gustavo, *The Truth Shall Make You Free: Confrontations* (Maryknoll, NY: Orbis Books, 1990), pp. 19-22.
[23] Véase, Walker, Thomas W., *Nicaragua: The Land of Sandino* (Boulder, CO: Westview Press, 1981), pp. 32 - 46.

opresivos y a trabajar en favor de la justicia social, la libertad económica y política.[24]

Durante la segunda mitad del siglo XX, el hemisferio sur fue sacudido por una teología cristiana que interpreta las enseñanzas de Jesucristo en términos de liberación de condiciones económicas, políticas o sociales injustas. Sus defensores la describieron como "una interpretación de la fe cristiana a través del sufrimiento de los pobres, su lucha, esperanza y una crítica de la sociedad y el cristianismo a través de los ojos de los pobres."[25] Sin embargo, representó una manera de interpretar el cristianismo en el contexto de la opresión y la pobreza en el sur, en contra de la teología de la prosperidad enseñada por la iglesia próspera de Norteamérica.

Ahora, la teología de la liberación es estudiada interconfesionalmente, pero hay que apuntar, que comenzó como una línea de pensamiento dentro de la Iglesia Católica en América Latina y surgió como una reacción moral contra la pobreza causada por la injusticia social en la región. El término "liberación" fue acuñado en 1971 por el sacerdote peruano Gustavo Gutiérrez.[26]

En los últimos años, América Latina se ha convertido en un campo abierto de confrontaciones, no sólo políticas, sociales y económicas, sino también teológicas.

Con el debilitamiento de la teología de la liberación y la caída del comunismo, la causa de la justicia social y la libertad de la opresión migraron al podio de la enseñanza y al púlpito. Los sindicatos de trabajadores se vieron obligados a abdicar y los pobres no tuvieron voz contra la injusticia social. Mientras tanto, muchos teólogos norteamericanos mostraron su lealtad al capitalismo en su doctrina, enseñanza y predicación. Por lo tanto, sus puntos de vista fundamentalistas sobre política y economía eran concomintantes con su posición teológica. Estos teólogos norteamericanos eran muy antagónicos hacia las ideas generadas por los teólogos de la liberación. Los predicadores norteamericanos llegaron a América Latina enseñando su evangelio de fe y prosperidad a las clases media y alta. Eventualmente, estas acciones dieron origen al fenómeno megaiglesia.

---

[24] Véase, Berryman, Phillip, *Liberation Theology: Essential Facts About the Revolutionary Movement in Latin America and Beyond* (New York, NY: Harper & Row, 1987), pp. 43-7.

[25] Berryman, *Liberation Theology: Essential Facts,* pp. 46-7.

[26] Gutiérrez, *Teología de la Liberación*, p. 12.

Del matrimonio del evangelio de fe y prosperidad con el sistema de megaiglesia nació un modelo nuevo de liderazgo llamado movimiento apostólico y profético. A propósito, el movimiento apostólico y profético está evolucionando hacia lo que ahora se conoce como el "evangelio del reino aquí y ahora." Por razones obvias, el estudio de esta evolución tendrá que dejarse para estudios posteriores.

La historia reciente de América Latina ha sido testigo de un aumento de la pobreza y la opresión en muchos países. Algunos teólogos actuaron de manera responsable cuando reflexionaron sobre su realidad y formularon propuestas significativas que guiaron a las personas en las iglesias locales a pensar de acuerdo con sus valores y principios cristianos en respuesta a la pobreza, la opresión y la persecución.

Varios teólogos de la Iglesia Católica fueron impulsados a ofrecer una respuesta inmediata al contexto de la injusticia a través de una nueva forma de pensar y hacer teología, que buscaba la justicia social y la liberación de los oprimidos. Esta nueva propuesta se convirtió en un manual académico en la obra de un sacerdote bastante joven, del Perú, Gustavo Gutiérrez.[27] La posición de Gutiérrez era que la injusticia social es una forma de violencia que surge del pecado estructural. Este exhortó a los pobres y a los que actúan en solidaridad con ellos, a reflexionar sobre las Escrituras desde la perspectiva de los pobres. Con ese fin, algunos argumentaron que ciertas facetas del análisis marxista, en particular las que tienen que ver con la clase social, podrían ser útiles.

Hay algunas cosas importantes a considerar en relación con los debates teológicos que tienen lugar en América Latina: (1) Los teólogos del hemisferio norte no fueron objetivos cuando acusaron de herejes a los del sur, por involucrarse abiertamente en el campo de la política y la transformación social. Los teólogos del norte ignoraron y pasaron por alto la pobreza y la opresión política en la cual los teólogos del hemisferio sur desarrollaron su pensamiento y práctica de la misión. (2) Este contexto forzó a los teólogos del Sur a asumir posiciones proféticas para denunciar la injusticia social y actuar en favor del bien común de sus conciudadanos.

Ahora bien, en cuanto a los pentecostales en América Latina, son pocos los que han participado en el debate social y político. Sin embargo, los pentecostales han experimentado algunas complicaciones en su enfoque de la teología social debido a las siguientes premisas: (1) Algunas iglesias pentecostales son descendientes directas de las denominaciones pentecostales clásicas norteamericanas.

---

[27] Gutiérrez, *Teología de la Liberación*, p. 12-34.

Los pentecostales en norteamérica son generalmente conservadores y evangélicos en sus doctrinas, pero no muestran una postura unificada sobre asuntos de doctrina y de política entre sus adherentes. Parecen ser nacionalistas y muy ligados a su sistema económico y político, lo cual reflejan en sus enseñanzas y en la práctica del ministerio. Baer sostiene que los pentecostales norteamericanos formaban parte de una cultura evangélica radical que incluía la sanidad divina como elemento central de un programa más amplio que incluía la religiosidad extática, las fuertes expectativas milenarias del retorno de Cristo, el deseo de reproducir la iglesia primitiva, la espiritualidad perfeccionista y el comportamiento ascético. Sin embargo, prestaron poca atención a lo que sucedió en el mundo con respecto a la justicia social y la paz. En cambio, interpretaban los males sociales o políticos como señales del inminente regreso de Jesucristo.[28]

Estos misioneros del norte, aunque la mayoría eran pobres en su propio contexto, trajeron consigo un modelo capitalista del evangelio. Cada denominación era libre de unirse a la causa que les pareciera conveniente. El modelo del mercado libre podría aplicarse también a las iglesias, como el modelo a ser observado por los conversos locales. Consecuentemente, estos identificaron a los teólogos latinoamericanos como herejes y en algunos casos como instrumentos de actividad demoníaca.[29]

Así que se puede concluir que los misioneros norteamericanos no pudieron concebir ni fueron capaces de entender otra manera de pensar o practicar la misión de la iglesia. Los pentecostales locales han tenido que aprender a vivir y servir en una contradicción continua. Por un lado, querían ser leales a sus líderes denominacionales norteamericanos pero, por otro lado, se habían dado cuenta de la responsabilidad de tomar posición en contra de los sistemas corruptos que oprimían a las personas a quienes sirvían en sus comunidades.

Ante estas circunstancias, a los pentecostales latinoamericanos se les enseñó a no participar en la política debido a su adhesión denominacional. Sin embargo, todavía encontraron una manera de llevar a cabo su misión transformando a los miembros de las congregaciones locales y las comunidades afectadas por sus iglesias y ministerios.

---

[28] Véase, Baer, Joan, "Redeem Bodies: The functions of divine healing in incipient Pentecostalism", *Church History* 12.1 (2001), pp. 4-10.

[29] Rutten, Tim, "Glenn Beck's Liberation Theology Obsession," *Los Angeles Times* (1 September 2010). En su artículo, Rutten alega que el papa Benedicto XVI condenó la teología de la liberación como demoníaca.

Crecieron en medio de los pobres y debido a esa realidad fueron capaces de ayudar y satisfacer las necesidades de las personas oprimidas y necesitadas.

Además, los contextos de sus ministerios pronto comenzaron a experimentar transformación social. El desarrollo reciente de las comunidades pentecostales es evidencia de una participación social significativa a nivel de base. Sin embargo, los pentecostales todavía tienen un desafío político, porque aun no han participado estratégicamente en la actividad política de sus países.

Teologías opuestas en el continente

Como hemos visto, el contexto de prosperidad en el recién exitoso movimiento carismático de Norteamérica originó la teología de fe y prosperidad, comúnmente conocida como el evangelio de la prosperidad. En el sur del continente, el contexto de pobreza y opresión en la mayoría las sociedades latinoamericanas dio paso al ideal de una teología de la liberación. A propósito, estos enfoques teológicos del evangelio emergieron como ejes opuestos y paralelos, al mismo tiempo, uno ampliamente difundido en el norte y el otro seriamente comprometido en preocupaciones sociopolíticas en el sur.

Ambas corrientes tenían sus fundamentos en sus realidades socioeconómicas, políticas y religiosas que prevalecían en sus respectivos contextos. En el norte, había teólogos y pastores que predicaban la prosperidad como un signo de libertad y bendición espiritual.[30] En su mayoría neopentecostales o carismáticos, insistieron en que la prosperidad económica era la evidencia de una vida bendecida por Dios y que la falta de prosperidad financiera era la evidencia de una vida en desobediencia al evangelio.[31]

La teología de la prosperidad o el evangelio de la prosperidad es una creencia encontrada entre los cristianos de los países ricos que se centra en la noción de que Dios provee prosperidad material para aquellos a quienes él favorece. La doctrina ha sido definida por la creencia que Jesús bendice a los creyentes con riquezas o más específicamente, como la enseñanza que los creyentes tienen derecho a

---

[30] Véase, Fee, Gordon, The *Disease of the Health and Wealth Gospels* (Vancouver, Canada: Regent College Publishing, 2006), p. 56; véase también, Minchakpu, Obed. 1999. "Materialism, Heresy Plague Churches", *Christianity Today,* 43.6 (1999), p. 12.

[31] Venables, Gregorio, et al, *Fe y Prosperidad: Reflexiones Sobre la Teología de la Prosperidad* (La Paz, Bolivia: Editorial Lámpara, 2008), pp. 28-33.

las bendiciones de la salud y la riqueza, y que pueden obtener estas bendiciones a través de confesiones positivas de fe y el sembrar la semilla a través de los fieles mediante el pagos de diezmos y las ofrendas. Hoy en día hay varios modelos de ofrendas que son utilizados para colectar dinero etre los miembros de las iglsesias. Ese evangelio de fe y prospericad nación en los Estados Unidos entre las iglesias neopentecostales. Tuvo su apogeo después de la Segunda Guerra Mundial y se hizo particularmente popular en la década de los 1980s.

Paralelamente, en el contexto de opresión, persecución y pobreza en el sur, surgieron otros teólogos que proclamaron una teología de la liberación, como un medio para experimentar el evangelio liberador entre todos los pueblos oprimidos del continente. El objetivo de esta teología era formar conciencia entre los cristianos sobre la realidad de la pobreza y la opresión que eran producto de sistemas injustos de gobierno y estructuras de poder político creados para oprimir a los pobres. Estos teólogos enseñaron que los cristianos no deben ignorar las necesidades espirituales y materiales de los pobres y los oprimidos.

El pecado estructural debía ser denunciado no sólo desde una perspectiva moral y personal, sino también desde una dimensión socioeconómica y política. En este mundo hay estructuras de poder que sirven como instrumentos del mal,[32] las cuales deben ser combatidas y derrocadas, si es necesario, para establecer la paz y la libertad a todos los pueblos.

En América Central, los teólogos de la liberación fueron particularmente activos en los asuntos sociopolíticos de Guatemala, El Salvador, Nicaragua y Honduras. Lo que ocurrió con estos países vecinos tuvo un efecto significativo en la práctica de la teología de la liberación en toda la región. Sin embargo, hasta el día de hoy, a pesar de décadas de lucha sociopolítica, la polarización entre los privilegiados y los pobres sigue sin resolverse.

Estas dos posiciones teológicas se han repelido mútuamente en todo el continente por más de medio siglo. Ambas escuelas de pensameinto se han denunciado y atacado mutuamente, con la diferencia que los teólogos del norte tuvieron suficientes recursos económicos para desacreditar a los teólogos del sur. Irónicamente, con la desaparición de la Unión Soviética, en 1989, ya no hubo ningún otro sistema político o ideológico que tomara a los pobres como su causa, aunque ha habido algunos gobiernos populistas que han tomado la causa de los pobres en

---

[32] Piedra, Alberto M., "Some Observations on Liberation Theology", *World Affairs* 148.3 (1985), pp. 151-58.

América Latina en los últimos años.³³ Este sería el caso de países como Venezuela, Bolivia y Ecuador, por ejemplo. En la retórica, al menos, proponen mucha preocupación por los pobres y los efectos negativos del capitalismo globalizado. Pero si examinamos obejtivament a la historia reciente, el único sistema político que tenía la causa de los pobres como parte de su ideología era el comunista. Ese sistema ya no está en su lugar como en la mayor parte del siglo XX, por lo que los pobres, a lo menos en retórica, no tienen a un defensor a su lado.

Así, el espacio quedaba abierto para que el evangelio de la prosperidad continuara expandiéndose, particularmente en las clases altas de América Latina. Por cierto, a principios de siglo, la mayoría de las megaiglesias en América Latina estaban enseñando el evangelio de la prosperidad.³⁴ Estas megaiglesias se han vuelto muy influyentes. Son muy ricas financieramente y la mayor parte de su ministerio es copiado de los modelos norteamericanos que enseñan la teología de fe y prosperidad.

El movimiento megaiglesia también controla los medios de comunicación y está activamente involucrado en la arena política. Los pastores y líderes de las megaiglesias han renunciado a cualquier vínculo denominacional y prefirieron originar un nuevo movimiento conocido como apostólico y profético, que tiene como objetivo restaurar todos los dones a la iglesia. Estos apóstoles y profetas enseñan que la iglesia histórica se hizo ineficaz y, por lo tanto, su movimiento representa la nueva reforma para la iglesia, en todo el mundo.³⁵ Los observadores de la iglesia están esperando ver el resultado de la propuesta de este nuevo movimiento.

La Práctica de la Misión

Algunos teólogos han pensado que el pentecostalismo es un subproducto de los movimientos evangélicos norteamericanos que crecieron y adquirieron sus propias características a comienzos del siglo XX.³⁶

---

[33] Véase, Myers, Bryant L., *The New Context of World Mission* (Monrovia, CA: MARC, 1996), pp. 94-6.
[34] Venables, *Fe y Prosperidad*, p. 56.
[35] Esta es la opinión de C. Peter Wagner, un ampliamente conocido propulsor de este movimiento. Para más detalles, véase, Wagner, C. Peter, *Churchquake!* (Pasadena, CA: Regal Books, 2000), pp. 280-86.
[36] Martin, Berenice, "From Pre-to Postmodernity in Latin America: The Case of Pentecostalism", en Heelas, Paul (ed.), *Religion, Modernity and Postmodernity* (Oxford, UK: Blackwell, 1998), pp. 34-46. Véase también, Deiros, Pablo, A. y Everett

Según Grant McClung, "el evento real que precedió al de la calle de Azusa por cinco años y en realidad precipitó el renacimiento pentecostal en Los Ángeles, comenzó a principios del siglo en un ambiente estudiantil en Topeka, Kansas."[37] Como no tenían un marco teológico del evangélico en aquella época, se les pidió que ajustasen su experiencia a las doctrinas evangélicas comunes de aquel tiempo.

Por otra parte, estudios recientes revelan que la mayoría de los evangélicos en América Latina son ahora pentecostales o se han pentecostalizado.[38] Esto puede deberse al hecho de que los pentecostales han sido la fuerza evangelística más visible en la región, aunque han sido ampliamente conocidos por su tendencia a retraerse del mundo. Sin embargo, el pentecostalismo latinoamericano, en algún momento, ha sido considerado como "el refugio de las masas."[39] Quizás esto se deba principalmente a tasas significativas de crecimiento de la iglesia. Ha habido una tendencia a pensar que los pentecostales encuentran algún tipo de compensación en su nueva fe, por su alienación social. Como resultado, se ha percibido que albergan un grado de indiferencia hacia las cuestiones sociales y la participación sociopolítica.

Si bien el pentecostalismo parece evasivo en lo que se refiere a las cuestiones sociales, como en cualquier movimiento religioso, hay algunas excepciones en la actitud general de sus miembros. En el siglo XXI, hay signos significativos de cambio en la nueva generación de líderes. Por ejemplo, algunos han llegado a la conclusión que el elemento crucial para entender el "gran retroceso pentecostal"[40] fue su reacción fundamentalista contra el "evangelio social liberal" después del año 1900.[41]

Los padres fundadores de los Estados Unidos llegaron a América con el objetivo de establecer una sociedad y gobierno dentro de la base de sus creencias cristianas. Esos líderes protestantes no vieron una dicotomía entre su fe y su esponsabilidad social. Sin embargo, en el siglo

---

A. Wilson, *"Hispanic Pentecostalism in the Americas"*, en Synan, Vinson (ed.), *The Century of the Holy Spirit: One Hundred Years of Pentecostal and Charismatic Renewal* (Nashville, TN: Thomas Nelson, 2001), p. 341-57).

[37] McClung, L. Grant (ed.), Azusa Street and Beyond (South Plainfield, NJ: Software Bíblico Logos, 1986), p. 5.

[38] Núñez, *Crisis and Hope in Latin America*, p. 404.

[39] Lalive d'Espinay, *El Refugio de las Masas*, p. 112.

[40] Las causas de este gran retroceso en relación con América Latina se pueden estudiar en Núñez, *Crisis and Hope in Latin America*, pp. 401-06.

[41] Marsden, *Fundamentalism and American Culture*, p. 86.

XX muchos protestantes norteamericanos ya se habían alejado de esa creencia inicial y ya no asumieron su responsabilidad social.

Los fundamentalistas manejaban los problemas sociales fuera de toda relación con la misión de la Iglesia, cuya era simplemente compartir el evangelio para la salvación de las almas. Esta podría ser la principal explicación teológica e histórica que utilizaron los pentecostales para justificar su falta de compromiso social.

Es importante notar que durante la etapa de consolidación de la misión pentecostal en América Latina, la lucha entre liberalismo y fundamentalismo también tuvo lugar en América del Norte. En aquellos días, los fundamentalistas consideraban que el evangelio social era fruto de la teología liberal.

En América Latina, la mayoría de los misioneros pentecostales tenían miedo de caer en la trampa de la teología de la liberación. En aquella época, tanto los pentecostales como los evangélicos pensaban que la teología de la liberación era una causa sociopolítica, algo que no favorecían, pues no era parte de su misión.[42] Aquellos pentecostales que no querían traicionar el mensaje del evangelio predicaron en cambio la mejora del individuo a través del desarrollo de la espiritualidad cristiana. Su esperanza no estaba en el progreso humano, sino en el retorno del Señor.[43] Preferían no invertir tiempo, dinero y recursos humanos en el establecimiento de grandes instituciones.

Por su parte, algunas denominaciones protestantes históricas dedicaron sus esfuerzos misioneros al campo de la educación, principalmente al trabajo del desarrollo institucional, pero tuvieron poco éxito en el crecimiento numérico y espiritual de sus miembros. Esto fue una advertencia para los pioneros pentecostales que llegaron bajo el liderazgo de las misiones norteamericanas y europeas. Estos se centraron en evangelizar y sumar nuevos convertidos a su fe en congregaciones que se reprodujeron en múltiples lugares.

Aquellos pioneros cambiaron la perspectiva de su servicio en el campo, "Estamos en el campo misionero para evangelizar, no para educar a la gente."[44] Sin duda, esto último mal entendió el énfasis del protestantismo histórico, cuyo mensaje se basaba en la enseñanza reformada del Nuevo Testamento, que la humanidad no es salva por las obras sino por la fe. Este mensaje también causó que los nuevos

---

[42] Véase, Salinas, Daniel, *Latin American Evangelical Theology in the 1970's: The Golden Decade* (Leiden, The Netherlands: Brill, 2009), p. 10.
[43] Salinas, *Latin American Evangelical Theology in the 1970's,* p. 47.
[44] Marsden, *Fundamentalism and American culture, p.* 92.

convertidos se desprendieron del compromiso social, profundizando más la alienación social de los protestantes en América Latina.

La doctrina de la justificación sólo por la fe también condujo a una confrontación con las enseñanzas de la Iglesia Católica, que alentaba a la gente a trabajar duro para ganar la salvación. Para ellos tenían que acumular muchos méritos para prepararse para el día del juicio.[45] Fue así como los pentecostales llegaron con un mensaje diferente. Estos enseñaron a la gente que no debían hacer otra cosa más que recibir el don de Dios por fe solamente. De esa manera, las buenas obras ocuparon un papel insignificante en la congregación. Debido a que el énfasis ya no estaba en las obras, sólo tenían que creer. Ya no era cuestión de hacer. Esta parece ser una de las razones por las que los pentecostales no se preocuparon por la acción social.[46] Por lo tanto, estos tampoco fueron conscientes de las implicaciones sociales del evangelio y su responsabilidad de transformar su cultura.

Para la mayoría de los pentecostales en América Latina, había un mundo más allá de los muros de la iglesia a donde tenían que ir a rescatar almas para Cristo. Su responsabilidad ante la sociedad era predicar el evangelio de la salvación espiritual y eterna, esperando que quienes respondieron con fe a este mensaje se convirtieran en una bendición para la comunidad, al contarle a la gente acerca del evangelio de Jesucristo. Su objetivo era ampliar la congregación numéricamente, ya que mientras mayor es el número de conversos, mayores son los cambios que tendrían lugar en sus comunidades.

Por cierto, debido a su importante crecimiento numérico, los pentecostales han sido instrumentos en las manos de Dios para llevar el cambio a los hogares y las actitudes personales de los individuos, que finalmente afectan a las comunidades donde viven. Todos estos cambios fueron provocados por una genuina conversión a Cristo y la obra del Espíritu Santo en las vidas de los individuos y la comunidad de creyentes. No obstante, ha sido en el siglo XXI, cuando más

---

[45] Cleary, Eduard L., *The Catholic Church in Latin America*. (New York, NY: Orbis Books, 1985), p. 24.
[46] Véase, Avila, Mariano, *Toward a Latin American Contextual Hermeneutics: A Critical Examination of the Contextual Hermeneutics of the Fraternidad Teológica Latinoamericana*. Doctoral Dissertation Westminster Theological Seminary, 1996; y, Bastian, Jean Pierre, *Historia del Protestantismo en América Latina* (México, DF: CBP, 1990), pp. 13-6. Aunque estos eran relatos evangélicos de la historia reciente en América Latina, los pentecostales estaban inclinados a observar la misma posición. Esto también es sostenido por Núñez, *Crisis and Hope in Latin America*, pp. 405-06.

pentecostales se han involucrado intencionalmente en la transformación humana y socioeconómica.

Esta nueva actitud comenzó a surgir cuando algunos teólogos pentecostales comenzaron a introducir un nuevo concepto y mentalidad de misión.[47] Algunos líderes empezaron a preguntar si la misión de la iglesia debería dar prioridad a las buenas obras a favor de los necesitados y los pobres dentro o fuera de la congregación. Sin embargo, aún con todo eso, la cuestión sigue siendo si los creyentes deben o no involucrarse en la transformación de las estructuras políticas de la sociedad, ya que un número significativo de líderes en la comunidad pentecostal aún no están activamente involucrados en las preocupaciones políticas y sociales.[48] No parecen entender que la transformación social y política es parte de la misión de la iglesia. En realidad, el mayor desafío para los cristianos en América Latina parece ser la responsabilidad social y la acción política a fin de producir una transformación profunda de la sociedad.

Pentecostalismo y servicio social

Los cambios experimentados a finales del siglo XX y al comienzo del siglo XXI despertaron más rápidamente la consciencia social entre los pentecostales. Ejemplos de esas nuevas tendencias incluyen la preocupación por la explosión demográfica, el problema ecológico, el despertar de las masas en condiciones subhumanas y su clamor por justicia social.

A la preocupaciones anteriores hay que añadir otras áreas vitales que contribuyen con el despertamiento de la conciencia de clase entre los pobres, por ejemplo, el avance de la ciencia y la tecnología, el surgimiento de la globalización y sus diferentes implicaciones, la implementación de la Internet y el aumento de la interacción entre personas de diferentes lugares geográficos como resultado de la amplia

---

[47] López, Darío, *Pentecostalismo y Transformación Social: Más allá de los Estereotipos, las Críticas se Enfrentan con los Hechos* (Buenos Aires, Argentina: Ediciones Kairós, 2000), p. 29; también, López, *Los Evangélicos y los Derechos Humanos: La Experiencia Social del Concilio Nacional Evangélico del Perú 1980-1982*, (Lima, Perú: Centro Evangélico de Misiología Andino-Amazónica, 1998), pp. 65-75.

[48] Dussel, Enrique, *The Church in Latin America, 1492-1992* (Tunbridge Wells: Burns and Oates, 1992), p. 65.

disponibilidad de numerosas formas de comunicación.[49] Otras preocupaciones están relacionadas con la migración masiva de personas a los centros urbanos. También existe el peligro inminente de perder la libertad individual en una sociedad que está siendo controlada por una nueva clase de tecnócratas, además de la nueva ola de socialismo que emerge en varios países de América Latina.[50]

En la escena eclesiástica, la conciencia social está siendo acelerada por la influencia de organizaciones ecuménicas como el Consejo Mundial de Iglesias.[51] También hay una nueva generación de líderes y eruditos pentecostales comprometidos con la tarea de hacer teología sobre la base de la Escritura en respuesta a los retos sociales, económicos y políticos del siglo XXI.[52]

Demandas recientes para la acción social

Las necesidades sociales, económicas, políticas y espirituales de la mayoría de las comunidades latinoamericanas han aumentado en los últimos años. Las condiciones negativas se han agravado drásticamente a medida que aumenta la población con más personas que viven en malas condiciones. Hay, por supuesto, muchos otros factores, que han tenido un impacto significativo en el contexto de algunos países. Este estudio, sin embargo, se centra en la situación actual, especialmente a la luz del desarrollo reciente en las esferas social, económica y política.

Sin embargo, el desarrollo histórico y los rasgos culturales son elementos que contribuyen en gran medida a la disposición de las personas a avanzar social, económica y políticamente.[53] A éstas, hay que añadir factores físicos del clima y los desastres naturales, que ejercen una gran influencia sobre el camino que toman algunas personas determinados periodos de tiempo. En 1998, Honduras fue literalmente devastada por el huracán Mitch. En el impacto el 90% de la infraestructura pública fue gravemente dañada o destruida por la

---

[49] Wright, Christopher, *The Mission of God* (Urbana, IN: Intervarsity Press, 2006), pp. 78-86.
[50] Wright, *The Mission of God*, p. 86.
[51] Véase, Castillo-Nanjari, Cecilia, "Pastoral de la Mujer y Justicia de Género", *Consejo Latinoamericano de Iglesias,* 2009. http://www.claiweb.org/mujeres/mujeres_genero/mujeres_1.htm. Accesado 12 marzo 2009.
[52] Campos, *De la Reforma Protestante a la Pentecostalidad de la Iglesia*, pp. 90-106.
[53] Berger, Peter L., *The Desecularization of the World: Resurgent Religion and World Politics* (Grand Rapids, MI: Eerdmans, 1999), pp. 120-25.

tormenta. Debido a su ubicación geográfica cada año el país se enfrenta a este tipo de ataques climatológicos.

Pentecostales en la acción social

El reciente crecimiento del pentecostalismo proporciona una base amplia para investigar la pluralidad de sus expresiones y prácticas del movimiento según se observa en las diferentes congregaciones. Tal observación nos debe facilitar la formación de una definición de la misión pentecostal, la cual es fundamental para entender el servicio cristiano y el papel particular que la iglesia pentecostal desempeña dentro de la misión cristiana en América Latina.[54]

El evangelismo pentecostal ha dado prioridad al testimonio y a la plantación de iglesias, mientras que la educación cristiana y la preocupación social en general sólo se trata cuando la iglesia ve la necesidad de una intervención especial a favor de los pobres y que beneficie a la congregación. Como se puede ver, los pentecostales no han mostrado intencionalidad en el área social.[55] Su teología pone mayor énfasis en los aspectos inmediatos de la salvación personal y la vida escatológica futura.[56]

El dispensacionalism influyó a la teología pentecostal en su posición referente al servicio social. No bostante, las primeras enseñanzas del pentecostalismo no estaban directamente vinculadas al dispensacionalismo. Fue hasta después de la Segunda Gurra Mundial, bajo la influencia del dispensacionalismo evangélico que el pentecostalismo dio mayor énfasis a la escatología bíblica y se olvidó del mundo acá y ahora. Al respecto Gerald Sheppard hizo una observación: "Los pentecostales comúnmente pensaban que el derramamiento del Espíritu del siglo XX era la evidencia de la lluvia tardía, o al menos, era un signo de la restauración de los últimos días de la iglesia apostólica antes del regreso de Cristo."[57]

---

[54] Fumero, Mario E. 2004. *La Iglesia: Enfrentando el Nuevo Milenio*. Miami, FL: Spanish House, 16-21.
[55] Véase Vaccaro, Gabriel, *Indentidad Pentecostal* (Quito, Ecuador, CLAI, 1990), p. 106; y, Costas, Orlando, 1982. *Missional Incarnation. Christ Outside the Gate: Mission Beyond Christendom* (Maryknoll, NY: Orbis Books, 1982), pp. 47-8; también, Costas, "Dimensiones del Crecimiento Integral de la Iglesia", *Misión* 21.8 (1982), pp. 14-7.
[56] Véase, Sheppard, G. T., "Pentecostals and the Hermeneutics of Dispensationalism," *Pneuma: The Journal of the Society for Pentecostal Studies* 3.1 (1984), pp. 5-31.
[57] Sheppard, "Pentecostals and the Hermeneutics of Dispensationalism," pp. 5-31.

Sheppard también observó que "la influencia del dispensacionalismo hizo que los pentecostales solamente se concentraran en preparar a la iglesia para el inminente retorno de Cristo, descuidando así la situación socio-económica y política de su sociedad".[58] Sin embargo, ya hay algunas voces latinoamericanas que en los últimos años han enfrentado audazmente a la falta de participación social del pentecostalismo. Estas están llamando a la iglesia a abogar en favor de los pobres y defender la justicia. La erudición pentecostal reciente ha abordado estas cuestiones de pobreza, paz y justicia social con una perspectiva misional. Algunos de esos teólogos han publicado resultados estratégicos sobre sus investigaciones.[59] Esto ha dado lugar a una nueva conciencia y ha estimulado la acción en varios sectores del movimiento.[60]

Parte de la falta de participación social se debe al origen fundamentalista de los primeros pioneros del movimiento.[61] Estos vinieron de un contexto norteamericano fundamentalista que defendía la fe contra todo tipo de doctrina que pareciera liberal o que tuviera algún vínculo con el socialismo. Es más, muchos de los misioneros norteamericanos que siguieron a los primeros pioneros parecían ser aún más negligentes en su preocupación social y condenaban todo intento nacional que manifestara algún tipo de preocupación social o que expresar inclinación para defender la causa de la justicia y la paz.

La división causada por la controversia fundamentalista en Norteamérica dio origen a la dicotomía entre el evangelismo y la transformación social,[62] la cual sigue ejerciendo gran influencia sobre la mayoría de los evangélicos y pentecostales en América Latina. En Brasil, por ejemplo, Cecilia Mariz, ha informado sobre las dificultades encontradas por las agencias de socorro y desarrollo con la teología y la

---

[58] Sheppard, "Pentecostals and the Hermeneutics of Dispensationalism," pp. 5-31.

[59] Véase, por ejemplo, Gutiérrez, Benjamín G., *En la Fuerza del Espíritu; Los Pentecostales de América Latina: Un Desafío de las Iglesias Históricas* (Guatemala, Guatemala: CELEP, 1995), pp. 22-38; y, también, Gill, Lesley, "Like a Veil to Cover Them: Women and the Pentecostal Movement in La Paz," *American Ethnologist* 17.4 (1990), pp. 708-21; y, Campos-Machado, María das Dores, *Carismáticos e Pentecostais: Adesão Religiosa na Esfera Familiar* (São Paulo, Brasil: Editora Autores Asociados, 1996), pp. 68-82.

[60] Véase, PCPJ, "Charismatics peacemakers and peacemaking," *Pentecostals for Peace and Justice*, 2009. http://www.pcpj.org/index.php/resources-topmenu-45/86-charismatic-peacemakingand- peacemakers. Accesado 10 Noviembre 2009.

[61] McClung, Azusa Street and Beyond, pp. 8-9.

[62] Dayton, Donald W., *Discovering an Evangelical Heritage* (New York, NY: Harper and Row, 1976), pp. 121-41.

práctica del ministerio entre los pentecostales. En su libro sugiere que los pentecostales están aprendiendo acerca de la importancia de la acción social por defecto.

La intencionalidad todavía no se encuentra entre las denominaciones pentecostales con respecto a ayudar a los pobres estratégicamente.[63] Por lo que se puede ver en la actualidad, este es un desafío histórico muy significativo que los pentecostales tendrán que superar en el futuro inmediato. Los pentecostales han progresado mucho hacia una comprensión más integrada de su responsabilidad ante las necesidades sociales, económicas y políticas del mundo.

Los primeros pioneros no se dedicaron a influir en las esferas física y social. Sin embargo, hubo algunos que operaron más allá de los límites. Un ejemplo fue un misionero estadounidense, O'Neil McCullough quien fue conocido como un evangelista entusiasta, cuyo proyecto misionero más significativo fue el establecimiento de una escuela primaria en Utila, una de las islas de la Bahía de Honduras. Al principio, sus esfuerzos misioneros se encontraron con la oposición de los vecinos supersticiosos y el prejuicio antipentecostal de los evangélicos en la isla. Sin embargo, el alcalde de la ciudad respaldó el proyecto y la escuela fue altamente valorada por su educación y servicio a la comunidad.[64]

Como resultado del trabajo pionero de O'Neil McCullough, más pastores y miembros de la iglesia se identificaron intencionadamente con el sufrimiento y la pobreza.[65] Este es un ejemplo citado por algunos que han estudiado al movimiento pentecostal en su misión temprana a favor de los pobres.[66]

---

[63] Loreto Mariz, Cecilia, *Coping with Poverty: Pentecostals and Christian Base Communities in Brazil* (Philadelphia, PA: Temple University Press, 1994), pp. 12-31.

[64] O'Neil e Inez McCullough llegaron a la isla de Utila en 1946. Tan pronto como tocaron tierra, su primer deseo y la visión era establecer una escuela primaria, que llamaron escuela de Lee. O'Neil era de Lee, Florida y fue a la escuela en Lee College en Tennessee. Esta información está disponible en Conn, Charles W., *Like a Mighty Army* (Cleveland, TN: Pathway Press, 2000), pp. 309-28.

[65] Una discusión sobre el papel del trabajo pionero entre los pentecostales en América Latina se encuentra en Wilson, Bryan, *Sociología de las Sectas Religiosas* (San José, Costa Rica: Editorial Costa Rica, 1972), p. 73; y Alvarez, Carmelo E., *Santidad y Compromiso: El Riesgo de Vivir el Evangelio* (México, D. F: Casa Unida de Publicaciones, 1985), p. 54.

[66] López, *Pentecostalismo y Transformación Social*, p. 29; además, López, *Los Evangélicos y los Derechos Humanos,* pp. 65-75; y, Anderson, Robert Mapes, *Vision of the Disinherited: The Making of American Pentecostalism* (New York, NY: Oxford University Press, 1979), pp. 31-40.

Respuesta a la injusticia social y a la violencia

La aparición de los movimientos guerrilleros en América Central durante los años 1970s y 1980s obligó a la iglesia a reconsiderar su posición respecto a las nuevas circunstancias sociales y políticas que vivían los miembros de las congregaciones. Durante esos años, los movimientos guerrilleros renovaron su lucha contra los gobiernos de orientación militar, mientras que también surgían voces de protesta de los sectores religiosos preocupados por la justicia social.[67] A medida que la política se polarizaba cada vez más, los pentecostales se vieron obligados a redefinir su posición en relación tanto hacia el gobierno como a los grupos disidentes.[68]

En América Latina, la mayoría de los pentecostales son respetuosos y apoyan la autoridad gubernamental. Sin embargo, tal docilidad a veces los ha colocado al lado de fuerzas opresivas e injustas. En otras ocasiones, de acuerdo con André Corten, la iglesia ha tratado de apoyar al gobierno de una manera general, sin respaldar las tácticas terroristas e inhumanas empleadas por las fuerzas armadas.[69] Sin embargo, hubo un tiempo en que las preguntas fueron hechas por algunos sectores de la iglesia, principalmente entre los miembros más jóvenes, que eran estudiantes de secundaria o universitarios, y por algunas de las organizaciones locales en el campo, sobre la autenticidad del gobierno.

Algunas de estas personas ya habían dado su apoyo táctico a los movimientos de protesta en zonas de conflicto en el país y algunos decidieron unirse a las filas de aquellos que luchaban por derrocar al gobierno corrupto.[70] Sin embargo, en los días de la revolución congregaciones enteras desaparecieron y algunos pastores fueron

---

[67] Alvarez, Carmelo, *People of Hope: The Protestant Movement in Central America* (New York, NY: Friendship Press, 1990), p. 65; y, Spykman, Gordon, Guillermo Cook, et al, *Let My People Live: Faith and Struggle in Central America.* (Grand Rapids, MI: William Eerdmans, 1988), pp. 70-5.

[68] Brett, Edward T. and Dona W. Brett. 1988. "Facing the Challenge: The Catholic Church and Social Change in Honduras", en Woodward, Ralph Lee (ed.), *Central America: Historical Perspectives on the Contemporary Crises* (New York, NY: Greenwood, 1988), pp. 41-54.

[69] Corten, Andre and Ruth Marshall-Fratini (eds.), *Between Babel and Pentecost: Transnational Pentecostalism in Africa and Latin America* (Bloomington, IN: Indiana University Press, 2001), pp. 112-18.

[70] Coten, *Between Babel and Pentecost*, pp. 112-18.

asesinados bajo la represión del ejército en la mayoría de los países de Centroamérica.[71] Otros fueron expulsados de sus hogares.

Si bien es cierto, Honduras se acercó a la guerra de guerrillas en Centroamérica con una actitud diferente de la de El Salvador, Guatemala o Nicaragua, los cristianos permanecieron divididos entre la derecha y la izquierda, políticamente. Con todo eso, uno encontraba pentecostales en todos los grupos en conflicto. Esto sucedió porque los pentecostales ya habían penetrado en la mayoría de los grupos sociales.[72] La guerrilla, por supuesto, desempeñó el papel de libertadora y tuvo cuidado de presentarse con luz heroica, evitando generalmente cualquier confrontación directa o violenta con los campesinos humildes y los pobres.

Otro caso es el de Carlos Reyes, quien era miembro de una iglesia pentecostal independiente en Lepaguare, Olancho. Este trabajaba para Caritas de Honduras, una agencia de ayuda y desarrollo afiliada a la Iglesia Católica. El 18 de julio de 2003, Reyes fue asesinado por protestar contra la deforestación de su región. Reyes fue uno de los principales miembros de una campaña de protesta contra la deforestación de la región de Olancho por compañías de tala nacionales e internacionales.[73] Esto lo convirtió en blanco de asesinatos de grupos que se cree estaban aliados con las empresas madereras de la zona.

Reyes, de 21 años, y otros activistas de la iglesia habían estado en una lista de ejecutables durante varios meses. Este se había visto obligado a huir de su casa como resultado de intimidaciones y amenazas. Su muerte se produjo después de la Marcha por la Defensa de la Vida en junio de 2003, en la que 30.000 personas caminaron 200 kilómetros hasta la capital, Tegucigalpa, para protestar contra la tala excesiva de los bosques en Olancho. La marcha por la defensa de la vida se llevó a cabo el 12 de junio de 2003, por iniciativa de organizaciones católicas para la protección del medio ambiente en Honduras. Las empresas madereras nacionales e internacionales registran por lo menos 150.000 hectáreas de bosques al año para exportarlas a América del Norte y Europa.

Por lo menos dos tercios del bosque original en Olancho se han perdido durante la última década con hasta 10.000 madereros que

---

[71] Véase, Garrard-Burnett, Virginia, *Protestantism in Guatemala: Living in the New Jerusalem* (Austin, TX: University of Texas Press, 1998), pp. 15-6.
[72] Véase, MacDonald, Mandy y Mike Gatehouse, *In the Mountains of Morazán: Portrait of a Returned Refugee to His Community* (London, UK: Monthly Review, 1995), pp. 1-4.
[73] Caritas, "Honduras: Anti-Logging Campaigner Murdered," ICN. *Independent Catholic News* (25 July 2003), pp. 2-3.

trabajan actualmente en el área. Caritas Honduras dice que el daño ambiental causado por la tala ha sido masivo, especialmente para los agricultores locales. Ha habido una pérdida del 60% en el suministro de agua y el suelo ha sido gravemente dañado. Más de la mitad de la población ha emigrado fuera de la zona. Otros manifestantes dijeron que el gobierno también necesitaba abordar los problemas ambientales. Reyes perdió la vida luchando para cambiar las políticas injustas de tala de su provincia.

Históricamente, la postura política no escrita de los pentecostales es que sus miembros deben permanecer fuera de la política y concentrarse en la predicación del evangelio. Sin embargo, esto ha comenzado a cambiar y la iglesia pentecostal ha aceptado el hecho de que sus miembros son libres de participar en los procesos políticos del país, incluyendo el de pertenecer a un partido particular o de tener una ideología política dada, cuando no usurpa su lealtad a la iglesia y al evangelio.[74]

En su enfoque de las luchas sociales, los pentecostales tienden a ser no violentos y observan una postura pacifista en las luchas civiles, haciendo eco de las tradiciones pentecostales anticulturales y pacifistas.[75] Pero ya en el siglo XXI se escuchan nuevas voces comprometidas con la justicia social y la verdad. Esas voces exigen la integración de la espiritualidad, el evangelismo, la educación y la transformación social en la vida de la iglesia.[76] El futuro podría ver un énfasis más integral en la vida y la misión de la Iglesia.

Dado el contexto social de la nueva generación de líderes pentecostales, éstos pueden desempeñar un papel significativo en la transformación de la gente que sufre mucho en la región. Obviamente, dicha transformación requerirá una enseñanza bíblica relevante y soluciones sociales adecuadas a las necesidades complejas y apremiantes de las personas en desventaja. Los pobres y los marginados necesitan el mensaje de esperanza de una iglesia verdaderamente comprometida con ellos.

---

[74] Véase, Zaldívar, Raúl, "Relación Estado-Iglesia y su Apertura al Protestantismo en Honduras", *Vida y Pensamiento* (1996), pp. 12-9.

[75] Véase, Beaman, Jay, *Pentecostal Pacifism: The Origins, Development and Rejection of Pacific Belief Among the Pentecostals* (Hillsboro, KS: Center for Mennonite Brethren Studies, 1989), pp. 3-15.

[76] Alvarez, "The South and the Latin American Paradigm of the Pentecostal Movement," pp. 135-53.

4

ENFOQUE PENTECOSTAL A LA MISION INTEGRAL

En esta sección estudiaremos fuentes históricas y algunas bases teológicas para el desarrollo de la teología de la misión en el pentecostalismo latinoamericano. Acá haremos referencia especial al contexto de Honduras. Aunque también mencionamos otros países de América Latina, esta referencia es necesaria por dos razones: hay muchas similitudes entre los pentecostales hondureños y los de otros países, particularmente de Centroamérica.[1] En segundo lugar, la teología pentecostal en Honduras todavía presenta muchas limitaciones, especialmente en el campo académico. Aunque ya comienza a surgir algunos teólogos que han comenzado documentar datos históricos relevantes para el estudio pentecostalismo y su misión en el país.[2] Lo anterior me permite asegurar, hipotéticamente, que la mayoría de los pentecostales en América Latina están en la etapa de documentar su historia y su teología, académicamente.

El pentecostalismo ha sido estudiado desde diferentes ángulos y en diferentes contextos. Por lo tanto, para estudiar la misión de Cristo encarnado en el contexto de pobreza, compararemos las cuestiones de pobreza versus riquezas en el contexto de la Escritura, en lo que toca a la realidad integral de la vida humana.[3]

Esta sección termina con un enfoque teológico que ve la acción redentora de Dios en favor de los pobres y marginados. También establece las bases para la comprensión de la teología de la misión tal

---

[1] Véase, Schäfer, Heinrich, "Explicando el Pentecostalismo Centroamericano con la Desigualdad Social y el Conflicto: Habitus-Análisis como Pista para Describir la Praxis Religiosa", in Smith Calvin L. (ed), *Pentecostal Power: Expressions, Impact and Faith of Latin American Pentecostalism* (Leiden, The Netherlands: Brill, 2011), pp. 138-149.
[2] Álvarez, Miguel, *History of the Church of God in Honduras.* Master of Divinity thesis, Church of God Theological Seminary 1986.
[3] Enrique Dussel, "Hipótesis para una Historial de la Teología en América Latina (1492-1980)", en Richard, Pablo (ed.), *Historia de la Teología en América Latina* (Lima, Perú. CEHILA: Departamento Ecuménico de Investigaciones, 1980), pp. 401-47.

como la practica la comunidad pentecostal, que en este caso hace referencia al contexto general de la misión integral.[4]

Contextos sociales de los pentecostales en América Latina

"Es que lo llevamos en la sangre."[5] Según lo apunta Guillermo Taylor, esta parece ser una actitud negativa utilizada por muchos latinoamericanos para justificar las desgracias y tragedias que les suceden.[6] Para comprender a la gente de esta región se requiere el conocimiento de este epíteto cultural y de otras tradiciones que han permanecido durante mucho tiempo con la cultura. Transformar lo negativo a una mentalidad positiva requiere una inyección de esperanza.[7] El pueblo de Dios, con el mensaje transformador del evangelio, ahora está trayendo tal esperanza.

En el contexto particular de Centroamérica, esta área sufre diferentes grados crónicos de subdesarrollo, que se manifiestan a través de la corrupción social y política que es manejada por las burocracias administrativas también corruptas.[8] Es cierto que hay diferentes términos que pueden utilizarse para clasificar a los países latinoamericanos, de acuerdo a la riqueza o la pobreza de éstos. Ya sea Honduras, en la parte inferior o Chile en la cima, todos ellos son parte de un continente que lucha por alcanzar niveles más altos de progreso. Sin embargo y paradójicamente, toda la región es rica en recursos naturales, pero mal utilizados o apropiados por los líderes políticos.

Además, la Iglesia Católica ha estado presente en la región por más de cinco siglos. Entonces, ¿por qué es tan difícil explicar dicho trasfondo? En esta sección vamos a echar un vistazo a la historia de la región, a través de los lentes perspicaces teólogos, antropológicos y sociológicos que estudian a las culturas y sus actitudes espirituales.

En Honduras, por ejemplo, los últimos años han sido testigo de graves conductas de corrupción política y administrativa, que, junto a otros desastres naturales, han obligado a la gente a crear sus propios dispositivos de supervivencia. Por ejemplo, los jóvenes se volvieron a las

---

[4] Véase, Mejía, Medardo, *Historia de Honduras* (Tegucigalpa, Honduras: Editorial Universitaria, 1983), p. 86.
[5] William D. Taylor and Emilio Antonio Núñez, *Crisis and Hope in Latin America: An Evangelical Perspective* (Pasadena, CA: William Cary University, 1996), p. 102.
[6] Taylor and Núñez, *Crisis and Hope in Latin America*, p. 103.
[7] Taylor and Núñez, *Crisis and Hope in Latin America*, p. 103.
[8] Edwards, Sebastian, *Crisis and Reform in Latin America: From Despair to Hope* (Oxford, UK: Oxford University Press, 1995), p 22.

pandillas como sistemas de mutua protección y supervivencia.[9] Meses después, los narcotraficantes ingresaron al país, compraron las pandillas y las usaron para impulsar el narcotráfico. La combinación de pandillas-narcotráfico[10] hizo de Honduras uno de los países más violentos del mundo.[11] Algunos informes muestran que la industria de la droga ha penetrado a la élite del gobierno y los oficiales de la policía y militares. Como consecuencia, este mal ha alcanzado a algunos de los líderes más prominentes e influyentes del país.[12]

Comprensión de la historia más reciente

La historia más reciente muestra que las condiciones de inseguridad y pobreza han empeorado de manera alarmante en Honduras. Los líderes políticos corruptos han perpetuado y alimentado este problema social con su actitud y conducta inmoral.[13] La economía hondureña muestra graves desequilibrios en la distribución de la riqueza. Los ricos se están volviendo más ricos y los pobres se están haciendo más pobres. En el sistema legal, los administradores de la justicia continúan fallando en la aplicación de la justicia. Como resultado, el número de pobres y marginados sigue aumentando. El fracaso del sistema judicial crea condiciones insoportables para la promoción del bienestar social.[14] Desafortunadamente, la primera década del siglo XXI vio a Honduras emerger como uno de los países más pobres y más violentos del mundo.

En busca de mejores condiciones de vida, un número significativo de jóvenes emigró a los Estados Unidos. Datos recientes de la migración informan que en la mayoría de las comunidades rurales de Honduras los niños se quedaron con los abuelos. Como consecuencia natural de la migración, muchos matrimonios se desintegraron, las familias se separaron y los niños crecieron sin padres. La nueva

---

[9] Wolseth, Jon, *Jesus and the Gang: Youth Violence and Christianity in Urban Honduras* (Phoenix, AZ: The University of Arizona Press, 2011), pp. 68-71.

[10] Katz, Charles M. and Vincent J. Webb, *Drugs and Gangs* (New York, NY: The Rosen Publishing Group, 1998), pp. 39-49.

[11] Simon, Rita James, (ed.), *A Comparative Perspective on Major Social Problems* (Cumnor Hill, Oxford, UK: Lexington Books, 2001), p. 36.

[12] Anderson, Thomas P., *Politics in Central America: Guatemala, El Salvador, Honduras and Nicaragua* (Westport, CT: Greenwood Publishing Group, 203), p. 144.

[13] Véase el artículo de Radu, Michael, "The Other Side of Democratic Transition," *Democracy at Large* 2.3 (2006), pp. 25-28.

[14] Véase, Olivo Ensor, Marisa (ed.), *The Legacy of Hurricane Mitch: Lessons from Post-Disaster Reconstruction in Honduras* (Phoenix, AZ: The University of Arizona Press, 2009), pp. 156-83.

generación está creciendo a un ritmo inquietante, sin figuras paternales y avanzando hacia un futuro incierto. Como consecuencia de las severas medidas adoptadas por las nuevas leyes de migración en los Estados Unidos, miles de inmigrantes indocumentados han sido deportados a sus países de origen.[15]

Al regresar a su país, los migrantes se enfrentan a una nueva condición de vida. Lo inhóspito de la condición social del país les obliga irremediablemente a refugiarse en la trampa del narcotráfico. O bien regresan a los Estados Unidos o se unen a una pandilla. Trágicamente, las agencias gubernamentales que ayudan a los deportados no tienen nada que ofrecerles en el proceso de reentrada.[16] El gobierno tampoco tiene la fuerza política, la capacidad financiera, ni la postura honorable para superar esta necesidad social.

Bajo las condiciones actuales, Honduras parece ser un país muy vulnerable y con pocas esperanzas para el futuro. Para superar esta etapa necesita a un pueblo con conciencia de justicia social y política, que enfrente sus propios males y los supere con sacrificio y gallardía. El pueblo tendrá que ser reeducado a través de un nuevo sistema de valores que salvará al país de la autodestrucción. Por lo tanto, es bajo estas circunstancias que se espera que los pentecostales, y también los evangélicos, desempeñen un papel importante en la solución de los problemas de la sociedad.

Pentecostales en escena

Es bien sabido que el pentecostalismo en Honduras ha crecido significativamente en los últimos años. Este crecimiento se puede observar principalmente en un alto número de creyentes que asiste a la iglesia y también en un número significativo de congregaciones nuevas establecidas recientemente. Además, estas nuevas iglesias y ministerios han impactado a las comunidades locales con una serie de actividades sociales que benefician al pueblo en general.

Estos son algunos de los indicadores que el pentecostalismo es un movimiento espiritual muy influyente en el país.[17] Por ejemplo, la Iglesia de Dios (Cleveland, TN) ahora reporta más de ocho mil congregaciones

---

[15] González Carías, Silvia y Rosa Margarita Montenegro, *Sueños Truncados: La Migración de Hondureños Hacia los Estados Unidos* (Tegucigalpa, Honduras: Editorial Guaymuras, 2003), pp. 47-8.

[16] González, *Sueños Truncados*, p. 42.

[17] Sundstrom, B., "Growing Confidence Spurs Latin American Outreach," *Christianity Today* 3 (February 1987), p. 87.

en toda América Latina. Los líderes regionales esperan más de quince mil iglesias sea establecidas para el año 2020. Al igual que esta denominación, otros movimientos reportan un alto porcentaje de incremento en la membresía local.[18]

¿Qué es lo que causa este crecimiento en el número de adherentes? Esto se podría explicar de diferentes maneras, pero para el propósito de esta discusión nos enfocaremos en el servicio social que el pentecostalismo ofrece a la comunidad, de manera empírica.[19] Mucho se ha dicho acerca de la respuesta del pentecostalismo al desastre, la pobreza y el malestar social en el país. Históricamente, los pobres han respondido positivamente al mensaje pentecostal de esperanza en tiempos de crisis.[20] Sin embargo, este mensaje tuvo un impacto positivo debido al servicio prestado por los pentecostales a las comunidades afectadas por las condiciones negativas antes mencionadas. Estos creyentes están comprometidos con una vida devota que alcanza a las necesidades espirituales y sociales de la comunidad, en el marco de obediencia a la Gran Comisión (Mateo 28:19).

Los pentecostales han dependido de la oración y del ayuno para la mayoría de sus acciones.[21] Dicha dependencia crea un estado espiritual de alta sensibilidad hacia las necesidades sociales. Estos creen que las disciplinas espirituales son necesarias para lanzarse a un ministerio que alcanza a los pobres espiritual y físicamente. No lo planearon así, la acción social surgió como resultado natural de una entrega espiritual que los llenó de amor para ayudar, asistir y socorrer a los necesitados. Pero insisto, no fue que lo planearon. No hubo tal cosa, como una acción estratégica.

Es probable que todo se haya dado por la acción soberana del Espíritu Santo, quien en su ministerio santificador ha equipado a los creyentes a realizar una misión integral en la comunidad. Los pentecostales enseñan que la santidad es el estándar de vida para el

---

[18] Véase, Read, William R., Víctor M. Monterroso y Harmon A. Johnson (eds.), *Latin American Church Growth.* (Grand Rapids, MI: Eerdmans, 1969), pp. 313-25; véase también Johnston, Patrick, *Operation World* (Carlisle, PA: OM Publishing, 1993), p. 65; y, Taylor y Núñez, *Crisis and Hope in Latin America*, p. 112.

[19] Véase por ejemplo Chiquete, Daniel, *Haciendo Camino al Andar: Siete Ensayos de Teología Pentecostal* (San José, Costa Rica: DEI, 2007), p. 125; Cox, Harvey, *Fire from Heaven,* p, 82. El trabajo de Cox, aunque puede parecer comprensible a favor de los pentecostales, su opinión cuenta como evidencia que confirma el impacto del pentecostalismo en la comunidad local.

[20] Tapia, Andrés, "Growing Pains," *Christianity Today,* 6 (February), pp. 12-3.

[21] Álvarez, "The South and the Latin American Paradigm of the Pentecostal Movement", p. 138.

pueblo de Dios. También que es importante experimentar el bautismo del Espíritu Santo, subsecuente a la santificación, lo cual equipa a los creyentes para servir eficazmente a las necesidades espirituales y materiales de las comunidades donde ejercen el ministerio.

Los pentecostales creen, si cada creyente pone en práctica su llamado sacerdotal, cada uno sería capaz de servir a la gente eficaz y eficientemente. Esta noción los lleva a una vida de oración como fuente principal de enriquecimiento espiritual y equipamiento para el servicio, aunque está orientado hacia las necesidades espirituales, tiene un impacto colateral positivo para la solución de los problemas sociales. La disciplina de la oración y el ayuno es altamente estimada y permanece activa en todos los niveles de su servicio cristiano.[22] Esta es la razón primordial por la que los pastores y líderes de la iglesia local enfatizan la importancia de la oración y el ayuno. El propósito es fortalecer a los creyentes en su espiritualidad personal y capacitarlos para servir eficazmente al pueblo que sufre en sus comunidades.

Reconocimiento desde afuera de la comunidad de Fe

Como hemos visto, los pentecostales enseñan que la conversión personal, el compromiso con Cristo, la santificación y el bautismo del Espíritu Santo capacitan naturalmente los creyentes para ser eficaces en el ministerio. De esa manera, estos son capaces de llegar a los necesitados, a los pobres y a los marginados.[23] Una vez que las personas responden a la predicación del evangelio, los que aceptan a Cristo se consolidan en la congregación a través de un programa que lleva a los nuevos creyentes a un discipulado adecuado.

Estas acciones crean una cultura de evangelismo y discipulado, que es intencionalmente planeada y ejecutada a través del servicio comunitario. La mayoría de los creyentes son parte de un pequeño grupo donde experimentan la mayor parte de su vida cristiana. Como resultado, las comunidades locales son transformadas, más por el efecto de la práctica de la fe que por la acción intencionada de lograr cambios sociales. Como hemos visto, dentro del pentecostalimo los cambios

---

[22] López, Darío, *Pentecostalimo y Transformación Social,* p. 29; también, López, *Los Evangélicos y los Derechos Humanos: La Experiencia Social del Concilio Nacional Evangélico del Perú 1980-1982* (Lima, Perú: Centro Evangélico de Misiología Andino-Amazónica, 1998), pp. 65-75.

[23] Alvarez, Miguel, *La Palabra, El Espíritu y la Comunidad de Fe: Entendiendo la Hermenéutica Pentecostal* (Cleveland, TN: Editorial Evangélica, 2009), p. 56.

sociales suceden como consecuencia natural de la práctica de las disciplinas cristianas.

Los líderes locales que crecen en la fe son capaces de influir en las autoridades locales para el bien común del pueblo. Esa es una de las razones por las que las autoridades civiles ya están prestando atención a las voces de las congregaciones pentecostales.[24] En virtud de esto, los pentecostales ya participan en las decisiones y planes de las autoridades locales. Es acá donde el estudio de la misión integral es clave. Las congregaciones recibirían formación y equipamiento sólido para el ejercicio del ministerio en las comunidades.

La batalla por el país

Está claro que este tipo de influencia espiritual causa efectos positivos en la sociedad. Por ejemplo, Honduras se enfrenta a una de las situaciones más dramáticas en su ámbito social y espiritual. Hay dos extremos que pueden ser claramente identificados: por un lado, está el poder transformador del evangelio y por el otro está la fuerza destructiva del mal que sigue siendo fuerte en el país.[25] La iglesia parece estar creciendo numéricamente y continúa transformando vidas y comunidades. Sin embargo, al parecer, también el mal continúa manifestando su poder destructivo sobre los que permanecen marginados del evangelio.

Hay un conflicto espiritual luchando por el control del país. El mal aumenta la violencia, la muerte, la destrucción y la inmoralidad a través de estructuras económicas, sociales y políticas. Pero la iglesia intensifica la oración y la acción cristiana por el bien de aquellos que son las víctimas directas de tales esquemas malignos.[26] A causa de este conflicto espiritual, Honduras está atravesando una batalla espiritual histórica.[27] Los pentecostales comprenden esto y han intensificado la

---

[24] Wells-Davies, Wilma, "La Naturaleza de la Conversión Pentecostal en la Argentina: Implicaciones Misionológicas," en *Voces del Pentecostalismo Latinoamericano* (Concepción, Chile: Red Latinoamericana de Estudios Pentecostales, 2009), pp. 157-78 (161).

[25] Buhne, Wolfgang, *Explosión Carismática* (Terrassa, España: Editorial CLIE, 1996), p. 141. El autor hace un análisis crítico de las doctrinas y prácticas de los llamados "Tres Olas del Espíritu Santo. Él estudió las tendencias más actuales de los líderes carismáticos, neopentecostales e iglesias.

[26] Manning, Joseph F. *Cristianismo Milenario* (México, DF: Editorial Pax México, 2009), p. 94.

[27] Ramírez Nieves, María, *Ángeles en Guerra Espiritual* (Bloomington, IN: Palibrio, 2012), p. 56. La autora presenta evidencias de guerra espiritual, liberación demoníaca,

oración. No tienen duda que el Espíritu Santo está trabajando en la transformación del país aún en contra de la adversidad espiritual, política y social.

Agentes del mal entronizados en las estructuras políticas

Las autoridades políticas que entran democráticamente al poder han sido capaces de manipular el orden constitucional del país, una vez que han tomado el control administrativo del país. Mediante maniobras políticas antidemocráticas, los gobernantes se perpetúan en el poder sin límites de tiempo o plazo para gobernar. La situación se agrava con el apoyo o la indiferencia de la comunidad internacional.[28] Dicha comunidad internacional practica un doble rasero hacia los gobiernos y los países, dependiendo de los intereses de quienes controlan la política. Así, la corrupción se encuentra en todos los niveles y parece haber impregnado a la mayoría de las estructuras políticas del país.

Este fenómeno también se observa en varios gobiernos latinoamericanos a través de estructuras políticas y personalidades que deforman la cultura de la economía, las relaciones sociales y el comportamiento moral de las personas. Esta realidad ha dado origen a nuevas formas de maldad, como el narcotráfico, las pandillas y diversas formas de violencia. La civilidad ha sido severamente afectada por el poder negativo de la corrupción en todos los niveles. Honduras está atravesando una de sus épocas más oscuras de su historia bajo el ataque inclemente de estos males sociales y políticos. Como se mencionó anteriormente, el país ha sido recientemente etiquetado como uno de los más violentos del mundo, pero situaciones similares también están ocurriendo en los otros países centroamericanos y México, que también son conocidos como narco estados.

Influencia espiritual de las congregaciones pentecostales

Los pentecostales han comenzado a darse cuenta de la grave responsabilidad que han asumido bajo las circunstancias políticas y sociales de este tiempo. Para estos no hay vuelta atrás en su compromiso

---

sanidades y milagros que tienen lugar en el contexto de las congregaciones pentecostales.
[28] Mast, Jerald, "International Environmental Politics" en Ishiyama, John T. y Marijke Breuning (eds.), *21st Century Political Science: A Reference Handbook* (London, UK: Sage Publications, 2011), pp. 440-50.

con la verdad del evangelio.[29] En medio de la corrupción, la pobreza y la violencia tendrá que tener consciencia de su papel en la redención de su nación—la oportunidad es ahora. Con respecto a este tópico, Daniel Chiquete argumenta que aquellos pentecostales que son conscientes de esta situación se están movilizando para evangelizar a los pobres, a los débiles ya los marginados.[30] Estos están enfocando sus esfuerzos para difundir la esperanza en nuevas condiciones de vida. Esta esperanza se convierte en la principal fuente de fuerza para contraatacar las fuerzas destructivas del mal. Se dan cuenta que la victoria es posible si observan y practican su fe y pueden lograrlo mostrando solidaridad con los que están sufriendo.

Los pentecostales también están practicando una lectura e interpretación inteligentes de la Escritura. Esta lectura fortalece su compromiso con la Gran Comisión, aún si esto significara sacrificio o sufrimiento por la causa del evangelio. Su relación personal con el Espíritu Santo los mantiene enfocados en su misión. El Espíritu Santo los hace fuertes en la batalla contra el mal. En la iglesia, el altar está todavía ocupado por los pobres, los débiles, los enfermos y los marginados. Esa es una razón por la cual las congregaciones pentecostales continúan siendo testigos efectivos y ganan a muchas personas para Cristo.

Crecimiento numérico pero los males sociales aún permanecen

Los pentecostales y también los evangélicos han sido criticados por reclamar un gran número de adherentes, sin embargo, el país sigue siendo uno de los más violentos y corruptos de la región. Tal crítica no parece ser exacta. Esta no informa lo que realmente sucede con los dos extremos que luchan por el control del país. Los pentecostales están utilizando todas las formas posibles para contraatacar a las fuerzas del mal.[31] Como se dijo anteriormente, la oración se ha intensificado y el trabajo social ha aumentado dramática e intencionalmente en muchas de las comunidades.[32] También se ha intensificado la asistencia a los pobres

---

[29] Cleary, Edward L. "Latin American Pentecostalism," en Dempster, Murray W., Byron D. Klaus y Douglas Petersen, (eds.), *The Globalization of Pentecostalism: A Religion Made to Travel* (Oxford: UK: Regnum Books, 1999), pp. 127-45 (133).

[30] Chiquete, "Haciendo Camino al Andar," p. 124.

[31] Driver, Juan, *La Fe en la Periferia de la Historia* (Guatemala, Guatemala: Semilla, 1997), pp. 76-81. El autor describe las luchas espirituales de los nuevos cristianos tienen que hacer frente a las fuerzas antagónicas que tratan de derrotar a su fe.

[32] Campos, Bernardo 1996. "In the Power of the Spirit: Pentecostalism, Theology and Social Ethics," *en* Gutiérrez, Benjamín F. and Dennis A. Smith (eds.), *In the Power of*

y marginados. Los creyentes hacen todo lo posible para promover el poder transformador del evangelio en la política y en los terrenos socioeconómicos.

La pobreza, la marginación y la inseguridad sobre el futuro llevaron a la gente a buscar respuestas definitivas. Los pentecostales provienen de los segmentos más pobres y marginados de la sociedad. El movimiento nació en medio de las masas pobres. Representa la voz que articula la revelación y la esperanza que el Espíritu Santo ha dado a aquellos que no tenían voz. El pentecostalismo le dio voz a los que no tenía voz y a los que no eran escuchados. En algunos círculos académicos, al pentecostalismo se le ha considerado como la revolución de los pobres.[33] Para ellos no puede haber una victimización entre teoría y práctica en un mundo de pobreza e inseguridad. Aquí la teoría surge de la práctica, a la práctica adicional que eventualmente conduce al cambio y a la construcción de una sociedad diferente. Es la comunidad de fe la que determina el destino y las respuestas finales que edifican a los creyentes. La comunidad envía un mensaje profético al mundo para encontrar respuestas en el Jesús encarnado.[34]

Los pentecostales han tenido un impacto significativo en el proceso de evangelización de América Latina. Ellos entienden la evangelización como la acción de proclamar el evangelio de Jesucristo en cumplimiento de la Gran Comisión. Tal proclamación llega a cada hombre y mujer que necesita la salvación espiritual. Una vez que el mensaje es aceptado, añade transformación al individuo y a su mundo.[35] Para los pentecostales, la primera responsabilidad del creyente es lograr la salvación de los demás, especialmente de aquellos que están cerca,

---

the Spirit: The Pentecostal Challenge to Historic Churches in Latin America (Guatemala City, Guatemala: CELEP, 1996), pp. 41-50. La contribución de Campos es importante porque escribe una perspectiva pentecostal y sociológica. Su principal interés es examinar el papel del pentecostalismo en su contexto de marginalización, que es la típica condición social y económica de los pentecostales en América Latina.

[33] Véase, Chestnut, Andrew R., *Born Again in Brazil: The Pentecostal Boom and the Pathogens of Poverty* (New Brunswick, NJ: Rutgers University Press, 1997), pp. 5-9.

[34] Driver, *La Fe en la Periferia de la Historia,* p. 78.

[35] Monteiro, Yaira, "Congregación Cristiana en Brasil, de la Fundación Centenario: La Trayectoria de una Iglesia Brasileña," en Chiquete, Daniel y Luis Orellana (eds.), *Voces del Pentecostalismo Latinoamericano* IV (Concepción, Chile: RELEP, 2011), pp. 77-140 (90).

como parientes y amigos. Esta confianza genera nuevas conversiones, que continúan creciendo en número.[36]

Una vez que una comunidad es impactada por el evangelio, en la mayoría de los casos, la transformación comienza en el hogar o en el barrio. Los creyentes ya no participan en las actividades mundanas y otros escenarios del mal. Estos eventos se multiplican de una comunidad a otra. Las congregaciones continúan creciendo numéricamente y el avivamiento espiritual se ve principalmente a través de una devota vida de oración. Un derramamiento subsiguiente del Espíritu Santo tiene lugar más adelante, con la manifestación de dones espirituales en la vida y el ministerio de los que creen.

Este crecimiento también trae consigo la transformación social. Los nuevos conversos dejan atrás los viejos paradigmas de la vida y ahora buscan nuevas opciones y posibilidades.[37] Este crecimiento pentecostal ha alcanzado niveles más altos de influencia. Las comunidades enteras han cambiado por la influencia de la vida pentecostal y su espiritualidad.[38] Los resultados son obvios y se pueden ver en la familia, la escuela y las relaciones sociales. Una vez que el círculo interior de las relaciones se gana para Cristo, el siguiente paso es llegar a otras familias y comunidades para que el ciclo continúe multiplicándose.[39]

Patrones espirituales observados en contexto

Utilizando la tirada dialéctica, diremos que después de haber presentado esta tesis, la antítesis viene a continuación. El crecimiento pentecostal también presenta enseñanzas misionológicas cuestionables. No todas las cosas andan bien entre los pentecostales latinoamericanos. Algunos han sido propensos a absorber las enseñanzas dudosas de los grupos

---

[36] Girón, Rodolfo, "The Latin-American Missionary Movement: A New Paradigm in Missions," *Celebrate Messiah 200,* (2011). http://www.ad2000.org/celebrate/giron.htm. Accesado el 19 de Noviembre 2010.

[37] Orellana, Luis, "El Futuro del Pentecostalismo en América Latina," en *Voces del Pentecostalismo Latinoamericano* IV, en Chiquete, Daniel y Luis Orellana (eds.), Concepción, Chile: RELEP, 2011), pp. 141-56.

[38] Kwon, Lillian, "Pentecostal Impact Growing in Latin America," *The Christian Post (November 9, 2006).* http://www.christianpost.com/article/20061109/pentecostal-impactgrowing-in-latin-america/ accesado el 14 de Noviembre 2009.

[39] López, *Pentecostalismo y Transformación Social*, p. 82.

carismáticos y neopentecostales de Norteamérica.[40] Por ejemplo, el evangelio de la fe y prosperidad ha permeado a la clase media y alta de América Latina. Por otro lado, el tele evangelismo latinoamericano influenciado por el nuevo movimiento apostólico y profético ha incorporado enseñanzas del evangelio de fe y prosperidad para promover nuevas formas de ministerio,[41] que desafían las enseñanzas y las prácticas del pentecostalimo.

Carismáticos

En el caso del movimiento carismático, sus miembros vinieron de muchos trasfondos teológicos y han permanecido dentro de sus respectivos movimientos. Debido a que ellos no representan a un grupo claramente identificado, es imposible hacer un estudio comprensivo de su teología y presuposiciones hermenéuticas. Para semejante tarea se tendría que incluir a todas las posiciones teológicas de donde vienen, cosa que es imposible debido al tamaño de su universo.[42] Sin embargo, los carismáticos comenzaron con una mentalidad que se basaba en la hermenéutica tradicional. No fue sino hasta que los diversos movimientos se expandieron cuando comenzaron a surgir diferentes formas de interpretar a Escritura. Por lo general los grupos carismáticos han sido una extensión de los grupos que se iniciaron en Norteamérica. En América Latina, las congregaciones de corte Carismático tienen conexiones estrechas con sus homólogas en los Estados Unidos y han tenido éxito entre la clase media de los países latinos.

En cuanto a sus posiciones teológicas, los grupos carismáticos han tratado de reconciliar las enseñanzas pentecostales, especialmente lo relacionado a la 'experiencia' carismática con las corrientes teológicas de sus respectivas tradiciones. En su momento, Hollis Gause apuntó que, por lo general, "los carismáticos desean una experiencia pentecostal que no interfiera con sus compromisos doctrinales y tradicionales ya

---

[40] Bridwell, Edward E., *The Pathology of Hyperbolic Religion* (Mustang, OK: Tate Publishing Enterprises, 2011), pp. 53-62. El autor discute los extremos espirituales y conductuales observados entre carismáticos y neopentecostales.

[41] Véase, Gálvez, Rigoberto, *Prácticas Dudosas en el Ejercicio de Nuestra Fe: Un Estudio de la Religiosidad Popular Evangélica, Una Autocrítica* (Guatemala: Guatemala: Editorial Fortaleza, 2009), p. 151.

[42] McClymond, Michael J., "Charismatic Renewal and Neo-Pentecostalims: From North American Origins to Global Mutations" in Robeck, Cecil M. y Amos Yong (eds.), *The Cambridge Companion to Pentecostalism* (Cambridge, UK: Cambridge University Press, 2014), pp. 31-39.

establecidos."⁴³ Por lo tanto, ellos han tenido que integrar su experiencia pentecostal a su marco de referencia teológico que es demasiado amplio como para definirlo apropiadamente. Por ejemplo, sería una tarea muy difícil juntar a la teología de un carismático católico con la de un luterano, o la teología de un carismático metodista con uno anglicano.

Con lo visto anteriormente sí posible explicar una de las posiciones típicas carismáticas, por ejemplo, la cual afirma que el bautismo en el Espíritu Santo no es necesariamente una obra de gracia, sino que una actualización del potencial espiritual que está latente y disponible para el creyente en el momento de la conversión o su iniciación en la fe cristiana. Esta posición simplemente representa una maniobra que permite al intérprete carismático armonizar su experiencia con el trasfondo teológico multidisciplinario de donde viene.

Neopentecostalismo

Por su parte, al neopentencostalismo se le considera como una fusión entre la experiencia del pentecostalismo clásico y las enseñanzas del movimiento carismático. Este incorpora algunas enseñanzas del pentecostalismo clásico, como la restauración de los dones ministeriales de Efesios 4:11 y la expectación escatológica de la lluvia tardía expresada en la Escritura. También añade la teología práctica del movimiento carismático y añade nuevas experiencias, como la risa santa, la borrachera espiritual y otras actividades afines que son notables, especialmente durante los servicios con nutridas manifestaciones carismáticas.

El neopentecostalismo también ha incorporado las enseñanzas del movimiento de fe, iniciado por Kenneth Hagin, en los 1980s,⁴⁴ que eventualmente evolucionó en lo que se conoce como el 'evangelio de fe y prosperidad' y que se acomodaba muy bien al contexto de prosperidad económica que se vivía en Norteamérica en ese tiempo. Luego incorporó al movimiento profético y escatológico de John Wimber, C. Peter Wagner y otros seguidores de esa corriente. Wagner acuñó el término 'Tercera Ola' para diferenciarlo de la primera ola (Pentecostalismo Clásico) y la segunda ola

---

⁴³ Pinnock, C. H., "The New Pentecostalism: Reflections of an Evangelical Observer", in Russell P. Spittler, (ed.), *Perspectivas on the New Pentecostalism* (Grand Rapids, MI: Baker, 1976), pp. 50-4.

⁴⁴ Harrison, Milmon F., *Righteous Riches: The Word of Faith Movement in Contemporary African American Religion* (Oxford, UK: Oxford University Press, 2005), pp. 5-8.

(El Movimiento de Renovación Carismática).[45] De esa manera Wagner llegaría a ser conocido como el padre del movimiento de la Nueva Reforma Apostólica.[46] Eventualmente, Wagner, que venía de un trasfondo evangélico, reconoció, "Mi actitud era anti pentecostal. En los círculos que yo frecuentaba era corriente considerar a los pentecostales como impostores. La teología de los pentecostales nos parecía simplemente superficial. Yo tenía un concepto limitado del poder de Dios."[47]

Lo novedoso del neopentecostalismo era el énfasis en una teología del reino, la cual era liderada por los nuevos apóstoles y profetas, quienes manifestaban las señales del reino a través de un evangelismo poderoso que manifestaba las señales sobrenaturales del reino, tales como la sanidad, profecía y demás dones carismáticos contenidos en la Escritura.

En los primeros años del siglo XXI, los neopentecostales incorporaron las enseñanzas del Movimiento Apostólico y Profético que surgía con fuerza en las mega iglesias que proliferaron en ese tiempo. Estos enseñaron que su misión era reactivar los cinco ministerios de Efesios 4:11, gobernar a la iglesia y tomar posesión del poder y las riquezas del mundo. La enseñanza de la 'nueva reforma apostólica,' inspirada en las enseñanzas de Peter Wagner y sus seguidores, intentaba rediseñar a la iglesia cristiana, desde sus cimientos doctrinales, para fundar la nueva iglesia apostólica.[48] Eventualmente, los neopentecostales añadieron a sus enseñanzas la 'visión de reino, aquí y ahora' para sus congregaciones. Sus líderes estaban convencidos de que había llegado el tiempo para que la iglesia avanzara a otros niveles de autoridad, tomando posesión del mundo y sus beneficios.

Los neopentecostales basaron su teología en las revelaciones personales de sus líderes. Su objetivo era buscar y establecer a un líder supremo, el apóstol de apóstoles a la cabeza del reino.[49] Para ello

---

[45] Wagner, C. Peter, *The Third Wave of the Holy Spirit: Encountering the Power of Signs and Wonders Today* (Ventura, CA: Vine Books, 1988), pp. 253-58.
[46] Ver, Budiselić, Ervin, "New Apostolic Reformation: Apostolic Ministry for Today", *Kairos: Evangelical Journal of Theology* 2.2 (2008), pp. 209-26.
[47] Un recuento completo sobre el testimonio de la conversión de C. Peter Wagner a la experiencia carismática lo describe, Wolfgang, Buhne, *Explosión Carismática. Un Análisis Crítico de las Doctrinas y Prácticas de las Llamadas Tres Olas del Espíritu Santo* (Barcelona, España: CLIE, 1996), pp. 16-7.
[48] Ver, Budiselić, Ervin, "New Apostolic Reformation: Apostolic Ministry for Today", *Kairos: Evangelical Journal of Theology* 2.2 (2008), pp. 209-26.
[49] Ver, Wagner, C. Peter, *Churchquake!* (Ventura, CA: Gospel Light, 1999), pp. 232-39.

preparaban el camino logrando el control de la mente y el corazón de las personas para aceptar e incorporar sus enseñanzas a la vida práctica de la fe. La escuela de Peter Wagner cuando enseña sobre la 'tercera ola' de creyentes se sale de los límites epistemológicos del pentecostalismo al establecer la enseñanza de una nueva especie de ungidos.[50] De entre estas nuevas corrientes ha surgido, entre otros, el movimiento apostólico y profético, que según sus promotores se apoderaría del cristianismo renovado, inmediatamente antes de la venida del Señor.

Entre las enseñanzas más notables del neopentecostalismo se encuentran la teología del reino ahora, la teología de la restauración de los cinco ministerios de Efesios 4:11, la paternidad apostólica, la guerra espiritual, la prosperidad y los pactos, que fueron formas variadas y muy creativas de recolectar mucho dinero entre sus seguidores. Debido a que estas enseñanzas no siguen un método teológico consistente y porque su fundamento es experimental, eventualmente fueron absorbidas por otros grupos neopentecostales nuevos que continuaron emergiendo de los movimientos de renovación espiritual contemporáneos. Por lo general, estos movimientos se desintegraron o tomaron otras formas, especialmente cada vez que la persona que los impulsaba desaparecía de la organización. Esta fue una constante en la aparición de este tipo de movimientos a través de la historia y la evolución del pentecostalismo y sus derivados.

Por lo general todas las formas de pentecostalismo que surgieron en el siglo XX y XXI, tuvieron líderes muy entusiastas que creyeron haber descubierto algo nuevo para el beneficio de la iglesia. Algunos fundaron denominaciones y ministerios a los que dieron su toque personal para verse diferente a los demás. El entusiasmo de estos líderes creó movimientos nuevos, que aparecieron como oleadas muy atractivas a las generaciones que los siguieron. Muchos creyentes cambiaron de congregación al sentirse atraídos por lo nuevo y novedoso de los nuevos y exitosos ministerios que surgían en la ciudad.[51] Algunas iglesias pequeñas quedaron vacías y las mega iglesias se llenaron con los miembros que atrajeron de las otras congregaciones.

Por otro lado, algunos pastores fueron muy sagaces para levantar dinero entre sus miembros. Crearon varias formas de ofrendas a través de las cuales obligaron a sus miembros a dar mucho dinero, especialmente

---

[50] Wagner, *Churchquake*, p. 233.
[51] Ver, por ejemplo, Muñoz Vega, Alicia, "Devoción y Sacrificio: La Búsqueda de Dios a Través de los Aposentos en el Neopentecostalismo" *Alteridades* 23.45 (2013), pp. 63-77.

al apóstol o el pastor, quien era el principal benefactor de las ofrendas.[52] En algunos casos, el apóstol o el pastor y su familia utilizaron métodos parecidos a la extorsión para obligar a sus miembros a cumplir con la 'promesa' o 'pacto de fe' que habían hecho en determinado momento con el apóstol o el pastor.

En otros casos las ofrendas eran apropiadas directamente por el apóstol o el pastor, quien eventualmente se convirtió en nuevo rico, con inversiones y propiedades financiadas por las promesas de fe de sus miembros. Esa vida de riqueza y opulencia era considerada como parte del cumplimiento de la teología del reino que profesaban en la iglesia. El apóstol o el pastor era el rey y los miembros de la iglesia sus súbditos. Naturalmente, esta es una descripción de la corrupción en la que cayeron muchos apóstoles, pastores y líderes de ministerios dentro de los movimientos pentecostales, carismáticos y neopentecostales históricos.

Estos movimientos neopentecostales controlan los medios cristianos de comunicación más influyentes en toda América Latina. Los pentecostales, por el contrario, continúan sirviendo a sus comunidades de la manera tradicional.[53] Por lo tanto, los movimientos neopentecostales utilizan la mayor parte de los recursos humanos y financieros disponibles en la región. Eso deja a los pentecostales dependiendo de esfuerzos locales, en su mayoría apoyados por las masas que siguen trabajando en los barrios marginales con los pobres.[54] Afortunadamente, las clases media y alta no son lo suficientemente grandes como para representar una amenaza masiva a las congregaciones misionales establecidas entre los pobres y marginados.

---

[52] Ver la descripción de Neopentecostalismo que hace, Garrard-Burnett, Virginia, "Neo-Pentecostalism and Prosperity Theology in Latin America: A Religion for Late Capitalist Society", *IBEROAMERICANA: Nordic Journal of Latin American and Caribbean Studies* 42.1 (2012), pp. 21-34.

[53] Véase, Garrard-Burnett, Virginia y David Stoll (eds.), *Rethinking Protestantism in Latin America* (Philadelphia, PA: Temple University Press, 1993), p. 118; Robeck, Cecil M., "Selected Bibliography on Latin American Pentecostalism," *Pneuma* 13.1 (1991), pp. 193-97. Véase también Spittler, Robert P., "Are Pentecostals and Charismatics Fundamentalists? A Review of American Uses of These Categories", en Poewe, Karla (ed.), *Charismatic Christianity as a Global Culture* (Columbia, SC: University of South Carolina Press, 1994), pp. 103-16.

[54] Henderson, Jim y Matt Casper, *Jim & Casper Go to Church: Frank Conversation About Faith, Churches, and Eell-Meaning Christians* (Ventura, CA: Barna Books, 2007), p. 27; Véase también, Eck, Diana L., *A New Religious America: How a 'Christian Country' Has Become the World's Most Religiously Diverse Nation* (San Francisco, CA: Harper & Row, 2001), p. 76.

Sin embargo, esta contradicción crea inquietud, desorden y preocupación dentro de los círculos pentecostales, porque estos no tienen los recursos adecuados para afrontar tal desequilibrio.[55] Los líderes pentecostales están esperando y observando cuándo y cómo es que esta nueva moda podría convertirse en algo valioso para el cristianismo y la sociedad. Mientras eso suceda, estos continúan capacitando a líderes para responder a estas demandas y continuar expandiendo y sembrando nuevas iglesias.

Esta discusión vale para afirmar que con todo el crecimiento que ha experimentado el pentecostalismo, como movimiento también ha vivido momentos difíciles debido a los problemas generados por el entusiasmo excesivo de algunos de sus líderes. Sin embargo, tales situaciones no demeritan el desarrollo y la eficacia de la misión del pentecostalismo. El Espíritu Santo mismo se encarga de mantener un balance sano en el movimiento que lo habilita para seguir creciendo en el cumplimiento de la gran comisión

A pesar de esas situaciones negativas, los pentecostales continúan haciendo contribuciones positivas. Ahora que hemos visto algunas características negativas a las cuales nos podemos referir como la antítesis del método dialéctico, acá implementado, ahora veamos las siguientes son algunas características sobresalientes del movimiento, en este caso será la síntesis del proceso de análisis:

Vida comunitaria

En el pentecostalismo la vida en comunidad libera al cuerpo de creyentes para vivir y practicar virtudes espirituales que se estimulan mutuamente para la práctica de la misión. Los creyentes son capaces de compartir sanas relaciones entre sí y hacen tiempo para celebrar, disfrutar y adorar en verdaderos lazos de amor y comunión entre hermanos. Lois McKinney encontró que "cuando los creyentes experimentan la vida comunitaria ya no tienen problemas con las normas institucionales y sociales que controlan a la sociedad. Estos reconocen los valores sociales negativos y comienzan un cambio progresivo en la comunidad."[56]

---

[55] Gálvez, *Prácticas Dudosas en el Ejercicio de Nuestra Fe*, p. 154.

[56] Aunque Lois McKinney hace referencia a la transformación de las estructuras impersonales en la vida comunitaria, su observación es similar a lo que la mayoría de los pentecostales están practicando actualmente en América Latina. Véase McKinney, Lois, "From Loneliness Toward Solitude and Community," en Elmer, Duane y Lois McKinney (eds.), *With an Eye on the Future* (Monrovia, CA: MARC, 1996), pp. 87-92.

Servicio a través de la comunidad

La comunidad de creyentes es la que realiza el ministerio de la iglesia. En ese sentido, la congregación es el instrumento de la misión hacia la comunidad. El Espíritu Santo transforma las conversaciones, las acciones y el estilo de vida del creyente. Así es como estas ejercen un estilo de vida y un servicio espiritual guiados por el Espíritu Santo.[57] Estos creyentes trabajan con Cristo usando los dones espirituales que les ha conferido el Espíritu Santo. En la misión pentecostal no basta con tener una comprensión más profunda del ministerio, debe existir una disciplina espiritual intencional reflejada en sus vidas, que es los que les equipa para el ministerio. Ese poder espiritual los mueve a nuevas ideas y estrategias para el servicio.

El servicio es dinámico

El servicio pentecostal tiene como objetivo implementar las enseñanzas del Nuevo Testamento sobre el sacerdocio de todos los creyentes (1 Pedro 2:9). Este principio debe ser practicado a fondo y es la fuerza ministerial que mueve a todos los discípulos. Cada creyente es un ministro y sirve a sus comunidades bajo la dotación del Espíritu Santo.[58] Carmelo Álvarez lo enfatiza afirmando que el Espíritu Santo ha dotado a los creyentes con habilidades especiales para un servicio efectivo en la comunidad.[59] Los pentecostales creen que cada discípulo es una creación única en Cristo Jesús, entonces cada uno está espiritualmente capacitado para cumplir con la misión de Dios a favor de la comunidad.[60]

Peter Hocken ha sugerido que es fundamental manifestar la espiritualidad cristiana a través de la participación activa en el ministerio. Todos los creyentes tienen igual dignidad y participación; la responsabilidad no es sólo clerical.[61] Hocken también afirmó que el Espíritu Santo derrama sus dones sobre toda carne y no sólo sobre la

---

Véase también, Slim, Hugo y Paul R. Thompson, *Listening for a Change: Oral Testimony and Community Development* (Philadelphia, PA: New Society, 1995), p. 78.
[57] Campos, *De la Reforma Protestante a la Pentecostalidad de la Iglesia*, pp. 90-106.
[58] Chiquete, "Haciendo Camino al Andar," 125.
[59] Álvarez, Carmelo, *Alborada de Tiempos Fecundos* (Quito, Ecuador: CLAI, 2006), pp. 30-1.
[60] Álvarez, *Alborada en Tiempos Fecundos*, 30.
[61] Álvarez, *Alborada de Tiempos Fecundos*, p. 31.

carne clerical ordenada.[62] Con respecto a la espiritualidad pentecostal, Hocken también sugiere que el Espíritu Santo equipara igualmente a los menos instruidos y aquellos sin estatus social para el ministerio con los educados o portadores de rangos ministeriales distinguidos. Todos ellos, sin excepción, podrían ser receptores de los dones espirituales. Todos podían convertirse en instrumentos valiosos de Dios en palabra y hecho.[63] Este es un distintivo muy significativo en la práctica de la misión pentecostal.

El ejercicio del carismata

Los pentecostales creen que todos los dones espirituales mencionados en el Nuevo Testamento pueden ser buscados y esperados. Según Daniel Chiquete los siguientes son algunos de los elementos típicamente observados en el pentecostalismo latinoamericano, el bautismo del Espíritu Santo, como se describe en el libro de Hechos. Otro regalo es la *glosolalia* (no entendida como *xenolalia*) dada para el uso devocional; interpretación de lenguas, cuando el don se manifiesta en público. También la profecía se usa como una expresión espontánea en el propio idioma, expresando así el mensaje de Dios a la comunidad. El mensaje del Espíritu Santo es para la edificación, exhortación y consuelo de los creyentes.

Otros dones carismáticos son dones de sanidad a través de la imposición de manos; Liberación de la influencia demoníaca en la autoridad del nombre de Jesús; Y la palabra de conocimiento, usada como información sobrenatural para el beneficio del cuerpo de los creyentes.[64] Los pentecostales también ven un propósito misionológico en la manifestación de los dones espirituales.[65] Según Manuel Hurtado, "no se trata de una simple interioridad. También está la dimensión exterior de la espiritualidad experimentada a través del servicio cristiano. No hay lugar para una dicotomía entre el corazón y la mente, o entre la

---

[62] Villafañe, *El Espíritu Liberador*, p. 52.
[63] Hocken, "Cecil H. Polhill, Pentecostal Layman," p. 130.
[64] Chiquete, Daniel, "Montanismo y Pentecostalismo: Dos Perturbadores y Necesarios Movimientos del Espíritu en la Historia del Cristianismo," en Chiquete Daniel y Luis Orellana (eds.), *Voces del Pentecostalismo Latinoamericano* Vol. IV (Concepción, Chile: RELEP, 2011), pp. 13-47 (23).
[65] Gutiérrez, *En la Fuerza del Espíritu*, p. 21.

mente y el servicio. Es similar a lo que David Bosch llamó una "espiritualidad del camino".[66]

Servicio pentecostal a la comunidad

Los siguientes indicadores ayudan a identificar las obras de los pentecostales en la comunidad: Estos tienen una evidencia clara del crecimiento de la iglesia, un ejercicio vivo de los dones espirituales, predicación poderosa y emocional, prosperidad como efecto de la conversión, un estilo de vida cristiano apasionado que sigue los principios de la Palabra de Dios y una fuerte orientación misionera centrífuga como consecuencia natural de su alineación con la Gran Comisión.

La espiritualidad pentecostal también proporciona a los creyentes un paradigma que moviliza a la comunidad con el objetivo de ganar a los perdidos.[67] El evangelismo está siempre presente en todas las actividades cristianas tales como consejería, organización, promoción, visitas a los enfermos o cualquier tipo de ministerio social. La misión pentecostal se centra en buscar a los perdidos como objetivo primario de su servicio.

Los pentecostales ya están teniendo un impacto significativo en la vida de la comunidad. Simplemente por su crecimiento natural y no por una planificación estratégica. Estos continúan creciendo numéricamente, principalmente entre los pobres y marginados.[68] Además, los creyentes ya están impactando a las estructuras políticas y socioeconómicas. Estos también son conscientes de su papel en la guerra espiritual por el control de la comunidad y ya han desafiado al enemigo con el poder del Espíritu Santo.[69]

Los pentecostales se están involucrando en asuntos socioeconómicos y políticos. Sin embargo, su participación sigue siendo

---

[66] Véase Hurtado, Manuel, *El avivamiento de 1909: Estudio Histórico a Partir de Noticias y Publicaciones de la Época* (Buenos Aires, Argentina: Ediciones Paulinas, 2001), p. 92.

[67] Joseph R. Suico llegó a una conclusión similar sobre el evangelismo militante como un instrumento de transformación social en Filipinas. Véase Suico, Joseph R. 2000. "Pentecostalism: Towards a Movement of Social Transformation in the Philippines," *Journal of Asian Mission* 1.1 (2000), pp. 7-19.

[68] Véase, Orellana, "El futuro del Pentecostalismo en América Latina," pp. 141-51.

[69] Deiros, Pablo, *La Acción del Espíritu Santo en la Historia: Las Lluvias Tempranas* (Miami, FL: Caribe, 1998), p. 92; Véase también Sepúlveda, Juan, *De Peregrinos a Ciudadanos: Breve Historia del Cristianismo Evangélico en Chile* (Santiago, Chile: Comunidad Teológica de Chile, 1999), p. 91.

limitadas.[70] Como se dijo anteriormente, en América Latina la Iglesia Católica sigue controlando a la cultura, que influye en los valores familiares, las estructuras sociales, el comportamiento, la educación y la política. Sin embargo, los pentecostales están aprendiendo a practicar su misión en medio de tal realidad. Una cosa que les ayuda grandemente es el alto número de conversiones. Por su crecimiento natural están cambiando vidas y, por ende, cambiando la sociedad.

Los pentecostales también tienen algunas limitaciones que necesitan una atención inmediata. Por ejemplo, su participación en los diálogos ecuménicos es limitada. Hay algunas actitudes hacia otros miembros del cuerpo de Cristo que necesitan ser corregidas. Los pentecostales también son propensos a separarse de las principales iglesias o denominaciones. Necesitan un entrenamiento adecuando para aprender a dialogar con otros miembros del cuerpo que difieren en opinión. Si logran superar estas limitaciones, su crecimiento expansivo puede desarrollar ministerios más fuertes y su capacidad para transformar la sociedad aumentará significativamente.

---

[70] Schäfer, Heinrich, "La Generación del Sentido Religioso – Observaciones Acerca de la Diversidad Pentecostal en América Latina," en Chiquete Daniel y Luis Orellana (eds.), *Voces del Pentecostalismo Latinoamericano* III. (Concepción, Chile: RELEP, 2011), pp. 45-65 (50).

5

DIALOGO CON LAS ENSEÑANZAS CATOLICAS DE LA ACCION SOCIAL

En esta sección estudiamos la influencia de la Iglesia Católica sobre el pensamiento misionero entre los pentecostales. Como hemos visto, durante más de 500 años, la Iglesia Católica ha estado activa en la cultura, formación espiritual, tradiciones y mentalidad de la mayoría de los latinoamericanos. Para que un latino se convierta en evangélico o pentecostal debe pasar por un proceso de transición del catolicismo, aunque sea catolicismo nominal, a otra corriente cristiana.

Ahora examinemos la influencia de la Iglesia Católica sobre el pensamiento pentecostal con respecto a la misión integral. Un investigador responsable tendrá que reconocer que más de 500 años de influencia religiosa y cultural de la Iglesia Católica sobre una mayoría de latinoamericanos tienen una influencia sobre la conducta y la actitud de los pueblos hacia espiritual y lo social, entre otras cosas. Los pentecostales y los evangélicos abandonaron su aherencia a la Iglesia Católica, pero en su cultura, mentlidad y conducta social reflejan una fuerte trasfondo católico. A eso se debe, que el estudio de la misionología pentecostal y evangélica en América Latina, necesariamente, tendrá que reconocer esta variable.[1] No es que los pentecostales estén predicando o enseñando teología católica. Sin embargo, es justo reconocer que la mayoría de los pentecostales son ex católicos. Por lo tanto, en algún momento algunas enseñanzas católicas todavía se reflejan al menos en ciertas actitudes, especialmente y en el ministerio y el acercamiento a las disciplinas cristianas, tal oración, ayuno, et al.

Es por esta razón este estudio evalúa esa influencia histórica de la Iglesia Católica sobre el pensamiento pentecostal en temas como el bien común, la subsidiariedad, la solidaridad y los valores de la vida social. Los pentecostales latinoamericanos han sido capaces de comprender y

---

[1] Véase Tojeira, José María, *Historia de la Iglesia en Honduras* (La Ceiba, Honduras: Talleres Claret, 1987), pp. 24-32. Véase también, Bravo, Benjamín, El Fruto del Espíritu: *El Carácter del Cristiano y la Misión de la Iglesia* (Lima, Perú: Ediciones Puma, 1997), pp. 42-7. Bravo explica la influencia de las enseñanzas católicas sobre los pentecostales en su actitud hacia la vida individual y el servicio comunitario.

manejar ideas comunes con los teólogos de la Iglesia Católica para la solución de algunos de los problemas socioeconómicos, políticos y espirituales más difíciles de la región. Por lo tanto, la discusión de esta sección vincula estas tres cuerdas, con el fin de entender las tendencias actuales de la misión de los pentecostales en América Latina.

Metodológicamente, esta parte del estudio se basa en el material derivado de entrevistas y la revisión de literatura afín al tema. Destaca lo que considero como las marcas distintivas de la misión pentecostal en América Latina. También discutimos sobre las tendencias actuales del pensamiento y la práctica de la misión pentecostal. De igual analizaremos algunas coincidencias y diferencias de los patrones misionológicos tradicionalmente conocidos y practicados por otros grupos evangélicos en América Latina. Al final, el lector encontrará un estudio comparativo entre la misión pentecostal y los principios de la enseñanza sobre la responsabilidad social en la Iglesia Católica.

Este estudio sirve para establecer los aspectos distintivos entre la teoría y la praxis de la misión pentecostal. En el caso de los pentecostales, la mayoría procede de los barrios donde la práctica popular del catolicismo es común. Cuando se trasladan a la nueva fe, estos, inevitablemente llevan su trasfondo católico. Esto es evidente en su enfoque general de la vida y la religión.[2] Ese sabor a Iglesia Católica se puede observar en la mayoría de las prácticas religiosas y actividades congregacionales. Incluso cuando los pentecostales se vuelven críticos de la Iglesia Católica, este trasfondo heredado también lo expresan en diferentes formas de resentimiento contra la Iglesia Católica por haberlos mantenido aislados del conocimiento del evangelio durante tanto tiempo.

Con el fin de estudiar más detalladamente parte de la influencia del catolicismo sobre el pensamiento pentecostal, revisé algunos documentos, que ayudaron a aclarar los temas tratados a continuación. Aunque acá no incluyo a los evangélicos, por lo extenso que sería el estudio, sin embargo, es necesario aclarar que estos también tienen una influencia histórica significativa de parte de la Iglesia Católica.

Misión pentecostal y la enseñanza de bien común

Históricamente, la Iglesia Católica ha enseñado el principio del 'bien común,' al cual todos los aspectos de la vida social deben relacionarse

---

[2] Véase, Corvalán, Oscar, "Pentecostalismo, Ecumenismo y Cristiandad," en Chiquete, Daniel y Orellana, Luis (eds.), *Voces del Pentecostalismo Latinoamericano* IV (Concepción, Chile: RELEP, 2011), pp. 357-76.

para alcanzar su pleno significado; además promueve de la dignidad, unidad e igualdad de todas personas y todos los pueblos."[3] Según Leonardo Boff, el bien común indica la suma total de las condiciones sociales que permite a las personas, ya sea como grupos o individuos, alcanzar su plenitud más completa y sin ningún impedimento.[4]

En los últimos años hubo una línea muy fina entre lo que era teológicamente ideal y lo que estaba políticamente inclinado hacia el socialismo.[5] La teología católica del bien común llegó a punto de compartir casi el mismo ideal con la filosofía del bien común del socialismo; aunque es necesario aclarar, que el socialismo viene en otro tipo de formaciones sociales y experiencias políticas diferentes.[6] Algunos teólogos católicos como Leonardo Boff argumentaron, a principios de los 1980s, que el bien común no consiste en la simple suma de los bienes particulares acumulados por cada sujeto o alguna entidad social. Al contrario, el bien común pertenece a todas las personas y a cada individuo.

El bien común es indivisible y sólo juntos es posible alcanzarlo. Aumentarlo y salvaguardar su eficacia a favor de todos también está ligado al futuro prometedor de la comunidad."[7] Sergio Bernal también argumentó que "así como las acciones morales de un individuo se logran haciendo lo que es bueno, también las acciones de una sociedad alcanzan su estatura completa cuando producen el bienestar común."[8] El bien común, de hecho, puede ser entendido como la dimensión social y comunitaria del bienestar moral individual y colectivo.

Ante estas enseñanzas, los pentecostales se dieron cuenta que, si querían permanecer activos en su servicio a cada persona, también tenían

---

[3] Boff, Leonardo, "Comunidades Eclesiais de Base e Teologia da Liberação," *Convergência* 16.145 (1981), pp. 430-40.

[4] Van Engen, *Footprints of God: A Narrative Theology of Mission*, p. 76.

[5] Alves, Rubem, *A Theology of Human Hope* (Washington, DC: Corpus Books, 1985), p. 64.

[6] Sobrino, Jon, *Jesús en América Latina* (Santander, España: Editorial Sal Terrae, 1997), pp. 47, 82; y Segundo, Juan Luis, *Masas y Minorías* (Buenos Aires, Argentina: Editorial La Aurora, 1993), p. 34.

[7] Boff, *Comunidades Eclesiais de Base e Teologia da Liberação,* p. 436; y Sobrino, Jon, *No Salvation Outside the Poor: Prophetic-Utopian Essays* (Maryknoll, NY: Orbis Books, 2008), pp. 23-38. Véase también Pope, Stephen J. (ed.), *Jon Sobrino's challenge to Christian Theology: Hope and Solidarity* (Maryknoll, NY: Orbis Books, 2008), pp. 62-79.

[8] Bernal, Sergio, *La Iglesia del Brasil y el Compromiso Social: El Paso de la Iglesia de la Cristiandad a la Iglesia de los Pobres* (Rome: Pont University Gregoriana, 1986), pp. 33-9.

que mantener el beneficio común del evangelio activo en toda la comunidad y esto, como uno de los principales objetivos de todos los miembros. Es evidente que el ser humano no puede encontrar plenitud en forma aislada de los demás. Sobre esto último, Cecilia Loreto Mariz también afirma que "esta es una verdad que hay que vivir en comunidad y que los pentecostales la inculcan en cada individuo no solo para buscar su propio beneficio, sino también para otros miembros".[9] Esto también se puede observar en la comunidad de fe pentecostal y en el ministerio mismo que todos los creyentes practican.

La enseñanza del bien común de la Iglesia Católica afirma que "ninguna expresión de la vida social puede escapar a la cuestión de su propio bien común, en cuanto que éste es un elemento constitutivo de su significado y la razón auténtica de su propia existencia,"[10] Esta noción está muy cerca de lo que los pentecostales enseñan acerca de estar juntos de común acuerdo y de servirse unos a otros.[11] De hecho, esta es la nueva condición espiritual y social generada por el Espíritu Santo entre los creyentes, que permite a los creyentes servir a la comunidad utilizando los dones carismáticos a su servicio.

Responsabilidad de todos por el bien común

Es evidente que las exigencias del bien común dependerán de la dinámica y las condiciones sociales de la comunidad. Estas condiciones están relacionadas con los niveles de respeto hacia todas las personas y la promoción integral de la humanidad, intencionalmente diseñada por los líderes de la misma. Sobre este asunto, Rubem Alves dijo:

Estas exigencias se refieren sobre todo al compromiso con la paz, a la organización de los poderes del Estado, a un sistema jurídico sólido, a la protección del medio ambiente y a la prestación de servicios esenciales a todos, algunos de los cuales son a la vez parte de los derechos humanos: alimentación, vivienda, trabajo, educación y acceso a la cultura, el transporte, la atención básica de la salud, la libertad de

---

[9] Loreto Mariz, Celia, "Perspectivas Sociológicas Sobre el Pentecostalismo y el Neopentecostalismo," *Revista de Cultura Teológica* 3.13 (1995), pp. 7-16.

[10] Azevedo, Mariano, "Opción por los Pobres y Cultura Secular en América Latina," *Razón y Fe* 10.2 (1983), pp. 147-61.

[11] Harper, George W., "Philippine tongues of fire? Latin American Pentecostalism and the Future of Filipino Christianity," *Journal of Asian Mission* 2.2 (2000), pp. 225-59. También, Hunter, Harold D. (ed.), "Celebrating 100 Years of Prayer for Christian Unity, Full Communion: A Pentecostal prayer", *Ecumenical Trends* 37.1 (2008), pp. 1-7.

comunicación y la protección de la libertad religiosa. Por lo tanto, el bien común involucra a todos los miembros de la sociedad, nadie está exento de cooperar, según las posibilidades de cada uno, para alcanzarlo y desarrollarlo. El bienestar común debe ser servido en su plenitud, no de acuerdo con visiones reduccionistas que son subordinadas por ciertas personas a sus ventajas; sino que debe basarse en una lógica que conduzca a la asunción de una mayor responsabilidad social.[12]

De igual manera, los pentecostales tienen su propia teología del bien común, que corresponde a la más alta condición de redención que experimenta el creyente y a la que todos los redimidos son llamados a participar, como miembros de la comunidad de fe.[13] Juan Sepúlveda se dio cuenta que este bien común, al que nos referimos ene este estudio, es muy difícil de alcanzar porque requiere dedicación a la santidad y al amor para desarrollar la constante capacidad y esfuerzo de buscar el bien de los demás como si fuera el bien de uno propio."[14]

Tareas de la comunidad política

Tanto los pentecostales como los teólogos católicos están de acuerdo en que la "responsabilidad de alcanzar el bien común, además de pertenecer a personas individualmente, es también del estado, puesto que el bienestar común es la razón por la que existe la autoridad política. Por lo tanto, el estado debe garantizar la coherencia, la unidad y la organización de la sociedad civil de la cual es su expresión, para que el bien común pueda ser alcanzado con la contribución de cada ciudadano, en este caso, individuos o grupo familiares que no pueden obtener su pleno desarrollo por sí mismos.[15] Por lo tanto, requieren de los esfuerzos

---

[12] Alves, *A Theology of Human Hope*, p. 13.
[13] López, Darío, *La Misión Liberadora de Jesús: Una Lectura Misionológica del Evangelio de Lucas* (Lima, Perú: Ediciones Puma, 1997), p. 78.
[14] Véase, Sepúlveda, Juan, "To Overcome the Fear of Syncretism: A Latin American Perspective" en Price, Lynn, Juan Sepúlveda y Gordon Smith (eds.), *Mission Matters* (Frankfort: Peter Lang, 1997), pp. 157-68; también Mardones, José María, *Nueva Espiritualidad: Sociedad Moderna y Cristianismo* (México, DF: Universidad Iberoamericana, 1999), pp. 16-24. Varios académicos no latinos también han escrito un poco sobre el tema. Uno de ellos es Price, Lynn, *Theology Out of Place: A Theological Biography of Walter J. Hollenweger* (JPTSup 23; London, UK: Sheffield Academic Press, 2002). Véase también, Käkkäinen, Veli-Mati, "Culture, contextualization and conversion: Missiological reflections from the Catholic-Pentecostal dialogue (1990-1997)," *Journal of Asian Mission* 2.2, (2000), pp. 262-75.
[15] Käkkäinen, "Culture, Contextualization and Conversion," pp. 262-75.

de la comunidad para ayudarles a estar en condiciones de vivir una vida humana digna.

Esta condición crea la necesidad de desarrollar instituciones políticas con el propósito de proporcionar oportunidades para ayudar al progreso de una persona. Esto ayuda a aquellos que están limitados con bienes espirituales, materiales, culturales y morales. A través de estas enseñanzas, los pentecostales ahora están aprendiendo que el objetivo de la vida es proveer a cada individuo la oportunidad de aprovechar el bien de la sociedad de una manera que sea considerada justa para cada persona. Este es también el objetivo de Dios para la humanidad y él se complace en el bienestar integral de cada individuo.

Los gobiernos tienen el deber de diseñar y aplicar regulaciones específicas que aseguren a cada ciudadano el acceso al bien de la sociedad. Esta acción debe armonizar con las leyes que implementan asistencia y justicia para todos. La acción adecuada para conciliar los intereses de los individuos y grupos particulares es una de las tareas más difíciles y delicadas de la autoridad pública. Por eso algunos estudiosos de la teología de la liberación insistieron en que el estado no debe olvidar que, en la democracia, donde las decisiones son tomadas por la mayoría de los representantes elegidos por el pueblo, los responsables del gobierno están obligados a poner en práctica la ley del bien común de su país. No sólo de acuerdo con las directrices de la mayoría, sino también según el bien sea efectivo de todos los miembros de la comunidad, incluidas las minorías.[16]

Ahora bien, para los pentecostales, el bien común de la sociedad no es un fin en sí mismo. Este tiene valor sólo cuando sirve para alcanzar los fines últimos de la persona y el bien común universal diseñado para toda la creación.[17] Para los pentecostales, "Dios es el fin último de sus criaturas. El bien común no puede ser privado de su dimensión trascendente por ninguna razón. Este va más allá de la dimensión

---

[16] Sobrino, *No Salvation Outside the Poor*, p. 64.

[17] López, *La Misión Liberadora de Jesús*, p. 84. Véase también, Chiquete, Daniel 2004. "Healing, Salvation and Mission: The Ministry of Healing in Latin American Pentecostalism," *International Review of Mission* 93.370-371 (2004), pp. 474-85. Esta opinión, sin embargo, se ha visto afectada por el contexto de un diálogo entre académicos católicos y pentecostales, que se lleva a cabo a nivel internacional, pero refleja, en parte, la intención de encontrar un terreno común en el enfoque del bien común. Huelga decir que ambas partes tendrán que encontrar maneras de comunicar estas verdades a sus parroquianos que no son líderes. Véase también, Prandi, J. Reginaldo, *A Realidade Social das Religiões no Brasil*. (São Pablo, Brasil: Hucitec-Edusp, 1992).

histórica y, al mismo tiempo, la cumple."[18] Por lo tanto, esta enseñanza se vuelve cada vez más relevante para la fe en el sacrificio de Jesús, donde ofrece una comprensión clara de los derechos de cada ser humano al bien común que Dios puso a su disposición.

Para los pentecostales, la historia humana comienza y termina en Jesús. Gracias a él, toda realidad, incluida la sociedad humana, puede ser llevada a su objetivo supremo, a su cumplimiento por medio de él ya la luz de él.[19] Así, una visión puramente histórica y materialista acabaría transformando el bien común en un simple bienestar socioeconómico. Pero contrario a esto, los pentecostales echan mano al poder sobrenatural del Espíritu Santo para superar las limitaciones humanas. El mismo Espíritu Santo los llena de amor para cuidar el bien común de la gente a la que ellos sirven.[20]

Revisión pentecostal del principio de subsidiariedad

Otro asunto de revisión entre eruditos pentecostales y católicos es la cuestión de la subsidiariedad. Para los teólogos católicos, el principio de subsidiariedad es una de las directrices más constantes de responsabilidad social para la comunidad de fe. Para ellos, es imposible promover la dignidad de la persona sin mostrar preocupación por la familia, los grupos, las asociaciones y las situaciones territoriales locales. A esto agregan las expresiones sociales, culturales, recreativas, profesionales y políticas, mediante las cuales se realiza un crecimiento social efectivo y la transformación de la cultura se hace posible.[21]

Además, este es el ámbito de la sociedad civil, entendida como la suma de las relaciones entre los individuos y las agrupaciones sociales intermedias, que son las primeras relaciones que surgen gracias a la subjetividad creativa de cada ciudadano.[22] Por lo tanto, esta red constituye la base de una verdadera comunidad. Este nivel de relaciones

---

[18] Cook, Guillermo, "Informe: Consulta Pentecostal Sobre la Teología de la Liberación," *Pastoralia* 7.15 (1985), 107-11.

[19] López, *La Misión Liberadora de Jesús*, pp. 78-86.

[20] Véase, por ejemplo, Land, Steven Jack, *Pentecostal Spirituality: A Passion for the Kingdom* (Sheffield, UK: Sheffield Academic Press, 1993), pp. 92-7, quien destaca el poder del amor, que opera a través de los creyentes llenos del Espíritu Santo. La integración del poder y el amor es lo que hace efectivo el Evangelio en la comunidad de fe.

[21] Boff, Leonardo, *Jesucristo y la Liberación del Hombre* (Madrid, España: Ediciones Cristiandad, 1995), p. 285.

[22] Boff, *Jesucristo y la Liberación del Hombre*, p. 260.

corporativas fortalece las responsabilidades sociales, haciendo posible que los individuos se reconozcan en estándares más altos de trabajo y actividad social.

Sobre la base de este principio, las comunidades tendrían la oportunidad de adoptar actitudes sanas para asistir, con respeto, a las personas con niveles socio-económicos inferiores, que forman parte de sus sociedades. En este sentido, Sobrino argumenta que "las entidades sociales intermedias pueden realizar adecuadamente las funciones que se les confía. No están obligadas a entregar a las personas en desventaja a entidades sociales de un nivel superior. De esta manera, las entidades sociales intermedias no corren el riesgo de ser absorbidas por otros de mayor influencia."[23] Además, a las comunidades no se les puede negar su dignidad y su lugar esencial en la vida y desarrollo de sus habitantes.

Los pentecostales latinoamericanos no tienen una enseñanza de la subsidiariedad como la tiene la Iglesia Católica. Sin embargo, en su ética y acciones en nombre de la comunidad parecen indicar que ambos movimientos practican principios similares. De allí surge el interés por el bienestar y el progreso de la comunidad. Los pentecostales agregan una dimensión espiritual que realza la ética y los valores morales y la espiritualidad de los miembros de sus comunidades. Sólo cuando exageran la dimensión espiritual en detrimento de la participación social, es cuando los pentecostales no cumplen el propósito de una misión integral.

Indicadores concretos de participación pública

Los pentecostales han adoptado un enfoque diferente de la enseñanza de la subsidiariedad de la Iglesia Católica. Estos reconocen la necesidad de proteger a la gente del abuso de la autoridad civil. Pero están dispuestos a comunicarse con los que tienen dicha autoridad a fin de ayudar a las personas. Sin embargo, no parecen ser muy apasionados por invertir energía en esfuerzos significativos para forzar el tema de la justicia social con las autoridades civiles. Los pentecostales latinoamericanos oran con insistencia para que los funcionarios del gobierno practiquen la justicia social, y la equidad en la práctica de la justicia. Ellos entienden que la práctica de este principio es necesario para que cada individuo, familia y grupo tengan acceso a lo bueno, original y único; y que éstos

---

[23] Sobrino, *Jesús en América Latina*, p. 82.

tengan un efecto benefactor para todos los miembros de la comunidad. Así que deben ser respetados y apreciados por eso.[24]

Los pentecostales ya se han dado cuenta que al descuidar el principio de subsidiariedad limitan la libertad y la iniciativa genuina de las personas. Este es quizás uno de los peligros que enfrentan ahora los pentecostales y deben ser estudiados cuidadosamente para ofrecer respuestas o alternativas que sean congruentes con su fe y la práctica de la misma. Estos no pueden seguir creciendo numéricamente sin llegar a comprender sus responsabilidades sociales con la comunidad. Los pentecostales tienden a permanecer indiferentes ante el mundo y sus poderes injustos.

Paradójicamente, su crecimiento ha permeado prácticamente todas las corrientes cristianas que hay en la sociedad latinoamericana. Esta pronunciada visibilidad impone una delicada y crucial responsabilidad en nombre de la gente a la cual sirven. Además, necesitan tomar decisiones significativas para trabajar con la autoridad civil, el sistema educativo y las entidades culturales. A estas alturas necesitan bajar de la nube o del monte y hacerle frente al desorden que amenaza la vida en la comunidad.

En los círculos académicos de la Iglesia Católica, el principio de subsidiariedad se opone a ciertas formas de centralización, burocratización, asistencia social y la presencia injustificada del estado en la vida pública. Gerard Hughes argumenta que "al intervenir directamente y privar a la sociedad de su responsabilidad, la asistencia social del estado conduce a una pérdida de energías humanas y un aumento desmesurado de agencias públicas. Están tan dominados más por las formas burocráticas de pensar que por la preocupación por servir a sus clientes, y qué por lo mismo, van acompañados de un enorme aumento en el gasto público."[25] También añade que el insuficiente reconocimiento de la iniciativa privada y el desconocimiento de su función pública contribuyen a socavar el principio de subsidiariedad, tal como lo hacen los monopolios.[26]

Para que los pentecostales practiquen el principio de subsidiariedad tendrían que asumir la responsabilidad de la necesidad de promover la justicia social para la humanidad y el respeto de cada

---

[24] Véase, Bastian, Jean Pierre, *La Mutación Religiosa de América Latina: Para una Sociología del Cambio Social en la Modernidad Periférica* (México, DF: Fonda de Economía Cultural, 1997), pp. 21-33.

[25] Hughes, Gerald J., *Authority and Morals: An Essay on Christian Ethics* (Washington, DC: Georgetown University Press, 2002), p. 32.

[26] Hughes, *Authority and Morals*, p. 56.

familia por su propio derecho a desarrollarse plena, espiritual y socioeconómicamente. Tienen que aprender a apreciar a las asociaciones locales de individuos y organizaciones intermedias que están expresando sus opiniones sobre estos temas. En algunos sectores, ya estos están aprendiendo a alentar al poder de la empresa y la iniciativa privada.[27] Están aprendiendo a reconocer a las entidades que permanecen comprometidas a servir al bien común de las comunidades. Estas personas y organizaciones tienen sus propias contribuciones distintas al bien común y también merecen ser respetadas.

Los pentecostales también tendrán que aprender a reconocer que la presencia del pluralismo socioeconómico es necesaria en la sociedad y que sus componentes vitales son indispensables para la función y la estabilidad de la comunidad. También tendrán que aprender a salvaguardar los derechos humanos y de las minorías.

El equilibrio es necesario en las acciones públicas y privadas del servicio público. Estos métodos descentralizados ayudan a los ciudadanos a ser más responsables y participar activamente en la realidad política y social de su país. Además, estos principios de subsidiariedad ofrecen una visión y métodos viables que generan la participación cristiana en asuntos sociales, económicos y políticos que afectan a la comunidad. En cualquier caso, el bien común, correctamente entendido, es defender la promoción de la vida y la forma en que ésta se entiende en la comunidad. Esta contribución de la Iglesia Católica a la misión cristiana ha causado que los pentecostales revisen sus principios relacionados con la promoción del ser humano y la justicia social.[28]

---

[27] Con respecto a la participación pública en la arena política, los pentecostales no han hecho mucho, excepto algunos esfuerzos aislados, que no han sido documentados apropiadamente. Un ejemplo de esto está en Honduras. El misionero Mario Fumero ha enfatizado la importancia de la participación pública para llevar la transformación al país. Véase, Fumero, *La Iglesia: Enfrentando El Nuevo Milenio*, pp. 86-89. Otros están ahora interesados en participar en la arena pública. Véase, López, *Pentecostalismo y Transformación Social*, p. 46.

[28] Castillo-Nanjarí, Cecilia," Imágenes y Espiritualidad de las Mujeres en el Pentecostalismo Chileno", en Chiquete, Daniel y Luis Orellana (eds), *Voces del Pentecostalismo Latinoamericano* III (Concepción, Chile: RELEP, 1999), pp. 183-98; Deiros, Pablo. *La Acción del Espíritu Santo en la Historia: Las Lluvias Tempranas* (Miami, FL: Caribe, 1998), p. 68; y Sepúlveda, Juan, "Reflexiones sobre la Contribución Pentecostal a la Misión de la Iglesia en América Latina", *Journal of Pentecostal Theology* 1.1 (1992), pp. 4-14.

Participación pública

Dentro del contexto del estudio la subsidiariedad se nota algunas diferencias significativas entre católicos y pentecostales. Las discrepancias se observan principalmente en el momento de la ejecución. Los católicos son guiados por acciones pragmáticas, mientras que los pentecostales tienden a examinar los principios bíblicos y espirituales que determinan sus acciones.

Para los teólogos de la Iglesia Católica, la característica principal de la subsidiariedad es la participación pública, que se expresa esencialmente a través de actividades por las cuales el ciudadano, ya sea individualmente o en asociación con otros, contribuye a la vida cultural, económica, política y social de la comunidad civil a la que pertenece, ya sea directamente o a través de la representación social."[29] Por ejemplo, Ignacio Ellacuría considera la participación pública como un deber. El participante debe "ser consciente y consistente con la responsabilidad que le ha delegado la comunidad y debe mantenerse enfocado en todo lo que aporta beneficios y tareas a favor del bien común del pueblo."[30]

En el caso de la participación política de los pentecostales, estos se están dando cuenta que la participación pública no está restringida a ciertos individuos o grupos favorecidos. Estos también pueden participar en los procesos políticos y ofrecer alternativas de gobierno que traigan transformación a los pueblos. Estos ya pueden utilizar la información y los elementos culturales permitidos en los procesos políticos para proponer sus programas de gobierno a las masas.

Una vez electos, los funcionarios públicos deben velar por la integridad y la transparencia de estos valiosos y dinámicos instrumentos de mayordomía cristiana.[31] Para los pentecostales, es importante trabajar en cooperación, mediante la cual más personas sean involucradas en la construcción de una comunidad fuerte que preserve y defienda el principio de subsidiariedad. Con este principio en mente, estos deben

---

[29] Un extenso análisis de la participación cristiana en los ámbitos cultural, económico, político y la vida social fue hecho por Bonino, José Míguez, *Toward a Christian Political Ethic* (Philadelphia, PA: Fortress Press, 1983), pp. 112-30.

[30] Ellacuría, Ignacio, *Freedom Made Flesh: The Mission of Christ and His Church* (Maryknoll, NY: Orbis Books, 1996), pp. 221-29.

[31] Véase, por ejemplo Sepúlveda Barra, Narciso, "How the Pentecostal Mission Church of Chile had Become a Member of the WCC and What It Means to Them," en *Consultation with Pentecostals in the Americas*. San José, Costa Rica: World Council of Churches, 1996), pp. 68-70.

fomentar la participación pública entre las personas más marginadas y desfavorecidas.

También es importante guiar a los líderes políticos para preservar y prevenir el establecimiento de privilegios no saludables. Para esto se requiere una fuerte presión moral y espiritual a fin de lograr que la administración de la vida pública sea el resultado de la responsabilidad compartida de cada individuo con respecto al bien común.

Participación cristiana en la democracia

Para ambos, católicos pentecostales, los ciudadanos son llamados a ejercer libre y responsablemente su papel cívico con y para otros, en el contexto de la comunidad. Es uno de los pilares de todos los órdenes democráticos y una garantía importante de la permanencia del sistema democrático.[32] De acuerdo a Koson Srisan, "un gobierno democrático se define principalmente por la distribución del poder a favor y en el interés del pueblo. Por lo tanto, es evidente que toda democracia debe ser participativa."[33] Idealmente, esto significa que los diferentes sujetos de la comunidad civil, en todos los niveles, deben ser informados, oídos e involucrados en el ejercicio de diferentes funciones.[34] Sin embargo, esto sigue siendo una utopía para muchos cristianos latinoamericanos.

Algunos católicos consideran apropiado tomar medidas en favor de la libertad, con lo cual podrían salir a la calle para combatir estructuras pecaminosas responsables de la pobreza y los males sociales.[35] Algunos pentecostales piensan que es mejor orar sobre las circunstancias y buscar la guía del Espíritu Santo, para determinar si es correcto o no participar en los procesos democráticos de sus países.[36] La siguiente discusión sobre este asunto es cómo tanto los católicos como los pentecostales fomentan la participación en todos los diferentes campos de las relaciones entre las personas y las instituciones civiles. Para entender este tema, se debe prestar atención especial al contexto histórico y a las relaciones sociales que se han construido en la comunidad. Según Hughes, "La superación de los obstáculos culturales,

---

[32] Sepúlveda, "How the Pentecostal Mission Church of Chile," p. 70.
[33] Srisang, Koson, *Perspectives on Political Ethics: An Ecumenical Inquiry* (Washington, DC: Georgetown University Press, 2006), p. 143.
[34] Srisang, *Perspectives on Political Ethics*, p. 143.
[35] Hughes, *Authority and Morals*, p. 52.
[36] Käkkäinen, "Culture, Contextualization and Conversion," pp. 263-69.

jurídicos y sociales que a menudo constituyen barreras, exige un trabajo en las áreas de información y educación de toda la comunidad."[37]

En relación con este asunto, los pentecostales todavía parecen estar en desventaja, porque todavía muestran recursos limitados en la distribución de la información y la apropiación de la educación. Sin embargo, parece que ya se está animando a los ciudadanos a practicar la participación informada en el servicio público.[38]

Revisión pentecostal del principio de solidaridad

Otro tema de preocupación en América Latina es la comprensión y apropiación del principio de solidaridad por parte de los católicos y pentecostales. La segunda mitad del siglo XX fue testigo de la participación de cristianos de ambos orígenes en la vida social, económica y política de América Latina. La teología de la liberación y la II Conferencia Episcopal de Medellín en 1968 proporcionaron la base para que los teólogos de la Iglesia Católica alentaran a sus feligreses a solidarizarse con los que sufren.[39]

Los pentecostales, por su parte, han hecho algunos esfuerzos aislados teológicamente, pero han estado en medio de los que sufren, siendo parte de ellos. Estos no han escrito teología, pero lo han hecho con sus acciones solidarias, lo que les ha llevado a empezar una nueva sociedad, con una actitud más proactiva a favor del bien común y crear programas de evangelización y transformación a favor de los pobres y marginados.[40]

---

[37] Hughes, *Authority and Morals*, p. 50.

[38] Vease, Waldrop, Richard, "The Social Consciousness and Involvement of the Full Gospel Church of God of Guatemala," Cyber Journal of Pentecostal-Charismatic Research, 2004. http://www.pctii.org/cyberj/cyberj2/waldrop.html. Accesado el 10 de Octubre 2009.

[39] Los teólogos de la liberación consideraron la II Conferencia Episcopal de Medellín, en 1968, Como la respuesta latinoamericana a los cambios propuestos por el Vaticano II. Evaluaron las situaciones culturales, sociales, económicas y políticas desde el punto de vista de los países dominantes, y en su lugar adoptaron el punto de vista de los pueblos proféticos, que están dispuestos a asumir sus propios sufrimientos y aspiraciones. Véase, Gutiérrez, *Teología de la Liberación*, p. 57.

[40] Los creyentes eventualmente tomaron el nombre de carismáticos en parte para distinguir este movimiento de cristianos mejor educados y de mayores ingresos de los pentecostales como los de las Asambleas de Dios, la Iglesia de Dios, el Evangelio Cuadrangular y la Iglesia de Dios en Cristo. Véase, Dart, John, "Charismatic and Mainline," *The Christian Century* (March 7, 2006), pp. 22-7.

Igualdad y dignidad del ser humano

Para los efectos de este estudio, la solidaridad se preocupa por la naturaleza social de la persona, la igualdad de todos en dignidad y derechos, y el camino común de individuos y pueblos hacia una unidad cada vez más comprometida con la comunidad.[41] Esto puede lograrse gracias a la actual expansión de la tecnología y al rápido uso de la comunicación social. Los extraordinarios avances en la informática, así como el aumento del mercado libre y el intercambio de información son testimonio de esta posibilidad. Por primera vez, desde el comienzo de la historia humana, ahora es posible establecer relaciones entre personas que están separadas por grandes distancias.[42]

Sin embargo, tanto para los teólogos católicos como para los pentecostales, incluso en "presencia del fenómeno actual de interdependencia y su constante expansión, persisten profundas desigualdades entre los países desarrollados y los países en desarrollo."[43] Estas desigualdades se nutren de diferentes formas de opresión, explotación y corrupción, que producen actitudes destructivas en la vida y el comportamiento de muchas comunidades.[44] Juan Sepúlveda también insiste en que "la aceleración de la interdependencia entre personas y pueblos debe ir acompañada de esfuerzos igualmente intensos en el plano ético y social, para evitar las peligrosas consecuencias de perpetuar la injusticia a escala mundial"[45] y los misionólogos de tanto de la Iglesia Católica como de las tradiciones pentecostales coinciden en que esto tendría repercusiones muy negativas no sólo en algunos países subdesarrollados sino también en aquellas sociedades que parecen ser socioeconómicamente más avanzadas.

La solidaridad como principio social

En la década de 1980, Enrique Dussel estudió los principios de solidaridad en el contexto social de Costa Rica. Encontró que las "nuevas relaciones de interdependencia entre individuos y pueblos, que son formas de solidaridad, tienen que ser transformadas en relaciones con

---

[41] Srisang, *Perspectives on Political Ethics*, p. 140.
[42] Srisang, *Perspectives on Political Ethics*, p. 143.
[43] Véase, por ejemplo, Bueno, *The Struggle for Social Space,* 10; and Käkkäinen, "Culture, Contextualization and Conversion," p. 276.
[44] Bueno, The Struggle for Social Space, p. 9.
[45] Sepúlveda, "How the Pentecostal Mission Church of Chile Had Become a Member of the WCC, p. 70."

tendencia hacia la genuina solidaridad ético-social."⁴⁶ Los eruditos de la Iglesia Católica ven esto como un requisito moral inherente a todas las relaciones humanas. Así, por ejemplo, "la solidaridad se entiende bajo dos aspectos complementarios: el de un principio social y el de una virtud moral."⁴⁷

Este principio de solidaridad fue el que sirvió como fundamento a la teología de la liberación. Sus exponentes vieron su valor y virtud moral como determinantes en el orden en que las instituciones operaban. Así, basados en este principio, las llamadas estructuras del pecado deben ser superadas. No pueden continuar determinando o condicionando las relaciones entre individuos o grupos en la sociedad.⁴⁸ Además, las estructuras institucionales "deben ser purificadas y transformadas en estructuras de solidaridad mediante la creación o modificación apropiada de leyes, regulaciones del mercado y sistemas jurídicos."⁴⁹

Ahora bien, aunque los pentecostales no han participado en este orden de ideas, estos consideran a la solidaridad como una virtud moral y no como un sentimiento de vaga compasión o de poca preocupación ante las desgracias de tanta gente, tanto cercana como lejana. El pentecostalismo es conocido por actuar por los sentimientos y la experiencia. Su solidaridad en las preocupaciones sociales es una expresión espontánea, más que un esfuerzo intencional.⁵⁰ En cierta medida, estos atribuyen la noción del bien común a su práctica del ministerio, donde se implementa los dones espirituales, cuyo objetivo primario es glorificar a Cristo en las sanidades y prodigios a favor del pueblo, el cual es transformado a partir de esta experiencia con el Espíritu Santo y la comunidad de fe.

Según Samuel Solivan, el principio de solidaridad asciende al rango de virtud social, el cual es fundamental puesto que se sitúa en la

---

⁴⁶ Dussel, Enrique D., "Un Análisis Contextual de la Iglesia Católica en América Latina," *Pastoralia* 2.3, pp. 32-44.
⁴⁷ Dussel, *Un Análisis Contextual de la Iglesia Católica en América Latina*, p. 44.
⁴⁸ López, Alfonso, "Medellín: Una Mirada global," *Medellín Reflections en el CELAM* (Madrid, España: Biblioteca de Autores Cristianos, 1997), p. 12; también, Bonino, José Míguez, "El Nuevo Catolicismo," en Padilla, C. René (ed.), *Fe Cristiana y Latinoamérica Hoy* (Buenos Aires, Argentina: Ediciones Certeza, 1994), p. 91.
⁴⁹ Bonino, "El Nuevo Catolicismo", p. 91.
⁵⁰ Véase, Álvarez, Carmelo, *Pentecostalismo y Liberación: Una Experiencia Latinoamericana* (San José, Costa Rica: DEI, 1992), p. 50; Gutiérrez, Benjamin G., *En la Fuerza del Espíritu; Los Pentecostales de América Latina: Un Desafío de las Iglesias Históricas* (Ciudad de Guatemala, Guatemala: CELEP, 1995), p. 67; y Tapia, Carlos, "Adiós a las Armas: La Guerra del Fin del Mundo," *La República*. Lima, Perú: (25 octubre, 1994), p. 23.

esfera de la justicia y la paz social.[51] Esta descripción se acerca bastante a la solidaridad católica que lo toma como una virtud "dirigida al bien común, y se le encuentra en el compromiso con el bien del prójimo, con la disposición de ayudarle, en el sentido de un evangelio que puede implicar hasta perderse por el bien del otro."[52]

Solidaridad y crecimiento común de la humanidad

Como hemos visto, la enseñanza social del Iglesia Católica sobre la solidaridad muestra que existe una estrecha relación entre la solidaridad y el bien común, entre la solidaridad y el destino universal de los bienes, entre el bienestar común del pueblo y la solidaridad. Es sólo a través de la igualdad de condiciones que las personas se cuidan unas a otras y que juntas trabajan por la paz en el mundo.

Hugo Assmann ve en el término solidaridad a "la necesidad de reconocer a los lazos que unen a las personas y a los grupos sociales entre sí y al espacio dado a la libertad humana para el crecimiento común con el que todos comparten y participan."[53] Así, el compromiso con la solidaridad se traduce en la contribución positiva al ver que nada falta en toda causa común.[54] Cuando esta actitud se transfiere a la voluntad de la gente, entonces se darán cuenta de la importancia de trabajar juntos para el bien del prójimo.

En el caso de los pentecostales, esta actitud de servicio puede ir más allá del interés de un individuo o grupo. El acercamiento pentecostal a este principio de solidaridad lleva a las personas a ejercer una conciencia espiritual que los convierte en deudores de una sociedad de la cual, en parte, se han convertido. Son deudores por esas condiciones espirituales que les hace valorar la existencia humana integralmente, por lo indivisible de la vida y por la indispensabilidad de la condición espiritual que transforma al individuo y a su comunidad.[55]

También son deudores espirituales en su influencia sobre la cultura, la ciencia y el conocimiento, ya sean bienes materiales o inmateriales que la condición humana ha producido. Por otra parte, debido a que los pentecostales tienden a apresurarse en evaluar escenarios sociales, económicos y políticos, basados en su radar

---

[51] Véase, Gutiérrez, *En la Fuerza del Espíritu*, p. 10.
[52] Solivan, *The Spirit, Pathos and Liberation*, pp. 22-30.
[53] Assmann, Hugo, *Opresión-Liberación: Desafío de los Cristianos* (Montevideo, Uruguay: Tierra Nueva, 1991), p. 79.
[54] Assmann, *Opresión-Liberación: Desafío de los Cristianos*, p. 82.
[55] Véase, Villafañe, *El Espíritu Liberador*, pp. 52-61.

espiritual, tienden a ofrecer explicaciones espirituales a la mayoría de los fenómenos que ocurren en la sociedad. Estos tendrán que hacer aplicaciones concretas de su fe y espiritualidad a la sociedad donde viven y practican su ministerio.

Solidaridad en el mensaje de Cristo

Tanto católicos como pentecostales están de acuerdo en que el ápice insuperable de la perspectiva de la misión es el ejemplo de la vida y ministerio de Cristo Jesús. Él es el Nuevo Hombre-Dios, pero con tal humanidad que sufrió la muerte en una cruz.[56] En Jesús es posible comprender el amor trascendente y reconocer que él es el recurso vivo para que la humanidad obtenga sanidad y reconciliación con Dios y con los demás. Su sacrificio expiatorio es suficiente para superar las debilidades de la humanidad y es lo suficientemente fuerte como para producir fe y amor para quienes lo creen y lo siguen.

    La vida en la sociedad también puede ser redescubierta a pesar de las contradicciones humanas y las ambigüedades sociales. Hay un lugar de esperanza para aquellos que lo reciben como Señor, Salvador y Redentor. Es una provisión de gracia concedida continuamente a los que se arrepienten. También lleva una invitación a participar en niveles superiores y formas de compartir el amor fraterno, motivado por el Espíritu Santo que mora en el creyente.

    Católicos y pentecostales coinciden en que Cristo Jesús hace la conexión entre la solidaridad y la comunión. El Espíritu Santo ilumina todo el significado de esta conexión. Según Solivan, "Cuando la solidaridad opera con fe, puede ir más allá de sí misma. Puede cambiar la sociedad con las dimensiones cristianas de la gracia, el perdón y la reconciliación."[57] Los católicos y los pentecostales ven a su prójimo no sólo como un ser humano que tiene sus propios derechos, sino que una vez que ese individuo ha entregado su vida a Cristo, esa persona se convierte en imagen viviente del Dios Padre. Él o ella está ahora bajo la continua acción y protección del Espíritu Santo. "Así que el prójimo debe ser amado, aunque sea un enemigo, con el mismo amor con que el Señor lo ama; y por el bien de esa persona, uno debe estar listo para el sacrificio."[58]

---

[56] Solivan, *The Spirit, Pathos and Liberation*, p. 30.
[57] Solivan, *The Spirit, Pathos and Liberation*, pp. 22-30.
[58] Villafañe, *El Espíritu Liberador*, pp. 52-6.

Valores fundamentales de la vida social

Este estudio comparativo entre católicos y pentecostales termina con una visión general de las virtudes de la verdad, la libertad y la justicia. Los teólogos católicos sostienen que además de los principios que constituyen los cimientos de la sociedad, hay responsabilidades sociales por parte de la comunidad de fe, que también indican algunos valores fundamentales.

Así, tanto la reciprocidad entre los principios cristianos como la solidez de los valores humanos determinan el nivel de las relaciones fraternales mantenidas en la sociedad.[59] Por ejemplo, Julio de Santa Ana afirma que en los valores sociales hay una expresión de aprecio que se atribuye a aquellos aspectos específicos del bien moral que estos principios fomentan. Estos principios sirven como puntos de referencia para la correcta estructuración y ordenación de la vida en la sociedad.[60] Sin embargo, esta práctica requiere que los principios de la vida social y las virtudes personales se asocien con actitudes morales sanas, a fin de fortalecer estos valores.

Mientras tanto, los pentecostales entienden que los valores sociales son parte de la dignidad del individuo, cuyo desarrollo humano es fomentado por la obra del Espíritu Santo. Estos valores se conocen como libertad, verdad, justicia y amor. Una persona puede obtener la perfección espiritual y social poniéndolos en práctica.[61] Estos "valores constituyen el punto de referencia indispensable para que las autoridades públicas identifiquen su llamado a promover el bien de las estructuras económicas, políticas, culturales y tecnológicas y los cambios necesarios en las instituciones."[62] Los pentecostales también están aprendiendo a respetar la autonomía de las cosas terrenales que lleva a la comunidad de creyentes a relaciones sanas. También están conscientes de la responsabilidad de orar por sus autoridades y los que están en cargos públicos.

---

[59] Hughes, *Authority and Morals*, p. 56.
[60] Santa Ana, Julio, *Protestantismo, Cultura y Sociedad* (Buenos Aires, Argentina: Editorial La Aurora, 1990), pp. 125-26.
[61] Véase, Campos, *De la Reforma Protestante a la Pentecostalidad de la Iglesia*, pp. 32-43.
[62] Campos, *De la Reforma Protestante a la Pentecostalidad de la Iglesia*, pp. 32-43.

La verdad

Los académicos de la Iglesia Católica y pentecostales también están de acuerdo en que todas las personas, como miembros de sus comunidades, tienen la responsabilidad de buscar, aprender y avanzar hacia lo que es veraz. Como tales, muestran respeto por los demás y la creación misma. Leonardo Boff sostuvo que, "vivir en la verdad tiene un significado especial en las relaciones sociales. De hecho, cuando la coexistencia de los seres humanos dentro de una comunidad está fundada en la verdad, esta es ordenada y fructífera, y su vida corresponde a la dignidad de las personas."[63] También agrega, "cuanto más personas y grupos se esfuerzan por resolver los problemas sociales, según la verdad, más se alejan de los abusos y actúan de acuerdo con las demandas objetivas de moralidad."[64]

La realidad del siglo XXI requiere intensos esfuerzos educativos y fuertes compromisos que sean intencionalmente practicados por todas las personas involucradas, de modo que quienes buscan la verdad no quedarán marcados como soñadores de una simple suma de opiniones, que hasta pueden tornarse confusas. No, este asunto involucra a la comunidad de fe y al mundo de las comunicaciones públicas por igual; así como a los que controlan la economía y el estado. Si no se tiene cuidado, estos rubros pueden caer bajo uso inescrupuloso de personas que controlan mezquinamente la riqueza y el bien común. Por lo tanto, es necesario que haya transparencia y honestidad en la actividad personal y en la participación social de todos los bienes de la comunidad. Tanto católicos como pentecostales parecen estar trabajando para afectar a América Latina con el beneficio de la verdad, según es enseñada por el evangelio.

Libertad

Los católicos y los pentecostales valoran la libertad como uno de los signos del progreso social. La libertad es la imagen divina de Dios heredada por la humanidad y es, por lo tanto, una señal de dignidad para cada persona. La libertad se ejerce en las relaciones entre los seres

---

[63] Véase, Boff, Leonardo, *La fe en la Periferia del Mundo* (Santander, España: Editorial Sal Terrae, 1981), p. 145; y Sepúlveda, Juan, "Reflections on the Pentecostal Contribution to the Mission of the Church in Latin America," *Journal of Pentecostal Theology* 1.1 (1992), pp. 93-108.

[64] Boff, *La Fe en la Periferia del Mundo*, p. 145.

humanos. Cada individuo tiene el derecho de ser aceptado y reconocido como una persona libre, digna y responsable.[65] Según Moltmann, "El derecho al ejercicio de la libertad, especialmente en cuestiones morales y religiosas, es una exigencia inalienable de la dignidad humana. El sentido de la libertad no debe ser restringido, considerándolo desde una perspectiva puramente individualista o reduciéndolo al ejercicio arbitrario e incontrolado de la propia autonomía personal."[66]

La libertad existe donde hay lazos recíprocos, que son gobernados por la justicia y la verdad; y estos son los vínculos que conectan a las personas entre sí. Para los católicos, entender la libertad se vuelve profundo y amplio, especialmente cuando esto afecta el nivel social que involucra diferentes dimensiones.[67] Pero para los pentecostales, según Angela Pollak, el término se vuelve más profundo y más amplio cuando los creyentes están llenos del Espíritu Santo y son capacitados para servir eficientemente bajo la soberanía del Espíritu.[68]

Tanto los católicos como los pentecostales respetan la singularidad de la vida en la expresión de la libertad. Ambos coinciden en que cada individuo debe tener el derecho de cumplir con su potencial y vocación personal en la comunidad. Cada cual debe buscar la verdad y tener el derecho de profesar su fe, así como las preferencias culturales y políticas.

Los miembros de la sociedad deben tener la libertad de expresar sus opiniones sobre el gobierno y tener la libertad de decidir sobre su estado de vida y su línea de trabajo. Para Hughes, "deberían ser libres para emprender iniciativas de carácter económico, social o político. Esto debe tener lugar dentro de un marco jurídico estable, en los límites impuestos por el bien común y el orden público y, en todo caso, de una manera caracterizada por la responsabilidad social."[69] Sin embargo, la mayoría de los pentecostales todavía están aprendiendo acerca de este valor de la fe. Su discurso aun no es lo suficientemente fuerte como para

---

[65] Véase Moltmann, *God for a Secular Society*, p. 79.
[66] Moltmann, *God for a Secular Society*, p. 77.
[67] Muhlen, Heinrich, *Espíritu Carisma Liberación* (Salamanca, España: Don Bosco Verlag, 1974), p. 275.
[68] Véase Pollak Eltz, Angelina y Yolanda Salas de Lecuna (eds.), *El Pentecostalismo en América Latina entre Tradición y Globalización* (Quito, Ecuador: Docutech 7, 1998), p. 116. Este trabajo es muy importante porque sugiere un diálogo sincero entre dos residentes permanentes de América Latina, católicos y pentecostales. El diálogo es la manera de llegar a un acuerdo sobre el enfoque del orden, el bien común, el orden público y la responsabilidad social.
[69] Hughes, *Authority and Morals*, p. 62.

ser escuchado en los círculos de poder socio-económicos y políticos.[70] Sin embargo, esta noción de libertad sigue creciendo en sus comunidades de fe.

La libertad, según Moltmann, también se expresa como la capacidad de rechazar lo que es moralmente negativo, en cualquier forma que se pueda presentar. Es decir, las personas deben tener la capacidad de distanciarse efectivamente de todo lo que pueda obstaculizar su crecimiento personal, familiar o social.[71] Para los católicos, estos ven el cumplimiento de la libertad en la capacidad del individuo para decidir por el bien. Mientras que los pentecostales ven este cumplimiento de la libertad cuando los creyentes viven en el Espíritu, pues es el Espíritu Santo quien los guía a la paz, la bondad y la libertad genuinas.

Justicia

Los teólogos de la Iglesia Católica toman la justicia como un valor que muestra una de las virtudes de la integridad moral. La justicia es la voluntad firme y continua que reconoce la soberanía de Dios y el cumplimiento de todos los derechos humanos. Para Lupton, "desde un punto de vista subjetivo, la justicia se traduce en una conducta que se basa en la voluntad de reconocer al otro como persona, mientras que, desde un punto de vista objetivo, constituye el criterio decisivo de la moralidad en la esfera intersubjetiva y social."[72]

Históricamente, los católicos han pedido, según Groody, "que se respete las formas más clásicas de justicia: la justicia conmutativa, distributiva y legal. Estos han dado mayor importancia a la justicia social, que representa un verdadero desarrollo de la justicia en general y que regula las relaciones sociales según el criterio de observancia de la ley."[73] Estos ven a la justicia social como un requisito que siempre está relacionado con las cuestiones sociales. La justicia social hoy en día es un asunto mundial en su alcance y demandas. La justicia trata con los asuntos socioeconómicos y políticos, junto con la dimensión estructural de los problemas y sus respectivas soluciones.[74]

---

[70] Bastian, *La Mutación Religiosa de América Latina*, p. 24.
[71] Moltmann, *God for a Secular Society*, p. 78.
[72] Lupton, Robert D., *Compassion, Justice and the Christian Life* (Ventura, CA: Regal Books, 2007), pp. 52-5.
[73] Groody, Daniel G., *Globalization, Spirituality, and Justice: Navigating the Path to Peace* (Maryknoll, NY: Orbis Books, 2007), pp. 26-7.
[74] Groody, *Globalization, Spirituality, and Justice*, p. 27.

En el caso de los pentecostales, algunos teólogos están de acuerdo en que la práctica de la justicia es importante. Reconocen el valor individual de la persona y que la dignidad humana debe ser protegida y promovida contra los criterios exclusivos de utilidad y propiedad.[75] También admiten que la justicia requiere un reconocimiento auténtico dentro de la antropología cristiana y que no se trata simplemente de aceptarla como una condición humana, sino que exige una atención integral. Así que lo que no es aceptado como justo, no está determinado por simples leyes humanas, sino por una comprensión profunda en la identidad de la justicia y su relación del ser humano con lo que es justo y correcto.[76]

En este tiempo, los Pentecostales latinoamericanos ya están participando en diálogos interconfesionales donde también están presentes algunos académicos católicos.[77] Estas iniciativas de diálogo ayudan a encontrar vías para un entendimiento mutuo en el campo de la misión. Además, sirven para establecer principios para la coexistencia pacífica en un continente grande pero prometedor.

En resumen, hemos abordado la influencia de la iglesia latinoamericana sobre la responsabilidad social en la misión de la iglesia. Durante el curso de este estudio, me di cuenta que a los pentecostales a menudo se les pregunta sobre su participación en el desarrollo de la sociedad. También se les pide que respondan a las cuestiones relacionadas con la justicia y la paz. Así que decidí explorar la historia más reciente sobre la participación pentecostal en la vida y las preocupaciones sociales de la iglesia. Incluso traté de observar cómo fue su participación social durante los días de la Guerra Fría y cómo fue que respondió la iglesia latinoamericana a ese fenómeno. Tal estudio era necesario para entender las actitudes y la participación actual de la iglesia en la misión integral en la región.

Los pentecostales todavía no parecen tener una teología de la misión integral completamente desarrollada. Pero es obvio que varios escritores se están esforzando por presentar sus ideas académicamente viables. Esa podría ser la razón para que haya opiniones ambivalentes o contrarias a una teología tan actual como esta. Los teólogos pentecostales tienen que encontrar soluciones a las los problemas

---

[75] Véase, por ejemplo, Butler, Anthea, "Facets of Pentecostal spirituality and justice," *Consultation with Pentecostals in the Americas* (San José, Costa Rica: World Council of Churches, 1996), pp. 28-44.

[76] Butler, "Facets of Pentecostal Spirituality and Justice," pp. 28-44.

[77] Véase, Käkkäinen, Veli-Mati, "Culture, Contextualization and Conversion," pp. 45-8.

sociales y posiciones teológicas que tocan la participación socioeconómica, cultural y política de cada país.

Es comprensible que en algún momento los pentecostales se hayan abstenido de participar en estos campos, tal vez por no tener un conocimiento adecuado sobre la teología de la misión en tiempos como esos, o por no tener una formación adecuada para una participación significativa en la acción social. Otros pentecostales, particularmente los más conservadores, espiritualizaron el asunto y decidieron que no era bíblico involucrarse en los asuntos del mundo. La reacción varió de iglesia en iglesia, pues no parecían tener un común consenso en su papel como agentes de cambio en la sociedad.

Dado que la mayoría de los pentecostales en América Latina son ex-católicos, hemos decidido explorar la influencia de las enseñanzas sobre la responsabilidad social, como lo ha propuesto la Iglesia Católica. Eso nos permite observar que el Pentecostalimso latinoamericano tiene su propia personalidad teológica y misionalmente. Estos tienen su propia concepción, aunque todavía en desarrollo, sobre la acción social como parte de la misión integral de la iglesia. Las enseñanzas católicas sobre el bien común, subsidiariedad, solidaridad, participación política y los valores son ejes fundamentales del funcionamiento de la vida social. Además, al estudiar estos principios aquí, descubrimos que los pentecostales también pueden considerar estos principios como modelos válidos para responder a las preocupaciones sociales.[78]

Aunque los pentecostales no lo reconozcan públicamente, es evidente por sus enseñanzas, que aún conservan algunas enseñanzas afines a las de la Iglesia Católica; como esta de la solidaridad a favor del crecimiento y desarrollo integral de la humanidad. Por supuesto, los pentecostales son estrictos en observar los valores de la verdad, la libertad, la justicia y el amor para fomentar el bien común. Es normal que ellos quieran asegurarse de que todos estos principios cumplan con el propósito de Dios para la sociedad. Por lo tanto, estos predican y enseñan acerca de permanecer fieles a los principios del evangelio con el fin de lograr estos propósitos.

Al final de est capítulo, lo que es más significativo es la posibilidad de abrir espacio para un diálogo maduro entre teólogos

---

[78] Por ejemplo, Guerrero Bravo, Benjamín, *El Fruto del Espíritu: El Carácter del Cristiano y la Misión de la Iglesia* (Lima, Perú: Ediciones Puma, 1997), pp. 86-92; Estudió cómo la teología católica afecta la misión pentecostal en su contexto. América Latina es predominantemente católica. La mayoría de los pentecostales provienen de esa tradición, así que cuando se convierten en pentecostales llevan consigo esas raíces teológicas.

católicos y pentecostales de América Latina. Ambas corrientes comparten preocupaciones parecidas que tienen que ver con el bien común de las personas. Ambas tradiciones han abrazado la responsabilidad del crecimiento y la transformación de las sociedades latinoamericanas. Pentecostales y católicos se oponen a la violencia y la injusticia social. Estos son campos de interés común que podrían servir como escenarios para un dialogo significativo entre las dos corrientes. El propósito de este estudio es aportar ideas para un diálogo positivo e intencional entre teólogos de ambas confesiones de fe que pueda promover y generar transformaciones sociales entre los pueblos de la región.

6

MISION Y LA ECONOMIA

En cuanto a la actitud hacia las finanzas los pentecostales mantienen posiciones opuestas, pero las posiciones adoptadas reflejan el origen y la condición de clase de los referentes. Al menos parece haber dos maneras de abordar la prosperidad y la pobreza en las enseñanzas del pentecostalismo. Pero por lo general, hay una actitud de agradecimiento que hace que la provisión se vea como provisión de Dios para las necesidades de la vida. En cuanto a la abundancia financiera, es vista por otros como una señal de la bendición o la aprobación de Dios y que la condición pobreza es una de las consecuencias de la infidelidad a Dios,[1] aunque otras veces, también se la ve como un hecho natural.[2]

Por otro parte, "la prosperidad económica y la riqueza no están condenadas en sí mismas. Lo que Dios desaprueba es el mal uso de los bienes económicos. Los pentecostales testifican contra el fraude, la opresión, la explotación, la usura y la injusticia, especialmente cuando estos males afectan a los pobres y marginados".[3] También ven las condiciones de pobreza y marginación como consecuencias de la degradación humana, que ofenden a Dios de quien la humanidad tiene acceso a todo buen don. Todo lo que Él quiere es que los responsables de la riqueza lo entreguen justa y adecuadamente.

Con respecto a este enfoque teológico, hay algunos estudiosos como Beltzasar Núñez, que cuestiona esta posición de pobreza como consecuencia del pecado, ya que parece simplista y en oposición al plan de Dios para la humanidad. Si la pobreza contraviene la intención de Dios para la humanidad, seguramente se debe en gran parte al pecado humano contra los propósitos de Dios. Sin embargo, acá surge la

---

[1] Salazar, Elizabeth, *Historia do Pentecostalismo Chileno da Perspectiva da Mulher.* Master of Theology Thesis, Instituto Metodista da Ensino Superior, Brasil, (1995), p. 101.
[2] Alvarez, *Alborada en Tiempos Fecundos*, p. 30.
[3] Lugo, Gamaliel, "Ética Social Pentecostal: Santidad Comprometida," en Álvarez, Carmelo (ed.), *Pentecostalismo y Liberación: Una Experiencia Latinoamericana* (San José, Costa Rica: DEI, 1992), pp. 101-22.

pregunta, ¿el pecado de quién? El fraude, la explotación, la injusticia, de seguro forman parte del pecado humano.[4]

Por su parte, René Peñalba también argumenta que no existe tal cosa como que algunas personas son castigadas con la pobreza como consecuencia de su pecado. Eso abriría la afirmación de que aquellos que agradan a Dios necesariamente serán bendecidos con riqueza.[5] Siguiendo esta línea de argumentación, se podría pensar que la pobreza está relacionada con otros aspectos que afectan las sociedades humanas. Es por eso que Peñalba opina que toda persona tiene derecho a vivir una vida según el plan de Dios. Su plan es el de bienestar para cada individuo. Pensar lo contrario es caer en el engaño y aceptar que la alienación es normal.[6]

También está la posición, basada en las enseñanzas de Jesús, que reconoce a la propia pobreza, independientemente de la condición personal o espiritual del individuo en la vida. Debido a su humildad, Jesús prometió que Dios prestaría especial atención a los pobres (Lucas 4:18). Entonces, cuando los pobres claman al Señor por ayuda, él los escucha y les responde. Las promesas divinas están disponibles para los pobres. En referencia a la condición de pobreza, Adrianne Pine reafirma la esperanza entre algunas iglesias al afirmar que "los pobres, oprimidos y marginados heredarán los beneficios del pacto de Dios con su pueblo a través del trabajo salvador de Jesús, porque su obra es un plan para establecer un Nuevo Pacto con su pueblo y escribir las nuevas leyes para su reino en los corazones de todos los creyentes, quienes son pobres en su mayoría."[7]

Sin embargo, también hay lugar para pensar que cuando la pobreza se toma con actitud de humildad, esta abre el camino para entender el propósito de Dios para la creación. Aquí Dios demuestra la vanidad de los ricos depositando su confianza en sus propios recursos.[8] Es obvio que Dios desprecia a la persona que pone su confianza en sus propias riquezas. Cuando la riqueza crece, la codicia y el orgullo de la persona aumentan, y el propósito de la provisión de los recursos de Dios es derrotado. Algunos pentecostales incluso enseñan que Dios ve al otro

---

[4] Véase, Núñez, Belsazar, *Quiero Vivir mi Vida.* (Tegucigalpa, Honduras: Editorial Arte Creativo, 2006), p. 65.
[5] Peñalba, René, *Metamorfosis del Creyente: El Proceso de Transformación en la Vida Cristiana* (Tegucigalpa, Honduras: CCI, 2006), p. 48.
[6] Peñalba, *Metamorfosis del Creyente*, p 56.
[7] Pine, Adrianne, *Working Hard, Drinking Hard: On Violence and Survival in Honduras* (Los Angeles, CA: University of California Press, 2008), p. 167.
[8] Lugo, *Ética Social Pentecostal,* p. 110.

lado de la pobreza, por medio del cual un individuo decide permanecer humilde, sirviendo a los pobres a pesar del privilegio generado por el dinero y el poder.[9]

El evangelio adquiere el estatus de valor moral cuando se convierte en una actitud de disponibilidad y apertura a Dios y de confianza en él. Esta afirmación está en concordancia con lo afirmado por Ignacio Alonzo, quien argumenta que "esta actitud hace posible que las personas reconozcan la relatividad de los bienes económicos y los traten como dones divinos para ser administrados y compartidos, porque Dios es el primer dueño de todos bienes."[10]

Enfoque pentecostal hacia los bienes económicos

Sobre la cuestión del dinero o de los bienes materiales, Jesús tomó la tradición del Antiguo Testamento y dejó claro cómo sus discípulos debían manejarse a sí mismos con respecto a éstos.[11] Él vino a establecer el Reino de Dios, y esto sólo puede basarse en la conversión de los corazones del pueblo y en la acción de los dones del Espíritu Santo. El objetivo del Espíritu es convertir el corazón de la gente, para que los bienes económicos puedan cumplir su propósito en sociedad.[12] Esta es la nueva manera de establecer las relaciones sociales. Esta es la condición que hace posible una nueva sociedad. Esta sociedad debe reflejar la justicia, la solidaridad, la fraternidad y la cooperación.

Cristo inauguró un nuevo Reino, que se origina en la bondad de la actividad humana tal como originalmente fue diseñada por Dios. En esta nueva realidad, la humanidad se pone de nuevo en comunión con Dios y, con la ayuda del Espíritu Santo, los creyentes elaboran el propósito de Jesús para el mundo. Según Mario López, "en Jesús, el hombre está llamado a rendir justicia a los pobres, liberando a los oprimidos, consolando a los afligidos, buscando activamente un nuevo orden social en el que se ofrezcan soluciones adecuadas a la pobreza material y en que las fuerzas que frustran los intentos de los más débiles para liberarse de las condiciones de la miseria y la esclavitud se

---

[9] Peñalba, *Metamorfosis del Creyente,* p. 56.
[10] Alonzo, Ignacio e Iris Barrientos (eds.), Fe y Política (Tegucigalpa, Honduras: Editorial SETEHO, 2006), pp. 45-52. Véase también, Alvarado López, Gilberto, *El Poder Desde el Espíritu: La Visión Política del Pentecostalismo Contemporáneo* (Buenos Aires, Argentina: Publicaciones Científicas Para El Estudio De Las Religiones, 2006), pp. 56-8.
[11] Alonzo y Barrientos, *Fe y Política,* p. 46.
[12] Alvarado López, *El Poder del Espíritu,* p. 54.

controlan más eficazmente."[13] Esta es la evidencia de la presencia del Reino de Dios en el mundo.

El economista hondureño Mario López afirmó a principios de los años noventa que la actividad económica debe ser considerada y emprendida como una respuesta agradecida con la vocación que Dios tiene para cada persona.[14] En este sentido, Lugo dice que históricamente "el hombres y la mujer fueron colocados en el jardín para vivir y mantenerlo, utilizando todos los recursos disponibles para su beneficio, pero dentro de límites muy bien definidos"[15] y, como sugiere el mismo López, con un compromiso espiritual de perfeccionarlo. Al asumir esta responsabilidad, ellos estaban dando testimonio de la bondad del Creador.[16]

De esta manera, se dirigieron hacia la plenitud de la libertad a la que Dios los llamó.[17] Así, la buena administración de los dones y de los bienes materiales era también una obra de justicia hacia la humanidad. Lo que se había recibido debía ser usado correctamente, preservado y aumentado como lo sugirió Jesús en la parábola de los talentos.[18] Por lo tanto, está claro que todo esfuerzo económico y de prosperidad material debe servir para el progreso de la humanidad. Si la gente se dedica con fe a este propósito, incluso la economía y el progreso humano pueden transformarse para el bien de la humanidad.[19] Lugo afirma que "la solidaridad y el amor pueden expresarse en estas áreas que afectan a todas las personas, especialmente a los pobres y marginados."[20]

Es esta fe en Cristo que hace posible una correcta comprensión y aproximación al desarrollo social. Con su habilidad natural, los pentecostales podrían contribuir a la disciplina de la reflexión teológica, que se basa en su acción en la vida de la comunidad. En efecto, "la fe en Cristo Redentor es llevada a la vida por el Espíritu Santo, quien ilumina la naturaleza humana para el desarrollo y guía de los creyentes en la tarea de la colaboración".[21]

---

[13] López, Mario R., *Historia y Misión del Protestantismo Hondureño* (San José, Costa Rica: Editorial Visión Mundial Internacional, 1993), p. 32.
[14] López, *Historia y Misión del Protestantismo Hondureño,* p. 36.
[15] Lugo, *Ética Social Pentecostal,* p. 112.
[16] López, *Historia y Misión del Protestantismo Hondureño,* p. 41.
[17] López, *Historia y Misión del Protestantismo Hondureño,* p. 33.
[18] Véase, Balda, Wesley D., *Heirs of the Same Promise* (Monrovia, CA: MARC, 1984), pp. 100-02.
[19] López, *Historia y Misión del Protestantismo Hondureño,* p. 45.
[20] Lugo, *Ética Social Pentecostal. Santidad Comprometida,* p. 119.
[21] Véase, Alvarez, Miguel, *La Palabra, El Espíritu y la Comunidad de Fe: Entendiendo la Hermenéutica Pentecostal* (Cleveland, TN: Editorial Evangélica, 2007), p. 64.

En su aproximación a la carta a los Colosenses, Carmelo Álvarez cree que el apóstol Pablo enfatizó deliberadamente que Cristo es "el Primogénito de toda la creación" (Colosenses 1:15) y que "todas las cosas fueron creadas a través de Él y para Él (Col. 1:16)."[22] De hecho, "todas las cosas se mantienen unidas en Él", porque "en Él habita la plenitud de Dios y por Él Dios reconcilia consigo todas las cosas (Col. 1:16)."[23] Esto es parte del plan de Dios, que en la eternidad de Cristo ha perfeccionado la imagen de Dios como el Padre (Ef. 1:22). Carlos Garma también añade que Dios culminó, como Hijo, la misión del primogénito que resucitó de entre los muertos, en toda su humanidad (Ef. 1:23).[24] A través de la muerte y resurrección de Cristo, la humanidad fue conquistada y redimida. Así, el camino de la reconciliación entre las personas fue posible en el sacrificio de Jesucristo.[25]

Equidad en la distribución de la riqueza
Siempre hay un propósito legítimo para el acceso y la acumulación de bienes. El uso inadecuado o acumulación egoísta de bienes contradice tal propósito y cae en la inmoralidad. Dios provee todos los bienes y la gente debe mantener este principio en mente para la actitud correcta hacia las posesiones materiales. La redención cristiana incluye la libertad de la codicia y el egoísmo.

Esto es particularmente válido en la actitud de los cristianos hacia la riqueza, "porque el amor al dinero es la raíz de todos los males; es a través de este anhelo que algunos se han estado divagando lejos de la fe (1 Tim. 6:10)."[26]

Históricamente, se encuentra que incluso los primeros padres de la Iglesia prestaron más atención a la transformación de los corazones en lugar de enfatizar la necesidad de cambiar las estructuras políticas y sociales de su época. Insistieron en que los que trabajaban en cargos públicos se vieran a sí mismos como siervos de la comunidad. A la luz de todo esto, el propósito de las riquezas es ayudar a la humanidad. Deben ser utilizadas para producir beneficios para el pueblo y para toda la sociedad. ¿Cómo podríamos hacer el bien a nuestro prójimo—

---

[22] Véase, Alvarez, *Pentecostalismo y Liberación,* p. 32.
[23] Alvarez, *Pentecostalismo y Liberación,* p. 30.
[24] Véase, Garma Navarro, Carlos, *Buscando el Espíritu: Pentecostalismo en Iztapalapa y la Ciudad de México.* Tesis Doctoral, Universidad de El Paso (1999), p. 123.
[25] Garma Navarro, *Buscando el Espíritu,* p. 122; También, Lugo, *Ética Social Pentecostal,* p. 112.
[26] Alvarez, *Alborada de Tiempos Fecundos*, pp. 30-1.

preguntó, Clemente en Alejandría—si ninguno de nosotros posee nada?[27] De allí que, en la predicación de Juan Crisóstomo, las riquezas pertenecen a algunas personas para que puedan ganar mérito compartiéndolas con otras. La riqueza es un bien que proviene de Dios y debe ser utilizado por su dueño y hecho circular para que incluso los necesitados puedan disfrutarlo. El mal se ve en el inmoderado apego a las riquezas y el deseo de acumularlas injustamente.[28]

De igual manera, Basilio el Grande invitó a los poderosos y a los ricos a abrir sus almacenes y los exhortó con estas palabras: "Así como un gran torrente se precipita en miles de canales por la tierra fértil, así, por mil caminos diferentes, haz llegar tus riquezas a las casas de los pobres."[29] Así que, para Basilio, la riqueza es como el agua que sale de la fuente. "Cuanto mayor sea la frecuencia con la que se derrama, más pura es, mientras que la fuente que permanece sin usar se vuelve impura."[30] Se dice que Gregorio Magno, un hombre muy rico, dijo: "Los ricos son sólo administradores de lo que poseen. Dar lo que es necesario a los necesitados es una tarea que debe realizarse con humildad porque los bienes no pertenecen a quien los distribuye."[31] Estos casos son evidencia histórica de aquellos que también afirmaron que retener las riquezas egoístamente no eran inocentes. Además, permitieron pensar que dar y ayudar a los necesitados es una manera de pagar un gasto personal o deuda social.

Justicia, economía y valores cristianos

En este mundo con una economía globalizada, una postura cristiana sobre la economía podría ser opuesta e incluso descalificada por la sociedad actual. Algunos economistas y líderes empresariales podrían argumentar que la economía funciona según ciertas leyes internas que nada tienen que ver con la moralidad o la religión misma. Sin embargo, las tendencias económicas actuales sugieren que los cristianos, y no sólo los cristianos, son afectados por los sistemas de este nuevo orden mundial.

---

[27] Barnard, P.M., *Early Church Classics* (Cambridge: Cambridge Texts and Studies, 1901), IX, p. 456.
[28] Chrysostom, John. *Sobre Riqueza y Pobreza*. Crestwood (Nueva York: St. Vladimir's Seminary Press, 1984), p. 143.
[29] Bebis, George S., 1997. *Introduction to the Liturgical Theology of St. Basil the Great.* Greek Orthodox Theological Review, 42.3-4 (1997), pp. 273–85.
[30] Bebis, *Introduction to the Liturgical Theology of St. Basil the Great*, p. 278.
[31] Barnard, *Early Church Classics*, p. 457.

Después de revisar la erudición pentecostal, no pudimos encontrar documentos escritos abordando el tema de la moralidad en la economía. La única forma que se aborda el asunto es de manera verbal y, a veces, desde el púlpito. Esta acción puede aportar alguna satisfacción a los que asisten a los servicios semanales, pero muy poca evidencia se encuentra para el efecto de una documentación objetiva.

Un autor hondureño cuyos estudios abordaron el tema de la moralidad en las estructuras económicas de Honduras es Alberto Amaya. Su objetivo es estudiar la causa de la pobreza y el sufrimiento en el país. Esto introduce claramente el concepto de apropiación de las reses de los extranjeros que llegaron después de la Segunda Guerra Mundial, con la ventaja de tener acceso superior a dinero y recursos contra la desventaja de la población local que no podía competir con ellos. De este modo, los recién llegados, eventualmente, tenían el poder y el control del país.[32]

Por esta y otras razones, los pentecostales tendrán que encontrar vías adecuadas para abordar la enseñanza social de la economía e insistir en las connotaciones morales y espirituales de la economía. Un escritor hondureño que discute la moralidad de la economía es Beltzasar Núñez. Este afirma, aunque la economía y la ciencia moral emplean cada una sus propios principios, en su propia esfera, es un error pensar que la economía y los órdenes morales son tan distintos y ajenos que el primero no depende en modo alguno del segundo.[33] Así, para Núñez, las leyes de la economía determinan los límites de lo que el esfuerzo humano productivo puede hacer o lograr, y lo que puede lograr en el campo productivo de bienes.[34]

La responsabilidad moral de los hombres y las mujeres en el campo de la economía tiene consecuencias espirituales y materiales. Existe el potencial de producir bienes para el bienestar de todos los individuos y la comunidad, o viceversa, para producir elementos destructivos que trabajan en detrimento de las personas. Alberto Amaya afirma que la industria es natural para la humanidad. Sin embargo, debe llevarse a cabo de acuerdo con aquellas éticas que son compatibles con el

---

[32] Véase Amaya, Jorge Alberto, *Los Árabes y Palestinos en Honduras 1900-1950* (Tegucigalpa, Honduras: Editorial Guaymuras, 1997), pp. 91-9.
[33] Núñez, Belsazar, *Identidad y Misión* (Tegucigalpa, Honduras: Editorial Benugra, 1995), pp. 62-8. El autor también señala las discrepancias económicas entre la sociedad hondureña. Véase también Núñez, *El Ministerio Pastoral* (Tegucigalpa, Honduras: Editorial Benugra, 1992), pp. 93-6. Desde una perspectiva pastoral, estas enseñanzas hacen un fuerte énfasis en la moralidad de la economía en el país.
[34] Núñez, *El Ministerio Pastoral*, 86.

propósito de Dios para la sociedad.[35] Por lo tanto, hay una responsabilidad moral inevitable de adherirse al diseño de Dios para el mundo cuando participan en la producción económica. Tales industrias como la pornografía, el narcotráfico, son instrumentos de corrupción y van en contra el propósito de Dios para humanidad.

No puede haber actividad económica sana sin integridad moral

La responsabilidad moral determina el propósito de la actividad económica. El motivo de aquellos involucrados en la industria tendrá que ser evaluado conforme al propósito de Dios para la humanidad.[36] Por ejemplo, Raúl Zaldívar ha sugerido una distinción que es necesaria entre la moralidad y la economía, que no implica la separación de estas dos esferas, sino que señala que operan en reciprocidad común. Así, en los ámbitos económico y social, se debe respetar y promover la dignidad y la vocación completa de la persona humana y el bienestar de la sociedad en su conjunto.[37]

La humanidad es la fuente, el centro y el propósito de toda la vida económica y social. Dado el apropiado y debido peso a los intereses que pertenecen específicamente a la economía no significa rechazar todas las consideraciones de un orden meta económico como irracional. Esto es así porque el propósito de la economía no se encuentra en la economía misma, sino en el destino de esta cuando afecta a la humanidad y a la sociedad misma. La economía, de hecho, ya sea a nivel científico o práctico, ha sido confiada a hombres y mujeres con el propósito de producir una coexistencia humana adecuada. Así, la producción, distribución y consumo de bienes y servicios materiales debe beneficiar a todas las personas de la comunidad.

Como se dijo anteriormente, el desarrollo de la economía conlleva una responsabilidad moral. Tiene que ver con la eficiencia de la promoción de la humanidad. La solidaridad con el individuo y la

---

[35] Amaya, *Los Árabes y los Palestinos en Honduras*, 96.
[36] Véase también Robinson, William I., *Transnational Conflicts: Central America, Social Change, and Globalization* (Nueva York, NY: Verso, 2004), p. 86.
[37] Un autor que ayuda a entender esta posición es Zaldívar Raúl, *La doctrina de la Santidad* (Barcelona, España: Editorial CLIE, 2001), pp. 206-21. Este libro aborda las demandas del Evangelio de Santidad en la forma en que las personas se conducen con respecto a los bienes y al dinero. La pérdida del equilibrio, que es igual a la justicia, hace que la gente caiga bajo el poder del dinero, que es la raíz de todos los males. Véase también, Zaldívar, *Crítica Bíblica* (Barcelona, España: Editorial CLIE, 2014), pp. 62-70.

comunidad tendrá que ser observada en todos los niveles de la producción de riqueza y bienes.

La moralidad, que es parte necesaria de la economía, no se opone a ella ni es neutral. Alexis Pacheco afirmó a principios de los años noventa: "Si la moral se inspira en la justicia y la solidaridad, esto en sí mismo representa un factor positivo para la eficiencia social dentro de la economía."[38] También argumentó que "la producción de bienes es un deber que necesita emprenderse de manera eficiente, de lo contrario, se desperdician los recursos. Por otro lado, no sería aceptable lograr el crecimiento económico a expensas de los seres humanos, poblaciones enteras o grupos sociales, condenándolos a la indigencia."[39] Luego entonces, las virtudes de la solidaridad, el crecimiento humano, la transformación y la asistencia a los pobres y necesitados están intrínsecamente vinculados a la producción de bienes, servicios y estructuras para el beneficio de la sociedad.

Dios dio a hombres y mujeres la capacidad de generar riqueza. Esta capacidad debe servir a los propósitos de Dios para la humanidad. Por lo tanto, es responsabilidad de aquellos que participan en la producción de la economía a considerar sus caminos para poder desarrollarse de acuerdo con los principios y valores morales del evangelio. Cualquier actividad contraria a este propósito provocará la destrucción y rechazo del plan moral de Dios para la economía.

El carácter moral debe ser ejercido en cada acción del mundo de la economía. Tal acción tiene que mantener el interés de las personas en su propósito. Por lo tanto, cada individuo o grupo de personas tiene el derecho de participar en la producción industriosa de la economía.

Las personas responden positivamente cuando pueden usar su capacidad o recibir la oportunidad de contribuir y producir. Esta acción proporciona a cada individuo la oportunidad de contribuir en el desarrollo de la comunidad. Es por eso que Euraque dijo, "si cada uno es responsable de todos los demás, entonces cada persona también tiene el deber de comprometerse con el desarrollo de todos."[40] Luego añade,

---

[38] Pacheco, Alexis y Guillermo Jiménez "Hacia una Pastoral de las Personas Amenazadas por la Pobreza," en CLADE III: *Tercer Congreso Latinoamericano de Evangelización* (Quito, Ecuador: Fraternidad Teológica Latinoamericana, 1992), pp. 120-36.

[39] Pacheco and Jiménez, *Hacia una Pastoral de las Personas Amenazadas por la Pobreza,* pp. 120-36.

[40] Euraque, Darío A. *Estado, Poder, Nacionalidad y Raza en la Historia de Honduras: Ensayos* (Tegucigalpa, Honduras: Ediciones Subirana, 1996), pp. 113-15.

"esto es un deber de solidaridad y justicia, pero también es la mejor manera de lograr el progreso de toda la humanidad."[41]

Cuando la economía se practica con un alto nivel de moralidad, "el servicio prestado por la producción de bienes y servicios es útil para el crecimiento de cada persona y se convierte en una oportunidad para que cada individuo incorpore la solidaridad."[42] Este esfuerzo por generar proyectos sociales y bienes con el propósito de elevar los niveles de crecimiento humano y transformación de la sociedad es difícil. Toma intencionalidad por parte de aquellos en posición de ventaja en relación con el acceso a los recursos y el control de la producción de económica.

La economía generada por los trabajadores tiene como objeto el desarrollo de la riqueza y su continuo aumento.[43] Por lo tanto, esta actividad es correcta cuando se centra en el desarrollo de proyectos comunitarios. Según Raúl Zaldívar, el desarrollo no puede reducirse a un mero proceso de acumulación de bienes y servicios. Acumular riqueza sin tener el bienestar común en mente no trae la auténtica felicidad humana.[44] Así pues, es responsabilidad de la comunidad de fe denunciar los malos propósitos que actúan contra el propósito de Dios para la economía. La iglesia está llamada a guardar los principios de una moral que sea fiel en la apropiación y el uso de la riqueza.

Es posible evaluar el papel de la economía en la sociedad. Aunque el mundo secular puede tomar la voz de la iglesia como una opinión solamente, sin embargo, debe asumir su responsabilidad moral en proveer instrucción a aquellos que tienen acceso directo a la riqueza. La iglesia tiene que ejercer su ministerio profético llamando a la sociedad al orden. El papel de la economía es uno de los temas más debatidos y uno de los más importantes en los tiempos actuales.

La iglesia reconoce un sistema que practica la libre empresa y la creatividad humana en la actividad económica. Sin embargo, si tal dinámica económica no está circunscrita a un marco jurídico sano, tal actividad está contaminada y, por lo tanto, está fuera de orden y es punible. Así, se define una perspectiva cristiana saludable de la

---

[41] Euraque, *Estado, Poder, Nacionalidad y Raza en la Historia de Honduras*, p. 115.

[42] Euraque, *Estado, Poder, Nacionalidad y Raza en la Historia de Honduras*, p. 113.

[43] Carley, M. *Policy Management Systems and Methods of Analysis for Sustainable Agriculture and Rural Development* (Rome, FAO y Londres, IIED, 1994); Véase también, Carlson, G. E., Zilberman, D., Miranowsky, J., (eds.), *Agricultural and Environmental Resource Economics* (Oxford, UK: Oxford University Press, 1993), pp. 87-112.

[44] Zaldívar, Raúl, "Relación Estado-Iglesia y su Apertura al Protestantismo en Honduras", *Revista Vida y Pensamiento* 1 (Marzo, 1996), p. 12.

economía con respecto a los beneficios sociales y políticos que mejoran las condiciones de la sociedad. Estos son los valores que deben observarse en la actividad de una comunidad comprometida con los principios morales de la economía.

Desarrollo de la comunidad y solidaridad con el pueblo

Lograr el desarrollo integral es fundamental para el mundo de la economía. Dicho desarrollo tiene que realizarse en solidaridad con las necesidades de las personas. La meta de la economía es promover el bienestar de cada persona y de la persona completa. Para lograr este objetivo se requiere la visión de un sistema económico que garantice equidad en la distribución de los recursos. Villafañe sostiene que "esta actitud es análoga con la de la solidaridad, la cual nace de los principios del evangelio. Esta actitud sana es la que genera conciencia sobre la cuestión de la interdependencia social que afecta a la comunidad y su actividad económica, social y política."[45] También se trata de una actitud que estimula unidad y cooperación entre las personas y las hace sentir unidas hacia un destino común en su propio contexto social.[46]

Cuando los problemas sociales y económicos afectan negativamente a la vida de la sociedad, como un todo, esto lleva a la conclusión que el estado por sí solo no puede resolverlos. Entonces el pueblo comprenderá que la solidaridad es la que ayudará a la comunidad a avanzar hacia el desarrollo del potencial de todos sus miembros. De esta manera, el individualismo es derrotado y la cooperación mutua forma parte del comportamiento social y político de la gente.[47] Eventualmente, la sociedad promueve el establecimiento de alianzas que propician mejores condiciones de vida para el pueblo. Al fomentar la capacidad y la dignidad de cada individuo, la comunidad recibe el beneficio de la creatividad de todos sus miembros.

Una mayor participación en el desarrollo humano ayudará a la sociedad a tomar conciencia de las necesidades individuales y de las diferentes capacidades de todos los miembros de la comunidad. Esta toma de conciencia también puede beneficiar a los ricos en el uso y distribución de su riqueza. La abundancia de recursos y dinero podría

---

[45] Véase Villafañe, *El Espíritu Liberador*, p. 52.
[46] Villafañe, *El Espíritu Liberador*, p. 56.
[47] Euraque, Darío A., *Reinterpreting the Banana Republic: Region and State in Honduras, 1870-1972* (Chapel Hill, NC: University of North Carolina Press, 1996), p. 198.

evolucionar negativamente hacia la corrupción y la confusión, no sólo entre quienes la producen sino también entre quienes se benefician de ella.

En algunas sociedades conocidas por su abundancia de riquezas, frecuentemente se observa problemas existenciales por la incapacidad de los ricos al manejar los bienes materiales a su disposición. Algunas personas son incapaces de experimentar un sentido adecuado de la vida,[48] o bien, se alienan o se reducen a simples máquinas para la producción de capital. Estas personas tampoco pueden afirmar ni construir su dignidad como personas creadas a la imagen de Dios. Las sociedades desarrolladas han sido capaces de generar una abundancia de bienes materiales, pero muchas veces éstos se obtienen a expensas de las personas en desventaja y a menudo en detrimento de los pobres.

La diferencia entre ricos y pobres se manifiesta en la sociedad humana. Uno puede encontrar la pobreza y la miseria incluso en las sociedades ricas, así como el egoísmo y el mal uso de la riqueza en las comunidades pobres. Obviamente, la obra de Dios es cambiar los corazones de las personas para que puedan seguir los principios de la solidaridad en la economía según lo enseñado por el evangelio.

Mejorando una cultura económica sana

En las enseñanzas sociales del evangelio, la economía es un tema importante, ya que es parte de la productividad humana. La producción de bienes no debe convertirse en el objetivo de la vida. Los sistemas sociales y económicos no deben ignorar los valores éticos y espirituales del evangelio. Un sistema que reduce la economía a la producción y el consumo de bienes ha debilitado el propósito moral y ético de la producción humana de la salud. Esta actitud limita a la humanidad a servir como simple instrumento de actividad económica.

Después de observar las condiciones sociales y los valores culturales de algunos pentecostales en Brasil, Robert Chestnut concluyó que "la importancia de un individuo nunca debe limitarse a un valor materialista, incluso cuando esa persona depende de los bienes materiales para la supervivencia o para mejorar su calidad de vida."[49] A

---

[48] Gelman, Juan, "El Grito Silencioso", *El Nuevo Diario* (6 diciembre, 2007), p. 8. Aunque diferentes de Honduras, las similitudes entre los pobres y los ricos de los países son muy similares. El desarrollo para la humanidad tiene que empezar por satisfacer las necesidades básicas de la gente. Los países ricos no parecen entender la magnitud de la pobreza en países como Honduras y Nicaragua.

[49] Chesnut, *Born Again in Brazil*, p. 132.

la luz de este pensamiento, un mayor sentido de la participación de Dios y la autoconciencia de una ética cristiana sólida en la economía son fundamentales para el desarrollo integral de la sociedad humana.

Frente al rápido avance del progreso tecnológico y económico, ya la rápida transformación de los procesos de producción y consumo, la misión de la iglesia es proponer nuevos proyectos de formación educativa que enseñen a las nuevas generaciones a integrar la ética de Dios en la actividad económica y social."[50]

Por ejemplo, Raúl Zaldívar sostiene que la comunidad de fe sabe que los creyentes son llamados a una vida cualitativamente digna, y que para lograr ese objetivo estos han aprendido a asumir responsabilidades mutuas que enfrentarán la vida juntos y en unidad.[51] Por esa razón, los creyentes deben ser guiados para ayudarse mutuamente mediante un cuadro completo que les instruya sobre los beneficios de la solidaridad humana y fraternal.

Este enfoque respeta todas las dimensiones del ser humano, que subordina sus dimensiones material e impulsiva a las virtudes espirituales. Un sistema económico no posee criterios para distinguir correctamente sobre formas nuevas o superiores de satisfacer las necesidades humanas de aquellas que son necesidades artificiales y que impiden la formación de una personalidad madura. Por lo tanto, se necesita invertir gran cantidad de trabajo educativo y cultural; incluyendo la educación de los consumidores, en la práctica responsable de su poder de elección. Esto incluye la formación de un fuerte sentido de responsabilidad entre los productores, los consumidores y las personas que manejan los medios de comunicación, así como la necesaria intervención de las autoridades públicas.

La humanidad en el plan de Dios

Está claro que Cristo ha revelado el misterio del amor Trinitario de Dios por la humanidad. Por lo tanto, la vocación del amor, que se ha otorgado a los cristianos, también se basa en esta revelación de Dios en su Hijo encarnado. Esta es la revelación que ilumina la dignidad y la libertad de la humanidad. Benjamín Bravo dice que "esa revelación también demuestra la importancia de las relaciones sanas, que sólo pueden ser experimentadas a través de la vida en una comunidad. La relación trinitaria de Dios es también la base de la relación entre individuos que

---

[50] Chesnut, *Born Again in Brazil*, p. 145.
[51] Zaldívar, "Relación Estado-Iglesia", p 14.

han sido creados a imagen y semejanza de Dios."[52] La humanidad tiene el privilegio de extender la comunidad de Dios a través de una vida comunitaria que refleja su amor por todas las personas.

La humanidad ha sido llamada a vivir en la comunión del Dios Trinitario. Así como los tres miembros de la Trinidad están en comunión unos con otros, así los seres humanos descubren el propósito de su existencia amando, respetando y apreciando a una persona como el ente fundamental de la sociedad sana. Con la *koinonía*, el pentecostalismo ha redescubierto una parte fundamental del nuevo énfasis en muchas tradiciones de la iglesia. Estos horizontes están abiertos a la razón humana porque hay una conexión entre Dios y la humanidad cuando el pueblo está en comunión unos con otros en los lazos del amor de Dios.[53] Está claro, pues, que los humanos son las únicas criaturas del mundo que se relacionan unas con otras como Dios se relaciona en la Trinidad. Así es como los humanos descubren la plenitud del amor y cumplen el propósito de Dios para su existencia.[54]

El destino y la vocación de la sociedad humana se establecen en la revelación de Cristo. Es Cristo en la persona que infunde una identidad verdadera para el individuo. Sobre este tema, Richard Waldrop sugirió que cada persona ha sido creada por Dios. Ellos han sido amados y salvados por Jesucristo.[55] Luego añade que "en Cristo, Dios se manifiesta creando una red de múltiples relaciones de amor, justicia y solidaridad con otras personas mientras realiza sus diversas actividades en el mundo."[56] Es cuando los seres humanos promueven relaciones integrales que elevan la dignidad y calidad de la vida, cuando se experimenta la solidaridad y la apreciación mutua. En esta clase de sociedad, la providencia de Dios se manifiesta a favor de todos sus hijos. Los cristianos afirman que en el libro del Génesis hay una descripción de la creación de la humanidad a imagen de Dios. Esta semejanza con Dios permitió a hombres y mujeres tener comunión con él.[57] En Génesis también se describe la identidad de las personas, así como la vocación de cada individuo. Este libro narra la creación de la humanidad como un

---

[52] Véase, Bravo, *El Fruto del Espíritu*, pp. 72-5. El autor argumenta el papel dinámico del Espíritu Santo en la Trinidad y el promotor de la relación sana con respecto a la humanidad.

[53] Meyer, Joyce, *The Love Revolution*. New York, NY: Faith Words, 2009), pp. 168-70.

[54] Peñalba, *Metamorfosis del Creyente*, p. 54.

[55] Waldrop, "The Social Consciousness," *Cyber Journal*.

[56] Waldrop, "The Social Consciousness," Cyber Journal.

[57] Villafañe, *El Espíritu Liberador*, p. 56.

acto libre de Dios, que también revela la sabiduría del Creador ya que él los hizo con la libertad de decidir y la capacidad de obedecer.

Estas características proporcionaron a todas las personas la capacidad de relacionarse con Dios y con otros semejantes en amor y respeto. Estas relaciones les dieron la oportunidad de descubrir y realizar una vida social auténtica y la capacidad de entender el significado integral de su misión en el mundo. En su unión con Cristo, los creyentes son capaces de comprender el papel y la importancia de la reciprocidad en su amor trinitario que se ha ofrecido al universo en la persona del Hijo de Dios. Todo esto es parte del diseño de Dios para la felicidad y el bienestar de la humanidad.

El libro del Génesis (5:1, 2), también proporciona fundamentos antropológicos para la existencia de la humanidad. Aquí la antropología cristiana encuentra la base de la dignidad humana. Recoge la evidencia que describe el diseño de Dios para su creación. El relato de la creación es realizado por seres sociales divinos que diseñaron a personas con la capacidad de socializar en comunión mutua. Por lo tanto, son capaces de tener comunión, que es la base del respeto no sólo para otros seres humanos, sino también para toda la creación que Dios ha realizado en beneficio de la raza humana. De esta manera las personas deben vivir en un ambiente saludable y cuidar bien de la creación de acuerdo a la voluntad de Dios. Por otra parte, esta realidad de la humanidad en la sociedad y en la historia está arraigada en el plan redentor de Dios, que tiene lugar en la vida y ministerio de Jesucristo, el Hijo de Dios, que se convierte en el Salvador del mundo.[58]

El individuo completo en el proceso de redención

Fue Dios el Padre quien ofreció la salvación en su plenitud a la humanidad en su Hijo único, Jesucristo. Fue la iniciativa del Padre, que fue llevada a cabo por Jesucristo, su Hijo y, transmitida a la humanidad por el Espíritu Santo. Era una salvación integral para el individuo y para toda su persona. Sobre este tema, dijo Vaccaro, "la salvación es universal e integral. Llega al individuo en todas sus dimensiones. Es una salvación integral que se experimenta personal y socialmente. Afecta a las realidades espirituales y materiales de hombres y mujeres. Esta

---

[58] Peñalba, *Metamorfosis del Creyente*, 56.

redención es histórica y también trascendente porque afecta el reino espiritual de la humanidad."⁵⁹

Vaccaro también añade que la salvación "se convirtió en una realidad de la historia humana, porque todo lo que fue creado continúa siendo bueno y encaja en la perfecta voluntad del Creador. También es real porque el Hijo de Dios se hizo carne en Jesucristo. Él era un verdadero ser humano que estuvo dispuesto a obedecer para lograr la redención integral de aquellos que lo reciben."⁶⁰ Este plan de redención se completará en el futuro cuando Dios juzgará a la humanidad a causa de su respuesta al plan redentor de salvación que le ofreció.⁶¹ Como resultado, los redimidos compartirán en la resurrección de Cristo la comunión eterna con el Padre, en la comunión del Espíritu Santo.

La salvación ofrecida por Dios a la humanidad requiere de una respuesta libre. Los seres humanos pueden aceptar o rechazar la oferta de redención de Cristo. "De esto se trata la fe y es a través de la fe que las personas se comprometen a sí mismos con Dios, respondiendo a la oferta de su amor."⁶² Con manifestaciones concretas de amor para sus hermanos y hermanas en Cristo y con una sólida esperanza sabiendo que el que prometió es fiel.⁶³ De hecho, como señala Juan Sepúlveda, "el diseño del plan de salvación nunca consagra a los humanos a una condición de pasividad en relación con su Redentor. El Espíritu Santo revela el plan de salvación a las personas que libremente toman su decisión de aceptar o rechazar el plan redentor de Dios."⁶⁴ Así como Jesús es un Hijo para su Padre, el Espíritu Santo también mueve a los creyentes a experimentar la misma relación con Dios el Padre.⁶⁵

La universalidad y la naturaleza integral del plan de redención dado a la humanidad por Cristo, establece un vínculo directo entre los redimidos y el Redentor. Estos ahora son responsables por sus vecinos en todas las circunstancias de la vida. Está claro que la descripción del

---

[59] Vaccaro, Gabiel, "Reseña Histórica del Movimiento Ecuménico: Desarrollo, Opciones y Desafíos," en Alvarez, Carmelo (ed.), *Pentecostalismo y Liberación: Una Experiencia Latinoamericana* (San José, Costa Rica: Departamento Ecuménico de Investigaciones, 1992), p. 218.

[60] Vaccaro, Gabiel, "Aportes del Pentecostalismo al Movimiento Ecuménico," en Alvarez, Carmelo (ed.), *Pentecostalismo y Liberación: Una Experiencia Latinoamericana* (San José, Costa Rica: Departamento Ecuménico de Investigaciones, 1992), p. 230.

[61] Vácaro, "Aportes del Pentecostalismo", p. 228.

[62] Euraque, *Reinterpreting the Banana Republic: Region and State in Honduras*, p. 198.

[63] Peñalba, *Metamorfosis del Creyente*, p. 56.

[64] Sepúlveda, "Theological Characteristics of and Indigenous Pentecostalism", p. 52.

[65] Vaccaro, "Aportes del Pentecostalismo al Movimiento Ecuménico," p. 235.

pacto de Dios con Israel revela su propósito para la humanidad. Todas las misiones universales para la verdad y el sentido de la vida, que fueron atestiguadas por los mandamientos, la ley de Dios y los oráculos de los profetas, se explican completamente en la vida y el ministerio de Jesucristo.

Este plan de salvación encuentra una clara explicación y una expresión precisa en las enseñanzas de Jesucristo. "El testimonio supremo de su sacrificio en la cruz lo confirma. Su obediencia al Padre y su amor por la humanidad le hicieron la perfecta ofrenda exigida por los pecadores. Esta evidencia de amor le permitió responder al escriba que le preguntó, "¿Cuál mandamiento es el primero de todos?"[66] Jesús respondió con autoridad: "El primero es: 'Oye, Israel: el Señor nuestro Dios, el Señor es uno; y amarás al Señor tu Dios con todo tu corazón y con toda tu alma y con todas tus fuerzas" (Marcos 12:29). El segundo es este: "Amarás a tu prójimo como a ti mismo. No hay otro mandamiento mayor que estos (Marcos. 12:21)."[67]

El corazón humano fue diseñado para experimentar una relación con Dios. Los creyentes en Cristo están abiertos a dar y recibir amor concreto. En Cristo los seres humanos están abiertos a otros individuos, incluso cuando las otras personas sean enemigas.[68] Esto es así porque la dimensión interna de un ser humano está enraizada en el compromiso con la justicia y la solidaridad y, con la construcción de una vida social, económica y política que corresponda al plan de Dios.

La nueva creación: discípulos de Cristo Jesús

El mal siempre ha amenazado la vida personal y las relaciones sociales en el mundo. Sin embargo, con su muerte sacrificial, Jesucristo dio el ejemplo a sus seguidores sobre cómo comportarse y relacionarse entre sí en la comunidad. Samuel Solivan sugirió que, si los creyentes siguen el ejemplo de Jesús, el significado y la realidad de la vida y la muerte se hacen importantes en la redención de la comunidad. El testimonio de los cristianos comprometidos con los principios del evangelio asegura un nuevo modo de vida en la sociedad,[69] y para Peñalba, esto es visto como una nueva creación, donde los creyentes son

---

[66] Sepúlveda, "Theological Characteristics of Indigenous Pentecostalism," p. 45.
[67] Peñalba, *Metamorfosis del Creyente*, p. 52.
[68] Villafañe, *El Espíritu Liberador*, p. 54.
[69] Solivan, *The Spirit, Pathos and Liberation*, p. 112.

capacitados por la gracia de Dios "para caminar en novedad de vida" (Ro. 6:4).[70]

Esta nueva vida tiene el poder de influenciar incluso a aquellos que están fuera de la vida cristiana, porque también participan en la nueva sociedad puesta a disposición por Dios, en Cristo Jesús, a todas las personas. Robert Moffitt también reconoce que, "Cristo murió por toda la humanidad y todas las personas se hacen partícipes de los beneficios originados en su provisión."[71] Sin embargo, para el cumplimiento del propósito de Dios, es necesario que todas las personas tomen una decisión sobre su relación con Cristo aceptando o rechazando su oferta de salvación.

El Espíritu Santo es el Agente divino que revela el verdadero significado de Cristo Jesús a cada individuo, pero cada persona es libre de elegir aceptar o seguir a Cristo o rechazarlo. Esta decisión tendrá consecuencias espirituales y también afectará las relaciones sociales y es el Espíritu Santo es quien hace la diferencia entre los miembros de la comunidad.

Es la transformación interna que ocurre en el individuo la que desarrolla y mejora las relaciones sanas con las demás personas. Por lo tanto, como dice Benjamín Bravo, "la oferta del evangelio apela a las virtudes espirituales y valores morales y a la capacidad de los individuos que se han comprometido a acatar los principios enseñados por Jesucristo a sus seguidores."[72]

En el pentecostalismo, la prioridad de la conversión es fundamental para la transformación interior que tiene lugar en el corazón de las personas. Después de la conversión, las personas son llamadas a ajustarse a los principios de la justicia y a avanzar hacia la verdad.[73] Además, estos deben promover esa nueva condición de vida entre aquellos que aún no la han experimentado. Los creyentes también crecen en madurez porque son capaces de rechazar el mal y en su lugar, buscar la santidad.

Es la genuina conversión a Cristo Jesús la que hace posible amar a los demás como a uno mismo. Esta nueva naturaleza permite a los creyentes perseverar en esta conducta con la determinación de trabajar y servir al bienestar de todos los miembros de la comunidad. Los

---

[70] Peñalba, *Metamorfosis del Creyente*, p. 58.
[71] Moffitt, Robert, *Si Jesús Fuera Alcalde* (Buenos Aires, Argentina: Editorial Peniel, 1997), pp. 40-54.
[72] Bravo, *El Fruto del Espíritu*, p.74.
[73] Bravo, *El Fruto del Espíritu*, p. 70.

seguidores de Cristo Jesús se convierten en instrumentos de paz y transformación integral para la comunidad. los verdaderos cristianos promueven un nuevo orden social para todos. En Cristo Jesús no hay más lugar para la violencia y la discriminación entre los seres humanos. En cambio, esa nueva condición de vida permite a los creyentes promover relaciones buenas, honestas y responsables entre los miembros de la comunidad. Esta es la evidencia de la buena vida inculcada por el Espíritu Santo entre los que siguen Cristo Jesús como Señor y Salvador.[74]

La nueva vida en Cristo también equipa a los creyentes para apreciar el universo y cuidar bien de la creación. Son cuidadores del entorno y se hacen responsables de promover una buena calidad de vida. La evidencia de la redención está en la restauración completa de todas las cosas relacionadas con la humanidad, que también incluye, además de las condiciones espirituales, las culturales, sociales y económicas de una vida digna de ser vivida. Una vez redimidos por Cristo Jesús y hechos nuevas criaturas, los creyentes pueden amar, mantener y preservar todo lo que Dios creó. Los creyentes reconocen que esos bienes son hechos posibles por la providencia de Dios para el beneficio de todos los miembros de la comunidad.

La actitud hacia la creación entonces tiene que ser transformada para las personas sean capaces de apreciar, cuidar y protegerla, junto con todos los bienes proporcionados por Dios para el beneficio de humanidad.

Los creyentes también agradecen a su Divino Benefactor por todas estas cosas. Las usan y disfrutan de sus beneficios en un espíritu de humildad y libertad. De esa manera, las personas son llevadas a una verdadera y sana posesión del mundo, como si no tuvieran todavía nada, teniendo en mente que, todas las cosas son de Dios y las ha dado a la humanidad para su bienestar.[75]

La misión de Dios y la iglesia

La mayoría de los pentecostales ven la iglesia como el símbolo y el defensor de la trascendencia de la persona. La iglesia, como la comunidad de aquellos que han sido reunidos por Cristo Jesús,

---

[74] Bush, Luis, "Greater Glory Yet to Come," en Rickett, Daniel and Dotsey Welliver (eds.), *Supporting Indigenous Ministries*, Wheaton, IL: Billy Graham Center, 1997), pp. 7-8.
[75] Peñalba, *Metamorfosis del Creyente*, 56.

resucitado y que han decidido seguirlo, es el signo y la salvaguarda de la dimensión trascendente de la persona humana.[76] La comunidad de fe es como un símbolo y a la vez, un instrumento de comunión con Dios, en Cristo Jesús, y de armonía, unidad y amor entre todas las personas. La misión es proclamar y comunicar la salvación traída al mundo por Jesucristo,[77] y esta es la comunión que Dios quiere tener con los que reciben las buenas nuevas del evangelio. El Reino de Dios da la bienvenida a todos los creyentes que reciben a Cristo Jesús y están dispuestos a seguir y acatar sus enseñanzas a través del discipulado.

La misión de la iglesia es proclamar las buenas nuevas de Dios para el mundo en la salvación hecha por Jesús. La iglesia también fomenta el Reino de Cristo y ministra los beneficios del evangelio a la humanidad. Además, la iglesia se convierte en la simiente para el comienzo del Reino de Dios en tierra.

Basado en su experiencia, Leonardo Boff presenta a la iglesia como la comunidad de todos los creyentes, la cual se coloca en posición de servir al Reino de Dios anunciando el evangelio y comunicando la voluntad de Dios para las nuevas comunidades cristianas.[78] Además, la comunidad de creyentes sirve a este Reino proclamando el evangelio. Esta actividad es una expresión del amor de Dios heredado a la iglesia para la cual los creyentes están motivados a comunicar y expresar las bendiciones del Reino a los que aceptan a Cristo. Esta acción de la iglesia prepara a las personas a aceptar el plan redentor de Dios en Cristo Jesús, su Hijo.

Los pentecostales no parecen estar abiertos al ideal de que este reino se encuentre incluso más allá de los límites típicamente asignados a la iglesia en la historia de la salvación. Sin embargo, ellos creen que es el Espíritu Santo quien instila a los individuos a creer en Dios. Es él quien respira el conocimiento y entendimiento de Dios a los individuos cuando y donde él quiere y como él quiere.[79] Tales normas incluyen el arrepentimiento y la aceptación de la obra redentora de Dios, que termina en la provisión de Cristo crucificado al mundo.

Aunque Bonino no habló por el pentecostalismo, pero su acercamiento ampliado a la salvación en la gracia de Dios es

---

[76] Peñalba, René, *Siete Peligros Supremos*. (Tegucigalpa, Honduras: Editorial Palabra Viviente, 1996), p. 67.
[77] Peñalba, *Metamorfosis del Creyente*, p. 50.
[78] Boff, Leonardo, *When Theology Listens to the Poor* (San Francisco, CA: Harper & Row, 1984), pp. 65-6. Véase también, Comblin, José, *The Holy Spirit and Liberation* (Maryknoll, NY: Orbis Books, 1989), p. 89.
[79] Solivan, *The Spirit, Pathos and Liberation*, p. 110.

significativo. Sin embargo, concluye que todos los individuos se miden en Cristo, que es el principio y el fin de la salvación. Bonino también habla de la relación entre los cristianos y las entidades políticas. "Aunque la iglesia no debe ser confundida como sistema político, sí afecta al sistema político," dice Bonino.[80]

Esto último tiene validez con respecto a las definiciones políticas presentadas por los pentecostales como observadas después de un siglo de pentecostalismo, particularmente en América Latina, donde los extremos entre derecha e izquierda han surgido en diferentes contextos o en cada país.[81] En realidad solamente Dos conoce los límites de la redención y hasta donde alcanza la obra salvífica de Cristo en el Calvario. Entre tanto, la obligación misionológica de los seguidores de Cristo es a compartir las buenas del evangelio con todas las criaturas que moran en este mundo.

Los pentecostales también coinciden en que la comunidad política y la iglesia tendrán que ser independientes entre sí y autónomas en su propio servicio. Aunque ambos están dedicados a servir a la humanidad, existe una diferencia entre los que trabajan socialmente y los que están ocupados en asuntos espirituales. Gabriela Llano Sotelo, afirma que para los pentecostales "existe una clara distinción entre los que afirman que la religión y la política están incluidas en el plan de salvación. Los pentecostales ven la libertad religiosa como un logro específico obtenido por el cristianismo histórico y esta es una de sus contribuciones a la humanidad."[82] La libertad religiosa no es una meta en sí misma, sino un estado alcanzado en favor de la humanidad durante el curso de la proclamación del evangelio al mundo.

En referencia al plan de salvación, los pentecostales creen que Cristo Jesús trajo un propósito salvador y un fin escatológico, que puede ser recibido por aquellos que lo aceptan y que será alcanzado plenamente en la vida venidera. De acuerdo con Roberto Domínguez,[83] la comunidad

---

[80] Bonino, *Poder del Evangelio y el Poder Político*, pp. 64-5.
[81] Lam, Sharon, "Ignacio Ellacuría's Debt to Xavier Zubiri: Critical Principles for a Latin American Philosophy and Theology of Liberation", In Burke, Kevin F. and Robert Lassalle-Klein (eds.), *Love That Produces Hope: The Thought of Ignacio Ellacuría*, Maryknoll, NY: Orbis Books, 1976), pp. 88–102.
[82] Véase Llano-Sotelo, Gabriela, *Pentecostalismo y Cambio Social: El Caso de la Colonia Emiliano Zapata en Hermosillo, Sonora* (México, DF: INHA, 1995), p. 108.
[83] Véase la obra de Domínguez, Roberto, *Pioneros de Pentecostés en el Mundo de Habla Hispana: México y Centro América* (Barcelona, España: CLIE, 1990), p. 114. El autor desarrolla la experiencia de conversión de nuevos creyentes en las congregaciones pentecostales. Una fuente secundaria podría ser mencionada aquí, tal es el caso del antropólogo holandés Kamsteeg, Frans H., *Prophetic Pentecostalism in Chile: A Case*

de fe ofrece una preocupación importante por la humanidad, que impulsa a los creyentes a trabajar en beneficio de la humanidad. Esta es quizás una de las contribuciones escatológicas más significativas y es importante porque hace que la historia sea aún más humana, y también motiva a los creyentes a ofrecerse como salvaguardas contra todas las formas de totalitarismo político en el mundo.[84] Cuando los creyentes se involucran en esta faena, son capaces de mostrar a la humanidad su vocación integral y su misión definitiva tierra.

La predicación del evangelio, el vivir en el Espíritu y la experiencia de la comunión fraternal son distinciones comunes que identifican a una comunidad pentecostal típica. Estas virtudes contribuyen a elevar la dignidad del individuo y de su sociedad. Consolida nobles propósitos sociales y les dota de actividades sólidas, mediante las cuales las personas entrarán en un sentido más profundo de significado humano y responsabilidad.

Cuando se trata de hechos históricos concretos, la mayoría de los pentecostales argumentan que la venida del reino de Dios no puede reducirse simplemente al nivel de la actividad social, económica o política. Más bien, esto se ve en el nivel de desarrollo de una vida social humana, que es integral en su significado y realidad. En este nivel, la humanidad es capaz de alcanzar la justicia, la paz, la totalidad y la solidaridad, que se convierten en puertas que deben permanecer abiertas para acceder a la obra transformadora del Espíritu Santo en favor de la sociedad.

En este capítulo hemos explorado el enfoque pentecostal de la misión entre los pobres y marginados. En la primera parte hemos dialogado con los estudiosos pentecostales de América Latina que escriben con respecto a la teología de la responsabilidad social. Comenzamos con el supuesto de que la mayoría de los pentecostales asumen su servicio misionero, literalmente, donde un pobre le comparte el evangelio a otro pobre. Este contexto es único. La misión aquí es estudiada desde el punto de partida más primario, donde la misión es

---

Study on Religion and Development Policy (Lanham, MD: Scarecrow Press, 1998), pp. 38-62. No es que la realidad de los pentecostales chilenos sea similar a la de los pentecostales latinoamericanos, pero hay varias aproximaciones que podrían considerarse para entender los conceptos teológicos entre los miembros de la comunidad pentecostal en América Latina, incluso desde el punto de vista antropológico.

[84] Véase, Sepúlveda, Juan, "Un Puerto para los Náufragos de la Modernidad: Los Motivos del Crecimiento del Movimiento Pentecostal," en *Evangélicos en América Latina* 37.38 (Abril-Septiembre, 1995), pp. 261-278.

ejecutada por aquellos misioneros que iniciaron su servicio desde su propio contexto de pobreza.[85] Estos son los que saben cómo acercarse y cómo presentarle a los pobres y marginados el evangelio que transmite fe y esperanza.

Con este marco en perspectiva, hemos explorado el acercamiento pentecostal a la misión integral. El siguiente aspecto tuvo que ver con la percepción que los pentecostales tienen de sí mismos como misioneros a su propio mundo. Este estudio fue necesario revisar cómo los pentecostales se consideran a sí mismos como obreros de la misión. En general, se pudo observar que hay un compromiso poderoso con la evangelización y el servicio voluntario hacia los desfavorecidos socioeconómicamente.

Los pentecostales se dan cuenta que su compromiso con la misión va mucho más allá de la redención espiritual. Estos ya se están involucrando en decisiones socioeconómicas y políticas que afectan no sólo a sus comunidades, sino también a toda la sociedad.[86] Quizás entre diferentes desafíos, los pentecostales ahora están aprendiendo a documentar la historia de su propia participación en el desarrollo de las comunidades donde ha crecido.

---

[85] Véase Ruiz, David, *La Transformación de la Iglesia* (Bogotá, Colombia: COMIBAM, 2006), p. 23.

[86] Pacheco, Alexis, "Let Those Who Have Never Been Heard, Be Heard," in *World History Archives* (Washington, DC: World Bank, 1998), pp. 2-4.

6

MISION PENTECOSTAL: EL CASO DE HONDURAS

En esta sección vamos a estudiar el desarrollo del pensamiento de la misión de las iglesias Pentecostales de Honduras. El objetivo es explorar la misión integral practicada por las iglesias Pentecostales de Honduras. Estas son algunas de las razones que justifican el estudio: (1) Honduras es uno de los países más pobres de América Latina. Este es un hecho que ninguna organización cristiana tendrá que enfrentar al practicar el servicio misionero en el país. (2) La tasa de crecimiento de la Iglesia entre los pentecostales ha sido muy significativa en los últimos años. Sin embargo, el país sigue sumido en una profunda crisis socio-política. Por lo que necesitamos conocer la co-relación de este crecimiento sin precedentes con el grado de participación de los pentecostales en la actual situación socio-económica y política del país. (3) ¿Qué hace que los pentecostales hondureños sean distintos de los otros países de América Latina? Estas y otras cuestiones secundarias son abordadas a través de entrevistas personales con las iglesias y los líderes pentecostales.

En la búsqueda de esta investigación entrevistamos a dirigentes de influyentes denominaciones pentecostales, que aceptaron libremente para responder algunas preguntas. El propósito de las entrevistas fue explorar la respuesta de las iglesias para la misión integral en la comunidad local y especialmente a los pobres. Hemos explorado la comprensión de la misión y los niveles de participación de las denominaciones pentecostales en las preocupaciones sociales.

Los resultados de las entrevistas se clasifican de una manera uniforme, ya que las preguntas fueron las mismas para cada líder denominacional. Este marco de preguntas posibles para analizar sus respuestas de manera objetiva. Las respuestas se resumen en las conclusiones de la presente sección.

El cristianismo en Honduras

La República de Honduras, se encuentra en América Central. El país limita al oeste con Guatemala, al sudoeste por El Salvador, al sureste con Nicaragua, al sur con el Golfo de Fonseca y al norte por el Mar Caribe.

Honduras fue el hogar de parte de la población maya y la cultura. El país fue colonizado por España. Los colonizadores españoles introdujeron el idioma y religión en el siglo XVI. Sin embargo, Honduras se convirtió políticamente independiente en 1821. El territorio de Honduras es de 112,492 km², y en 2013 la población supera los 8 millones. Honduras es más notable para la producción de minerales, café, frutas tropicales, caña de azúcar y ropa para el mercado internacional.[1]

La población mestiza (europeo mezclado con amerindio) hace aproximadamente el 86% del país. Hay también 7% Amerindios [nativos] hondureños, el 4% de la población Afro hondureña, 3% blancos caucásicos. La cuestión del desglose racial ha planteado dificultades en los últimos años. Desde el comienzo del siglo XX, al menos, Honduras fue enmarcada como un país mestizo, ignorando y descuidando tanto el componente africano de la población como la población indígena sobreviviente que todavía es considerada como pura sangre nativa de Honduras.

La denominación religiosa más antigua en Honduras es la Iglesia Católica. La primera misa católica se celebró el 14 de agosto de 1502,[2] dos semanas después de la llegada de Cristóbal Colón en Punta Caxinas, en la costa atlántica. Después de este acontecimiento, la Iglesia Católica continuó expandiéndose en Honduras y hasta hoy, se piensa que aún tiene la mayoría de los adeptos.

La mayoría de los misioneros protestantes, evangélicos y pentecostales, llegaron en la primera mitad del siglo XX. En los últimos años, diversos grupos de la tradición pentecostal han experimentado un crecimiento significativo. Aunque no existen estadísticas fiables sobre los grupos religiosos de Honduras, en 2007, un CID-Gallup poll sobre religión en Honduras informó que el 47% de los encuestados se identificaron como católicos, el 36% evangélicos y el 17% a otros grupos.[3] En Honduras, evangélicos y pentecostales se consideran parte

---

[1] Carías, Marcos, *De la Patria del Criollo a la Patria Compartida: Una Historia de Honduras* (Tegucigalpa, Honduras: Ediciones Subirana, 2005), pp. 22 -37.

[2] Sierra, Rolando, "Síntesis de la Iglesia Católica en Honduras", *Don Quijote, Predicado y Teólogo* (8 junio, 2013) https://quijotediscipulo.wordpress.com/category/historia-de-la-iglesia-catolica-en-los-paises-americanos/10-historiaa-de-la-iglesia-en-honduras/. Accesado 25 Diciembre 2013).

[3] Melton, J. Gordon and Martin Baumann, *Religions of the World* (Santa Barbara, CA: ACC-CLIO, 2010), p. 1347.

de la misma tradición religiosa[4] y no hay estadísticas disponibles para mostrar la diferencia entre ambos grupos.

Los primeros pentecostales llegaron a Honduras en 1930 desde El Salvador a través de la frontera suroeste.[5] Posteriormente, otros grupos pentecostales llegaron desde Guatemala desde el noroeste en el 1940.[6] Los pentecostales practican su típica tradición de apertura y plantar *campos blancos* como cruzadas extendidas por las iglesias pentecostales de El Salvador y Guatemala para plantar otras iglesias Se trasladaron a Honduras intencionalmente con el propósito de plantar nuevas congregaciones.

Los pentecostales son apasionados en la proclamación del Evangelio. Su campo
de operaciones es la comunidad local. También traen esperanza a la gente en tiempos de crisis o desastres. Tienen una teología práctica, que infunde esperanza y soluciones prácticas a las necesidades de la gente. Esas parecen ser las razones que mueven a la gente a responder favorablemente al pentecostalismo.

Misión en Honduras

Aunque no hay información disponible sobre las actuales tasas de crecimiento de la Iglesia en el país, los especialistas coinciden en que la identidad Pentecostal de muchos cristianos en Honduras es altamente significativa.[7] Algunos indicadores sugieren que después del huracán Mitch,[8] que devastó el país el 30 de octubre de 1998, un gran número de

---

[4] Dart, John, "How Many in Mainline Categories Vary in Surveys," *Christian Century* 16.1 (2009), p. 13.

[5] Holland, Clifton L., "An Historical Profile of Religion in Honduras" *Prolades* (July 20, 2001). http://www.prolades.com/cra/regions/cam/hon/honduras.html. Accesado 25 diciembre 2009.

[6] Anderson, Allan H., *Introduction to Pentecostalism: Global Charismatic Christianity* (Cambridge, UK: Cambridge University Press, 2004), p. 76.

[7] Aunque no existe información documentada y actualizada sobre las actuales tasas de crecimiento de la iglesia en Honduras, uno podría remontarse a principios de los años noventa para algunos informes. Uno de esos autores es Colman, Barry, *Lighting the Mosquito Coast*. Hong Kong: Christian Mission in Many Lands, 1993), pp. 61-8. Esta es otra cuestión que habrá de quedar para estudios ulteriores en relación a Honduras.

[8] Mencioné el gran impacto del huracán Mitch en Honduras, debido a que es ampliamente aceptable que después de ese desastre natural, las tasas de crecimiento de la iglesia en el país aumentaron considerablemente. Véase, por ejemplo, Ver Beek, Kurt Allan, "The Impact of Short-Term Missions: A Case Study of House Construction in

ciudadanos hondureños se convirtió al cristianismo y muchos se convirtieron al pentecostalismo debido a su grado de participación en las comunidades locales. Las recientes tasas altas de crecimiento numérico parecen ser el resultado de una combinación de desastres naturales, además de la presencia local de congregaciones pentecostales. Estas fuerzas fueron combinadas unas con otras para aumentar la asistencia a la Iglesia y el alto número de conversiones al pentecostalismo. Si esta información es correcta o no, será un tema de debate en estudios futuros. Sin embargo, para los fines del presente estudio, aceptamos la alta tasa de crecimiento como algo dado, que es comúnmente aceptado en la mayoría de los círculos pentecostales.

Todavía hay algunos especialistas que sostienen que el crecimiento de la iglesia y el renacimiento del cristianismo en Honduras también hay que verlo en su contexto histórico, global y sociológico.[9] Por lo tanto, si los pentecostales o los especialistas en crecimiento de la iglesia tienen razón, el hecho es que la iglesia pentecostal ha crecido numéricamente. Por el momento, no hay datos recientes disponibles excepto los proporcionados por los reportes de la iglesia local, los cuales serán tratados más adelante en esta sección.

Contexto de la misión Pentecostal

Algunos historiadores reportan que uno de los aspectos llamativos del cristianismo en Honduras antes de los 1950s fue la aparición de iglesias indígenas fuertes en todo el país. Estas congregaciones fueron fundadas y dirigidas por cristianos de hondureños, es decir, iglesias plantadas, sin la ayuda misionera del exterior. Estas fueron establecidas y funcionan independientemente de toda financiación extranjera, control o liderazgo. Aunque estos grupos fueron ignorados por los misioneros y por los líderes denominacionales, es evidente que eran sumamente importantes para el desarrollo de la identidad cristiana hondureña.

En 1980 Clifton Holland, un notable investigador sobre el cristianismo latinoamericano, publicó un estudio socio religioso acerca de las iglesias en América Central y, la importancia de las iglesias

---

Honduras after Hurricane Mitch" *Missiology: An International Review*, 34.4 (October 2006), pp. 477-95.

[9] Los contextos históricos y sociológicos se describen tan temprano como 1983 por Medardo Mejía, uno de los historiadores más recientes de la Universidad de Honduras. Véase, Mejía, *Historia de Honduras*, pp. 258-67.

indígenas de Honduras, fue evidente.[10] Escribiendo acerca de estos grupos cristianos hondureños independientes, Holland dice, "Creo que este sector [de la iglesia Cristiana] era mucho más interesante y significativo de lo que se pudo haber pensado."[11] Holland calcula que, en 1940, esos grupos indígenas contaban entre el 20-25% por ciento de todos los protestantes en Honduras, siendo el resto parte de la Iglesia Católica y otros grupos religiosos no identificados.[12] Además, Holland señaló que estos grupos han ejercido una enorme influencia en el cristianismo que ha florecido en Honduras desde 1980:

Además, a juzgar por lo que sabemos de las iglesias en Honduras, es evidente que muchos de los antiguos cristianos cuya experiencia se remonta a antes de 1949, vinieron de estas iglesias indígenas.[13] Holland también descubrió vínculos importantes entre el avivamiento de la calle Azusa y los principales fundadores de estos grupos pentecostales indígenas. Cuando los misioneros que llegaron de América del Norte se pusieron inmediatamente en contacto con estos grupos, rápidamente encontraron vínculos comunes para fusionarse con ellos. La Iglesia de Dios y de las Asambleas de Dios estaban entre esas denominaciones pentecostales que se fusionaron con algunos de los grupos indígenas. Dichas fusiones se convertirían en algunas de las principales redes pentecostales más desarrolladas en el país hoy día.

No fue hasta 1940 cuando los primeros misioneros de las Asambleas de Dios llegaron al país para plantar nuevas iglesias.[14] Esto es lo que hoy se conoce como la *red* de Asambleas de Dios, que fue y sigue siendo de carácter pentecostal, pero ha mostrado poca participación en la misión integral.

En la década de los 1970s William Strickland, uno de los misioneros de las Asambleas de Dios fue enviado luego desde Springfield, Missouri a Honduras. Los Stricklands fueron acompañados por un grupo importante de pentecostales y comenzaron a establecer una escuela bíblica para entrenarlos. Varios dirigentes, entre ellos Antonio Chinchilla, Antonio Romero y Pedro Angel Ordóñez, en diferentes lugares del país, se sumaron a ese esfuerzo para capacitar a los dirigentes nacionales de dicha red pentecostal.

---

[10] Véase, Holland, Clifton L., (ed.) *World Christianity: Central America and the Caribbean* (Monrovia, CA: MARC-World Vision, 1981).
[11] Holland, *World Christianity*, p. 98.
[12] Holland, World Christianity, p. 100.
[13] Holland, World Christianity, p. 86.
[14] Holland, "An Historical Profile of Religion in Honduras" *Prolades*.

La parte significativa de esta relación fue la habilidad de los Strickland para desarrollar líderes nacionales. Aunque en algún momento parecía haber un énfasis excesivo en el nacionalismo y el denominacionalismo, las Asambleas de Dios creció como una red y ahora aparece como una de las redes pentecostales más numerosas en Honduras.

Otra red pentecostal muy fuerte en Honduras es la Iglesia de Dios. Los primeros misioneros llegaron en 1944 a Utila, Islas de la bahía.[15] Estos plantaron iglesias en las zonas rurales, practicaron las oraciones, imponían manos sobre los enfermos para obtener sanidad divina, hablaban en lenguas, profetizaban y practicaban otros dones espirituales, lo que marcó in inicio con un gran avivamiento espiritual y novedoso.[16] la Iglesia de Dios enfatizaba la santidad, como la norma de vida de Dios para todos los cristianos, y que esta etapa era el paso previo antes de que el creyente fuera lleno del Espíritu Santo. Una vez que el creyente experimenta don del Espíritu Santo, él o ella eran capaces de alcanzar a los perdidos y a sus necesidades.

La Iglesia de Dios fue particularmente fuerte en las comunidades más pobres de la campiña de Honduras. Sin embargo, en años recientes, la denominación ha experimentado un fuerte crecimiento numérico en las grandes áreas urbanas, especialmente en Tegucigalpa y otras ciudades importantes. La mayoría de sus miembros vinieron de entre los pobres, por lo que es fue más fácil ministrar a los pobres y marginados. Los pobres encuentran una conexión natural con esta red, la cual se muestra amable y accesible para ellos. Así, cuando el huracán Mitch devastó el país en 1998, el pueblo encontró auxilio inmediato de esta red.

Es importante señalar que el cristianismo indigenista de la iglesia cristiana en Honduras en el siglo XX fue predominantemente Pentecostal. A una de esas redes nacionales se le conoce como *Iglesias libres, de Dios, Pentecostés*. El líder de esta red, Rigoberto Castro y sus colaboradores y dirigentes nacionales, no tienen lazos con denominaciones misioneras extranjeras. Esta red se propagó nacionalmente y causó mucho impacto en el país, especialmente entre las comunidades rurales y las áreas marginadas de las grandes ciudades. Sin embargo, este movimiento no puso mucha atención a la misión integral de la iglesia, más bien se concentró en la evangelización y el crecimiento numérico siguiendo los patrones de las denominaciones evangélicas y pentecostales tradicionales.

---

[15] Holland, "An Historical Profile of Religion in Honduras" *Prolades*.
[16] Véase también, Mejía, *Historia de Honduras*, pp. 260-63.

La dicotomía entre lo físico y lo espiritual siempre estuvo presente en la evangelización evangélica y pentecostal. Holland sostiene que esta dicotomía también fue observada entre los grupos indígenas tanto pentecostales como católicos y, últimamente el mismo fenómeno puede observarse entre los grupos evangélicos norteamericanos que llegaron a América Latina durante el siglo XX.[17]

Similar a ciertos patrones observados en el vecino país de Guatemala, parecían ocurrir en la iglesia evangélica y pentecostal de Honduras. Las congregaciones eran generalmente fuertes, especialmente en aquellas áreas donde históricamente hubo mayor actividad de misioneros extranjeros, es decir, las provincias occidentales de Copán y Santa Bárbara.[18] Sin embargo, la iglesia hondureña es también muy fuerte en algunas zonas donde los misioneros no eran tan activos, tales como San Pedro Sula y La Ceiba. El crecimiento de la iglesia en estas regiones se debió "al testimonio de las congregaciones indígenas independientes, las cuales fueron factores fundamentales para establecer nuevas iglesias en las mencionadas ciudades"[19] Esas redes pentecostales indígenas participaron activamente en la evangelización de esas zonas antes de la década de los 1990 y hoy en día, las iglesias pentecostales se han fortalecido en esas zonas.

El legado de estas primeras iglesias indígenas nacionales vive en las congregaciones nacidas durante el avivamiento de la década de 1980.[20] La gran mayoría de estas redes nacionales son de corte pentecostal. Y aunque estos no hablan mucho acerca de la acción social, uno encuentra indicios de alguna participación social practicada intencionalmente para resolver sociales de la comunidad.[21]

Como ya hemos apuntado anteriormente, los pentecostales hondureños se originaron con y entre los pobres y marginados del pueblo. Esta lección de la historia sugiere que el carácter de la iglesia de hoy en Honduras está estrechamente relacionado con la prestación de servicios a los pobres, transformando sus vidas, el medio ambiente y sus comunidades tanto como prosperan espiritualmente.

---

[17] Véase, Escobar, Samuel, A Time for Mission: The challenge for global Christianity (Leicester, UK: IVP, 2003), p. 58.
[18] Waldrop, "The Social Consciousness", Cyberjournal.
[19] Waldrop, "The Social Consciousness". Cyberjournal.
[20] Holland, *World Christianity*, p. 78.
[21] Waldrop, "The social consciousness", Cyberjournal.

Honduras en el contexto global

Una observación cercana al estado actual del cristianismo en Honduras, sugiere que la iglesia en est país se ve predominantemente pentecostal. Está claro que la mayoría de sus miembros provienen de entre los más pobres de los pobres. Los historiadores e investigadores del cristianismo, están de acuerdo en que uno de los fenómenos religiosos más importantes del siglo XX es el notable crecimiento del movimiento pentecostal moderno.[22] Algunos van tan lejos como para sugerir que sea la revolución de los pobres.[23] Por ejemplo, al comienzo del siglo XX, el movimiento pentecostal sólo estaba comenzando su presencia en el mundo. Hoy en día, hay más de 200 millones de pentecostales denominacionales y más de 500 millones de carismáticos y neopentecostales de todo el mundo.[24]

Este movimiento, que se sitúa como el segundo de mayor movimiento de cristianos en el mundo, ha experimentado un crecimiento sostenido, especialmente en los países en desarrollo.[25] Más del 70% de los pentecostales y carismáticos de todo el mundo no son blancos y un 66% se encuentra en el Sur Global.[26] Por lo que se presume que, hoy, en continentes como América Latina, un gran número de cristianos son pentecostales. David Barrett estima que hay más de 140 millones de pentecostales en América Latina, que componen aproximadamente el 28% de la población en la región.[27]

Incluso si uno sigue siendo escéptico acerca de la precisión de algunas de estas estadísticas, es evidente que la importancia del movimiento y las tendencias más recientes de su crecimiento están más allá de toda duda. Lo paradójico de este fenómeno es, que, en virtud de ese crecimiento numérico, uno esperaría que en Honduras y en otros países latinoamericanos, los pentecostales representaran una fuerza sociopolítica transformadora que introdujera cambios sociales significativos en la comunidad; pero esto no parece ser el caso, por

---

[22] Synan, Vinson, *The Century of the Holy Spirit: One Hundred Years of Pentecostal and Charismatic Renewal* (Nashville, TN: Thomas Nelson, 2001), p. 2.
[23] Green, Duncan, "From Poverty to Power: Why We should be interested in the Rise of the Pentecostals," *Oxfam blogs.* (February 23, 2016), https://oxfamblogs.org/fp2p/why-we-should-be-interested-in-the-rise-of-the-pentecostals/ Accesado 26 diciembre, 2017.
[24] Véase las estadísticas globales de Barrett, David B. y T. M. Johnson, "Global Statistics," *NIDPC*, 1:1 (2000), pp. 284-302".
[25] Barrett and Johnson, "Global Statistics," pp. 1-2.
[26] Barrett and Johnson, "Global Statistics," p. 383.
[27] Barrett and Johnson, "Global Statistics," p. 287.

ahora. Este tema lo retomaremos en las siguientes páginas. Sin embargo, si los datos estadísticos de David Barrett son correctos, el crecimiento numérico de los pentecostales está muy en línea con las tendencias globales en general. El movimiento ha crecido más allá de la oposición y las expectativas religiosas y hay que tomarlo en cuenta, seriamente, en los diálogos intereclesiales.

Contexto Social

Las razones para el crecimiento del cristianismo pentecostal en Honduras son complejas y tenemos que resistir la tentación de ver estos acontecimientos totalmente en términos de datos estadísticos. No obstante, este crecimiento es notable para los sociólogos, antropólogos y teólogos en particular. Tales datos pueden proporcionar ideas sobre algunos de los factores sociales y espirituales que han causado este patrón de crecimiento. Una de las características más llamativas de Honduras, hoy, es el crecimiento del pentecostalismo, seguido por un rápido cambio social y complejo, principalmente entre los jóvenes y que ha estimulado por la influencia de la información y comunicación electrónica. Este es otro indicador en el proceso más reciente de modernización y desarrollo del país y puede representar un factor importante en la creación de un contexto propicio para el desarrollo del cristianismo.

En otro contexto geográfico distinto, Ryan Dunch, en un artículo muy perceptivo, sobre la iglesia en China hoy en día, señala que la modernización ha tenido un impacto sobre la composición religiosa de esa nación. Sin embargo, sugiere que, en lugar de producir una simple disminución de la religión, la modernización tiende a cambiar su naturaleza.[28] Más concretamente, Dunch sugiere que en la modernización la religión tiende a ser más

voluntaria, individualizada y experiencial.[29] Como consecuencia, estos insumos obligan a las instituciones religiosas a cambiar. Dunch considera que el movimiento pentecostal en China está especialmente

---

[28] Dunch, Ryan, "Protestant Christianity in China Today: Fragile, Fragmented, Flourishing," in *China and Christianity: Burdened Past, Hopeful Future* (Hong Kong: Christian Mission in Many Lands, 2001), p. 110. See also Walker, Andrew, *Thoroughly Modern: Sociological Reflections on the Charismatic Movement from the End of the Twentieth Century* (New York, NY: Maryknoll, 2000), p. 36.

[29] Myers, Bryant L., *Walking with the Poor: Principles and Practices of Transformational Development* (Maryknoll, NY: Orbis Books, 2011), pp. 108-14.

preparado para atender a las necesidades de las personas en todas las sociedades,[30] que como en el caso de Honduras, estas son moldeadas por economías de mercado agrícola y limitadas.

Los movimientos pentecostales, que antes habían reaccionado contra la modernidad, ahora están ahora reevaluando sus posiciones, lo cual se refleja en sus cuadros de mando y liderazgo. En la actualidad ponen mucho énfasis en la autonomía, en la dotación y en la capacitación de sus adeptos.[31] Esto se ve más acentuado en los grupos sociales de corte capitalista en varios países de América Latina, donde los valores de la vida comunitaria entre los pentecostales son tan esenciales y facilitan la movilidad social en una economía de mercado neoliberal.[32]

A seguir esta línea de pensamiento, se puede sugerir que las enseñanzas pentecostales y la práctica de dicha han apelado a las necesidades individuales de muchas personas Honduras, particularmente al final del siglo XX. De hecho, muchos hondureños fueron atraídos por esta nueva forma de espiritualidad carismática, "que predicaba la buena conducta, prometía la comunión con la divinidad, brindaba la sanidad divina y la liberación espiritual, y ofrecía formas nuevas de adoración que podían ser individual o grupales según las circunstancias."[33]

Mucho se ha hablado de las guerras civiles de las décadas de los 1970y 1980s en Centro América, pero pocos se refieren a los avivamientos espirituales carismáticos que surgieron en la región en esos años.[34] En Honduras los movimientos carismáticos de Amor Viviente y las Brigadas de Amor Cristiano iniciaron cambios espirituales que revolucionaron a la alabanza y adoración en las iglesias del país. Misioneros como Eduardo King y Mario Fumero guiaron a multitudes de jóvenes a experimentar transformaciones profundas en la vida privada y social de muchas familias en Honduras. Muchos jóvenes salieron de la drogadicción y se tornaron a la fe cristiana para luego dirigir a grandes movimientos de renovación carismática en el país, tal es el caso de René

---

[30] Myers, *Walking with the Poor*, p. 111.
[31] Namnún, Jairo, "El Evangelio de la Prosperidad y la Iglesia en America Latina," *TGC Coalición* (23 junio, 2015). https://www.coalicionporelevangelio.org/articulo/el-evangelio-de-la-prosperidad-y-la-iglesia-en-america-latina/. Accesado 26 diciembre 2017.
[32] Véase Walker, *Thoroughly Modern: Sociological Reflections on the Charismatic Movement*, p. 39.
[33] Hunter, A. and K. K. Chan. 1993. *Protestantism in Contemporary China*, (Cambridge, UK: Cambridge University Press, 1993), p. 82.
[34] Hunter and Chan, *Protestantism in Contemporary China*, p. 140.

Peñalba, Renán Carías y otros más, como Evelio Reyes, de la Iglesia Vida Abundante, que fueron seguidos por jóvenes renovados y entusiastas hacia la transformación de Honduras.

Tampoco es apropiado sugerir, que las fuerzas de la modernización ayudaron mejorar, en parte, a esta nueva espiritualidad carismática que surgía en el país. Estos datos sugieren que Honduras, al igual que otras sociedades latinoamericanas, han sido moldeadas por la modernización de una nueva espiritualidad que incorporó las enseñanzas pentecostales clásicas a las prácticas nuevas de la ministración, alabanza y adoración de los movimientos y congregaciones nuevas que surgieron en años recientes. Esto representó oportunidades nuevas para los pentecostales y las iglesias evangélicas tradicionales que pronto se vieron en la necesidad de renovar sus procesos eclesiales para ponerse al día con el mover del Espíritu Santo en las iglesias.

Las iglesias pentecostales clásicas comenzaron un proceso de renovación, iniciado en parte por esfuerzos particulares de pastores jóvenes. Miguel Alvarez, en la Iglesia de Dios de la Colonia Alameda en Tegucigalpa y Misael Argeñal en la Iglesia Cuadrangular en Comayagüela y posteriormente en San Pedro Sula, comenzaron a renovar sus metodologías y estructuras ministeriales que eventualmente impulsaron transformaciones profundas en ambas denominaciones en todo el país. En las Asambleas de Dios también ocurrieron transformaciones eclesiales que llevaron a la denominación a desarrollar ministerios y congregaciones exitosas en Honduras.

En la actualidad, los movimientos pentecostales renovados representan una esperanza transformadora para el país. El contexto de las misiones pentecostales parece estar más centrado en la preocupación por los pobres, la administración sana de la justicia, y la transformación integral de la sociedad hondureña donde prevalezcan el amor de Dios, la paz y la justicia social.

Durante los años 1970s y 1980s, Honduras experimentó la influencia de las presiones de la guerra fría en el desarrollo del pentecostalismo.

Las guerras civiles en los países vecinos de Nicaragua y El Salvador dejaron a Honduras en medio de los extremismos políticos que luchaban por la hegemonía política de América Central. Ese momento histórico creó las circunstancias para que buen número de personas buscara alternativas para la solución a sus problemas. En ese tiempo, un número significativo de personas encontraron en el pentecostalismo la solución inmediata a sus necesidades, el cual les ofrecía asistencia práctica y un mensaje de esperanza. De esa manera se unieron a la fe pentecostal, la que eventualmente amplió las congregaciones y nuevas iglesias fueron plantadas, principalmente en las áreas urbanas populosas.

Pocos años después de 1989, cuando terminaba la guerra fría, el país fue seguido por desastres naturales severos, como el huracán Mitch, en octubre de 1998, al que ya nos hemos referido. El pueblo hondureño se refugió en el mensaje de esperanza pentecostal, el cual también creó las condiciones para un mayor crecimiento numérico mayor. Estas circunstancias podrían ser interpretadas como fuentes importantes de crecimiento numérico de las iglesias pentecostales de Honduras. Sin embargo, debemos tener cuidado de no reducir el crecimiento pentecostal hondureño a circunstancias políticas o desastres naturales solamente. Los pentecostales son aptos para compartir el evangelio con la gente.

En los últimos años adoptaron diferentes modelos de grupos pequeños, que les hicieron crecer numéricamente.[35] También tienen gran capacidad para presentar un mensaje de esperanza a las personas y a las comunidades en tiempos difíciles, como los momentos de estrés político o incluso en tiempos de desastre. Históricamente, sus métodos evangelísticos han sido eficaces[36] para llegar a los pobres y a los marginados,[37] con tal éxito que las congregaciones locales han crecido numéricamente en todo tiempo.

Redes Pentecostales

Para concretar este estudio de entrevistó a algunos líderes de las redes de pentecostales en Honduras. Para el propósito de esta investigación, esos líderes representan algunas de las principales redes pentecostales y carismáticas más influyentes que operan en Honduras. La base para la selección de los temas se encuentra en la investigación de campo realizada por Clifton Holland en 1986. El estudio socio religioso del cristianismo en Honduras muestra que hay a lo menos nueve redes

---

[35] Lavin, Ronald J., *Way to Grow! Dynamic Church Growth Through Small Groups* (Lima, OH: CSS Publishing Company, 1996), pp. 13-22. El autor describe cómo los pentecostales, en el contexto de la vida de la comunidad, han sido eficaces a la hora de usar el modelo de pequeño grupo para expandir sus ministerios. También presenta las bases bíblicas y teológicas que justifican los ministerios de grupos pequeños.
[36] Holland, *World Christianity: Central America and the Caribbean*, p. 96.
[37] Saranyana y Alejus-Grau, *Teología en América Latina,* p. 448. Esta obra describe el trabajo efectivo de los evangélicos y pentecostales en América Latina entre los pobres y marginados.

pentecostales y carismáticas activas en el país.[38] De las nueve redes hemos entrevistado a cinco de esos líderes. Ellos fueron escogidos de acuerdo con la práctica tradicional de autoridad eclesial, donde el líder denominacional es el portavoz de la iglesia.[39] Así, siguiendo esa clásica tradición teníamos a un 56% de las redes pentecostales y carismáticas representadas en el estudio.

Para completar la investigación, hemos recopilado información de estas redes, incluso información adicional obtenida de otros investigadores. También revisamos los registros escritos sobre la misión que se encuentra en los archivos de estas organizaciones. Estos grupos se caracterizaron en las categorías siguientes:

(1) Considerando la misión entre las redes clásicas pentecostales: quienes, además de sus creencias atribuidas al pentecostalismo, también se consideran parte de la temprana tradición Pentecostal. Están vinculados con el pentecostalismo histórico por medio de afiliación denominacional. Sin embargo, también hemos estudiado los movimientos indígenas que muestran considerables esfuerzos en el servicio de la misión.

Históricamente, en la mayoría de los países de América Latina, las redes pentecostales tuvieron la tendencia a aplicar las mismas pautas de administración eclesiológica. Siguieron una centralización de gobierno, que ahora son vistas como estructuras piramidales de autoridad eclesiológica. Cuando las iglesias nacionales crecieron en número, las transiciones se hicieron más poderosas, los líderes nacionales pronto comenzaron a tomar el control de las organizaciones. De esta transición, los líderes nacionales comenzaron a considerarse a ellos mismos "indígenas" y llevaron a las congregaciones a pensar de una forma nacionalista.

(2) Considerando la misión entre otros pentecostales: estos otros pentecostales son aquellos cristianos que se identifican con la experiencia pentecostal y creen que todos los dones mencionados en 1 Corintios 12:8-10 están disponibles para la iglesia de hoy. Ellos son diferentes en este aspecto de los otros grupos pentecostales pues decidieron permanecer independientes y prefirieron identificarse como carismáticos. Tampoco querían formar parte de organismos misioneros extranjeros. Estos creen que la Biblia alienta a cada creyente a experimentar el bautismo en el Espíritu Santo, lo cual le confiere una

---

[38] Holland, *World Christianity: Central America and the Caribbean*, pp. 101-04.
[39] Escobar, Samuel, *A Time for Mission: The challenge for global Christianity*: Leicester: IVP, 2003), p. 58.

capacitación de servicio distinto de regeneración.[40] Estos cristianos están comprometidos con la misión y la mayoría de ellos proviene de antecedentes socioeconómicos pobres. Por lo tanto, pensamos que era necesario examinar su comprensión y práctica de la misión integral.

(3) Considerando la misión entre Neo-Pentecostales: Los Neo-Pentecostales son también llamados cristianos carismáticos que creen que todos los dones mencionados en 1 Corintios 12:8-10, incluyendo la profecía, lenguas y sanidad, están disponibles para la iglesia de hoy. Sin embargo, estos cristianos están socialmente más alineados a la clase media y no tienen la causa de la misión integral como una clara prioridad en sus congregaciones.

(4) Considerando la misión entre los no pentecostales: Este grupo fue seleccionado como una manera de examinar el enfoque de la misión integral entre algunos organismos cristianos que no forman parte de la tradición pentecostal. Sin embargo, este grupo está muy implicado en el ministerio de la misión en el país.

En determinados momentos y para el propósito de este estudio, utilizamos términos generalmente considerados como teológicos, a fin de describir la comprensión de la misión integral en el contexto de las iglesias pentecostales más influyentes. Estos términos podrían también ser considerados ampliamente eclesiológicos. Además, la mayoría de los líderes entrevistados parecen acercarse a la misión integral desde una perspectiva teológica. Esto se debe quizá al hecho de que el entrenamiento misionológico es todavía incipiente.

La misión integral parece estar todavía incluida como una disciplina práctica en la Iglesia o en la materia de los planes de estudio de la escuela bíblica. Además, en consonancia con estas definiciones, también utilizamos el término "neopentecostales" para referirse a los llamados "carismáticos" que no están afiliados con las agrupaciones pentecostales históricas o denominaciones evangélicas tradicionales.[41] Por definición, todos los grupos aquí analizados caerían dentro de esta

---

[40] Véase, Yamamori, Tetsunao y C. René Padilla, *The Local church; Agent of Transformation: An Ecclesiology of Integral Mission*. Buenos Aires, Argentina: Kairos, 2004), pp. 41-62.

[41] Sin embargo, el término neopentecostal se puede dar una definición suficientemente precisa en términos de desarrollo histórico, énfasis doctrinal y la realidad social para ser utilizable. Véase, Martínez, Ramiro Jaimes, "El Neopentecostalismo como Objeto de Investigación y Categoría Analítica", *Revista Mexicana de Sociología* 74.4 (Octubre/Diciembre, 2012). http://www.scielo.org.mx/scielo.php?script=sci_arttext&pid=S0188-25032012000400005. Accesado 26 Diciembre 2017.

categoría. Este sistema de clasificación es menos útil para elucidar la naturaleza específica y la orientación teológica de los diversos grupos pentecostales en la iglesia hondureña. No obstante, para los fines de este estudio, nos interesa lo que ellos entienden y cómo practican la misión en sus comunidades.

Acá es importante subrayar que el uso de estas categorías no implica que los grupos, que tienen ciertas creencias en común, son similares en otros aspectos. A lo largo de esta investigación, hemos encontrado que el movimiento pentecostal en Honduras es también muy diverso. Además, si bien es cierto, es valioso entender la orientación teológica de los diversos grupos de forma más precisa, de ninguna manera sugerimos que los grupos que tienen creencias y prácticas de misión integral son similares en otras formas de practicar la fe cristiana. Puesto que la utilización de términos y categorías en el campo de la investigación siempre lleva matices latentes, nos esforzaremos por definir cuidadosamente y utilizar sistemáticamente los términos manejados en este estudio.

Cabe señalar también que todas las categorías enumeradas anteriormente son compatibles con el término "evangélico"[42] como la denominación evangélica, nos referimos a aquellos cristianos que afirmar: (1) la autoridad de la Biblia y su absoluta confianza como comunicación de Dios a los seres humanos; (2) que la salvación se encuentra solamente en Cristo; y (3) que la evangelización es esencial para el cumplimiento de la misión cristiana en el mundo. Como hemos señalado, la inmensa mayoría de los cristianos en Honduras, aparte de la Iglesia Católica, son evangélicos en este sentido.[43] Además, se puede añadir que todas las redes pentecostales que hemos examinado, también son de naturaleza evangélica, excepto por su relación con la persona y ministerio del Espíritu Santo.

Además de la definición de términos, también nos gustaría aclarar la naturaleza de nuestras fuentes. Hemos trabajado con poca de

---

[42] Véase, Smietana, Bob, "What is an Evangelical? For Questions Offer New Definition", *Christianity Today* (November 19, 2015). http://www.christianitytoday.com/news/2015/november/what-is-evangelical-new-definition-nae-lifeway-research.html. Accesado 26 diciembre 2017.

[43] En América Latina, la palabra "evangélico" comprende a la mayoría de los cristianos que se ramifican en la tradición evangélica. En algunos casos, incluso los de la tradición Reformada se incluyen en el término evangélico. Véase, Leonard, Emile, "La Fuerza Cultural de la Tradición Reformada", *Protestante Digital* (6 diciembre 2009). http://protestantedigital.com/magacin/9639/La_fuerza_cultural_de_la_tradicion_reformada. Accesado 26 diciembre 2017.

fuentes escritas y orales. Para ser más estrictos, en primer lugar, hemos utilizado las notas de nuestra observación personal, conversaciones y entrevistas con diversos líderes pentecostales. Segundo, nos basamos en las respuestas a las preguntas que hemos planteado a otros investigadores con experiencia de misión cristiana en Honduras. Así pues, presentamos una lista de estas fuentes como sigue:

"A": se refiere a las notas enviadas a nosotros el 30 de marzo de 2006 por un investigador que está asociado con una gran denominación evangélica no-pentecostal.

"B": se refiere a las notas enviadas a nosotros el 1 de abril de 2006, por el investigador independiente afiliado a una agencia de misión no confesional.

"C": se refiere a las notas enviadas a nosotros el 9 de abril de 2006, por el misionero en la clásica corriente pentecostal, que trabaja en estrecha colaboración entre las iglesias pentecostales y grupos en Honduras.

"D": se refiere a las notas escritas y a los comentarios orales presentados en agosto de 2006, por un misionero Pentecostal independiente que trabaja estrechamente con una serie de grupos pentecostales independientes en Honduras.

Una tercera fuente de información proviene de documentos elaborados por las propias denominaciones pentecostales, especialmente la declaración de fe elaborado y firmado por varias de las redes pentecostales. También nos señala a los datos de una serie de libros y artículos, que se refieren a este tema.

La cuarta fuente de información proviene de las redes de Pentecostales que hemos examinado, como *Asambleas de Dios* (AD), la *Iglesia de Dios* con sede en Cleveland, Tennessee, en los Estados Unidos; la *Iglesia Cuadrangular* (IC), *Centro Cristiano Internacional* (CCI), una red nacional que comenzó en 1999, pero se ha convertido en una red internacional para llegar a varios grupos nacionales, incluso en África, Asia y Europa; y, las *Brigadas de Amor Cristiano* (BAC), que fue fundado por el misionero Mario Fumero durante la década de 1970. BAC ha realizado una extensa labor, particularmente entre los alcohólicos y los drogadictos en el país. Estos grupos fueron elegidos para este estudio, porque representan algunas de las mayores redes pentecostales y carismáticas en Honduras.

Es difícil determinar con precisión el tamaño de estos grupos.[44] Estimaciones generales sobre el tamaño de estas denominaciones se elevan tan alto como 160.000 miembros de las Asambleas de Dios, 150.000 de la Iglesia de Dios, y 90.000 de la Iglesia Cuadrangular, de 10.000 para la ICC y 5.000 para las Brigadas de Amor Cristiano. Nuestro propósito aquí no es argumentar números específicos, sino para afirmar que todos los investigadores contactados coincidieron en que estas redes representan un número significativo de entre todos los pentecostales y carismáticos de Honduras. Esto es especialmente importante en la medida en que prácticamente todos los investigadores también están de acuerdo en que los pentecostales representan la inmensa mayoría de los cristianos evangélicos en el país. Por lo tanto, es razonable concluir que estos cinco grupos representan una sección transversal muy significativa para un muestreo adecuado de las iglesias pentecostales de Honduras.

Evaluación Misionológica

Elegimos la entrevista como método para acercarnos a los líderes de las iglesias porque que estos prefieren expresar sus opiniones oralmente, antes que responder a un cuestionario, por escrito. También elegimos simples preguntas con la finalidad de obtener información basada en la vivencia práctica de los líderes. La entrevista incluía cinco preguntas que evaluaban cinco áreas: una, pegunta exploraba la comprensión teológica práctica de la misión integral y, otra pregunta exploraba la respuesta de las congregaciones locales a las necesidades de la comunidad. La tercera pregunta exploraba la relación entre la comunidad y la iglesia. El propósito era observar la respuesta de la comunidad hacia la acción social de las iglesias pentecostales. Otra pregunta fue diseñada para explorar los niveles de compromiso de las iglesias con la misión.

El objetivo general era analizar cuál era el criterio misionológico que utilizaban los pentecostales en la implementación de la acción social. Además, era importante explorar las actitudes de los dirigentes hacia la práctica de la misión integral. En algunos casos, fue necesario explicar las preguntas, con mayores detalles. La última pregunta tenía el objetivo de analizar su nivel de enfoque a las necesidades de los pobres.

La mayoría de los líderes entrevistados respondieron positivamente y mostraron mucho interés en las entrevistas. Al ser entrevistados, se relajaron y fueron muy espontáneos en sus respuestas.

---

[44] Las estadísticas más recientes sobre el pentecostalismo en Honduras se encuentran en Holland, *World Christianity Central America and the Caribbean*, pp. 90-101.

Naturalmente, la interpretación subjetiva del entrevistador pudo ser un factor extraño en la interpretación de las respuestas recibidas. Las entrevistas fueron construidas de la siguiente manera.

(P1) ¿Cómo comprende Usted la misión integral de la iglesia?

(P2) ¿Cómo ha sido el involucramiento de su iglesia a la misión de Dios entre el pueblo?

(P3) ¿Cómo considera que ha afectado la comunidad a la iglesia local?

(P4) ¿Quiénes son las personas de la congregación que se han involucrado en la misión?

(P5) ¿Cuál ha sido la actitud de los miembros de su congregación hacia las necesidades de los pobres?

Asambleas de Dios (AG)

El estudio empieza con una de las mayores redes pentecostales que operan actualmente en Honduras. Las Asambleas de Dios (AD) comenzó en Honduras durante el decenio de 1950, en la parte septentrional del país y finalmente se extendió rápidamente a lo ancho de la nación. Esta red ha crecido muy rápidamente desde principios de la década de 1980, y constituye una de las mayores redes de congregaciones pentecostales, que se extienden a lo largo y ancho de Honduras.

El 27 de noviembre de 2006 entrevistamos a XA[45] ejecutivo nacional de las AD en Honduras (véase el apéndice 1). Él piensa que AD, como organización, no ha mostrado una atención significativa a la causa de las necesidades humanas y muy poca preocupación social en favor de los pobres y marginados de manera intencional. Esto quedó demostrado al no contar con un plan estratégico para hacer frente a estas necesidades sociales. Sin embargo, él entiende que un gran número de congregaciones y miembros de su denominación, en manera particular, se han involucrado significativamente en algunas áreas relacionadas con la misión integral.

Esos grupos aislados han facilitado algunos esfuerzos para promover el servicio social entre los pobres, pero han sido esfuerzos limitados que no han sido sancionados oficialmente por la organización.

Aparte del enfoque orgánico de la congregación local a la comunidad, la denominación no tenía una agencia especializada en la misión integral. Estas preguntas parecieron inspirar la conciencia sobre la importancia de este servicio que debe ser creado a nivel de liderazgo denominacional en la red.

---

[45] Entrevista con el Reverendo XA, el 27 de noviembre de 2006.

Para responder la P1, XA dijo que, aunque hay un claro entendimiento dentro de la denominación acerca de la necesidad de enfatizar un enfoque integral a la misión, en los cuadros de liderazgo todavía se lucha contra la mentalidad fundamentalista evangélica heredada de Norteamérica que solamente enfatiza la satisfacción de las necesidades espirituales del individuo. De esa manera, se descuida la vida y el universo de los individuos en su contexto social.[46] La mayoría de los creyentes en el seno del comité de misiones se centran en ganar almas evangelísticamente. "Esa es la prioridad de la red; las demás condiciones humanas tienen que esperar", dijo XA.

La respuesta a la P2 fue más bien ambigua. Algunos dirigentes de AD se han involucrado en programas de desarrollo integral, pero lo han hecho a través de esfuerzos aislados. La mayor parte de la energía de la iglesia está invertida en el evangelismo y el crecimiento numérico de la iglesia. El progreso social de los nuevos creyentes se deja a la iniciativa personal de los programas para nuevos convertidos. La mayoría de actividades sociales se llevan a cabo por iniciativa personal de los creyentes, sobre una base completamente individualizada.

En la P3, respondió que el liderazgo de AD prefiere no participar en la política vernácula y los asuntos públicos, especialmente aquellos asuntos relacionados con cuestiones sociales. XA argumentó que, en el contexto denominacional, los cristianos que participan en esas actividades tienden a apartarse de la finalidad de la misión de la iglesia, que es proclamar el evangelio y ganar almas para Cristo. No obstante, reconoció que hay miembros del grupo involucrados en el servicio a la comunidad, pero estos esfuerzos aún no son reconocidos oficialmente por la denominación. Sin embargo, él ve que hay una tendencia nueva entre más pastores para que estas actividades sociales sean aprobadas por la organización, aunque obviamente tomará algún tiempo antes de que esto suceda.

A la P4, admitió que sólo determinados grupos y líderes han desarrollado la consciencia de la misión integral. Aunque ya hay un gran número de miembros que saben de la importancia del tema, muy pocos están dispuestos a participar. XA también admitió que la red AD aún no

---

[46] El reverendo XA se refiere a menudo el fundamentalismo como un sistema organizado, militante del movimiento evangélico se originó en los Estados Unidos a finales de los años noventa y principios del siglo XX en oposición al liberalismo protestante. Véase, Orellana Gallardo, Felipe, "Fundamentalismo y Pentecostalismo como Expresión de Religiosidades Antagónicas y un Significativo Lazo en Común", Polis Revista Latinoamericana 32 (2012). http://journals.openedition.org/polis/6654. Accesado 26 diciembre 2017.

tiene un programa para entrenar a los cristianos a pensar de manera social y que esto está siendo discutido en las reuniones de planificación de la organización. Sin embargo, quienes se han involucrado están estableciendo un modelo que necesita ser estudiado en escuelas bíblicas y congregaciones de todo el país.

A la P5, él se refirió enfáticamente: "Sí, nuestra circunscripción ciertamente ha sido un factor en el desarrollo de los pobres de Honduras."[47] Añadió que, "aunque todavía no tenemos una idea clara de la misión integral, sé que es un hecho que nuestro crecimiento ha tenido un impacto natural que ha cambiado al país. Hemos reducido el alcoholismo, la prostitución, la drogadicción y otros males de nuestra sociedad."[48] y concluyó diciendo que, "nuestro estándar de vida pentecostal claramente ha contribuido al progreso de la nación. En nuestras congregaciones, hemos plantado familias integradas y ciudadanos responsables que se integrado sanamente a la sociedad."[49]

Esta afirmación, ciertamente de carácter anecdótico, es corroborada por las respuestas que hemos recibido de los otros investigadores antes mencionados. Virtualmente todos ellos estarían de acuerdo en que AD en Honduras es clasificada como una de las mayores redes pentecostales conocidas en el país, pero ha contribuido muy poco a la causa de los pobres con su práctica de la misión integral. Esto es debido al hecho de que ellos no han creado un programa intencional para el servicio social. Sin embargo, han servido a los pobres en sus comunidades locales, como una respuesta social natural al mensaje del evangelio. Esto también puede decirse de las otras redes pentecostales.

Fue después de los recientes desastres naturales, los disturbios sociales y económicos que afectaron al país que estos han comenzaron a establecer programas de promoción y asistencia social. También han establecido escuelas primarias en las zonas rurales y urbanas destinadas a capacitar y educar a las personas para mejorar su hábitat y sus condiciones de vida. Uno de ellos es el programa de drogadicción administrado por algunos dirigentes de AD en todo el país. Sin embargo, parece claro que se pudo haber logrado aún más para transformar la realidad de los pobres si siguieran un modelo intencional de la misión integral.

---

[47] Entrevista con XA, el 27 de noviembre de 2006.
[48] Entrevista con XA.
[49] Entrevista con XA.

Iglesia de Dios (ID)

Esta red pentecostal ha experimentado un crecimiento significativo hacia finales de la década de 1990, especialmente después de que el Huracán Mitch destruyera prácticamente casi toda la infraestructura básica de Honduras. Hoy, la ID tiene congregaciones prácticamente en cada ciudad y pueblo de la nación. La razón de esta relación entre los desastres naturales y su crecimiento fenomenal fue evidente cuando la gente naturalmente buscó ayuda en esta iglesia ya que esta red fue parcialmente equipada para ayudar y proporcionar alivio espiritual y humano a la gente. Por cierto, como hemos visto, la mayoría de las iglesias crecieron considerablemente tras el despertar que siguió al huracán. Esta red afirma la mayoría de su crecimiento numérico ha tenido lugar en los últimos años.

El enfoque misionológico de esta red es llegar a la población con el evangelio, enfatizando la salvación espiritual, pero prestando muy poca atención a las necesidades humanas de la gente. Algunos esfuerzos intencionales relacionados con la misión integral han sido ofrecidos a través de servicios de benevolencia y humanitarios.[50] Aun así, en comparación con las necesidades reales de la población, son demasiado pocos.

El 30 de agosto de 2006, nos entrevistamos con el XB, ejecutivo oficial territorial de la ID en Honduras. Su respuesta a la P1 fue bastante simple, "entendemos que la misión integral contiene el propósito de Dios para el bienestar de la humanidad."[51] también añadió que dicha misión tiene que ser realizada por personas comprometidas con Dios para llevar a cabo su propósito para el mundo. Su denominación en la actualidad participa en la acción social y se ha asignado un comité nacional para asumir esta responsabilidad. Puesto que la ID es mayormente rural, sus dirigentes se dieron cuenta que tenían que crear programas sociales para

---

[50] Benevolencia significa mucho bien para otros, pero estudios recientes han hecho referencia a ella como un término colonialista. Como tal, es un formulario o una cierta expresión de amor, pero no un compromiso completo para expresar el amor en la forma que Cristo modelada y mandó a sus seguidores a practicar la fe. Algunos teólogos, incluyendo Oord, Thomas, *Science of Love: The Wisdom of Well-Being* (Philadelphia, PA: Templeton Foundation Press, 2004), p. 118, han argumentado que el amor sacrificial implica tanto dar y recibir. Una persona amorosa debe, entonces, ser benevolente y abierto a recibir buenos regalos de otros. En este caso concreto, los pobres necesitan algo más que las expresiones de benevolencia. Para enfrentar la pobreza en forma piadosa, los cristianos han de servir a los pobres con amor, que es el propósito del Evangelio.
[51] Entrevista con XB, el 30 de agosto de 2006.

ayudar a las necesidades de los pobres y los débiles. Sin embargo, estos esfuerzos se han visto negativamente afectados por la falta de apoyo financiero por parte del liderazgo de la denominación en el país, pero se está realizando esfuerzos locales para abastecer adecuadamente a estas tareas.

Para la P2, XB era de la opinión que el enfoque de evangelismo pentecostal es el primer paso para transformar la sociedad y la cultura. Los creyentes nacidos de nuevo y llenos del Espíritu Santo, son capaces de cambiar su realidad circundante si practican los principios básicos del evangelio. Afirmó que la denominación ha transformado literalmente a comunidades rurales, donde la gente ya no roba, no bebe, y se respeta la monogamia. Las condiciones de vida han sido reivindicadas y las autoridades locales están conscientes del papel de la iglesia en la comunidad.

Para responder a la P3, dijo, "Sí, la Iglesia ha afectado positivamente a la comunidad local y a toda la nación.

En años anteriores la gente de las zonas rurales se trasladaba a las ciudades, pero ahora, debido al impacto del evangelio, aquellos que pasan a formar parte de la comunidad de fe no se mueven, permanecen y se convierten así en instrumentos de transformación para sus comunidades."[52] El pentecostalismo está orientado hacia la comunidad y desarrolla fuertes lazos de ayuda entre compañeros creyentes que no sólo se ayudan unos a otros, sino también participan como grupo en la vida de las comunidades en donde sirven.

A la P4 respondió que a pesar que la transformación de la nación como un todo tomará más tiempo, los cimientos están siendo establecidos localmente a través de un servicio social sólido iniciado por las congregaciones locales. Una vez que la iglesia sea capaz de transformar a la comunidad local, el próximo paso será la transformación de la nación. XB considera que el pentecostalismo tiene el potencial para transformar a Honduras, pero esto tiene que ser planeado intencionalmente, seguido en seguida por programas de formación y educación que abarquen la misión integral de la iglesia. Dichos programas deberían enseñar a los creyentes cómo servir como agentes de transformación. Sin embargo, XB agregó, "Desafortunadamente, no estamos a ese nivel aún, pero vamos adelante en esa dirección."[53]

En su respuesta a la P5 habló sobre experiencias personales en lugar de las denominacionales. XB es de la opinión que las iglesias

---

[52] Entrevista con el Reverendo XB.
[53] Entrevista con el Reverendo XB.

pentecostales deberían involucrarse en la transformación social y política del país. Para él, en Honduras hay cuestiones relacionadas con la corrupción política y la injusticia, que no han sido debidamente enfrentadas por las iglesias, salvo en algunas excepciones.

Los pentecostales todavía tienen que incluir estas cuestiones en su teología y práctica de la misión. XB se está involucrado personalmente en organizaciones que reclaman una profunda transformación en el campo social y político del país. Él no admite las opiniones de autores como Ramón Romero,[54] quien insiste en que los pobres deben ser vindicados accediendo al poder político en el país. XB cuestiona la actitud de los evangélicos y pentecostales hacia la transformación de la cultura. Él piensa que no parecen darse cuenta de la naturaleza delicada de la situación actual de Honduras. XB ve la actitud social y política de los pentecostales como defectuosa. Tales contradicciones con las enseñanzas del evangelio deben ser corregidas con una sólida enseñanza y práctica de la misión integral.

Iglesia Cuadrangular (IC)

Esta red pentecostal comenzó en la zona de Tegucigalpa a comienzos de la década de 1950. En los últimos años también ha experimentado un crecimiento parecido al de otras denominaciones pentecostales.

El 31 de agosto de 2006, se entrevistamos a XC,[55] un director ejecutivo nacional de la IC. Por cierto, en ese tiempo también servía como presidente de una organización interconfesional, que aglutina a las denominaciones evangélicas y pentecostales del país, la cual es también reconocida oficialmente por el gobierno de Honduras.

Su respuesta a la P1 fue más bien genérica. Su denominación comprende la misión que fue ordenada por Jesucristo en Mateo 28:18-19. Una orden que deja en claro que la misión de la iglesia es evangelizar a los perdidos y hacer discípulos de los creyentes, enseñándoles a

---

[54] Un escritor hondureño alineado con el movimiento socialista internacional, Ramón Romero ha publicado un libro que describe las condiciones sociales y políticas actuales de Honduras, inmediatamente después del golpe de estado que tuvo lugar el 28 de junio del 2009. Romero insiste que los pobres deben ser vindicados tomando el poder político del país por sí mismos y por la fuerza, si es necesario. En su libro describe la opresión histórica de los pobres en contraposición a la ventaja de los ricos durante los últimos setenta años de lucha política. Para él, estos son motivos justificados para la revolución de los pobres de Honduras. Ver, Romero, Ramón, *Por la Democracia y Contra el Golpe.* Tegucigalpa, Honduras: UNAH DVUS, 2009), pp. 103-121.

[55] Entrevista con el Reverendo XC, el 28 de agosto de 2006.

obedecer la Palabra de Dios. Es sólo cuando la gente se dirige a Cristo que cambia su comportamiento y estilo de vida y, luego es capaz de lograr cambios en las familias y comunidades.

Para la P2, XC informó de que su red de iglesias ha respondido a la misión de Dios a través de programas agresivos de evangelismo y discipulado. Su red cree que los pentecostales espiritualmente son equipados con el poder del Espíritu de Dios para alcanzar incluso a las personas más difíciles. Por lo tanto, el testimonio a *los perdidos,*[56] es predominante la misión que se enseña en su denominación. Para garantizar este objetivo, continúan manteniendo cruzadas masivas en cada ciudad y pueblo del país pues "queremos asegurarnos de que todo el mundo tenga la oportunidad de decidir si acepta o rechaza a Cristo y, que ninguno sea dejado atrás", dijo XC.

Respecto a la P3, XC informó de que su iglesia ha establecido un centro de rehabilitación para drogadictos y alcohólicos.[57] También tienen un hogar para niños donde han servido a cientos de jóvenes en los últimos 30 años. En todo el país, han desarrollado estos programas, pero sólo estos son identificados como parte de la responsabilidad social de la iglesia. La IC cree que la principal responsabilidad de la congregación sigue siendo el evangelismo y el discipulado.

En relación a la P4, XC inició su respuesta señalando que el gobierno de Honduras ha realizado importantes reuniones con diversos representantes de la iglesia. Los funcionarios del gobierno y líderes de la iglesia han expresado su compromiso para encontrar nuevas formas de enfrentar la pobreza en el país.

Las iglesias evangélicas fueron invitadas a participar en los debates y los pentecostales estaban representados entre ellos. Los funcionarios del gobierno llegaron a la conclusión que iban a buscar nuevas medidas para ayudar a encontrar, intencionalmente, formas de ataque al sufrimiento y a la pobreza. XC dice que recibe muchas llamadas de otros colegas preguntando sobre cómo deben responder a esta iniciativa del gobierno central.

---

[56] El término "los perdidos" es utilizado normalmente por los evangélicos y pentecostales para referirse a una persona o personas que no profesan la religión evangélica pentecostal del cristianismo. En América Latina, algunos piensan que los cristianos nominales también pueden estar perdidos. A menudo se refieren a los católicos como nominales cuando utilizan el término. Véase, por ejemplo, Fumero, *La Iglesia: Enfrentando el Nuevo Milenio*, pp. 46-9.

[57] La Iglesia Cuadrangular estableció un centro de rehabilitación para drogadictos y alcohólicos en la década de 1980s. Centro Didasko está ubicado en la comunidad de Támara, cerca de Tegucigalpa, Honduras.

XC ha respondido que los pentecostales establecerían un diálogo nacional con todas las iglesias de Honduras, a fin de contribuir adecuadamente a esta iniciativa del gobierno. Además, admitió que los pentecostales no han adoptado plenamente los derechos y las necesidades sociales de la población, pero se han logrado avances significativos en el plano local, donde han comenzado a transformar sus comunidades. "Las iglesias pentecostales tienen su forma típica de impacto en sus comunidades locales y el contexto social con el evangelio," agregó XC.

Para la P5, XC respondió que la actitud hacia la Misión Integral aún no se ha observado en la denominación, ya que tienen un enfoque incipiente. Él cree que una vez que la IC aprenda sobre esta área de servicio cristiano, los creyentes harán una diferencia para los problemas de la pobreza en sus comunidades. Ya lo están haciendo, pero sobre una base espontánea y desde su propia iniciativa. Lo que realmente necesitan los dirigentes de la denominación es adoptar una postura denominacional para la práctica de la misión integral. Su propia experiencia sirviendo con dirigentes políticos y religiosos le ha enseñado sobre la necesidad de involucrar a la iglesia en las áreas sociales y políticas y, lo ve como una oportunidad para el ministerio.

Centro Cristiano Internacional (CCI)

El CCI se encuentra entre las redes neopentecostales más jóvenes de Honduras. Se identifica a sí misma como una organización post-denominacional.[58] Fue establecida en enero de 1999 en la ciudad de Tegucigalpa. El 21 de abril de 2006 entrevistamos a XD,[59] uno de los pastores fundadores de esta organización. Aunque el CCI cree y practican su fe en su mayor parte en una manera carismática, sus líderes como parte de una red postdenominacional.[60] Desde el principio, el CCI inició la construcción de relaciones nacionales e internacionales con organizaciones cristianas amigas. Su finalidad fue construir una red internacional que uniera a grupos cristianos con el propósito de evangelizar el mundo.

XD admite que la mayoría de la membresía del CCI proviene de una población de clase media y que, en parte, esta es la fuente principal

---

[58] Véase, McMillan, Robin, "Beyond Pentecost", *Morning Star Journal,* 4.3 (1994), pp. 42-44, 48.
[59] Entrevista con XD, 12 de abril de 2006.
[60] McMillan, "Beyond Pentecost," p. 44.

de su éxito. Estos han sido capaces de atraer la atención de jóvenes profesionales que también encontraron intereses comunes con otros colegas de la misma condición social y económica en la iglesia.

Aunque esta red es joven, debido al tamaño de sus congregaciones, tiene una fuerte influencia en la política y los círculos socioeconómicos del país. También atrae a un número significativo de jóvenes. Recientemente, han podido adquirir una de las propiedades más importantes de la ciudad de Tegucigalpa, que les dio un alto perfil entre las iglesias de más rápido crecimiento del país.[61] Esta red no pretende ser pentecostal clásica, ni siquiera carismática, en su lugar, prefieren ser conocida como una congregación post-denominacional, ya que en realidad no están afiliados a ninguna.[62] XD utiliza esta identificación como distintiva, aunque él no ha sido completamente capaz de describir teológica y eclesiológicamente las implicaciones de este término.[63]

Para la P1, XD explicó que sus congregaciones entienden su misión como holística, es decir, como aquella que aspira a transformar al individuo, la familia, la comunidad y la cultura con el poder del evangelio. La definición de misión del CCI también permanece dentro de la comprensión fundamental de testificar y convertir a las personas a Cristo. No obstante, CCI ve a la pobreza como el enemigo más temible del país, pero su teología no les permitiría atacar el problema directamente. Así que Honduras sólo será transformado cuando el país entero se vuelve cristiano.[64]

---

[61] Sobre el movimiento post-denominacional, véase, Miller, Donald E., *Reinventing American Protestantism: Christianity in the New Millennium* (Los Angeles, CA: University of California Press, 1997), p. 86.

[62] Algunos pueden incluso identificar esta red como parte de la llamada "iglesia de paradigma emergente". Es muy similar a la de alguna vez conocida como movimiento de la iglesia naciente. Este es un Movimiento cristiano de fines del siglo XX y comienzos del siglo XXI, que rebasa una serie de límites teológicos: los participantes pueden ser descritos como evangélicos, post-evangélicos, liberales, post-liberales, carismáticos, neo-carismáticos y post-carismáticos. Véase, Miller, Reinventing American Protestantism, p. 82; también, Gibbs, Eddie y Ryan K. Bolger, *Emerging Churches: Creating Christian Community in Postmodern Culture* (Grand Rapids, MI: Baker Academic, 2005), pp. 212-18.

[63] Para algunos, este tipo de iglesias o ministerios forman parte de los llamados movimientos paradigmáticos de "la iglesia emergente." Véase, por ejemplo, el trabajo de Clark, Jason, *Emerging Church: Paradigm Shift or Passing Fad?* (2007). http://jasonclark.ws/2007/09/12/emergingchurch-paradigm-shift-or-passing-fad/. Accesado 10 de enero 2008.

[64] Esto es muy similar a la teología del Reino. Un término americano, que denota dominio con la afirmación de que los cristianos deben tomar un papel activo en asegurar el dominio en todas las facetas de la sociedad, pero especialmente en los roles

Para la P2, XD dice que congregaciones del CCI entienden la importancia de participar en la transformación de la cultura como un medio para combatir la pobreza y sostuvo que el problema de los pobres en su país tiene que ver con su mentalidad del pueblo y, por lo tanto, un cambio de mente marcaría la tendencia para una nueva sociedad. Citó el viejo proverbio chino que afirma, "es mejor enseñar a un hombre cómo pescar que darle un pescado." Así, las iglesias del CCI participan en el suministro de educación y capacitación, especialmente a los jóvenes para que sirvan como agentes de transformación a través de las generaciones futuras. Misión integral implica también educar a la gente, por lo que han decidido invertir en esta necesidad en particular, más bien que abarcar demasiadas necesidades al mismo tiempo.

En la P3, XD ve la influencia de su iglesia en la comunidad local a través de la transformación de la juventud. Se dedican a desarrollar una nueva generación con una nueva mentalidad, según la cual la educación iniciará el cambio y ayudará a resolver el problema de la pobreza. Por lo tanto, el CCI continuará invirtiendo en la educación de las personas, creando así una nueva cultura, en una sociedad transformada.

Para la P4, XD respondió que todos los creyentes están llamados a ser misioneros y tienen la responsabilidad de cumplir este llamado delate de Dios, de su pueblo y del mundo. Todos ellos deben estar involucrados en la transformación del mundo con los principios del evangelio. Hay pobres en el mundo, porque no han tenido la oportunidad de recibir educación o capacitación para una mejor condición de vida. Dijo que la alienación es el resultado de la falta de oportunidades de educación.

Para la P5, XD cree que su red es todavía demasiado joven para pretender que han sido un factor de transformación de los pobres en Honduras; sino que piensa que su enfoque va a mostrar resultados cuando la generación que está en el proceso de formación tome el poder y el destino del país. En el ínterin, la red CCI continuará inculcando una actitud favorable hacia la educación. Esta es la forma en que la gente estará habilitada para cambiar su comunidad, con una mentalidad nueva para una nueva sociedad.

---

de los servidores públicos, líderes políticos y similares. Cuando los cristianos han hecho que la tierra alcance un cierto estado de perfección, entonces el retorno de Cristo ocurrirá. Véase por ejemplo, Hall, Franklin, *Miracle Word. Phoenix, AZ: Hall Deliverance Foundation*, 1985), p. 10.

Brigadas de Amor Cristiano(BAC)

Las BAC comenzaron su ministerio en Honduras a finales de la década de los 160. El reverendo Mario Fumero es el fundador de la organización. El reverendo Fumero posee credenciales con las Asambleas de Dios. Sin embargo, difieren en su enfoque y pasión para la acción social, especialmente en el acercamiento a las pandillas y a los drogadictos.

Las BAC han establecido un centro de rehabilitación para alcohólicos y drogadictos en un campamento cerca de la capital. El *Proyecto Victoria*[65] ha existido durante casi cuarenta años y ha ayudado a rehabilitar a un gran número de jóvenes de sus problemas con el alcohol y las drogas. El Proyecto Victoria es conocido como el primer centro de rehabilitación de alcohólicos y drogadictos establecido en Honduras. El exilado cubano Mario Fumero inició el proyecto con una nueva generación de líderes. El Centro fue fundado en 1978 en la Comunidad de Cepate, Cofradía, Francisco Morazán, Honduras. Fumero fue capaz de asegurar el apoyo de las agencias sociales y gubernamentales que tienen ayuda para mantener vivo el Proyecto.

Nos reunimos con XE, un funcionario ejecutivo de las BAC, el 13 de abril de 2006.[66] En su opinión, las BAC y sus programas sociales es un modelo válido que debería ser imitado por las otras organizaciones cristianas en el país. Sin embargo, creía que esas organizaciones no parecen estar interesadas en participar en estos programas. Conforme la conversación avanzaba, pudimos detectar cierta discrepancia con el enfoque de la misión practicada por otras denominaciones.[67]

Las BAC son bien conocidas por su exclusivo estándar en la práctica de la acción social y la preocupación por los pobres. A lo largo de los años, la organización ha llegado a innumerables jóvenes. Sin embargo, siguen siendo relativamente pequeñas y no tienen un ritmo consistente en su crecimiento de la membresía.

En resumen, BAC representa una interesante mezcla de teología conservadora y piedad experiencial. Esperan ver milagros. Ellos oran

---

[65] Para infromación más detallada, véase, Fumero, Mario E., "Proyecto Victoria", *Unidos contra la Apostasía* (2 Agosto 2013). https://contralaapostasia.com/proyecto-victoria/. Accesado 27 Diciembre 2017.

[66] Entrevista con el Reverendo XE, el 13 de abril de 2006.

[67] El reverendo Mario Fumero ha escrito varios libros y artículos, que reflejan sus ideas fundamentalistas sobre el ministerio y su intención personal de reprender a los que piensan o hacen el ministerio de manera diferente. Véase, por ejemplo, Fumero, *La Iglesia: Enfrentando el Nuevo Milenio*, p. 67.

para la sanación y buscan al Espíritu Santo para una orientación sobrenatural y liberación, particularmente durante el proceso de rehabilitación. Entre las cinco redes pentecostales estudiadas, esta es la única que muestra una legítima preocupación por los pobres y abatidos. Ellos están intencionalmente comprometidos en la lucha contra la pobreza a través de la acción social y la mayoría de sus programas van en esa dirección.

A la P1, XE respondió que las BAC entienden la misión de la Iglesia como el cumplimiento de la Comisión de Dios a sus seguidores. Él los envió a predicar y hacer discípulos y todos ellos fueron equipados con herramientas espirituales para realizar las obras de transformación del mundo. Sanaban a los enfermos, expulsaban demonios, y realizaban señales y maravillas para el beneficio de los desposeídos. Ese trabajo era necesario para plantear preocupaciones sociales en nombre de aquellos que sufren y anhelan cualquier tipo de ayuda o alivio de personas bien intencionadas. Las BAC están comprometidas a servir a la comunidad con un evangelio integral. Ellos predican, enseñan y ayudan a los necesitados hasta que puedan valerse por sí mismos.

Con respecto a la P2, XE dijo: "Esta iglesia ha respondido positivamente a este enfoque de la misión. Podríamos enumerar varias formas de participación en la acción social en favor de los pobres y los adictos a las drogas."[68] En 1978, las BAC establecieron el *Proyecto Victoria*, que es un centro para la rehabilitación de alcohólicos y drogadictos. Además, tienen en una casa para la rehabilitación de prostitutas. Estos proyectos han sido eficaces para cumplir su objetivo, pero se ejecutan con presupuestos mínimos que hacen las operaciones difíciles. En muchos casos, la escasez de fondos ha limitado la eficacia de los programas.

En la P3, XE respondió que las BAC han establecido un modelo que puede ser observado por otros ministerios en el país. Otras iglesias y organizaciones cristianas han fundado ministerios que ofrecen servicios sociales, pero podrían ser más efectivos si sus líderes unieran esfuerzos para trabajar juntos. De hecho, la unidad cristiana a favor de la acción social aún no se ha logrado en Honduras y la mayoría de los pentecostales trabajan en proyectos individuales o aislados.

Con respecto a la P4, XE argumenta que "un buen número de personas de esta red se han involucrado en proyectos sociales de la iglesia. Los jóvenes son los más motivados para participar, formando así

---

[68] Entrevista con XE.

un entorno adecuado para el ministerio."[69] Puesto que los jóvenes están muy motivados para el servicio social, las BAC han desarrollado programas estratégicos de discipulado, que intencionalmente enseñan y equipan para el servicio comunitario entre los pobres. Las BAC son muy conocidas por este tipo de trabajo con la juventud. Por ejemplo, tienen actividades deportivas que incluyen a un gran número de jóvenes, la mayoría de ellos sin iglesia, formando así un entorno favorable para el evangelismo juvenil.

Para la P5, XE piensa que las BAC han hecho algo relevante por la causa de los pobres. Aunque algunos críticos no están de acuerdo con esta teología pastoral, hay algunos que apoyan este ministerio. La actitud hacia la misión integral es positiva. XE elogia el ministerio del reverendo Mario Fumero, quien ha servido como misionero desde Cuba y Miami a Honduras, durante más de cuarenta años; así que él podría dar fe que un cambio de actitud ha comenzado a tener lugar en la comunidad pentecostal y carismática hacia la proyección social de la iglesia. Las BAC han utilizado también los medios masivos de comunicación, como la radio y la televisión y; algunos organismos gubernamentales disponibles para promover el ministerio integral de la iglesia.

La declaración de la misión

Otro evento importante entre el pentecostalismo hondureño tuvo lugar el 28 de noviembre de 1996, en Siguatepeque, cuando un grupo de líderes pentecostales firmaron una declaración de fe que habían forjado juntos durante las reuniones convocadas para ese fin. Habían estado buscando un terreno común para la cooperación. Se dieron cuenta de que su crecimiento numérico requería atención y necesitaban crear un documento que sustentara el respeto y la comprensión mutua para el futuro. Es en ese espíritu que firmaron un acuerdo, el cual fue puesto a disposición de la mayoría de las redes pentecostales.

La declaración representa tal vez la más importante declaración teológica sobre la misión emitida por los líderes de las redes pentecostales hasta la fecha. La declaración es evangélica y minuciosamente organizada alrededor de siete títulos clave: La Biblia, la Trinidad, Cristo Jesús, la salvación, el Espíritu Santo, la Iglesia, la escatología y la Misión, que es un elemento importante para este estudio, una breve declaración escrita acerca de la misión de la iglesia. Esta es la única declaración sobre la misión de la iglesia, que figura bajo el

---

[69] Entrevista con XE.

epígrafe del Espíritu Santo y por eso citamos la declaración que también hace referencia a la misión de la iglesia.

Sobre el Espíritu Santo: Creemos que el Espíritu Santo es la tercera persona de la Trinidad. Él es el Espíritu de Dios, el Espíritu de Cristo, el Espíritu de verdad y el Espíritu de santidad. El Espíritu Santo ilumina a una persona haciendo que él o ella reconozcan el pecado y se arrepientan, para conocer la verdad y para creer en Cristo y por ello, la experiencia de nacer de nuevo para la salvación. Él lleva a los creyentes a la verdad, les ayuda a comprender la verdad y a obedecer a Cristo, y así dar abundantes frutos de vida.

El Espíritu Santo da todo tipo de poder y manifiesta los poderosos actos de Dios, a través de señales y milagros. El Espíritu Santo capacita a los creyentes para el servicio cristiano para servir a los pobres, a los necesitados y llevar la justicia y la paz en el mundo por la acción de los santos. El Espíritu Santo escudriña todas las cosas. En Cristo, Dios otorga diversos dones del Espíritu Santo a la Iglesia para manifestar la gloria de Cristo. A través de la fe y sedientos, los cristianos pueden experimentar el derramamiento y llenura del Espíritu Santo para servir a su comunidad con el amor de Dios revelado en Cristo Jesús.[70]

Esta declaración contiene varias afirmaciones significativas que ponen de relieve los lineamientos pentecostales de sus autores. Sin embargo, es significativo que ellos incluyeran una declaración sobre la misión de la iglesia. Aunque parecían estar más enfocados en la apologética en lugar de procurar la misión, todavía se veía la necesidad de indicar qué se entiende por misión. Esta declaración al final identifica a los autores y a las redes que representan como pentecostales.

En este punto, estamos en una posición para resaltar las implicaciones de la misión integral. La mencionada declaración de fe fue hecha por las redes pentecostales. Por esa razón esta declaración es significativa. Con su fraseología, cuidadosamente redactada, sobre la obra del Espíritu Santo, la declaración de fe sugiere (1) que sus autores y las iglesias que representan están comprometidos con la experiencia y las enseñanzas del pentecostalismo en su orientación teológica, y (2) que la misión se inserta o es un evidente elemento incluido en su declaración de fe. Desde allí, la declaración sobre la misión se destaca como un elemento significativo en su teología. Sin embargo, la teología de la misión parece ser incipiente en su orientación ministerial, por lo que se

---

[70] Iglesia Evangélica Cuadrangular. 1996. Minutas de la Conferencia de iglesias pentecostales de Honduras, Tegucigalpa, Honduras, 12-13. Esta conferencia tuvo lugar en Siguatepeque, Comayagua, el 28 de noviembre de 1996.

requiere trabajar mucho, con el fin de desarrollar una teología de la misión integral en las iglesias pentecostales.

Resumen

Para este proyecto de investigación, entrevistamos a dirigentes que son generalmente reconocidos por ser influyentes en las mayores redes pentecostales y carismáticas de Honduras. Colectivamente, estas redes representan una mayoría significativa de las iglesias pentecostales y, posiblemente, la mayoría de la población cristiana en Honduras como un todo. En cualquier caso, estos grupos representan una importante sección transversal de las iglesias pentecostales en el país.

Más concretamente, estudiamos la orientación del liderazgo de estas redes en lo que se refiere a su acercamiento a la misión integral de la iglesia. En nuestra evaluación, encontramos que el tema específico de la misión integral no existe en su marco teológico, aunque todos ven a la misión como una prioridad. La misión está presente y parece que tienen una buena percepción de la misión de la iglesia cuando hacen referencia a las preocupaciones sociales. Desafortunadamente, las necesidades de la humanidad no se abordan apropiadamente en su teología de misión y la práctica.

También está claro que cada denominación tiene su propio punto de vista y conocimiento acerca de la misión. Además, también están familiarizados con el término misión integral, aunque parece haber discrepancias en el campo de la práctica. No obstante, tienen una verdadera preocupación por la justicia social, la economía social, la educación y el problema de la pobreza. Todos ellos reconocen que la iglesia tiene el poder y la autoridad para luchar contra estos males sociales y para ello, necesita entrenar y equipar a sus dirigentes.

Esta evaluación se ha basado en entrevistas con dirigentes de las redes pentecostales y carismáticas más influyentes de Honduras. Aunque nuestras conclusiones deben ser vistas como provisionales, dado que hacen falta datos misionológicos firmes en forma de encuestas preliminares, estas conclusiones se basan en la investigación más extensa que se ha hecho sobre este tema hasta la fecha. A partir de esta investigación sugerimos que estos grupos pentecostales podrían ser identificados como sigue:

Asambleas de Dios: Pentecostal clásica, pero con una comprensión limitada de la misión integral. Su servicio entre los pobres y sus necesidades es generalmente asumido o dado por hecho. Al momento de esta investigación, las AD aún no tenían un programa de trabajo social intencional conducente a la práctica de la misión integral. En cualquier caso, incluso cuando su servicio social organizado parece ser limitado, ya se han puesto en marcha algunos esfuerzos en algunas congregaciones por medio de líderes que podrían llevar a la denominación a un nivel más significativo de participación social.

Iglesia de Dios: Esta denominación proviene de una tradición Pentecostal clásica. La mayoría de los pastores y congregaciones están comprometidos a servir en la dimensión espiritual de la salvación como una prioridad, por lo tanto, aparentemente se descuida la causa de la misión integral. En consecuencia, su servicio social en medio y a favor de los pobres es limitado. Sus programas sociales son pequeños y no tienen el pleno apoyo del liderazgo de la denominación.

Algunos jóvenes profesionales y médicos, comenzaron un programa de atención médica y social para ayudar a los pobres en la década de 1980.[71] Sin embargo, la falta de apoyo oficial por parte de los líderes denominacionales y la escasez de financiamiento, ha mantenido el programa débil y pequeño. No fue hasta finales de la década de 1990 que el programa demostró ser más exitoso cuando el apoyo del exterior se fortaleció, de modo que pudieran enfrentar la devastación causada por el huracán Mitch. No obstante, hay mucho interés en las congregaciones y entre los jóvenes por involucrarse en programas de desarrollo social, lo cual generaría mayor participación social en el futuro inmediato.

Iglesia Cuadrangular: pentecostales clásicos, pero con poca participación en el servicio social a favor de los pobres. Su labor en favor de la misión integral ha sido eclipsada por falta de equilibrio entre su participación en los asuntos políticos del país y el enfoque a las necesidades inmediatas de la población. Se han formado un par de centros para huérfanos y drogadictos que representan esfuerzos aislados de bajo nivel por algunas iglesias. Sin embargo, es evidente que los

---

[71] El misionero Flemon J. Ard y el médico Román Cruz establecieron un programa social en 1980, destinado a ayudar a los pobres y enfermos. Se promovió el servicio social y la medicina para que esté a disposición de los necesitados. El programa aún está vivo y se ha fortalecido en los últimos años. Más información acerca de este ministerio está disponible en la Oficina Nacional de la Iglesia de Dios. Los archivos de la misión médica y social. San Pedro Sula, Honduras, 1990 -2000. La información está disponible en Collins, Otoniel, "Una década de crecimiento", *Iglesia de Dios en Honduras* (2008). http://www.iglesiadedioshn.org/pnc.html. Accesado 12 de abril 2009. Véase también, Álvarez, 1986. M. *History of the Church of God in Honduras*. Tesis de Máster de Divinidades, Church of God Theological Seminary, Cleveland, Tennessee, EE.UU.

dirigentes de la denominación entienden que tendrán que desarrollar un enfoque de la misión integral intencional y organizado denominacionalmente. Ya han logrado alguna influencia sobre ciertos organismos gubernamentales pero tal influencia debería ser estratégicamente canalizada hacia las preocupaciones sociales de los pobres y marginados del país.

Centro Cristiano Internacional: más carismático que pentecostal, su tendencia es servir a la clase media y superior de la comunidad. Principalmente orientado a la educación, hasta la fecha había realizado pocos esfuerzos en favor de los pobres y cuando hacen algo por ellos, la actividad cae bajo la categoría de benevolencia. Como se ha apuntado anteriormente, a través de la benevolencia los congregantes no se comprometen de lleno en las causas de la pobreza y no ofrecen una solución cristiana viable. Este es un fenómeno de la clase media de Honduras, que está fuertemente influenciada por las organizaciones carismáticas con sede en los Estados Unidos.

Un mayor uso de la tecnología y la liturgia contemporánea podría reunir a creyentes que comparten la misma idea sobre la misión y hacer, de esa manera, un buen uso de los recursos disponibles. Puesto que su ministerio no está orientado hacia los pobres, su participación en la misión integral es considerada generalmente como un acto de benevolencia. No obstante, su interés en la educación y, en particular, en la educación superior es notable, pues están ofreciendo alternativas a los estudiantes a permanecer en el país durante sus estudios, en lugar de emigrar al extranjero, como solía ocurrir en el pasado.

Brigadas de Amor Cristiano: Pentecostales por naturaleza y doctrina. Entre las cinco redes encuestadas, ésta es la que más se compromete con el servicio social y el desarrollo comunitario. Sus programas de restauración han tenido un impacto significativo y son ampliamente reconocidos en el país. Las BAC han sido una denominación líder en proyectos prácticos que buscan aliviar los agudos problemas en la sociedad. Sin embargo, son pequeños en comparación con las organizaciones más grandes y debido a que sus recursos son limitados. El modelo del Proyecto Victoria debería ser implementado en otras iglesias y redes denominacionales.

Basados en este análisis, hemos concluido que los pentecostales en Honduras tienen iniciativas incipientes hacia el servicio integral, y un conocimiento básico de la misión integral. Este estudio sugiere que los pentecostales reconocen la necesidad de transformar sus comunidades, sirviendo a los pobres y marginados. No obstante, el nivel de participación es insuficiente.

El proceso de transformación en el que están involucrados debe salir más allá de la responsabilidad personal y abarcar a la iglesia en general, como cristianos o congregaciones que fueron plantados entre los pobres para alcanzar a los pobres. El crecimiento numérico de los pentecostales se da como una respuesta natural al evangelio. Por esa razón las iglesias crecen en la con y entre los pobres, experimentando así un desarrollo comunitario por inercia más que por intencionalidad. Sin embargo, los dirigentes pentecostales tendrán que volver a definir y asumir posiciones intencionales sobre todo en lo se refiere espectro integral de la misión de la iglesia.

Además, a la luz de la considerable fuerza de las redes pentecostales estudiadas, es razonable concluir que un número significativo de cristianos en Honduras, hoy, son pentecostales y carismáticos en su orientación teológica. Esta realidad impone una carga significativa sobre los líderes pentecostales y carismáticos. Históricamente, los pentecostales no muestran una fuerte participación en las preocupaciones sociales. En lugar de ello, se dedicaron a juzgar a los que hablaron y enfatizaron el servicio a los pobres y los necesitados, como si estuvieran políticamente desviados.

También está claro que los pentecostales constituyen una importante fuerza espiritual en el país, hablando numéricamente. Esto representa una oportunidad para ellos. Podrían utilizar su fortaleza para capacitar y equipar a los líderes que están comprometidos a participar en la misión integral. Los líderes pentecostales deben capacitar a sus miembros, intencionalmente, en el servicio social y político. Por lo tanto, los pentecostales tendrán que ser estratégicos en su enfoque para satisfacer las necesidades de los pobres.

La práctica de la misión integral de las iglesias pentecostales en Honduras podría describirse como lo exhiben las siguientes características:

Un fuerte énfasis en la experiencia personal que se refleja a menudo en la oración y la adoración cargadas emocionalmente. Se entiende que Dios está presente, personalmente y está vitalmente interesado en comunicarse y relacionarse con los creyentes individuales. La adoración exuberante, participativa y las respuestas emocionales a la predicación son bastante comunes y pueden ser descritas como típicas.[72]

---

[72] Estas características son comunes en los pentecostales de todo el mundo. En cierto modo, estos hallazgos pueden representar una definición del pentecostalismo. Estas definiciones pueden ser encontradas en algunas investigaciones de literatura contemporánea sobre el pentecostalismo. Por ejemplo, en África, Allan Anderson

Los pentecostales podrían usar estos dones naturales para alcanzar estratégicamente a aquellos que entienden y asisten a los pobres y a los que han sido marginados socialmente. Podrían traer esperanza a aquellos que sufren y anhelan relaciones significativas. Estas prácticas encajan bien con el acercamiento pentecostal al servicio cristiano.

Una fuerte expectativa de que Dios intervendrá en forma milagrosa en la vida diaria de los creyentes. Los pentecostales exhiben una firme creencia en la capacidad de Dios y la disposición de obrar milagros en medio de ellos. Sus testimonios se refieren a menudo a Dios sanando a los enfermos, resucitando a los muertos, otorgando sabiduría especial o dirección, comunicándose a través de los sueños, visiones o mensajes proféticos, proporcionando el denuedo para testificar o garantizando fortaleza milagrosa y protección diaria. Esta expectativa es frecuentemente expresada en la apertura a los dones del Espíritu y es, sin duda, alentada en parte por pasajes bíblicos tales como 1° Corintios 12:8-10. Estos son claros indicadores de que los pentecostales podrían desarrollar fuertes conexiones con quienes parecen haber perdido la esperanza, conduciéndolos así a una sociedad que cuida y ama, que se ocupa de sus necesidades básicas.

Una fuerte consciencia de su propia debilidad y dependencia de Dios. Quizás esto se debe en parte a sus experiencias de la marginación y la pobreza. Los creyentes pentecostales a menudo reflejan una viva conciencia de su propia debilidad y un fuerte sentido de dependencia del poder y dirección sobrenatural de Dios. Esto se refleja en un énfasis en recibir la fuerza y el aliento del Espíritu Santo, a menudo en momentos específicos de oración. Para ellos, esta perspectiva es, sin duda, basada en la experiencia de la iglesia primitiva como está registrado en el libro de los Hechos. Por esta razón, los pentecostales podrían identificarse fácilmente con las necesidades humanas básicas y lograr un cambio en la actitud de los marginados por la pobreza.

Resultados concluyentes

En este punto, estamos en condiciones de resumir algunos de los hallazgos críticos. Hemos analizado la orientación teológica de algunas de las mayores redes de pentecostales en Honduras. Este análisis se basa

---

registra algunos distintivos similares entre los pentecostales. Véase Anderson, Allan H., 1992. Bazalwane: African Pentecostals in South Africa (Pretoria, SA: UNISA, 1992), pp. 16-22; véase también, Cone, James H., *God of the Oppressed* (New York, NY: Seabury Press, 1975), p. 106.

en entrevistas y hallazgos de otros investigadores seleccionados y documentos escritos.

Estas conclusiones sugieren que un número abrumador de cristianos en Honduras hoy son pentecostales y carismáticos, pero su impacto en la misión integral es limitado. Esto de hecho supone un problema misionológico, pues la iglesia no está todavía alcanzando a la persona completa con el evangelio. El hecho de que, hasta el día de hoy, el país sigue estando en condiciones de extrema pobreza, plantea la cuestión, se debe esto a que los pentecostales y carismáticos no están intencionalmente involucrados en el desarrollo social, político y económico del país.

Por supuesto, esto genera importantes conclusiones tales como la perpetuidad de la pobreza y la marginación en países como Honduras, debido a que los cristianos no practican la misión integral. Evidentemente, no se puede culpar a los pentecostales de todos los males, pero el crecimiento numérico de estos en los últimos años exige respuestas objetivas sobre su efectividad en la evangelización. Esto último requiere estudios adicionales que expliquen este fenómeno.

Como hemos visto, si bien es cierto que el número de cristianos ha aumentado considerablemente entre las redes pentecostales, también es evidente que estos cristianos no han sido capaces de transformar su sociedad, como tradicionalmente se espera en densas sociedades cristianizadas. Este es un fuerte indicador, que revela que las iglesias pentecostales en Honduras aún están defectuosas en su comprensión y práctica de la misión integral. Por lo tanto, las iglesias tendrán que asumir un compromiso intencional en la práctica una teología de misión que debe ser integral y que tiene que ser iniciado entre las iglesias pentecostales por ser por ahora las más numéricas.

También está claro que la mayoría de los pentecostales en Honduras fueron alcanzados por el evangelio mientras vivían en condiciones de extrema pobreza y, aunque algunos han hecho un gran esfuerzo para avanzar y superar la pobreza, una vasta población aún continúa batallando este mal sistémico. No obstante, si se mantiene el ritmo de hoy, habrá cambios importantes en la realidad socioeconómica de la nación, simplemente por el efecto natural de una densa población cristiana que crece en el país, aunque esto es más bien una visión optimista de las posibilidades de la iglesia pentecostal para ayudar a superar la pobreza en el país.

Debido a la realidad socioeconómica de la mayoría de los pentecostales, estos no parecen tener acceso pleno a la educación formal. Además, su formación cristiana se ha visto afectada por esta condición.

Sus dirigentes parecen ser conscientes de la situación y ahora están buscando oportunidades para la formación de pastores y de colaboradores laicos debidamente entrenados teológica y profesionalmente. Sin embargo, estos esfuerzos son todavía limitados con respecto al tamaño de la población a la cual sirven.

Los pentecostales también están aprendiendo más sobre la misión integral. Ciertos dirigentes, ya están siendo formalmente entrenados en esta área de la educación. Hasta ahora, su mayor participación en las preocupaciones sociales emerge de su compromiso de servir a la comunidad. Por consiguiente, la transformación que se produce se basa en esfuerzos personales principalmente guiada por su compromiso con el evangelio. Por lo tanto, la capacitación formal sobre la misión integral tendrá que ser planificada intencionalmente y esto requerirá de la participación de la comunidad local y los líderes denominacionales.

También es importante que los pentecostales dialoguen con compañeros de organizaciones evangélicas para aprender y practicar la misión integral. El pentecostalismo es todavía joven en Honduras y se beneficiaría en aprender acerca de la misión como la practican otras tradiciones cristianas. Este diálogo debería realizarse intencionalmente y estos tendrían que estar abiertos a diferentes opiniones y puntos de vista con respecto a cuestiones sociales y económicas que afectan a sus comunidades y a la iglesia.

7

AMPLIANDO EL DEBATE SOBRE LA MISION PENTECOSTAL

La discusión en esta sección es de naturaleza teológica. Establece el fundamento para una teología de misión integral entre las iglesias pentecostales. Reconoce las fortalezas tradicionales del movimiento como potenciadas por el Espíritu Santo, con el propósito de servir a la comunidad eficientemente. Estos hacen uso de los dones carismáticos para proclamar el evangelio, sanar a los enfermos, echar fuera espíritus malignos y la liberación de los oprimidos. Los pentecostales fomentan la esperanza para el futuro.

Este antecedente se acepta generalmente como fundacional en la misión y la teología pentecostal.[1] La discusión aquí mantiene ese marco en mente. Ayuda a la misión en nuevos campos de ministerio y teología, que parecen haber permanecido menos intensos en el impulso para descubrir nuevos campos para la misión.

El propósito de este estudio es introducir nuevas oportnidades en la misión integral, aunque esots temas, tradicionalmente no son tratados por los teólogosos pentecostales o los practicantes de la misión.

En esta sección intentaremos encontrar un modelo de misión integral para las iglesias pentecostales. Trataremos el caso desde una perspectiva más amplia, por lo que para ese propósito nos referiremos a la comunidad pentecostal en general. Esta perspectiva general se basa en los antecedentes del pentecostalismo en Honduras y, América Latina en general, debido a sus similitudes. Por esa razón, aunque este estudio hace especial referencia a Honduras, al final, se convierte en una referencia académica para el entendimiento de la misión integral de los pentecostales en general.

Donald E. Miller y Tetsunao Yamamori han publicado un volumen significativo sobre el campo de la acción social, como se observa en su estudio, sobre una teología pentecostal progresiva. Miller y

---

[1] Véase, por ejemplo, el manifiesto de los teólogos pentecostales, James K. A. Smith y Amos Yong, en el que reconocen que el pentecostalismo va más allá del simple hecho de considerar su propia tradición, a nuevos campos en el análisis teológico y cultural de una variedad de cuestiones, desde una perspectiva pentecostal. Smith, James K. A., *Thinking in Tongues: Pentecostal Contributions to Christian Philosophy* (Grand Rapids, MI: Eerdmans, 2010), p. i.

Yamamori han abandonado a esa corriente soteriológica que enfatiza la salvación personal que excluye al intento de transformar la comunidad. Estos han adoptado un nuevo campo de acción en el servicio cristiano. Lo llaman 'pentecostalismo progresista'.[2] Miller y Yamamori definen a los pentecostales progresistas "como cristianos que afirman ser inspirados por el Espíritu Santo y la vida de Jesús para buscar dirigir de manera integral, las necesidades espirituales, físicas, y sociales de las personas en su comunidad."[3] Estos pentecostales emergentes son conocidos por su expresiva alabanza y adoración contemporanea. Estos entrenan, equipan y fortalecen a los laicos para el ministerio y, también muestran una genuina compasión hacia las necesidades holísticas de las personas. Tales pentecostales progresistas sirven al individuo y a su comunidad. Perciben el movimiento del Espíritu Santo individualmente y en el servicio a la comunidad.[4]

Con la definición de Miller y Yamamori, del pentecostalismo progresista en mente, este estudio contiene algunas propuestas creativas. Hemos organizado nuevas ideas y conocimientos que surgen de las secciones anteriores. Una vez que hayamos clasificado los temas más importantes, procederemos a analizarlos, con el propósito de establecer propuestas creativas, que puedan ser útiles para comprender a la misión integral pentecostal. Durante el transcurso de la discusión, se hace referencia a algunos puntos que requieren más investigación y reflexión. Sin embargo, las cuestiones señaladas aquí son útiles para este trabajo.

Al final, discutiremos sobre la razón por la que los pentecostales parecen tener éxito en la edificación de comunidades, a las que aquí se hace referencia como comunidades de fe. Tales comunidades basan su fe y acción alrededor de principios espirituales, valores y virtudes inculcados por la Palabra de Dios y el Espíritu Santo. Las comunidades pentecostales se han establecido sobre todo entre los pobres y los marginados del pueblo. Como hemos visto, en las últimas décadas, la Iglesia Católica y otras organizaciones cristianas han asumido la posición de optar por los pobres en su enfoque hacia la misión.[5]

---

[2] Miller, Donald E. y Tetsunao Yamamori (eds.), *Global Pentecostalism: The New Face of Christian Social Engagement* (Los Angeles, CA: University of California Press, 2007), p. 2.
[3] Miller and Yamamori, *Global Pentecostalism*, p. 3.
[4] Miller and Yamamori, *Global Pentecostalism*, p. 3.
[5] Véase, Gutiérrez, *Una teología de la Liberación*, pp. 67-72. Véase también Twomey, Gerald S.(ed.), "The Preferential Option for the Poor," in *Catholic Social Thought from John XXIII to John Paul II.* Vatican: Roman Catholic Studies, 2005), pp. 278-90.

La opción preferencial por los pobres es una de las enseñanzas significativas para el servicio social en la Iglesia Católica de América Latina. Pedro Arrupe usó la frase "opción para los pobres" en 1968 en una carta a los jesuitas de América, pero como categoría teológica fue desarrollada por Gustavo Gutiérrez. Esto fue el primero primero que la articuló en su libro de referencia sobre la teología de la liberación.[6] El principio está arraigado tanto en el Antiguo como en el Nuevo Testamento y afirma que una preocupación preferencial por el bienestar físico y espiritual de los pobres es un elemento esencial del evangelio.

Por su parte, los pentecostales no tuvieron que optar por los pobres, ellos son los pobre y ya están allá. Además, la diferencia entre el servicio misionero provisto por otras entidades cristianas y la iglesia pentecostal podría explicarse de esta manera: la misión pentecostal comienza desde y adentro de la comunidad de los pobres. Los pentecostales no tuviero que ir a los pobres. Ellos son los pobres y su misionología viene desde adentro, como un movimiento de los pobres. La pobreza socioeconómica es parte de sus antecedentes históricos. Su fe y sus compromiso con el evangelio les enseñaron a superar la pobreza con la obra transformadora de la Palabra, Espíritu Santo y la actividad de la comunidad de fe, que se inicia con la práctica del evangelio, desde adentro hacia afuera. Los teólogos de la liberación pueden argumentar que también provienen de los pobres. La diferencia radica en el enfoque espiritual.

Los pentecostales actúan por convicción espiritual, mientras que los teólogos de la liberación parecen haber actuado por convicciones sociopolíticas y religiosas, que no eran compatibles con los pentecostales. Un autor reconocido que nos ayuda a comprender la misión integral entre los pobres en América Latina es René Padilla. Desde su enfoque integral hacia la misión, probablemente se describiría a sí mismo como un anabautista y podría decirse que Padilla ha influido positivamente sobre los pentecostales con sus enseñanzas sobre la misional integral. Aunque en este estudio Padilla no es citado como un teólogo pentecostal, es aceptable reconocer que sus contribuciones también han ayudado en la formación de la misionología pentecostal.[7]

Algunas iglesias pentecostales, sin embargo, todavía luchan en su comprensión de la misión, ya que tienden a espiritualizar las

---

[6] Gutiérrez, *Una teología de la Liberación*, pp. 17-22.
[7] Véase, Padilla, C. René, "A Message for the Whole Person," Transformation 9.3 (1993), p. 1-7. Véase también, Padilla, "Evangelism and Social Responsibility: From Wheaton '66 to Wheaton '83," *Transformation* 2.3 (1983), p. 27-34.

enfermedades sociales. La pobreza, la injusticia y la enfermedad se consideran consecuencias directas de la actividad maligna en la naturaleza humana. Para los pentecostales sería beneficioso aprender a abordar el tema del pecado institucional y reconocer que los males sociales también podrían ser producidos por estructuras de poder malvadas que actúan en contra del propósito de Dios para la humanidad. Sin embargo, ya parece que los pentecostales están expandiendo su fe más allá de sus creencias y se están comprometiendo con aspectos prácticos que afecta a la vida de la comunidad.

Aunque las iglesias pentecostales actuales están prestando más atención al crecimiento numérico, esos números también están generando capacidad de afectar a la comunidad transformando viejos paradigmas en nuevos estándares de vida que completarán la plenitud del propósito de Dios para la comunidad. Para satisfacer tales demandas, los pentecostales deben centrar su atención en áreas de servicio como el desarrollo comunitario y la asistencia integral a los pobres, como responsabilidades sociales que no parecen estar incluidas intencionalmente en la mayoría de los ministerios neopentecostales contemporáneos.

Evangelismo y Preocupación Social

Como hemos visto, los pentecostales entienden a la comunidad de creyentes como la morada de Dios con la humanidad. Con respecto a esa vida comunitaria, David Bosch declaró que "los creyentes pentecostales comparten unos ccon otros sus alegrías y esperanzas, sus ansiedades y su tristeza y, se unen a cada persona de todo lugar y tiempo para traerles las buenas nuevas de una nueva vida en el Reino de Dios. Cristo Jesús manifestó las señales del reino de Dios. Esto ha llegado y continúa estando presente entre los que creen."[8] Bosch también sugirió que es en el mundo actual donde la iglesia sirve como la agencia, por el cual "Dios comparte su amor y esperanza.

El amor de Dios inspira y sostiene todo compromiso con la libertad y el progreso humano. La iglesia está presente entre la humanidad como el lugar de morada de Dios. En ella, hombres y mujeres encuentran apoyo y solidaridad, que es una expresión del amor redentor

---

[8] Sobre este tema, véase Bosch, *Transforming Mission*, pp. 84-113. Aunque en este estudio no fue citado como un teólogo pentecostal, el volumen clásico de David Bosch ha sido traducido al español y consultado en la mayoría de los programas de capacitación en América Latina.

de Cristo".⁹ La idea de Bosch supone que la comunidad de fe no es un ideal abstracto ni una simple enseñanza espiritual, al contrario, esta fue diseñada para servir a las personas en el contexto de la historia humana y en un mundo real. Por lo tanto, es en ese Espíritu de amor que los creyentes se inspiran para servir a la comunidad. De esa manera, los creyentes muestran su voluntad de cooperar con el plan divino de redención de Dios para la humanidad.

Por su partee Darío López afirma que cada persona es única en su individualidad y que cada persona establece sus relaciones en una sociedad libre con los demás.¹⁰ Es con este marco en mente, que Valerio Gerber sugiere que la vida humana se diseñó de forma tal que los individuos pudieran establecer contactos con individuos que también tienen la capacidad de relacionarse con otras personas y grupos sociales. Los pentecostales también podrían ayudar a su "pueblo a invertir en la formación de comunidades sociales para el avance de sus grupos sociales y familiares."¹¹ Estas son algunas de las razones que "originan y dan forma a la sociedad, con estructuras que expresan sus construcciones políticas, económicas, jurídicas y culturales sólidas."¹² Y con razón, los pentecostales afirman que el Espíritu Santo es el agente que permite a la iglesia ser eficiente en el servicio a la comunidad. Entonces, en las palabras de David Harley al final de una de sus obras, "la iglesia puede entender a la humanidad en su vocación y aspiraciones, límites y recelos, en sus derechos y deberes, y hablar una palabra de vida que repercute en las circunstancias históricas y sociales de la existencia humana".¹³

Enriqueciendo e impregnando a la sociedad con el Evangelio

Las iglesias pentecostales parecen tienen mucho éxito en la proclamación del evangelio. El crecimiento nemérico de creyentes testifica de eso, sin embargo, estos muestran algunas limitaciones en la

---

⁹ Bosch, *Transforming Mission,* p. 92. Sobre el mismo tema véase, López, *El Nuevo Rostro del Pentecostalismo Latinoamericano*, p. 68.

¹⁰ López, *El Nuevo Rostro del Pentecostalismo Latinoamericano*, p. 56.

¹¹ Gerber, Valerio, *Missions in Creative Tension* (Pasadena, CA: William Carey Library, 1971), p. 56. El autor discute la forma en que los cristianos trabajan a través de redes naturales basadas en relaciones que ocurren en el contexto de la iglesia local. Básicamente, la misma experiencia ocurre entre las comunidades pentecostales en diferentes contextos.

¹² Gerber, *Missions in Creative Tension,* p. 56.

¹³ Harley, David, *Preparing to Serve: Training for Cross-Cultural Mission* (Pasadena, CA: William Carey Library, 1995), p. 89.

presentación de la misión redentora y transformadora del evangelio. Debido a eso, parecen estar limitados en el avance social de la comunidad. Por ejemplo, el campo de la educación todavía parece ser uno de los principales desafíos que deben superar. Los pentecostales tienen que revisar su comprensión y práctica de la misión integral si quieren enriquecer a la sociedad con la misión transformadora del evangelio.

La forma en que los pentecostales sirven a la comunidad podría indicar sus niveles de espiritualidad y compromiso para transformar la vida de cada individuo afectado por su ministerio. La deficiencia puede residir en su formación como agentes de transformación social. El hecho que todavía no tengan una teología de la misión integral incorporada a sus enseñanzas podría mostrar algunas deficiencias, como por ejemplo, ser teológica y socialmente indiferentes al sufrimiento de los pobres y los marginados, aunque sí, son conscientes que estas situaciones difíciles afectan negativamente a la sociedad y hay que hacer algo especialmente por las personas o grupos en desventaja social.

De una forma natural, los pentecostales han estado atentos a las condiciones morales de la comunidad. A su manera, han promovido los aspectos humanos que enriquecen las vidas de las personas, particularmente con las enseñanzas bíblicas. Para ellos "la sociedad no es simplemente una realidad secular y mundana, y por lo tanto, ajena al mensaje de salvación. En cambio, estos entienden que lo mejor de la comunidad se logra cuando se observan los principios del evangelio. Para los pentecostales, la sociedad está formada por personas que son los principales sujetos a los que la iglesia debe servir."[14] Lo que los pentecostales necesitan es desarrollar una enseñanza estratégicamente estructurada sobre la misión integral, lo que fortalecería sus esfuerzos actuales en la comunidad.

A través de sus enseñanzas, los pentecostales se dan cuenta que es el Espíritu Santo quien inspira a los creyentes a proclamar el mensaje de la redención obrado por Cristo en el evangelio y que la redención también tiene el propósito de transformar la vida humana. Sin embargo, en el trasfondo de sus mentes los pentecostales parecieran ver esta transformación como un objetivo secundario, como conscuencia de de la bendición de ser redimido. Entonces, dado que la transformación social no se considera parte del núcleo de la redención, aquellos que abogan por la misión integral notarían algo que efectivamente este element hace

---

[14] Bosch, *Transforming Mission*, p. 96.

falta en las enseñanzas pentecostales.[15] Debería existir una enseñanza donde la comunidad de fe proclame el evangelio en el amor y el poder del Espíritu Santo con el propósito de transformar integralmente a los creyentes y a la comunidad donde estos radican.

Otra área de preocupación es la enseñanza de la paz y la justicia de conformidad con los principios del Evangelio. Carmelo Alvarez aboga por que estas enseñanzas sean enseñadas abiertamente no solo en los seminarios. Tienen que ser estudiados a nivel de iglesia local por todos los miembros de la congregación. Alvarez les pide a los pentecostales que abandonen su zona de confort en el vecindario y procedan a defender y hablar con valentía a favor de la paz y la justicia.[16] Este debate sobre la paz y la justicia se inició en los círculos pentecostales a un ritmo lento, pero continúa llamando más la atención, particularmente en la beca más reciente.

En realidad, la justicia social y la paz son parte del núcleo de la misión integral. Para López también son preocupaciones pentecostales porque transmiten un mensaje que brinda libertad espiritual, moral y social a la humanidad.[17] Esto significa que el evangelio tiene la eficacia de la verdad y la gracia que proviene del Espíritu de Dios, para penetrar los corazones, predisponer a los pensamientos y diseños de amor, justicia, libertad y paz.[18] Al transformar a la sociedad con el evangelio, los pentecostales tendrán que anunciar la libertad, que se encuentra en el evangelio y en el corazón humano. Ese es el evangelio que promueve una sociedad acorde con la humanidad en Cristo Jesús. Los creyentes deben construir una comunidad que sea más humana porque se trata de una sociedad que vive de conformidad con el propósito de Dios para el mundo.[19]

A través de su participación en el servicio a la comunidad, los pentecostales tendrán que llevar a cabo su misión a nivel local. A partir de allí, servirán como instrumentos de transformación social. Por lo tanto, en la misión redentora que Cristo Jesús les encomendó, también

---

[15] Para más información sobre la teología pentecostal del poder y el amor, véase Migliore, Daniel, *Faith Seeking Understanding: An Introduction to Christian Theology* (Grand Rapids, MI: Eerdmans, 2004), pp. 312-21.
[16] Alvarez, *Santidad y Compromiso,* 89.
[17] López, *El Nuevo Rostro del Pentecostalismo Latinoamericano,* p. 61.
[18] Un excelente artículo fue escrito por David Bueno, sobre la transformación de las comunidades rurales en El Salvador por la influencia de los creyentes pentecostales, véase, Bueno, David, "The Struggle for Social Space: How Salvadoran Pentecostals Build Communities in the Rural Sector," *Transformation* 18.3 (2001), pp. 171-91.
[19] Bueno, "The Struggle for Social Space," p. 172.

hay lugar para lo sobrenatural, especialmente para atender a los pobres, los débiles y los marginados. La dimensión sobrenatural es también una expresión del poder ilimitado de pentecostés para transformar las vidas de las personas. Esta dimensión es también una expresión del poder integral del evangelio.[20] Sin embargo, es bueno que los pentecostales no entienden lo sobrenatural como una entidad o como un lugar que comienza donde termina lo natural. Al contrario, deben verlo como la unión de lo sobrenatural con lo natural, donde lo natural se eleva a un nivel superior mediante la vida de santidad de los creyentes.[21]

A esta dimesión de santidad, Norberto Saracco, la ve como una oportunidad asumida por los pentecostales, para enseñar que el orden humano también es parte de lo sobrenatural, porque en el ejercicio de lo sobrenatural la condición humana también se encuentra involucrada.[22] Esto es así porque la persona está viviendo en el Espíritu y porque los dones del Espíritu Santo se entregan a los creyentes para ayudarlos a superar las limitaciones humanas y, debido a eso, es que las personas viven en el Espíritu. Así que, pentecostalmente hablando, los dones del Espíritu Santo se entregan para ayudar en las limitaciones de la humanidad, y debido a que aquellos que participan en el amor de Dios, pueden o tienen la capacidad para ejercerlos.

Del mismo modo, Jesucristo es también el cumplimiento de todas las cosas en el presente orden social.[23] A través de él, la humanidad puede recuperar su conexión original con el Creador de la vida, la sabiduría y el amor.[24] De hecho, "Dios amó tanto al mundo que él dio a su Hijo unigénito" (Juan 3:16). Dado que esta conexión se perdió con el primer ser humano, Adán, Dios se volvió a conectar con la humanidad a través del segundo ser humano, Jesús, su Hijo.[25]

La enseñanza pentecostal de la redención comienza con la encarnación, por la cual el Hijo de Dios toma todo lo que es humano, excepto el pecado, de acuerdo con la solidaridad establecida por la sabiduría del Creador, y abraza todo en su regalo del amor redentor.[26] La

---

[20] Russell, Chandler, "Fanning the Charismatic Fire," *Christianity Today* (November 1967), p. 39-40.
[21] Russell, "Fanning the Charismatic Fire," p. 39.
[22] Saracco, *The Word and the Spirit in the Evangelizing Community,* p. 12.
[23] Dayton, *Raíces Teológicas del Pentecostalimo,* pp. 26-30.
[24] Padilla, *A Message for the Whole Person,* p. 2.
[25] Russell, *"Fanning the Charismatic Fire,"* p. 39.
[26] David Burrell afirma que la doctrina pentecostal de la misión abraza la solidaridad con las necesidades humanas, que están incluidas en el regalo de la redención. Véase,

humanidad luego es tocada por este amor en la plenitud de su ser, que es corpóreo y espiritual, en solidaridad con los demás. Entonces toda la persona está involucrada en la misión del evangelio.

Con una enseñanza integral de la misión, la comunidad de creyentes seguiría un camino iluminado con una misión integral, que implica una acción efectiva a favor de los pobres y débiles. Los creyentes entienderían que para ser fieles al evangelio tendrían que ofrecerse a sí mismos como instrumentos de transformación en las manos de Dios. Entonces conviertirían en agentes de redención integral para aquellos que reciben a Cristo como Señor y Salvador y para la comunidad en general.[27]

En realidad esta es otra forma de describir una de las marcas del pentecostalismo que ya ha existido dentro del marco de sus enseñanzas, especialmente en la condición del sufrimiento humano. Lo que ha faltado es una elaboración estratégica de enseñanzas que toquen estas áeras en particular y con objetivos especícos. La combinación de la proclamación del evangelio a los pobres y marginados con la acción y asistencia de lo sobrenatural genera nueva vida y da esperanza a las personas. Esta es la fortaleza del pentecostalimo y una de las contribuciones más grandes de este movimiento al cristianismo histórico.

Evangelismo y promoción humana

Acá la discusión comicnza al afirmar que el servicio social debería ser adoptado por los pentecostales como una parte integral de su ministerio y no como una acción seucndaria. Estos se están dando cuenta que existe una relación profunda entre la evangelización y la promoción humana. También son conscientes que esta relación es parte de una condición antropológica, porque el individuo que se conecta con el evangelio también forma parte de un entorno social y una situación socioeconómica particular.[28] En este punto, estamos listos para decir que

---

Burrell, David B., *Freedom and Creation in Three Traditions.* (Notre Dame, IN: University of Notre Dame Press, 1994), p. 210.

[27] Véase, Comisión Evangélica Pentecostal Latinoamericana, "Jubileo. La Fiesta del Espíritu," *Identidad y Misión del Pentecostalismo Latinoamericana* (Quito, Ecuador: CLAI, 1999), p. 11.

[28] De su fondo carismático católico, José Comblin describe cómo las comunidades de base de Brasil han vinculado la redención a la situación social y económica de la comunidad. Comblin, José, "Brasil: Base communities in the Northeast," in Guillermo Cook (ed.), *New Face of the Church in Latin America: Between Tradition and Change* (New York, NY: Obis Books, 1994), pp. 205-25.

los pentecostales deberían incorporar estas enseñanzas a sus fundamentos teológicos.

Al respecto, Comblin también argumenta que "ya que la proclamación del evangelio es una actividad que no puede desvincularse del plan de Dios para la creación y la redención de la humanidad, tanto la proclamación como la responsabilidad social deben permanecer juntas en la misión."[29] Por lo tanto, es justo afirmar aquí que el plan redentor de Dios alcanza a la condición humana en circunstancias concretas, como la pobreza, el sufrimiento y la injusticia. Daniel Chiquete también enfatiza que "el propósito de Dios es restaurar y transformar lo que ha sido desfigurado o distorsionado por el poder del mal."[30]

Así que la comunidad de creyentes debe ser consciente de su responsabilidad y participación en la misión redentora, que se manifiesta en la encarnación de Jesucristo; por lo tanto, los pentecostales necesitan ajustar su enfoque a la evangelización, integrando la responsabilidad social a su misión cristiana. Junto con la proclamación del evangelio, los creyentes se benefician aprendiendo a promover la paz y la justicia para el avance de la humanidad.

Responsabilidad social y misión integral

Este debate sobre la responsabilidad social nace de la relación entre el mensaje del evangelio y su efecto redentor sobre la comunidad. Entendida de esta manera, la responsabilidad social es el distintivo mediante el cual los creyentes se comprometen a proclamar el evangelio y asumir un rol profético al mismo tiempo. Esta propuesta es una invitación a los pentecostales a reconocer que enseñar y difundir el evangelio con responsabilidad social es esencial para el ministerio efectivo de la comunidad de fe. Este concepto de misión integral toma en consideración las consecuencias del mensaje proclamado y las acciones sociales involucradas en el proceso.

Evidentemente, el mensaje iniciará un cambio espiritual que afectará al trabajo diario de la comunidad y a las luchas por la justicia social en el contexto de dar testimonio de Cristo como el Salvador a las personas. En este punto, el argumento de Burrell es válido; este dice que "la misión social también es parte del corazón mismo del servicio cristiano."[31] Esta enseñanza puede ofrecer ideas renovadoras a los

---

[29] Comblin, "Brasil: Based Communities in the Northeast," p. 218.
[30] Chiquete, "Healing, Salvation and Mission," p. 12.
[31] Burrell, Freedom and Creation in Three Traditions, p. 208.

creyentes a medida que se involucren efectivamente en la responsabilidad social. Los pentecostales ahora podrían ver el misterio de la salvación como un servicio que apunta no solo a la proclamación del evangelio, sino también liderar la transformación de la comunidad.

Ampliando el debate sobre la misión pentecostal en América Latina

Está claro que la comunidad pentecostal no puede asumir toda la responsabilidad por lo que sucede en la comunidad, pero sí podría hablar con autoridad y competencia contra los males sociales y a favor de lo que es bueno para la gente. Cuando estos asuntos se integran a la proclamación del evangelio, entonces la comunidad se beneficia integralmente. Sobre este tema, Donald Dayton escribió: "Jesús no legó a la iglesia una misión meramente en el orden político, económico o social. El propósito que Cristo asignó a sus seguidores fue integral, por lo que incluyó las realidades físicas y espirituales de las personas."[32] Dayton también agrega que "esta misión de la evangelización puede ser una fuente de compromiso, dirección y vigor para establecer y consolidar a la comunidad de acuerdo con la ley y el propósito de Dios para sus integrantes."[33]

Como hemos visto, los pentecostales todavía no han intervenido directamente en cuestiones técnicas, con respecto a las preocupaciones sociales, pero sus principios cristianos les permiten actuar, como el Espíritu Santo los guía, en cualquier circunstancia política o socioeconómica dada.

Los pentecostales parecen ser muy hábiles en implementar sus principios cristianos y tienen la capacidad para proponer sistemas o modelos de organizaciones sociales que beneficien al interés común de las personas. Esto es más relevante, especialmente en las áreas urbanas más marginadas, donde la iglesia local generalmente es la que toma la iniciativa para encontrar soluciones a muchos de los problemas de interés común para la comunidad.

Aunque los pentecostales se dan cuenta que esta no es la única misión confiada por Cristo a los creyentes, algunos insisten en que "la competencia de la iglesia proviene de los principios del evangelio; es decir, los creyentes deben proclamar la verdad que libera a los individuos, que es el mensaje proclamado y atestiguado por el Hijo de

---

[32] Dayton, Raíces Teológicas del Pentecostalismo, p. 129.
[33] Dayton, Raíces Teológicas del Pentecostalismo, p. 129.

Dios hecho humano."[34] Lo positivo, es que ya hay una nueva generación de pentecostales se está involucrando en los principios de la misión integral, lo que puede conducir a una presentación más significativa del evangelio a las comunidades que más sufren en América Latina.

Enfrentando el mal en las estructuras sociales y políticas

Algunos pentecostales aún se adhieren a la enseñanza tradicional de que el ministerio de los creyentes es ayudar a las personas a encontrar el camino de la salvación. Este parece ser su principal y único propósito para el ministerio. Esta acción les proporciona una idea general de que la enseñanza social no es necesaria en la iglesia. Si la iglesia se involucra en la acción social, puede perder su objetivo, que es proclamar el evangelio de la salvación a los perdidos.[35]

Estos pentecostales creen que la comunidad de fe tiene la responsabilidad de enseñar la verdad y el camino de la integridad a las personas.

También entienden que los creyentes deben servir a sus conciudadanos, para hacer que los principios cristianos sean reales para la humanidad. Ellos enseñan que el propósito del Evangelio es poner sus principios en práctica.[36] Para ellos, la verdadera fe y el buen comportamiento se manifestarán en el campo de la práctica, que implica que los creyentes compartan sus vidas con otras personas en la comunidad. Ya sea que estas responsabilidades parezcan espirituales o no, su propósito permanece enfocado en el ser humano a quien Dios llama, por medio de la comunidad cristiana, para participar en su regalo de salvación.

Otros pentecostales ven a la misionología como la disciplina que enseña a abrazar la idea de que "las personas no responderán al don de la salvación a través de la aceptación parcial, abstracta o meramente verbal, sino con la totalidad de sus vidas. Los hombres y las mujeres abandonan su antiguo estilo de vida para iniciarse nuevamente, lo que también es

---

[34] Una explicación teológica a la cuestión de la participación de la iglesia en el cambio de las estructuras sociales se encuentra en Freston, Paul, "Pentecostalism in Latin America: Characteristics and Controversies," *Social Compass* 45.3 (September 1998), pp. 335-58.

[35] Para una mejor comprensión del desarrollo de la doctrina social en la iglesia evangélica de América Latina, Hong, En Sik, *¿Una Iglesia Posmoderna? En Busca de un Modelo de Iglesia y Misión en la Era Posmoderna* (Buenos Aires, Argentina: Ediciones Kairos, 2001), pp. 72-86.

[36] Russell, "Fanning the Charismatic Fire," p. 40.

relevante y atestigua su redención en Cristo."[37] Estos pentecostales no consideran la misión como un privilegio, sino que "la consideran el derecho y la responsabilidad que tienen los creyentes de proclamar el Evangelio en el contexto de la comunidad".[38] Eso hará que la Palabra liberadora del Evangelio se transforme en los complejos mundos de producción, trabajo, negocios, finanzas, comercio, política, derecho, cultura y comunicaciones sociales, donde hombres y mujeres viven y trabajan".[39] Para estos pentecostales, la misión no se restringe a una esfera puramente privada y el mensaje cristiano no se relega a una salvación puramente espiritual, incapaz de arrojar luz sobre la existencia terrenal humana.

Entonces, es significativo que algunos pentecostales estén interesados en aprender que no pueden permanecer indiferentes a los asuntos sociales. Estos creyentes son conscientes de que la misión es inculcar principios espirituales y morales en la comunidad, incluidos los que pertenecen al orden social, y denunciar proféticamente cualquier injusticia humana.

Pentecostales y la Naturaleza de la Misión

Los pentecostales no piensan en la responsabilidad social como una simple participación en actividades de benevolencia. En cambio, lo consideran parte de una misión que se formó a lo largo del tiempo para participar en soluciones sociales utilizando diversas acciones de acuerdo con las enseñanzas del Evangelio.[40] Sin embargo, los pentecostales se dan cuenta de que deben realizarse ajustes en el pensamiento de su misión para continuar con éxito con su ministerio.

Tales ajustes tienen que ver con métodos y definiciones epistemológicas de la misión, la teología y la práctica integrales. En este momento, los pentecostales asocian la responsabilidad social con la

---

[37] Una buena fuente para entender la totalidad de la misión pentecostal se encuentra en Anderson, Allan H., "Towards a Pentecostal Missiology for the Majority World," en McClung, Grant L. (ed.), *Azusa Street and Beyond* (Gainesville, FL: Bridge-Logos, 2006), pp. 169-89.

[38] Véase, Anderson, Allan H., "Structures and Patterns in Pentecostal Mission," *Missionalia* 32.3 (August 2004), pp. 233-49.

[39] Anderson, *Structures and Patterns in Pentecostal Mission*, pp. 233-49.

[40] Schultz, Quentin, "Orality and Power in Latin American Pentecostalism," en Donald E. Miller (ed.), *Coming of Age: Protestantism in Contemporary Latin America* (Boston, MA: Boston University Press, 1994), pp. 65-88.

experiencia de la vida cristiana, que también incluye la participación política.

Sin embargo, según Juan Sepúlveda, "la teología y, en particular, la teología de la misión no puede definirse únicamente por parámetros socioeconómicos."[41] Entonces, el evangelio no presenta a la misión como una ideología, ni como a un sistema político o socio-económico pragmático que pretende cambiar o crear nuevas estructuras políticas o patrones socioeconómicos alineados a intereses particulares.

Por el contrario, Sepúlveda agrega que "los pentecostales consideran la misión como un instrumento de reflexión y práctica de la justicia socioeconómica y política, que debe ejercerse de acuerdo con los principios del evangelio."[42] Así que la misión pentecostal también busca formas de interpretar e implementar los principios cristianos a la realidad de la comunidad. Sepúlveda también reconoce que los pentecostales también "determinan cómo abordarán la vocación humana, que una vez fue considerada terrenal y trascendente. La meta de estos es guiar a los creyentes a elegir sabiamente con su participación en el servicio cristiano a fin de cumplir el propósito del evangelio para la comunidad." [43]

Las iglesias pentecostales interpretan la enseñanza de la acción social como de naturaleza teológica, específicamente, teológica y moral, ya que es una doctrina dirigida a guiar el comportamiento espiritual y moral de las personas. Al respecto, Doug Petersen dijo: "Los pentecostales encuentran esta enseñanza en la encrucijada donde la vida y la conciencia cristiana entran en contacto con el mundo real. Lo ven en los esfuerzos de individuos, familias, personas involucradas en el evangelismo, la vida cultural y social, así como en políticos y hombres de estado para darle una forma y aplicación concretas en la historia."[44] Aunque Petersen no abordó específicamente el tema de la teología pentecostal del comportamiento moral, sí parece dar a entender que la misión pentecostal generalmente se centra en el cambio de comportamiento cuando la persona es reclutada en la comunidad de fe.

Por su parte, Brian Smith apuntó que "la misión pentecostal observa al menos tres áreas de interés en el servicio social: (1) la base

---

[41] The matter of social mission as practiced by Latin American Pentecostals is discussed in an article of Sepúlveda, Juan, "Pentecostalism as Popular Religiosity", *International Review of Mission* 78.309 (January 1989), 80-88.
[42] Sepúlveda, "Pentecostalism as Popular Religiosity," p. 82.
[43] Sepúlveda, "Pentecostalism as Popular Religiosity," p. 83.
[44] Ver Petersen, Douglas, "Pentecostals: Who are They?" en Vinay, Samuel y Chris Sugden, eds.), *Mission as Transformation: A theology of the Whole Gospel* (Oxford, UK: Regnum International Books, 1999), pp. 76-111.

teológica que motiva la misión a la acción, (2) los principios que impulsan a los creyentes a transformar a la sociedad y (3) la intencionalidad espiritual que genera el poder y la capacidad de enfrentar a cualquier situación dada para el bien de las personas."[45] Tanto católicos como pentecostales en América Latina podrían encontrar estos tres niveles de enseñanza misionológica en la comunidad pentecostal en el enfoque descriptivo de Brian Smith a la cuestión de las preocupaciones sociales.

Estas áreas de interés ayudan a la iglesia a definir el método y la motivación que los creyentes usan en la transformación de la sociedad. En principio, la responsabilidad social de los pentecostales encuentra su fuerza en la revelación bíblica y espiritual sobre la práctica de la fe, por parte de los cristianos comprometidos con la comisión. El Espíritu Santo es la fuente de inspiración y comprensión del evangelio. Conduce a los creyentes al servicio social y los inspira a comprender las necesidades humanas y a guiar a las personas para mejorar la vida humana. En el plan de Dios para la humanidad, este creó a personas con la capacidad de tener comunión unos con otros. La observación de este principio es importante en la transformación de la comunidad.

Smith también dijo: "Los cristianos reciben la Palabra divina por la fe y la ponen en práctica cuando es activada por el Espíritu Santo, quien también interactúa con la razón, en la práctica de la misión."[46] Es la razón la que estructura la comprensión de la fe y la conduce a la acción práctica. Para Smith, "la misión se logra cuando se lleva más allá del conocimiento y la comprensión, hacia las circunstancias prácticas de la vida humana. La misión trata a las dificultades típicas y a las necesidades de las personas en el contexto de su vida."[47]

Mientras la misión pentecostal permanezca centrada en las enseñanzas de Cristo Jesús, no correrá ningún peligro de debilitar su capacidad transformadora. Sobre esto, Eldin Villafañe también señala que, dado que "la revelación de Cristo, por el Espíritu Santo, ilumina el ministerio de los creyentes a través del servicio, estos encuentran comprensión del significado de la dignidad humana y de los requisitos éticos inherentes a ella."[48] La misión pentecostal, entonces, es la capacidad de transformar a la sociedad a través de la fe y la obediencia a

---

[45] Smith, Brian, *Religious Politics in Latin America: Pentecostal vs. Catholic* (Notre Dame, IN: University of Notre Dame Press, 1988), pp. 86-112.
[46] Smith, *Religious politics in Latin America*, p. 92.
[47] Smith, *Religious politics in Latin America*, p. 98.
[48] Villafañe, *El Espíritu Libertador*, pp. 123-30.

Cristo Jesús. Por la fe también desarrollan una mayor capacidad para impartir conocimiento y transformar a las personas con la verdad que afirma la solidaridad con aquellos que permanecen marginados por las circunstancias negativas de la vida.

Misión pentecostal en diálogo con otras fuentes de conocimiento

La enseñanza de la misión integral también podría obtener información de otras fuentes del conocimiento. Debe tener la capacidad de dialogar con corrientes interdisciplinarias y académicas del pensamiento. Asi, la misión pentecostal podría ser capaz de discutir sobre temas como la encarnación de la verdad en una sociedad cambiante, que es continuamente afectada por eventos políticos y sociales que requieren discusiones interdisciplinarias para buscar soluciones de manera efectiva.[49] La misión integral pentecostal debe ser capaz de comprender y dialogar con aquellas disciplinas relacionadas con la humanidad y buscar opciones que puedan contribuir al bienestar de la comunidad. Si entendemos a Villafañe, esta teología de la misión integral, podría ser capaz de hacer un uso significativo de las diversas disciplinas que construyen las estructuras del conocimiento con principios de la filosóficos sólidos.

La misión integral pentecostal también debe ser capaz de utilizar análisis descriptivos e informes que usualmente surjen de las ciencias humanas."[50] Sin embargo, los misionólogos pentecostales son conscientes del hecho de que ni la filosofía ni las ciencias sociales son neutrales. Estas tienen sus propias estructuras y valores centrales que determinan, en gran medida, lo que describen y las conclusiones que deducen de sus observaciones. No obstante, el diálogo es necesario y tiene que hacerse de acuerdo con los principios bíblicos y espirituales, que son naturales, tanto para la misionología como para el pentecostalismo.

Aunque los pentecostales no tengan interés en dialogar con las ciencias sociales, puede ser valioso reconocer que una contribución significativa al desarrollo de la teología de la misión también podría obtenerse de un diálogo objetivo con estas. En cierto modo, admite Cleary, "la iglesia podría recibir valiosas ideas de las ciencias sociales, lo que podría facilitar la comprensión misionológica y antropológica de la humanidad. Existe una gama mucho más amplia y compleja del

---

[49] Cleary, "Latin American Pentecostalism," pp. 131-45.
[50] Villafañe, *El Espíritu Liberador*, p. 121.

conocimiento que se deriva de la actividad sinergética con redes experimentadas a través de las relaciones sociales".[51]

Esta apertura atenta y constante hacia otras ramas del conocimiento podría hacer que la misión pentecostal fuera mucho más relevante y confiable en el ministerio contemporáneo. Las contribuciones de las diversas disciplinas de las ciencias sociales podrían agregar elementos valiosos para la elaboración de una teología de la misión integral pentecostal más especializada. Este enfoque del conocimiento también abriría oportunidades para que los creyentes pentecostales hablen a las personas de maneras más convincente. Les permitiría ser más eficaces en el cumplimiento de la tarea de encarnar la revelación de la Palabra de Dios en la conciencia de las personas, haciendo que la responsabilidad social sea relevante a su teología de la misión integral.[52]

Por otro lado, las ciencias sociales deberán reconocer la relevancia de la teología de la misión integral. Esto podría convalidar un diálogo interdisciplinario que desafiaría a las ciencias sociales a estudiar la misión cristiana desde otro ángulo del conocimiento. La teología de la misión integral tiene como objetivo servir a la humanidad desde una perspectiva bíblica y espiritual. La encarnación del evangelio en la sociedad podría brindar a los creyentes la oportunidad de promover y trabajar en beneficio de la sociedad utilizando los principios del evangelio.

Misión en la enseñanza a la comunidad de fe

Una teología de la misión integral pertenece a la comunidad de creyentes. Esto es así porque las congregaciones locales son los agentes, que proponen y formulan sus objetivos, así como la difusión de sus principios y enseñanzas. La misión ntegral no es una prerrogativa de un grupo especializado en la iglesia. En cambio, es el objetivo y la meta de todos los creyentes que forman parte de una comunidad de fe. La misión integral también expresa la forma en que la congregación entiende y aborda las estructuras sociales y las actitudes de la comunidad hacia la responsabilidad social, económica y política.[53] Los pentecostales podrían

---

[51] Cleary, "Latin American Pentecostalism," p. 140.
[52] Con respecto al diálogo interdisciplinario del pentecostalismo, Jorge Soneira escribió un artículo que es útil en el campo de la misionología. Véase, Soneira, Jorge, "Los Estudios Sociológicos Sobre el Pentecostalismo en América Latina", *Sociedad y Religión* 8.1 (March 1991), pp. 60-7.
[53] Véase, Flora, Cornelia B., *Pentecostalism in Colombia* (Rutherford, NJ: Farleigh Dickinson University Press, 1976), pp. 31-6.

beneficiarse al aprender cómo estimular a la comunidad de fe para que participe en la planificación, definición y propósito de la misión integral. Los líderes pueden confiar en que los creyentes asuman tareas diferentes y específicas que pongan a disposición los dones y las habilidades naturales disponibles en la congregación a favor de la comunidad.

Estas contribuciones serían expresiones del compromiso hecho por los creyentes asociados con Dios. Estos creyentes son testigos del aprecio por lo sobrenatural que se encuentra entre los pentecostales. Esta combinación de actividades naturales y sobrenaturales permite a los creyentes apreciar su fe pentecostal y estimula la unidad en la iglesia para promover las enseñanzas misionales como parte de la naturaleza de la iglesia. También afirma la educación cristiana, que tiene la responsabilidad de formar personas capaces de ejercer el ministerio de la enseñanza en las áreas de fe y moral con la autoridad recibida del Espíritu Santo. La misión de la iglesia no es solo el pensamiento o el trabajo de personas especializadas en el tema. Es el pensamiento de toda la congregación, en la medida en que esta permite que los creyentes participen en el trabajo del ministerio.

Por lo tanto, en la comunidad pentecostal, si la responsabilidad social se enseña intencionalmente, un componente requerido es la enseñanza y la aceptación del sacerdocio de todos los creyentes. Esa comprensión determina la dirección del desarrollo de la misión. Esta enseñanza, a su vez, está integrada en el ministerio general de la iglesia en situaciones concretas y particulares de las muchas circunstancias que se dan en la comunidad. Esta integración permite una definición precisa de esta enseñanza, traduciéndola y poniéndola en práctica. Snell afirma que "comprender la misión, en su sentido más amplio, ayuda a la validación de las contribuciones y pone énfasis en el concepto de misión practicado en la comunidad de fe."[54] Tengamos también en cuenta que la educación de la misión también se centra en la integración del cuerpo de creyentes en el proceso de servicio.

Los pentecostales también parecen estar prestando atención a las medidas correctivas de su enfoque a la enseñanza de la misión de la iglesia. Durante décadas han integrado su mandato de misión integralmente a las necesidades de la comunidad. Al otorgar la misma dignidad y autoridad a estos campos de servicio, han dado un paso esencial en el desarrollo de la comunidad en general. Con respecto a este

---

[54] Snell, Jeffrey T., "Beyond the Individual and into the World: A Call to Participation into the Larger Purposes of the Spirit on the Basis of Pentecostal Theology", *Pneuma: The Journal of the Society for Pentecostal Studies* 4.1 (1992), pp. 45-6.

asunto, Murray Dempster ha dicho, "el peso pentecostal de la enseñanza de la misión requiere una participación sólida de parte de los líderes, quienes también modelan la misión a sus alumnos. La misión debe ser enseñada todo el tiempo y debe ser el objeto de apoyo de todos los miembros de la comunidad de fe."[55]

Misión de Reconciliación

Esencialmente, el objetivo de la misión pentecostal es llegar al individuo con la oferta de salvación, que es parte integral de su propósito y alcance. La persona también está confiada a la iglesia para cuidar de él o ella con responsabilidad espiritual y humana. En virtud de su misión, la comunidad de fe es habilitada por el Espíritu Santo para mostrar una preocupación integral por cada individuo y su mundo. La comunidad de fe se da cuenta de la necesidad de mejorar la calidad de vida y las relaciones sociales, que se basan en la justicia social y el amor fraternal. La convergencia de estos elementos se convierte en el tejido mismo de la sociedad humana.

Para Anthea Butler, "la misión depende de manera decisiva de la calidad de la protección y la promoción ofrecida a la humanidad. Al final, esta misión busca la promoción e implementación de esta condición en cada comunidad que ha llegado a existir en el mundo."[56] En virtud de lo anterior, la dignidad de la humanidad y el derecho de cada individuo constituyen los componentes básicos de las relaciones saludables entre individuos, comunidades y naciones. Estos son objetivos misionales que las comunidades pentecostales pueden incorporar al implementar su servicio a la comunidad.

La misión integral también conlleva un deber o responsabilidad profética, que es denunciar el mal cuando está presente en las relaciones humanas. Por ejemplo, la violencia y la injusticia son males sociales que trabajan continuamente en contra del propósito de Dios para la sociedad. Los creyentes son responsables de denunciarlos y la comunidad de fe está llamada a asumir un papel profético para descubrir las fuerzas del mal que violan los derechos humanos. El evangelio presta especial

---

[55] Dempster, Murray W., "Christian Social Concern in Pentecostal Perspective: Reformulating Pentecostal Eschatology", *Journal of Pentecostal Theology* 2.1 (1993), pp. 52-3.
[56] Butler, Anthea, "Facets of Pentecostal Spirituality," *Consultation with Pentecostals in the Americas* (San José, Costa Rica: World Council of Churches, 1996), pp. 28-44. En su artículo, Anthea Butler defiende la promoción del crecimiento humano y la transformación como la razón principal de la existencia de la iglesia en la comunidad.

atención a la misión de proteger a los pobres y a los débiles. Los derechos de los pobres y los débiles no deben ser ignorados o pisoteados. Las sociedades que permiten este tipo de mal se están convirtiendo en fortalezas para una mayor expansión de la violencia y los ciclos de injusticia social. Las personas bajo estas categorías eventualmente se levantan contra los abusos y desequilibrios que conducen a una convulsión social significativa.

Antonio González argumenta que el evangelio de la paz también se puede entender observando las realidades sociales. Esto ayuda a entender la posición cristiana auténtica contra la violencia como se ve en el orden mundial actual. El enfoque de no violencia es una opción ética y estratégica inspirada en el ejemplo de Jesús, Gandhi y otros pacificadores que lucharon por la libertad humana. Por lo tanto, es necesario verificar nuestras opciones teológicas en el reino de Dios y preguntarnos cuál es realmente el significado de esa paz que produce el evangelio.[57] Una gran parte de la responsabilidad social de la iglesia se produce en la respuesta a preguntas importantes a las que la justicia social proporciona las respuestas adecuadas.

La misión integral entiende que la humanidad debe ser liberada de todo lo que oprime a las personas. Estas deben tener la oportunidad de cumplir el propósito de Dios diseñado para todos los seres humanos. Así que la misión tiene el propósito de indicar el camino para establecer la armonía y la forma en que una sociedad reconciliada debe seguir para experimentar el amor, la justicia y la armonía en la comunidad. Plutarco Bonilla afirma sugiere que la misión funciona en una sociedad que anticipa con sus normas éticas y morales, los cielos nuevos y la tierra nueva en los que mora la rectitud.[58] Y con razón, los pentecostales deberán anticipar la llegada de esa nueva humanidad mediante el trabajo de la misión integral a través de la sociedad, en eficacia del Espíritu.

La Comunidad Pentecostal y su Misión a la Humanidad

En el caso de los pentecostales, el primer destinatario de la misión es el indivíduo y su comunidad, por lo que se espera que todos los creyentes vivan y practiquen su fe en la comunidad. El llamado es para que estos incluyan en sus enseñanzas que la responsabilidad social

---

[57] González, Antonio, *El Evangelio de la Paz y el Reinado de Dios* (Buenos Aires, Argentina: Ediciones Kairós, 2008), pp. 56-63.
[58] Bonilla, *La Misión de la Iglesia Según el Libro de los Hechos*, p. 76. Ver también, Russell, "Fanning the Charismatic Fire," p. 36.

es una parte crítica de esa misión, ya que la responsabilidad social juega un papel importante en las obligaciones de paz y justicia en la sociedad.[59] Esta misión exige una verdad moral que inspire a las personas de la comunidad a responder a la asistencia ofrecida por los creyentes comprometidos con el trabajo social. Algunas congregaciones tienen miembros dotados que son capaces de servir a la comunidad con mucho éxito.

Esta conciencia de responsabilidad social en la misión pentecostal también incluye la asunción de responsabilidades que afectan el diseño y las funciones de organización de la comunidad. La práctica de una misión integral hace contribuciones significativas a las estructuras políticas, los sistemas económicos y las habilidades administrativas implementadas en la sociedad. Con esta idea en mente, la comunidad de fe, no solo los pastores, debe tener en cuenta estas variables cuando planifica y ejecuta su misión en la sociedad.[60] Por lo tanto, la responsabilidad social, tal como la practica la iglesia, no solo es sensible a las necesidades del individuo, sino también a las necesidades corporativas y las limitaciones del grupo.

Históricamente, los pentecostales han pensado en la responsabilidad social específicamente como el cambio natural que se produce en los individuos después de la conversión. Han supuesto que la redención y la elevación social suceden naturalmente a quienes creen. Sin embargo, existe una nueva generación de pentecostales que saben que la responsabilidad social también tiene un destino universal y debe implementarse con un plan de acción diseñado inteligentemente.

Anthea Butler escribió una vez, que "la misión del evangelio debe afectar a toda la sociedad y debe servir a todas las personas. La misión crea conciencia sobre las necesidades de la sociedad y asume una disposición activa para abordar las dificultades humanas en el camino del Espíritu, que se manifiesta en las obras del evangelio expresadas por el pueblo de Dios."[61] Butler tiene razón en la extensión de la misión social a todas las personas, que es algo que los pentecostales aún no parecen haber incluido en su misión teológica. Sin embargo, el argumento positivo es que estos continúan agregando nuevas ideas al pensamiento de su misión. Eventualmente podrán incluir a la misión integral en la estructura de su teología de la responsabilidad social.

---

[59] Villafañe, *El Espíritu Liberador*, p. 125.
[60] Bonilla, *La Misión de la Iglesia Según el Libro de los Hechos*, p. 64.
[61] Butler, "Facets of Pentecostal Spirituality and Justice," p. 29.

Para lograr lo anterior, los pentecostales tendrán que adaptarse al hecho de que el diseño final para la misión es afectar a todas las personas de la comunidad. La misión integral trabaja en nombre de la humanidad, resalta la dignidad de las personas y promueve el bienestar de la comunidad. Por lo tanto, esta les da a todos, la oportunidad de decidir a favor o en contra del regalo de la redención de Cristo y de convertirse en las personas que Dios quiso que fuesen cuando les creó. Así que los pentecostales tendrán que incorporar la enseñanza de que la misión también está diseñada para llegar a beneficiar a todos los grupos de personas. Esa misión integral debe ser practicada por todos los seguidores de Cristo a fin de alcanzar las necesidades individuales y colectivas de la comunidad.

Pentecostales y su Continuidad y Renovación

Existe evidencia de que los pentecostales ya están estudiando su propio entendimineto de la misión, la cual muestra avances significativos relacionados con la continuidad de sus enseñanzas sobre la fe y la renovación de sus principios y prácticas de ministerio.[62] Un punto a su favor es que tienen la capacidad justificar esta autocrítica a través de la guianza y la revelación perenne del Espíritu Santo. Por esta razón, los pentecostales afirman que sus compromisos no dependen de argumentos relacionados con las diferencias culturales o las ideologías políticas que prevalecen en ciertos contextos. Por el contrario, se aseguran de que su servicio permanece fiel a la inspiración espiritual que mueve la misión a la práctica de los principios del ministerio, los cuales son bíblicos y consistentes con una reflexión teológicamente sólida.[63]

Méndez también afirma que "este ejercicio ayuda a los creyentes a identificar los criterios de discernimiento y comprensión de la acción social. También vincula el ministerio de la congregación con el mensaje del Evangelio y los principios revelados por el Espíritu Santo."[64] Siendo así, uno esperaría que esta revelación continua, que es fundamental en la teología pentecostal, también fuera permanente en su enfoque de la misión integral. Esta continuidad de la revelación puede hacer que el pentecostalismo se mueva consistentemente al expandir su misión en la

---

[62] McClung, "Pentecostals, the Sequel," p. 15.
[63] Méndez, *La Iglesia: Fuerza del Espíritu, Su Unidad y Diversidad*, p. 112. El autor defiende la continuidad de la fe y la misión pentecostal en medio del cambio cultural y los nuevos argumentos teológicos provenientes de otras corrientes cristianas.
[64] Méndez, *La Iglesia: Fuerza del Espíritu, Su Unidad y Diversidad*, p.110.

historia contemporánea. Esta es una de las razones por las que David Bosch dijo: "Los pentecostales no están condicionados por el hecho de tener que cumplir con exigencias históricas ni por su potencial y capacidad de ser creativos."[65] Por lo tanto, no deben temer a este nuevo enfoque del servicio, porque, como hemos visto, esta es la manera en que el Espíritu Santo renueva a la iglesia en su misión y propósito, continuamente.

Habiendo aclarado esto, ahora podemos decir que la misión pentecostal también podría enseñar sobre la responsabilidad social como una obra en progreso, donde el trabajo del Espíritu Santo, en la vida de la sociedad, siempre está en curso. Esa misión está respaldada por el hecho de que la verdad es capaz de penetrar las circunstancias humanas, indicando el camino hacia la justicia social y el camino hacia la paz en la sociedad. Es por eso que Méndez declaró: "Los pentecostales se dan cuenta de que el mensaje del Evangelio no puede limitarse a la conveniencia de circunstancias socioeconómicas cambiantes o las realidades políticas dentro de un contexto histórico particular."[66] No, porque este tipo de enseñanza tiene un enfoque dinámico de la misión a través de la reflexión y continúa creando el enfoque ideal para cambiar las situaciones negativas que perjudican a las personas en la comunidad. Es este enfoque de la misión lo que impulsa a los creyentes a servir a la sociedad presentando un mensaje que es relevante en la transformación de la comunidad.

Como hemos visto, la congregación pentecostal no se está retractando de su responsabilidad social. Por el contrario, siempre ha sido impulsada a llegar al sufrimiento y ayudar en la solución de las necesidades de los pobres y marginados. Muy a menudo lo hacen como una iniciativa personal o, a veces incluso actúan juntos como una congregación. Los pentecostales siempre han servido en medio de personas que sufren y han sido considerados como un modelo para vivir el evangelio como comunidad. Según Anthea Butler, "los pentecostales piensan que el Espíritu Santo los envía a servir a las personas dondequiera que estén, con sus dificultades existenciales y circunstancias humanas que las alejan del propósito de Dios para sus vidas."[67] Entonces para los pentecostales, la comunidad de fe es el primer punto de contacto con el evangelio.

---

[65] Bosch, *Transforming Mission*, p. 109.
[66] Méndez, *La Iglesia: Fuerza del Espíritu, Su Unidad y Diversidad*, p. 88.
[67] Butler, "Facets of Pentecostal Spirituality and Justice," p. 31.

El siguiente paso es dar testimonio a aquellos que no son parte de la comunidad. Este testimonio incluye el uso de todos los recursos puestos a su disposición por el Espíritu Santo. El objetivo es transformar las vidas de las personas y la comunidad. Según Butler, los creyentes pentecostales se inician en un proceso "que los lleva a comprender el mensaje de reconciliación con Dios y la siguiente libertad que se experimenta a través del amor, la justicia y la paz para los que creen."[68] Entonces el potencial para la misión integral está ahí. Solo se necesitará promocionarla y enseñarla intencionalmente entre las iglesias para que este modelo despegue.

Misión Pentecostal en el Campo Social

Históricamente, los pentecostales han identificado su servicio de misión con la persona del Espíritu Santo, que es el agente transformador de las realidades individuales, culturales y sociales. También se han vuelto instrumentales en la construcción de comunidades humanas en virtud de resaltar el significado social del evangelio para la comunidad. Se acepta comúnmente que, a principios del siglo XX, los pentecostales comenzaron a abordar cuestiones sociales típicas de esa época, creando así un nuevo paradigma para la comprensión y la práctica de la misión.[69]

En América Latina, los pentecostales aprendieron que tenían un mensaje con implicaciones espirituales y sociales sobre las situaciones humanas que afectaban al individuo y a la comunidad. Aunque no se sintieron capaces de formular una doctrina bíblica sobre la misión de la iglesia, actuaron con su buena fe para enfrentar los males sociales en la comunidad.[70] Estos esfuerzos también permitieron a la iglesia analizar y pensar acerca de soluciones prácticas a problemas sociales e indicar instrucciones para seguir la paz y la justicia para todas las personas involucradas.

En su enfoque de la responsabilidad social, la misión pentecostal puede ser capaz de comprender la importancia del tipo de servicio social que se centra en el bienestar de las personas en la comunidad. Los pentecostales también parecen ser capaces de articular una comprensión teológica confiable de la condición social de las personas en sus

---

[68] Butler, "Facets of Pentecostal Spirituality and Justice," p. 27.
[69] Conn, *Like a Mighty Army*, p. 26.
[70] Orellana, "El Futuro del Pentecostalismo en América Latina," pp. 141-56 (146). El autor describe los fundamentos históricos del pensamiento pentecostal y hace una descripción clara del desarrollo de la misión en los contextos latinoamericanos del ministerio.

comunidades. Según Luis Orellana, los pentecostales también parecen estar aprendiendo a cooperar con la antropología cristiana, al revelar la dignidad inviolable de cada individuo.[71]

Chuck Kraft también afirma que "los pentecostales tienen el potencial de comprender la perspectiva humana de la economía y analizar las realidades políticas del trabajo en el diseño original de la comunidad."[72] Bravo también escribe: "Los pentecostales son capaces de aprender a promover e inspirar valores humanos genuinos, que se sostienen mediante la implementación de los principios del evangelio a las necesidades individuales, las prácticas culturales y la vida comunitaria."[73]

Entonces podemos referirnos una antropología pentecostal que apoya las diversas tareas pastorales que se preocupan por el individuo y su bienestar en la comunidad. Tal cuidado incorpora los principios de la fe pentecostal, mediante los cuales el creyente es lleno y fortalecido por el Espíritu Santo. Esa experiencia desinfecta la vida interior de los creyentes y les permite trabajar por el bien de las personas.

Carmelo Alvarez afirma, "a través de la inspiración del Espíritu Santo, los pentecostales pueden guiar la mente y el corazón de las personas a través del buen juicio. En esta guía, los valores nuevos y saludables preceden sus decisiones y la forma en que conciben y construyen nuevos modelos y patrones para sus vidas."[74] Con respecto a este asunto, Luis Orellana también argumentó que la sociedad actual se enfrenta a la necesidad de comprender la diferencia entre los principios del evangelio y los valores culturales asimilados por las personas.[75] Entonces los pentecostales hacen que el evangelio sea humano y esté disponible para cada individuo. Los dones del Espíritu Santo están disponibles para cada persona en la comunidad a través del ministerio de los creyentes. Este enfoque de la misión es importante porque una comprensión secularizada de la salvación podría reducir al evangelio a una filosofía meramente humana. Ese enfoque buscaría soluciones

---

[71] Orellana, "El Futuro del Pentecostalismo en América Latina," pp. 141-56 (149).

[72] Un autor, de la corriente evangélico-carismática en América del Norte, que se ocupa de cuestiones contemporáneas con respecto a la antropología cristiana, es Kraft, Chuck H., *Anthropology for Christian Witness* (Maryknoll, NY: Orbis Books, 1996), p. 6. Este discute la dignidad de la persona humana y el propósito de Dios para la humanidad.

[73] Bravo, *El Fruto del Espíritu*, p. 46.

[74] Alvarez, *Pentecostalismo y Liberación: Una Experiencia Latinoamericana*, p. 56.

[75] Orellana, "El Fuego y la Nieve," p. 143 El autor describe las luchas internas de los pentecostales en Chile. En algún momento, tuvieron el desafío de cumplir con los principios del evangelio o con los valores culturales del momento.

sociales a las necesidades de la humanidad en lugar de las soluciones dispensadas por la experiencia de un evangelio integral.

En el caso de los pentecostales, Juan Driver argumentó que "ahora están dando un paso adelante no solo en el esfuerzo de evangelización sino también en una nueva etapa de la historia en su trabajo misionero y que la responsabilidad social está presente en el proceso de evangelización."[76] Es notable que, a su manera, los pentecostales hayan descubierto que la sociedad necesita una proclamación del evangelio, que también se centre en la solución de las necesidades humanas. Solo necesitan articular una teología de la misión integral que pueda mejorar la calidad de su servicio.

Pentecostales y Acción Social

Como se dijo anteriormente, la acción social todavía es nueva para los pentecostales como parte de su formación teológica. Es cierto que tienen una participación significativa en el servicio social, que se toma como parte de su disciplina espiritual, pero eso lo hacen de manera informal. Entonces, hasta que tengan una enseñanza estructurada sobre la misión integral, incorporada a sus programas de estudios y compromisos doctrinales, es posible que no veamos entre ellos una teología de la misión completamente desarrollada.

Temprano, en su historia, los pentecostales se dieron cuenta de que la iglesia existe para trabajar a favor del crecimiento humano y la transformación social; así que sus acciones deben cumplir con esta etapa del ministerio. Con respecto a este asunto, Bernardo Campos afirma que "la iglesia pentecostal puede interactuar con la sociedad y la cultura. Su misión es garantizar que las personas experimenten la esperanza en situaciones concretas, especialmente en tiempos de dificultad y desesperación."[77] Campos agrega: "La acción social funciona en realidades concretas y prepara a los creyentes para experimentar la conciencia humana de la evangelización. Por ejemplo, servir a los pobres y débiles completa la experiencia del evangelio y crea conciencia de la redención a la comunidad en general."[78]

Si los pentecostales quieren ser socialmente responsables, deberán guiar a los creyentes a un doble ejercicio: ayudarlos a descubrir la verdad y discernir el camino hacia el éxito en su servicio. Además,

---

[76] Driver, *La Fe en la Periferia de la Historia*, p. 67.
[77] Campos, "Pentecostalism: A Latin American View," p. 62.
[78] Campos, "Pentecostalism: A Latin American View," p. 63.

alentarán a los cristianos a dar testimonio de que son personas con un auténtico espíritu de servicio. De esa manera, el evangelio será efectivo en el campo de la acción social. Campos argumenta que "esta es una misión pentecostal pura, porque los creyentes entienden que una vez que son llenos y fortalecidos por el Espíritu Santo, que están capacitados para proclamar eficientemente el Evangelio completo a los pobres, débiles y marginados."[79] Su servicio está acompañado por el testimonio de dones espirituales, que son operados por creyentes comprometidos con Cristo. La misión pentecostal también hace que la acción social sea creíble, ya que en su práctica, uno puede ver la lógica interna y la consistencia del ministerio, que es respaldado por el Espíritu Santo.

Formación pentecostal sobre la responsabilidad social

Una recomendación para las iglesias pentecostales es abrazar el valor formativo de la responsabilidad social. Como hemos visto, los pentecostales reconocen que la bendición de una nueva vida es el resultado del esfuerzo combinado del Espíritu Santo y amor fraternal de los creyentes. Esta experiencia combinada les permite buscar la redención integral para el individuo y la comunidad. Bosch, dijo que "esta solidaridad fraterna se lleva a cabo en la búsqueda de la justicia social y la paz, por lo que la plenitud del servicio cristiano se presenta en la historia real. Esto podría encontrarse en el contenido del mensaje y la metodología de la misión empleada por los pentecostales."[80] Este enfoque de la misión enriquece la recepción y la aplicación del Evangelio en virtud de la contribución dinámica a las áreas de la comunidad a las que se llega mediante el servicio.

Con respecto a la formación cristiana, los pentecostales pueden no tener dificultades para entender que la enseñanza de la acción social está dirigida a capacitar a los creyentes para evangelizar y promover la humanización de las realidades temporales. Esto es similar a lo que Newbigin declaró, "la comunidad de fe es portadora de una habilidad espiritual y una comprensión práctica del ministerio, que brinda apoyo a la misión de transformar la vida comunitaria. Tal acción ayuda al servicio cristiano a conformar sus acciones al plan de Dios."[81]

Por lo tanto, es posible que los pentecostales tengan que comenzar a entrenar a los creyentes para que entiendan y aprecien el

---

[79] Campos, "Pentecostalism: A Latin American View," p. 45.
[80] Bosch, *Transforming Mission*, p. 355.
[81] Newbigin, *Foolishness to the Greeks*, p. 138.

orden moral. Esta actitud podría motivarlos a promover la libertad, que se construye cuando las personas abordan la responsabilidad social con la verdad. Ayudaría a las personas a ser socialmente responsables. Estas lucharían por la verdad y la justicia en cooperación con otros miembros de la comunidad. Evidentemente, esta es una nueva contribución a la misión pentecostal, pero una vez aceptada, esto podría tener un importante valor formativo.

Pentecostales promoviendo el diálogo sobre asuntos sociales

La responsabilidad social también es instrumental en el diálogo entre la comunidad de fe, la autoridad civil y la comunidad política. Dario López se refiere a la importancia del diálogo como un instrumento apropiado para la promoción de actitudes modeladas según las enseñanzas del evangelio.[82] Pero al igual que en las sociedades occidentales, argumenta que "tales acciones promueven la cooperación auténtica y la colaboración productiva en el proceso redentor de la humanidad."[83] Los pentecostales también buscan fortalecer la autoridad civil y política en su llamado a servir a la sociedad. Muchas veces los pastores se acercan a las autoridades locales con el propósito de apoyar su servicio. Esta actitud también revela el nivel de compromiso de parte de los pentecostales con las preocupaciones sociales y la responsabilidad política.[84]

Si observamos la interacción social que tiene lugar en las comunidades pentecostales, podemos ver que participan activamente en diálogos múltiples que fomentan la colaboración con los diversos grupos de la sociedad. Y dado que las comunidades pentecostales se componen en gran parte de los pobres y marginados, ese diálogo podría enriquecerse con la experiencia de la marginación y la opresión, que la mayoría de los pentecostales sufrieron en sus contextos de misión. Tales diálogos continúan ampliando su rango de servicio. Por ejemplo, un grupo de pentecostales que ahora defiende la dignidad de las personas y promueve la paz y la justicia.[85]

---

[82] López, *Los Evangélicos y los Derechos Humanos*, p. 102.
[83] Newbigin, *Foolishness to the Greeks*, p. 95.
[84] Newbigin, *Foolishness to the Greeks*, p. 76.
[85] Este grupo se llama 'pentecostales y carismáticos por la paz y la justicia,' que reúne a académicos y profesionales alrededor de una mesa para reflexionar sobre temas relacionados con dichos temas. La información sobre este grupo se puede encontrar en PCPJ, "Charismatics Peacemakers and Peacemaking," *Pentecostals for Peace and Justice* (2009). http://www.pcpj.org/index.php/resources-topmenu-45/86-charismatic-peacemaking-and-peacemakers. Accesado 10 noviembre 2009.

Está hablando a favor de aquellos que sufren la pobreza y la marginación. Ese grupo está combatiendo la pobreza y el hambre en el mundo. Está promoviendo la distribución equitativa de los bienes de la tierra de Dios, así como proporcionando vivienda y alfabetización.[86] Entonces, es justo decir, que los pentecostales también están aprendiendo a enfocarse en el desarrollo holístico de los niños y la juventud. Están participando en consultas nacionales, regionales y mundiales que promueven ministerios en nombre de las generaciones emergentes.[87]

No es sorprendente que, debido a su experiencia cristiana, los pentecostales tengan la tendencia a enfatizar la necesidad de una obra poderosa y regeneradora del Espíritu Santo para vencer la influencia del mal en la sociedad. Esta es quizás una de las razones por las que parecen proclamar un mensaje que cambia primero al individuo, luego a la familia, a los amigos y al mundo.

Objetivos de una actividad social pentecostal

Los pentecostales creen que toda la comunidad de fe tiene un papel que desempeñar en el cumplimiento de la misión de Dios. Pero su definición de misión se ha reducido históricamente a proclamación y enseñanza solamente. Sin embargo, la nueve generación de pentecostales ha comenzado a comprender y practicar la misión de diversas maneras, a través de cada miembro, de acuerdo con los dones y la manera en que cada persona es llamada. Mario Méndez piensa que los pentecostales ahora están respondiendo a la responsabilidad de proclamar y dar testimonio del evangelio, con el entendimiento de que cada esfuerzo misionero involucra a todos los que creen y están dispuestos a obedecer el llamado del Espíritu Santo para servir.[88] En relación con la responsabilidad social, el erudito evangélico Samuel Escobar también ha escrito:

> La misión cristiana es parcial a los pobres. Es consciente de que, en la historia de Jesús, Dios se vuelve vulnerable con los pobres y marginados. Es consciente, además, de que Dios emprende una misión de transformación desde

---

[86] Véase, Battaini-Dragoni, Gabriela, "Social Justice and Security," *World Youth Conference* (León, Guanajuato, México, 2010).
[87] Pinedo, Enrique, *Niñez, Adolescencia y Misión Integral: Nuevos Desafíos de la Educación Teológica en América Latina* (Buenos Aires, Argentina: Kairos, 2012), p. 24.
[88] Méndez, *La Iglesia: Fuerza del Espíritu, Su Unidad y Diversidad*, pp. 24-6.

> esa posición de debilidad. Este es el significado de la cruz. Hoy la mayoría de los miembros de la iglesia no se encuentran entre los ricos y poderosos, sino entre los pobres y vulnerables. ¿Qué significa para la misión cuando sus agentes provienen principalmente de contextos de pobreza y exclusión?[89]

En cuanto a los pentecostales, estos parecen estar conscientes del trabajo pastoral que se necesita en el contexto social. Esta forma de ministerio les sienta bien porque involucran a todos los creyentes. Se convierten en agentes activos de transformación en la comunidad. También saben que una de sus responsabilidades es dar testimonio pastoral a los pobres y marginados. En esto estamos de acuerdo con Méndez, quien piensa que los pentecostales pueden estar en camino de tener éxito no solo en la proclamación del evangelio, sino también en la defensa de la dignidad humana.[90] Estos parecen estar espiritualmente equipados para actuar individualmente o asociados con grupos que participan en este esfuerzo.

Este ministerio en el contexto de la comunidad involucra el servicio de creyentes devotos que son capaces de usar sus dones espirituales y naturales. "Se necesita su fiel testimonio y servicio particularmente en tiempos de intensa condición de pobreza. Situaciones como estas abren oportunidades significativas para servir a las personas y les recuerdan a los creyentes sus principios de santidad y amor sincero a favor de los pobres y marginados."[91] Aquí nos damos cuenta que los pentecostales se pueden encontrar fácilmente al servicio del Cristo encarnado. Es este Cristo, cuyo amor por las personas mostrado a través de los cristianos, sugiere algunos aspectos de la nueva humanidad que su misión es alentadora entre los creyentes.

---

[89] Escobar, Samuel, "Local church–Your Time has Come," en Ross, Kenneth R. (ed.), *Edinburgh 2010: New Directions for Church and Mission* (Pasadena, CA: William Carey International University Press, 2010), pp. 11-2.
[90] Méndez, *La Iglesia: Fuerza del Espíritu, Su Unidad y Diversidad*, p. 22.
[91] López, *Pentecostalismo y Transformación Social*, p. 38.

8

PENTECOSTALES, SOCIEDAD Y MISION

En esta sección estudiamos la teología pentecostal sobre el servicio público y la participación política. El enfoque de estos asuntos puede parecer controversial en algunos círculos pentecostales. Sin embargo, a más de 100 años de presencia protestante en América Latina es importante que las diferentes corrientes del protestantismo estudien estos temas. En el caso particular de este capítulo estudiaremos el caso de los pentecostales y su participación política y social.

Acá también debemos mencionar que América Latina lleva más de 500 años cultura y religión Católica y, aunque en algún momento hacemos referencia a ciertas características que son típicas del contexto hondureño, la discusión sigue siendo válida para todo el continente, porque se basa en realidades parecidas que se dan en varios países latinoamericanos. En virtud de los anterior y, dado que los pentecostales han estado aquí por cerca de 100 años, se necesita un diálogo entre pentecostales y católicos a fin de formarse un criterio amplio y objetivo sobre la participación social y política del cristianismo en la región. Sin embargo, este diálogo solo es posible bajo las posibilidades que permite una actitud abierta y madura.

Afortunadamente, hay algunos pentecostales que están dispuestos a dialogar y reflexionar sobre cuestiones relacionadas con la vida pública y las preocupaciones sociales. Sin embargo, estos problemas todavía no son reconocidos por jerarquía pentecostal, ni se encuentran en los programas académicos de la mayoría de los centros de formación teológica. En virtud de lo anterior, a partir de este momento la discusión se enfocará en los temas mencionados y además analizaremos la razón por la cual la mayoría de los académicos pentecostales no la discuten abiertamente.

Este estudio está construido sobre asuntos apreminates, como el servicio público, el valor de la democracia y la participación política. Algunos de los temas discutidos podrían parecer extraños y hasta controversiales para algunos pentecostales, pero eso no significa que estamos 'pentecostalizando' la teología católica de la misión, el servicio público y la participación política. Por el contrario, estos temas se presentan intencionalmente como insumos que ayudarán a desarrollar una idea pentecostal del servicio público y la participación política.

El impacto de los pentecostales en la comunidad solo se puede observar a través del estilo de vida y el cambio de comportamiento que se produce en los creyentes. La transformación de la comunidad tiene lugar como resultado del cambio espiritual en la vida de los cristianos. Por lo tanto, esta transformación es concurrente con las definiciones doctrinales de la mayoría de las denominaciones pentecostales.[1] Por lo tanto, desde este enfoque pentecostal clásico del servicio cristiano, el desarrollo de la comunidad tendrá lugar como resultado de la práctica efectiva de la vida espiritual de los creyentes, una vez que han sido llenos del Espíritu Santo, lo que crea una dificultad teológica para aquellos creyentes que todavía no han sido bautizados con el Espíritu Santo, a menos que esto solo se refiera al servicio ministerial.

Por otro lado, en este capítulo enfatizaremos aquellas áreas que los pentecostales ya están utilizando ahora y que los está haciendo más efectivos en su missión de servicio. Para ello, hemos seleccionado algunos problemas que parecen incipientes o inexistentes entre la mayoría de las redes pentecostales de América Latina. La mayoría de las observaciones de este capítulo se basan en temas que han sido descuidados o ignorados por algunos pentecostales, debido principalmente, a su enfoque teológico de la misión y a la práctica del servicio público.

Misión, humanidad y política

Con su servicio entre los pobres y los marginados, los pentecostales han enfatizado que la persona es la base y el propósito de la misión, la humanidad y la vida política. Estos han entendido que la persona es responsable de sus propias decisiones y es capaz de llevar a cabo proyectos que dan sentido a la vida, a nivel individual y social. Al respecto, Christopher Wright escribión, "solo en relación con la realidad y con los demás, la persona alcanza el cumplimiento total y completo de sí misma."[2] Esto significa que para ser un ser naturalmente social y político, la vida social no es algo que se agrega, sino que es parte de una dimensión esencial e indeleble.

Para los pentecostales, la comunidad política se origina en la naturaleza de las personas, cuya conciencia les revela y les ordena obedecer al

---

[1] Véase, por ejemplo, Iglesia de Dios, *Actas de la 71 Asamblea General* (Cleveland, TN: Pathway Press), 2008), p. 14.
[2] Wright, Christopher, *La Misión de Dios: Descubriendo el Gran Mensaje de la Biblia* (Buenos Aires, Argentina: Ediciones Certeza, 2006), p. 434.

orden que Dios ha impreso en todas sus criaturas. Este orden debe ser descubierto y desarrollado gradualmente por la humanidad.[3]

Por lo tanto, la comunidad política, una realidad inherente a la humanidad, existe para desarrollar el crecimiento completo de cada uno de sus miembros, llamados a cooperar firmemente para el logro del bien común, bajo el impulso de sus inclinaciones naturales hacia lo que es verdadero y bueno. Esta noción está presente en la mayoría de los miembros de la comunidad pentecostal, pero se observa principalmente entre los académicos que ahora están pensando en asuntos políticos, sociales y económicos relacionados con la comunidad en general.

Para José Míguez Bonino, la comunidad política encuentra su auténtica dimensión en su referencia a las personas.

El término 'un pueblo' no significa una multitud sin forma ni mucho menos; ni una masa inerte para ser manipulada y explotada, sino un grupo de personas, cada una en su propio lugar y a su manera.[4] De esta manera, pueden formarse una opinión propia sobre asuntos públicos y tener la libertad de expresar sus propios sentimientos políticos y de ejercer una influencia positiva para el bien común de las personas.

Por lo tanto, un pueblo existe en la plenitud de las vidas de las personas que lo componen y cada una una es consciente de sus propias responsabilidades y convicciones. Aquellos que pertenecen a una comunidad política, aunque están orgánicamente unidos entre sí como personas, mantienen una autonomía irreprimible a nivel de la existencia personal y de los objetivos a perseguir.[5] Uno de los rostros con potencial político positivo, es el pentecostal, que poco a poco va tomando conciencia de su papel estratégico en la transformación de la cultura latinoamericana.

La característica principal de un pueblo es el intercambio de vida y valores, que es la fuente de comunión en el nivel espiritual y moral. López argumenta que la sociedad humana debe ser considerada principalmente como algo perteneciente a lo espiritual. "A través de ella, a la luz de la verdad, los hombres deben compartir sus conocimientos, ser capaces de ejercer sus derechos y cumplir sus obligaciones, inspirarse para buscar valores espirituales, obtener un placer genuino de la belleza de cualquier orden, ser siempre dispuestos transmitir a los demás lo

---

[3] Wright, *La Misión de Dios*, p. 231.
[4] Este paradigma es abordado por Bonino, José Míguez, *Faces of Latin American Protestantism*. Grand Rapids, MI: Eerdmans, 1996), p. 122-23.
[5] Véase, Bonino, *Faces of Latin American Protestantism*, p. 124.

mejor de su propia herencia cultural y esforzarse ansiosamente por hacer propios los logros espirituales de los demás."[6]

Desafortunadamente, la mayoría de los pentecostales han sido reacios a abrirse a este ideal, porque tienden a espiritualizar el contenido social y político del evangelio.[7] Estos, tendrán que ver que los beneficios del evangelio no solo influyen en el ámbito espiritual, sino que también dan un objetivo y alcance a todo lo que tiene que ver con las expresiones culturales, las instituciones económicas y sociales, los movimientos y formas políticas, las leyes y todas las demás estructuras mediante las cuales la sociedad está establecida.

En referencia a la diferencia entre ricos y pobres, Richard Niebuhr argumenta que la comunidad de fe afirma que los pobres deben ser vistos como un grupo con derechos y deberes precisos, sobre todo, el derecho a existir, que puede ser ignorado en muchos sentidos, incluidos casos tan extremos como su negación a través de genocidios manifiestos o indirectos.[8] Así que es necesario que se respeten sus derechos y que los pobres puedan buscar y obtener un mayor reconocimiento por parte de todos los miembros de la sociedad.

El pentecostalismo, que genera una nueva perspectiva para la vida, ha proporcionado apoyo espiritual y social para los pobres. Los pobres se transforman personalmente y luego se les enseña que también tienen la capacidad de transformar su comunidad y los que conocen a Cristo saben que lo pueden lograr en una actitud de amor y en la eficacia del Espíritu Santo.

Defensa y promoción de los derechos humanos

En algunas comunidades pentecostales, el tema de la promoción de los derechos humanos aún debe abordarse de manera integral. Sin embargo, ahora reconocen que trabajar para las personas como la base y el propósito de la comunidad política significa trabajar para reconocer y respetar la dignidad humana mediante la defensa y promoción de los derechos humanos que son fundamentales e inalienables.[9] La responsabilidad cristiana establece que el bien común está garantizado principalmente cuando se mantiene los derechos y deberes personales.

---

[6] López, *Los Evangélicos y los Derechos Humanos*, p. 69.
[7] López, *Los Evangélicos y los Derechos Humanos*, p. 48.
[8] Niebuhr, Richard H., *Social Sources of Denominationalism* (New York, NY: The World Publishing Company, 1972), p. 181.
[9] Véase el informe del CODEH, *Informe sobre la Situación de los Derechos Humanos en Honduras, enero 2000 junio 2008.* (Tegucigalpa, Honduras: CODEH, 2008).

Los derechos y deberes de la persona contienen un resumen conciso de los principales requisitos morales y jurídicos, que presiden la construcción de una comunidad política.[10]

Para José María Ferraro, la "comunidad política persigue el bien común cuando busca crear un entorno humano que ofrezca a los ciudadanos la posibilidad de ejercer verdaderamente sus derechos humanos y cumplir cabalmente con sus deberes correspondientes."[11] La historia ha demostrado que, a menos que estas autoridades tomen medidas adecuadas con respecto a cuestiones económicas, políticas y culturales, las desigualdades entre los ciudadanos tienden a generalizarse, especialmente en la sociedad actual. Como resultado, los derechos humanos se vuelven totalmente ineficaces y el cumplimiento de los deberes se ve comprometido.

Desafortunadamente, los pentecostales no parecen haber asumido este asunto como una responsabilidad ministerial, ya que aún lo están aprendiendo. La educación en asuntos políticos y sociales, para la mejora de la comunidad, debe tener un lugar importante en la comunidad de fe. El pleno logro del bien común requiere que la comunidad política desarrolle una acción doble y complementaria que defienda y promueva los derechos humanos. Con respecto a esto, Darío López afirma: "No debería suceder que ciertas personas o grupos sociales obtengan una ventaja especial del hecho de que sus derechos hayan recibido protección preferencial, ni que los gobiernos que buscan proteger estos derechos se conviertan en obstáculos para su plena expresión y uso gratuito."[12]

---

[10] Custodio, Ramón, "The Human Rights Crisis in Honduras", en Rosenberg, M. B. y P. L. Shepherd (eds.), *Honduras Confronts its Future: Contending Perspectives on Critical Issues* (Boulder, CO: Lynne Rienner, 1986), pp. 69-72; y, Comité para la Defensa de los Derechos Humanos en Honduras (CODEH), *La Situación de los Derechos Humanos en Honduras* (Tegucigalpa, Honduras: CODEH, 1988), pp. 7-20. En esa ocasión, el Comisionado Nacional para la Protección de los Derechos Humanos en Honduras ofreció cifras exactas sobre violaciones de los derechos humanos en el país. Véase también, Valladares, Leo 1994. "Los hechos hablan por sí mismos: informe preliminar sobre los desaparecidos en Honduras 1980-1993", en *Comisionado Nacional de Protección de los Derechos Humanos* (Tegucigalpa, Honduras: Editorial Guaymuras, 1994), pp. 6-14.

[11] Sobre la influencia de los cristianos en la arena política, José María Ferrero escribió un artículo que sugiere cómo los creyentes deberían involucrarse en la política de manera responsable. Ver, Ferrero, José María, "La Iglesia ante el Gobierno del Cambio", *Puntos de Vista* 3.1 (Marzo 1991), pp. 13-25.

[12] Aparte de la información oral, es difícil encontrar documentos escritos por fuentes pentecostales sobre el tema de los derechos humanos. Una de las fuentes más confiables sobre la defensa de los derechos humanos es el libro de López, Darío, *Los Evangélicos*

El tema de los derechos humanos tiene diferentes connotaciones, dependiendo de la organización que lo defiende. Para el propósito de este estudio la abordamos desde el punto de vista de los derechos humanos. En este enfoque, analizaremos algunos puntos de vista y valores que enseña la Iglesia Católica, para encontrar algunos puntos que vinculen esa preocupación social con la forma en que las comunidades pentecostales enfrentan el tema de los derechos humanos. Para lograrlo, se necesita una comprensión más amplia de la filosofía y la práctica de los derechos humanos, como veremos a continuación; pero debido a los límites de esta investigación, el asunto tendrá que abordarse más profundamente en estudios posteriores.

Vida social y civilidad

Al observar el enfoque de Iglesia Católica hacia los asuntos sociales, el significado de la vida civil y política, estos no surgen inmediatamente desde una lista de derechos y deberes personales que se esperan de los miembros de la comunidad. En realidad, la vida en sociedad adquiere todo su significado cuando se basa en una relación de amistad civil y compañerismo social. Por un lado, la esfera de los derechos humanos es la de los intereses personales salvaguardados, el respeto externo, la protección de los bienes materiales y su distribución justa según las reglas establecidas para ello.

Por otro, la esfera de la amistad refleja ausencia de egoísmo, y pondera el desprendimiento de los bienes materiales y la aceptación libre de las necesidades de los demás. Si los pentecostales aprovecharan su composición social natural, que es muy similar a este significado de la vida civil y política, serían capaces de transformar la comunidad con más eficacia. La amistad civil, entendida de esta manera, es la actualización más genuina del principio de relaciones fraternales sanas, que es inseparable del de la libertad y la igualdad.[13]

Los pentecostales ahora reconocen que su comunidad de fe tiene fundamentos potenciales que podrían ser significativos para la promoción integral de la persona y del bien común. En tal caso, la ley podría definirse, respetarse y vivirse según las forma de solidaridad y dedicación hacia el bien del prójimo. López insiste en que la justicia requiere que todos puedan disfrutar de sus propios bienes y derechos;

---

y los Derechos Humanos: La Experiencia Social del Concilio Nacional Evangélico del Perú (Lima, Perú: CEMAA, 2002), pp. 46-64.
[13] López, *Los Evangélicos y los Derechos Humanos*, p. 49.

esto se puede considerar como la medida mínima de la expresión del amor de Dios.[14] Los pentecostales se están dando cuenta que el precepto evangélico del amor ilumina a los creyentes sobre el significado más profundo de la vida política. Para que sea verdaderamente humana, la vida política debe fomentar la justicia y el servicio para el bien común, fortaleciendo los fundamentos básicos de la naturaleza de una comunidad política que instruye al pueblo sobre el ejercicio y los límites adecuados del servidor público. El objetivo, que los creyentes deben poner ante sí mismos, es establecer relaciones comunitarias sanas entre las personas.

Fundamentos de la autoridad política

Los pentecostales han adoptado patrones similares para comprender y enfrentar a la autoridad; sin embargo, un denominador común parece claro, no se han ocupado de la responsabilidad de entender y luego defender o proponer modelos de autoridad que se basen en la bondad de la naturaleza social de las personas.

Dios hizo a los hombres sociales por naturaleza y ninguna sociedad puede mantenerse unida a menos que alguien gobierne sobre todos, al ordenar a todos que se esfuercen fervientemente por el bien común. Toda comunidad civilizada debe tener una autoridad gobernante, que sea intrínseca por naturaleza y, en consecuencia, que tenga a Dios como autor de la misma. Por lo tanto, la autoridad política es necesaria debido a las responsabilidades sociales que se le asignan. A la luz de esto, los pentecostales deben darse cuenta que la autoridad política es un componente positivo de la vida civil y no solamente hay que orar por esta, sino actuar conforme a los principios civiles del evangelio para protegerla o defenderla.

La autoridad civil debe garantizar la vida comunitaria ordenada y recta sin usurpar la actividad libre de individuos o grupos. Al disciplinar debe respetar y defender la libertad y la independencia de los sujetos individuales y sociales.[15] Por lo tanto, la autoridad política debe ser un

---

[14] Un teólogo pentecostal que aborda el tema de la transformación humana es Darío López. Su enfoque a la solidaridad y al respeto por las personas lo presenta en su libro. Vease, López, *Pentecostalismo y Transformación Social: Más Allá de los Estereotipos, las Críticas se Enfrentan con los hechos* (Buenos Aires, Argentina: Ediciones Kairós, 2000), pp. 94-8.

[15] Véase, un buen artículo sobre este tema, de Bushell, Nadine, "The Foundation of Political Authority" *Viewpoint* (2007). http://www.catholicnews-tt.net/v2005/archives/1007/sun28/viewpoint.htm Accesado 19 abril, 2011.

instrumento de coordinación y dirección por el cual muchas personas y organismos intermedios avancen hacia relaciones, instituciones y procedimientos que se pongan al servicio del crecimiento y desarrollo humano integral. La autoridad civil, de hecho, ya sea en la comunidad como tal o en las instituciones que representan al estado, debe ser ejercida dentro de los límites de la moralidad, en nombre del bien común dinámicamente concebido y de acuerdo con un orden jurídico que goce de estatus legal.

La autoridad civil considera en su totalidad la soberanía de las personas individuales y jurídicas. El pueblo le transfiere el ejercicio de la soberanía a aquellos a quienes elige libremente como sus representantes, pero conserva la prerrogativa de afirmar esa soberanía al evaluar el servicio de los encargados de gobernar y también de reemplazarlos cuando no cumplen con su deber satisfactoriamente.[16] Aunque este derecho está vigente en todos los estados y en cualquier régimen político, una forma democrática de gobierno, permite y garantiza su aplicación más completa, debido a sus procedimientos de verificación. Sin embargo, el mero consentimiento del pueblo no es suficiente para considerar las formas en que la autoridad política se ejerce como justa.

La dificultad con respecto a este tema, es que la mayoría de los evangélicos y, pentecostales en particular, todavía se niegan a entrar en esta discusión porque la consideran mundana y no como parte del ministerio de la comunidad de fe, perdiendo así la oportunidad de convertirse en agentes de transformación en el campo político y social.

Autoridad como fuerza moral

Aunque los pentecostales y, los evangélicos también, admitieran que una ley moral como la propuesta por la Iglesia Católica podría orientar a la autoridad en la dirección correcta,[17] por ahora, estos no parecen ir más

---

[16] Leo Valladares, el Comisionado para los derechos humanos en Honduras, escribió en su informe anual de derechos humanos sobre el ejercicio abusivo de la autoridad política en Honduras, particularmente contra los pobres. Su documento sienta las bases sobre lo que él considera que es 'el ejercicio ideal de la autoridad política en nombre del pueblo de Honduras.' El informe se puede encontrar en Valladares, Leo, "Honduras: The Facts Speak for Themselves", en *National Commissioner for the Protection of Human Rights in Honduras* (New York, NY: Human Rights Watch, 1994), pp. 238-48.

[17] La información sobre cómo la Iglesia Católica enseña la ley moral se puede encontrar en "Man's Vocation Life in the Spirit", en *Catechism of the Catholic Church*. http://www.vatican.va/archive/ccc_css/archive/catechism/p3s1c3a1.htm. Accesado 2 Abril 2010.

allá de implentar los principios aprendidos del evangelio aprendidos en años recientes. Por lo tanto, en la práctica de la misión, ambos parecen perder la oportunidad de influir en la transformación moral de la autoridad civil. Si estos enseñan y predican que la dignidad de la autoridad se deriva del ejercicio del orden moral, que a su vez tiene a Dios como su primera fuente y última, entonces están llamados a exigir que se cumplan las leyes morales de la autoridad civil diseñada por Dios.[18]

Debido al orden moral que precede al gobierno y en lo que se basa, para su finalidad y por bien de las personas a las que se debe, la autoridad no puede entenderse como un poder determinado por criterios de carácter exclusivamente sociológico o por personaje históricos; pues hay quienes llegan a negar la existencia de un orden moral, que es trascendente, absoluto, universal e igualmente vinculante para todos.[19] Si todos no se adhieren a la misma ley de la justicia, las personas no pueden esperar que haya a un acuerdo abierto y pleno sobre cuestiones vitales para la sociedad.

Este orden de autoridad civil no tiene existencia excepto en Dios. Aislado de Dios, necesariamente se desintegraría o se corrompería como ha ocurrido en sistemas políticos que han gobernado corruptamente a sus pueblos.[20] La autoridad civil deriva su poder desde el orden moral para imponer obligaciones a los cudadanos y, su legitimidad moral no depende de una voluntad arbitraria o de la sed de poder de cualquier persona. Además, es necesario traducir este orden político en acciones concretas que se tradduzcan en el logro el bien común.

La verdadera autoridad reconoce, respeta y promueve los valores humanos y morales que son esenciales para el bienestar de la sociedad. Estos fluyen innatamente de la integridad misma del ser humano para salvaguardar la dignidad de la persona. Estos son valores que ningún individuo, ni la mayoría ni el estado pueden crear, modificar o destruir. Estos valores no tienen su fundamento en las opiniones mayoritarias provisionales o cambiantes del mundo; simplemente deben ser reconocidos, respetados y promovidos como elementos de una ley moral

---

[18] Padilla, C. René, "A Message for the Whole Person," *Transformation* 10.3 (July 1993), pp. 1-4. Padilla argumenta que el evangelio de Jesucristo es ético y tiene que ver con el amor infinito de Dios, manifestado en su Hijo, pero también con el amor que nos exige como hijos suyos. Se trata de nuestra relación con Dios, pero también con nuestra relación con nuestro prójimo.

[19] Padilla, *A Message for the Whole Person*, pp. 2-3.

[20] Ver, por ejemplo, Padilla, C. René, "Latin American Evangelicals Enter the Public Square," *Transformation* 9.3 (July 1993), 2-7.

objetiva y natural escrita en el corazón humano (Romanos 2:15) y, debe ser el punto de referencia normativo desde donde parte el derecho civil mismo.

Si estos principios básicos fueran inhabilitados por la rebelión, conciencia colectiva o el excepticcismo mismo, teológicamente la estructura legal del estado se vería sacudida hasta sus cimientos y podría reducirse a nada más que a un mecanismo para ofrecer regulaciones pragmáticas.

La autoridad promulga leyes justas que corresponden a la dignidad de las personas y hace lo que se requiere por la razón correcta. Desde los días de las luces, la ley humana es ley en la medida en que corresponde a la razón correcta y, por lo tanto, esta se deriva de la ley eterna.[21]

Sin embargo, cuando una ley es contraria a la razón, se denomina ley injusta; en tal caso deja de ser ley y se convierte en un acto de violencia.

La autoridad que gobierna de acuerdo con la razón, coloca a los ciudadanos en una relación no como sujeción a otra persona, sino como obediencia al orden moral. En última la ley se somete a Dios mismo, quien es su fuente final. Quien rehúsa obedecer a una autoridad que actúa de acuerdo con el orden moral "resiste lo que Dios ha designado" (Romanos 13:2). Análogamente, siempre que la autoridad pública no busca el bien común, abandona su propio propósito y se deslegitima.

El derecho a la objeción de conciencia

La objeción consciente contra la autoridad injusta no es un tema bien conocido o hablado, ni entre los cículos pentecostales ni evangélicos. Sin embargo, lo mencionanos acá para que los creyentes tengan un espacio para incorporar este asunto a su reflexión y servicio cristiano. Teológicamente, los ciudadanos no están obligados por conciencia a seguir las prescripciones de las autoridades civiles, si sus preceptos son contrarios a las exigencias o las enseñanzas del evangelio.

Las leyes injustas plantean problemas dramáticos de conciencia para las personas moralmente ordenadas. Además de ser un deber moral, tal negativa también es un derecho humano básico, que, como tal, el derecho civil mismo está obligado a reconocer y proteger.[22] Aquellos

---

[21] Padilla, C. René, "Responses to Democracy – A Christian Imperative", Transformation 7.4 (October 1990), pp. 5-17.
[22] Un autor que describe este fenómeno es Morris James A., *Honduras: Caudillo Politics and Military Rulers* (Boulder, CO: Westview Press, 1984) pp. 40-1; also,

que recurren a la objeción por cuestiones de conciencia, deben estar protegidos, no solo de sanciones legales sino también de cualquier efecto negativo en el plano jurídico, disciplinario, financiero y profesional.

Es un deber de conciencia no cooperar con las prácticas que, aunque permitidas por la legislación civil, son contrarias a la ley de Dios. Tal cooperación, de hecho, nunca puede justificarse al invocar el respeto a la libertad de los demás ni al apelar al hecho de que está previsto y requerido por el derecho civil. Por ejemplo, los primeros pentecostales en los Estados Unidos se oponían a portar armas y no lo hacía por razones de consciencia. Los miembros de la iglesia tenían prohibido servir en las fuerzas armadas u organizaciones que requerían el uso de armas. No fue sino hasta la Segunda Guerra Mundial que los pentecostales decidieron dejar el asunto a la conciencia del individuo y resolvieron el asunto caso por caso.[23]

El derecho a resistir

Es posible que los pentecostales ni siquiera piensen en cuestiones como el derecho a resistirse políticamente hablando. No obstante, es útil examinar los recursos utilizados por otros cristianos, como aquellos que consideran la resistencia como un instrumento para oponerse a las autoridades injustas. En el contexto de la reflexión política en Perú, Cecilia Blondet escribió: "reconocer que la ley natural pone límites al derecho positivo significa admitir que es legítimo resistir a la autoridad si viola de manera sería los principios esenciales de la ley natural. La ley natural, como se describe en las enseñanzas de Iglesia Católica constituye la base del derecho a la resistencia".[24] Por ejemplo, la constitución peruana de 1979 permitió la rebelión contra los usurpadores del gobierno de una manera antidemocrática.[25]

Puede haber muchas maneras diferentes y concretas de ejercer este derecho; también hay muchos fines diferentes que pueden perseguirse. Charles Drugus incluso dijo, "la resistencia a la autoridad

---

Posas, Mario, *Modalidades del Proceso de Democratización en Honduras* (Tegucigalpa, Honduras: UNAH, 1988), pp. 84-91.

[23] La cuestión de la conciencia entre los pentecostales en lo que se refiere a la obediencia o la desobediencia a la ley estatal ha sido discutida por Conn, *Like a Mighty Army*, pp. 112-34.

[24] Blondet, Cecilia, "Poder y Organizaciones Populares: Estrategias de Integración Social", en Alvarez, Augusto (ed.), *El Poder en el Perú* (Lima, Perú: Apoyo, 1993), pp. 189-201.

[25] Blondet, *Poder y Organizaciones Populares*, 190.

tiene como fin dar fe de la validez de una forma diferente de ver las cosas, ya sea la intención de lograr un cambio parcial, por ejemplo, modificar ciertas leyes, o luchar por un cambio radical en la situación".[26]

Según C. A. Drugus estos son los criterios para tomar el derecho a la resistencia a los extremos: La resistencia armada a la opresión por parte de la autoridad política no es legítima, a menos que se cumplan todas las condiciones siguientes: 1) existe una violación grave, grave y prolongada de los derechos fundamentales, 2) se han agotado todos los demás medios de reparación, 3) dicha resistencia no provocar peores trastornos, 4) existe una esperanza bien fundada de éxito; y 5) es imposible prever razonablemente una mejor solución. El recurso a las armas es visto como un remedio extremo para poner fin a una tiranía manifiesta y de larga data, que causaría un gran daño a los derechos personales fundamentales y al peligroso daño al bien común del país.[27]

Drugus explicó, sin embargo, que la gravedad del peligro de resistencia violenta hace preferible la práctica de la resistencia pasiva, que es una forma más acorde con los principios morales y que no tiene menos posibilidades de éxito. Aunque este no siempre es el caso, hay situaciones como Mahatma Gandhi en India que demuestran que la resistencia pasiva puede ser un arma altamente efectiva cuando se usa inteligentemente.[28] Sin embargo, así es como Drugus explica sus razones pragmáticas para buscar estrategias de la no violencia.

En cuanto a la no violencia, John Howard Yoder afirmó que existe suficientes razones cristianas para no tener que participar en la "tradición de guerra justa."[29] Yoder creía que la acción fielmente en sintonía con el gobierno de Dios sería más efectiva en el caso de conflicto.[30] Además, el término "no violencia" a menudo se vincula con, o incluso se usa como sinónimo de pacifismo; sin embargo, los dos

---

[26] Entre los pentecostales, este puede ser uno de los temas más difíciles de manejar, ya que enseña la sumisión a la autoridad política. Por otro lado, los pentecostales son propensos a dividir congregaciones cuando surge un desacuerdo con la autoridad espiritual. Estas contradicciones son abordadas por Drugus, Carol Ann. 1997. "Private Power or Public Power: Pentecostalism, Base Communities, and Gender" en Cleary, Edward L. y and Hannah W. Stewart Gambino (eds.), *Power, Politics and Pentecostals in Latin America* (Boulder, CO: Westview Press, 1977), pp. 55-75.

[27] Drugus, "Private Power or Public Power", p. 58.

[28] Amplia información sobre la resistencia pasiva de Mahatma Gandhi y sus logros está disponible en Trueman, Chris, "India's History in the 20th Century", *Indian Stones and Slates*, 2000. http://www.historylearningsite.co.uk/mahatma_ghandi.htm. Accesado 18 de mayo 2010.

[29] Yoder, *The Politics of Jesus*, p. 76.

[30] Yoder, *The Politics of Jesus*, p. 78.

conceptos son fundamentalmente diferentes. Pacifismo[31] denota el rechazo del uso de la violencia como una decisión personal por razones morales o espirituales, pero no implica inherentemente ninguna inclinación hacia el cambio a nivel sociopolítico. No violencia,[32] por otro lado, presupone la intención de (pero no lo limita a) el cambio social o político como una razón para el rechazo de la violencia. Además, una persona puede abogar por la no violencia en un contexto específico mientras defiende la violencia en otros contextos.

Infligir castigo

El tema del castigo contra el ofensor podría ajustarse mejor a la comprensión pentecostal del orden moral. La mayoría de los pentecostales estarían de acuerdo en que para proteger el bien común, la autoridad pública legal debe ejercer el derecho y el deber de infligir castigos de acuerdo con la gravedad de los crímenes cometidos. Sobre este tema, Daniel Levine escribió: "La autoridad civil tiene la doble responsabilidad de desalentar comportamientos dañinos para los derechos humanos y las normas fundamentales de la vida civil y para reparar, a través del sistema penal, el desorden creado por la actividad delictiva."[33] Levine también argumenta que "en un estado gobernado por la ley, el poder de infligir castigo se confía correctamente a los tribunales."[34] Las constituciones de los estados modernos deben garantizar el poder judicial necesario para definir las relaciones

---

[31] Algunos grupos pentecostales estadounidenses que comenzaron alrededor de 1917 muestran evidencia de ser movimientos pacifistas en algún momento de su historia. Desde entonces ha habido un alejamiento del pacifismo en las iglesias pentecostales estadounidenses a un estilo más de capellanía militar y apoyo a la guerra. La principal organización para los cristianos pentecostales que creen en el pacifismo es la Comunidad Carismática de Paz Pentecostal (PCPF). Ver por ejemplo, Alexander, Paul, *Peace to War: Shifting Allegiances in the Assemblies of God* (Telford, PA: Herald Press, 2009), pp. 22-37.

[32] Los practicantes de la no violencia pueden usar diversos métodos en sus campañas de cambio social, que incluyen formas críticas de educación y persuasión, desobediencia civil y acción directa no violenta, y comunicación dirigida a través de los medios de comunicación. Véase, Sharp, Gene, *Waging Non-Violent Struggle* (Manchester, NH: Extending Horizon Books, 2005), p. 381.

[33] Levine, Daniel H., 1997. "Bridging the Gap Between Empowerment and Power in América Latina", en Hoeber, S. y J. Piscatori (eds.), *Transnational Religion and Fading State* (Boulder, CO: Westview Press, 1997), pp. 63-103.

[34] Levine, *Bridging the Gap Between Empowerment and Power in América Latina*, p. 73.

adecuadas e independientes entre los poderes legislativo, ejecutivo y judicial.

El castigo no sirve simplemente para defender el orden público y garantizar la seguridad de las personas. También se convierte en un instrumento para la corrección del delincuente, una corrección que toma el valor moral de la expiación cuando el culpable acepta voluntariamente su castigo. Aquí hay un doble propósito: por un lado, alentar la reinserción de la persona condenada en la sociedad; por el otro, fomentar una justicia que reconcilie, una justicia capaz de restablecer la armonía en las relaciones sociales interrumpida por el acto delictivo cometido.

En este sentido, los capellanes de prisiones están llamados a participar no solo en la dimensión religiosa sino también en defensa de la dignidad de los detenidos. Desafortunadamente, las condiciones bajo las cuales sirven los presos no siempre se fomenta el respeto por su dignidad. Es por eso que algunas prisiones se convierten en lugares donde se comete nuevos crímenes. No obstante, el entorno de las instituciones penales ofrece un foro para dar testimonio de la preocupación cristiana por los problemas sociales: "Estuve en prisión y viniste a mí" (Mateo 25:35, 36).

En la realización de las investigaciones, debe observarse estrictamente el reglamento contra el uso de la tortura, incluso en el caso de delitos graves. Los discípulos de Cristo se niegan a recurrir a tales métodos, que nada puede justificar y en los que la dignidad de la persona está tan degradada en su torturador como en la víctima del torturador. Los instrumentos jurídicos internacionales relativos a los derechos humanos indican correctamente una prohibición de la tortura como principio, que no se puede contravenir en ninguna circunstancia.[35]

Del mismo modo, se descarta el uso de la detención con el único propósito de tratar de obtener información importante para el juicio. Además, debe garantizarse que los fallos se lleven a cabo rápidamente.[36]

---

[35] Cualquier acto por el cual un dolor o sufrimiento severo, ya sea físico o mental, sea infligido intencionalmente a una persona para propósitos tales como obtener de él, ella o una tercera persona, información o una confesión es un acto de violencia contra los derechos humanos de la persona afectado. Ver, por ejemplo, Schmid, A. P. and R. D. Crelinsten, R. D., *The Politics of Pain: Torturers and Their Masters* (Boulder, CO: Westview Press, 1994), p. 277; y Waldron, J. y C. Dayan, *The Story of Cruel and Unusual Revolution* (Cambridge, MA: MIT Press, 2007), pp. 129-32.

[36] Sobre la aplicación de la justicia y el estado de derecho en Honduras, Donald Schultz describe los esfuerzos de los Estados Unidos para ayudar a los países centroamericanos. Estos esfuerzos, sin embargo, son un testimonio de que el estado de derecho en el área sigue siendo defectuoso. Ver, Schultz, Daniel E. y Deborah Sundloff Schultz, *The*

Su excesiva duración se está volviendo intolerable para los ciudadanos y resulta en otra injusticia.

El sistema democrático

En su enfoque de la democracia, los pentecostales valoran el sistema democrático en la medida en que este asegura la participación de los ciudadanos en la toma de decisiones políticas, garantiza a los gobernados la posibilidad de elegir y hacer rendir cuentas a quienes los gobiernan y, de reemplazarlos por medios pacíficos cuando sea apropiado. En principio, los pentecostales están de acuerdo en que la democracia auténtica solo es posible en un estado regido por la ley,[37] y sobre la base de una concepción correcta de las personas.[38] Requiere que las condiciones necesarias estén presentes para el avance tanto del individuo a través de la educación y formación en verdaderos ideales democráticos, como de la subjetividad de participar activamente en la sociedad a través de la creación de estructuras de participación y responsabilidad compartida.

Valores de la democracia

John Howard Yoder fue muy claro en su comprensión de la democracia, dijo que "una auténtica democracia no es simplemente el resultado de una observación formal de un conjunto de reglas sino el fruto de una aceptación convencida de los valores que inspiran los procedimientos democráticos, como la dignidad de cada individuo, el respeto de los derechos humanos, el compromiso con el bien común como el propósito y el criterio rector de la vida política."[39] Si no existe un consenso general

---

United States, Honduras and the Crisis in Central America (Boulder, CO: Westview Press, 1994), pp. 42-5.

[37] La cuestión de la democracia se ha vuelto más visible en la erudición pentecostal en América Latina. Un ejemplo es Samandú, Luis E. 'El Pentecostalismo en Nicaragua y sus Raíces Religiosas Populares,' *Pasos* 17 (May/June 1991). See also, Butler, Anthea, "Moved by the Spirit: Pentecostal Power & Politics after 100 years", The *Pew Forum on Religion and Public Life* 4.1 (2006), pp. 4-12. Ella argumenta que los pentecostales se han involucrado cada vez más en la política en países tan diversos como Brasil, Guatemala.

[38] Sobre el tema de la democracia auténtica y el estado de derecho, ver, Nelson, Joan M., *Encouraging Democracy: What Role for Conditioned Aid?* (Washington, DC: Overseas Development Council, 1992), p. 10.

[39] Yoder, *The Politics of Jesus*, p. 68.

sobre estos valores, se pierde el significado más profundo de la democracia y se compromete su estabilidad.

En la arena política, la mayoría de los pentecostales latinoamericanos aún no parecen haber encontrado criterios universales para establecer los fundamentos de una correcta jerarquía de valores en la democracia. Aunque reconocen la importancia de la sociedad democrática, todavía parecen estar indecisos sobre la extensión o la profundidad de su participación. Ese podría ser uno de los obstáculos, que puede evitar que tengan un impacto en las democracias emergentes, especialmente en América Latina. Hoy en día existe una tendencia a afirmar que el agnosticismo y el relativismo escéptico son la filosofía y la actitud básica, que corresponde a las formas democráticas de la vida política.[40]

Esa es la razón por la que Moltmann dice: "Aquellos que están convencidos de que conocen la verdad y se adhieren firmemente a ella se consideran poco confiables desde un punto de vista democrático, ya que no aceptan que la mayoría determine la verdad o que esté sujeta a variación de acuerdo con diferentes tendencias políticas."[41] Por lo tanto, si no existe una verdad última que guíe y dirija la acción política, las ideas y las convicciones pueden manipularse fácilmente por razones de poder. Como lo demuestra la historia, una democracia sin los valores de libertad, verdad, justicia y paz se convierte fácilmente en un totalitarismo delgado disfrazado. La democracia es fundamentalmente un sistema y, como tal, es un medio y no un fin. Su valor moral no es automático, sino que depende de la conformidad del ciudadano con la ley moral a la que debe estar sujeto. En otras palabras, su moralidad depende de la moralidad de los fines que persigue y los medios que emplea.

Instituciones y democracia

Aunque la mayoría de los pentecostales todavía están aprendiendo cómo involucrarse en los sistemas democráticos, estos parecen reconocer la validez del principio concerniente a la división de poderes en un estado. Un ejemplo de participación pentecostal fue el caso reciente del golpe de estado en Honduras, del 28 de junio del 2009. Algunos pentecostales decidieron que era necesario apoyar al nuevo gobierno. Marcharon a lo

---

[40] En materia de agnosticismo y relativismo sobre la vida política, ver Moltmann, Jürgen, *God for a Secular Society. The Public Relevance of Theology* (Minneapolis, MN: Fortress Press, 1999), pp. 67-70.
[41] Moltmann, *God for a Secular Society*, p. 92.

largo con multitudes masivas para apoyar al nuevo presidente. También llevaron a cabo intensas reuniones de oración a favor del país y del nuevo gobierno. Estaban al tanto de la oposición de la comunidad internacional contra el nuevo sistema político vigente, pero tenían claro que las fuerzas políticas internacionales estaban equivocadas y acosaban erróneamente a Honduras.[42]

Esta vez algunos la mayoría de los pentecostales desempeñaron un papel estratégico en el fortalecimiento del nuevo gobierno y las instituciones democráticas del país. Denunciaron la doble moral de la comunidad internacional, en sus amenazas contra Honduras y se mantuvieron firmes con el presidente que llamaron interino.

Esta crisis política también sirvió a algunos pentecostales para probar que su misión se extiende más allá de los muros de la iglesia y los límites de su comunidad de fe. Fueron capaces de trabajar en cooperación con muchas más organizaciones para defender a su país. Esta cooperación fue operada en todos los frentes posibles y en todos los niveles de influencia. Si Honduras sobrevivió a su crisis política más crítica del siglo XXI, en gran parte fue por muchos pentecostales que participaron activamente en nombre de la democracia. Por supuesto hubo pastores y creyentes pentecostales que también se manifestaron en contra del golpe de estado y defendieron al poder político defenestrado. Eso también es una muestra de la pluralidad de sentimientos y convicciones políticas que se da en el conglomerado que acá nos ocupa.

En el sistema democrático, la autoridad política es responsable ante el pueblo. Darío López argumenta que los organismos representativos deben estar sujetos a un control social efectivo. Este

---

[42] El Fiscal General de Honduras acusó al presidente Manuel Zelaya de violaciones a la constitución del país. El Tribunal Supremo emitió una orden de arresto contra él. Después de que se leyó una carta de renuncia del presidente Manuel Zelaya al Congreso Nacional, este aceptó la renuncia de Zelaya como presidente el 28 de junio de 2009. El Congreso acordó por unanimidad: De conformidad con los artículos 1, 2, 3, 4, 205, 220, subsecciones 20, 218, 242, 321, 322, 323 de la Constitución de la República de Honduras, (1) para desaprobar las repetidas violaciones de Zelaya de la constitución, las leyes y las órdenes judiciales. (2) Eliminar a Zelaya de su puesto como presidente. (3) Nombrar al actual presidente interino del presidente del Congreso, Roberto Micheletti, para completar el período constitucional que finalizó el 27 de enero de 2010. El período de Micheletti en el cargo fue testigo de manifestaciones a favor y en contra de él. Internamente, su gobierno recibió el apoyo del 80% de Honduras y de la mayoría de las organizaciones civiles y democráticas. Véase, por ejemplo, un análisis exhaustivo de la crisis política de Honduras en 2009 en Portillo Villeda, Suyapa, "The Coup That Awake a People's Resistance," *NACLA Report on the Americas* 43.2 (March/April 2010), pp. 26-7.

control se puede llevar a cabo sobre todo en elecciones libres, que permiten la selección y el cambio de representantes alternativamente. La obligación de los elegidos es dar cuenta de su trabajo.[43] Esto se garantiza respetando los términos electorales, y este es un elemento constitutivo de la representación democrática. En sus áreas específicas, como redactar leyes, gobernar, establecer sistemas de controles y equilibrios, los funcionarios electos deben esforzarse por buscar y lograr lo que contribuirá a que la vida civil avance en su curso general.

Los que gobiernan tienen la obligación de responder a los gobernados, pero esto no implica que los representantes sean meramente agentes pasivos de los electores.[44] El control ejercido por los ciudadanos no excluye la libertad que los funcionarios electos deban disfrutar para cumplir su mandato con respecto a los objetivos que se persiguen. Estos no dependen exclusivamente de intereses especiales, sino de una mayor parte de la función de síntesis y mediación que sirven al bien común, uno de los objetivos esenciales e indispensables de la autoridad política.

Componentes morales de la representación política

Plutarco Bonilla escribió que "quienes tienen responsabilidades políticas no deben olvidar o subestimar la dimensión moral de esa representación, que consiste en el compromiso de compartir plenamente el destino del pueblo y buscar soluciones a los problemas sociales."[45] Desde esa perspectiva, la autoridad responsable también significa la autoridad ejercida con aquellas virtudes que hacen posible poner el poder en práctica como servicio. Por ejemplo, las autoridades deben mostrar paciencia, modestia, moderación y esfuerzos para compartir. Este tipo de autoridad es capaz de aceptar el bien común, y no el prestigio o la obtención de ventajas personales, como su verdadero objetivo en el trabajo. Esta afirmación se ajusta bien a las comunidades pentecostales debido a su origen social y económico, donde este estilo de vida parece ser común entre los creyentes.[46]

Entre las deformidades del sistema democrático, la corrupción política es una de las más graves porque traiciona tanto los principios

---

[43] Ver, López, *El Nuevo Rostro del Pentecostalismo Latinoamericano* (Lima, Perú: Ediciones Puma, 2002), pp. 91-7.
[44] López, *El Nuevo Rostro del Pentecostalismo Latinoamericano*, p. 28.
[45] Bonilla, Plutarco "La Misión de la Iglesia según el Libro de los Hechos", *La Biblia en las Américas* 5.53 (1998), pp. 12-6.
[46] Hollenweger, Walter, *Pentecostalism: Origins and Developments Worldwide* (Peabody: Hendrickson Publishers, 1997), pp. 110-12.

morales como las normas de justicia social. Compromete el correcto funcionamiento del Estado, teniendo una influencia negativa en la relación entre quienes gobiernan y los gobernados. Causa una creciente desconfianza con respecto a las instituciones públicas, provocando un descontento progresivo en los ciudadanos con respecto a la política y sus representantes, con el consiguiente debilitamiento de las instituciones. La corrupción distorsiona radicalmente el papel de las instituciones representativas, ya que se convierten en una arena para el trueque político entre las solicitudes de los clientes y los servicios gubernamentales. De esta manera, las elecciones políticas favorecen los objetivos estrechos de quienes poseen los medios para influir en estas elecciones y son un obstáculo para lograr el bien común de todos los ciudadanos.

Como hemos venido notando, el asunto de la administración pública todavía parece distante para algunos pentecostales. Ellos más bien lo ven como un instrumento del estado. Sin embargo, la administración pública está orientada al servicio de los ciudadanos. El estado es el mayordomo de los recursos del pueblo, que debe administrar con miras al bien común.[47] El papel de quienes trabajan en la administración pública no debe concebirse como impersonal o burocrático, sino más bien como un acto de asistencia generosa para los ciudadanos, realizado con un espíritu de servicio.

Instrumentos para la participación política

En referencia al propósito de los partidos políticos, Alberto Roldán opina que estos tienen la tarea de fomentar una amplia participación y hacer que las responsabilidades públicas sean accesibles para todos. Por lo tanto, los partidos políticos están llamados a interpretar las aspiraciones de la sociedad civil, orientándola hacia el bien común, ofreciendo a los ciudadanos la posibilidad efectiva de contribuir a la formulación de elecciones políticas. Deben ser democráticos en su estructura interna y capaces de síntezar y planificar políticamente.[48]

---

[47] Aunque este acercamiento a los componentes morales para las participaciones políticas es general y se enfoca en el punto de vista pentecostal en general, sin embargo, hay algunos indicios de que, incluso en el contexto de Honduras, esta área de servicio público ya ha sido discutida entre evangélicos y pentecostales. Véase, por ejemplo, Blanco, Gustavo, *Honduras: Iglesia y Cambio Social* (Tegucigalpa: Editoriales Guaymuras, 1990), pp. 95-103.

[48] Roldán, Alberto, 'Missão, Unidade e Identidade da Igreja,' *Proceso Regional de Reflexão para Quarta Assembléia Geral do CLAI*. (Quito, Ecuador: CLAI, 1990), p. 85.

Otro instrumento de participación política es el referéndum,[49] mediante el cual se practica una forma de acceso directo a las decisiones políticas. La institución de la representación de hecho no excluye la posibilidad de preguntar directamente a los ciudadanos sobre las decisiones de gran importancia para la vida pública y social.

La información se encuentra entre los principales instrumentos de participación democrática. La participación política sin una comprensión de la situación de la comunidad, los hechos y las soluciones propuestas a los problemas es impensable. Es necesario garantizar un pluralismo real en esta área delicada de la vida social, garantizando que haya muchas formas e instrumentos de información y comunicación. Asimismo, es necesario facilitar las condiciones de igualdad en la posesión y el uso de estos instrumentos por medio de leyes apropiadas. Entre los obstáculos que impiden el ejercicio pleno del derecho a la objetividad en la información, se debe prestar especial atención al fenómeno que los medios de comunicación estén controlados por unas pocas personas o grupos. Esto tiene efectos peligrosos para todo el sistema democrático cuando vínculos más cercanos acompañan este fenómeno entre la actividad gubernamental y los establecimientos financieros y de información.

Tradicionalmente, los pentecostales han usado los medios de comunicación para transmitir el mensaje evangélico de salvación personal y para enseñar acerca de los principios, valores y doctrinas cristianos. No han usado los medios con el propósito de transformar la cultura ni el gobierno, intencionalmente. No obstante, Roldán argumenta que los medios deben ser utilizados para construir y sostener a la comunidad humana en sus diferentes sectores: económico, político, cultural, educativo y religioso. La sociedad tiene derecho a la información basada en la verdad, la libertad, la justicia y la solidaridad.[50] También afirma que el sistema de información actual debe contribuir al mejoramiento de la persona humana. Debe hacer que la gente sea más madura, más consciente de la dignidad de su humanidad, más responsable o más abierta a los demás, en particular a los más necesitados y a los más débiles.[51]

En el mundo de los medios, las dificultades intrínsecas de las comunicaciones a menudo se ven exacerbadas por la ideología, el deseo de obtener ganancias y el control político, la rivalidad y los conflictos

---

[49] Yoder, *The Politics of Jesus*, p. 69.
[50] Roldán, "Missão, Unidade e Identidade da Igreja," p. 88.
[51] Roldán, "Missão, Unidade e Identidade da Igreja," p. 82.

entre grupos y otros males sociales. Esto también es motivo de preocupación para la mayoría de los pentecostales. Pero en lugar de sentirse intimidados por ese impacto negativo, ahora deben proponer que los valores y principios morales se apliquen a los medios[52] y que la dimensión ética debe estar relacionada no solo con el contenido de la comunicación y el proceso de comunicación, sino también con cuestiones estructurales y sistémicas fundamentales, que a menudo involucran grandes cuestiones de política relacionadas con la distribución de la tecnología y los productos sofisticados.

En todas las áreas de comunicación, se debe aplicar un principio moral fundamental: el fin y la medida del uso de los medios son el individuo y la comunidad. Un segundo principio es complementario al primero: el bien de los seres humanos no puede alcanzarse independientemente del interés común de la comunidad a la que pertenecen. Es necesario que los ciudadanos participen en el proceso de toma de decisiones sobre políticas de medios. Esta participación tiene que ser genuinamente representativa y no sesgada a favor de grupos de intereses especiales cuando los medios son una empresa generadora de dinero. Este parece ser uno de los desafíos más importantes para los pentecostales con respecto al uso actual de los medios. Sin embargo, una investigación completa para una teología pentecostal sobre el uso de los medios tendrá que quedar en estudio.

Comunidad política al servicio de la sociedad civil

Históricamente, en Honduras, los evangélicos y algunos pentecostales han contribuido a la distinción entre la comunidad política y la sociedad civil para su visión de las personas, entendidas como un seres autónomos y relacionales, que están abiertas a los asuntos espirituales. Con respecto a esto, Larry Webb ha dicho que "esta visión se ve desafiada por ideologías políticas de naturaleza individualista y aquellas de carácter totalitario, que tienden a absorber a la sociedad civil en la esfera del interés del estado."[53] Por lo tanto, el compromiso de la comunidad de fe

---

[52] Con respecto al impacto positivo de los medios cristianos sobre la sociedad, Larry Webb va más allá para abordar la cuestión de los valores morales en los cambios dramáticos que afectan a la sociedad en el siglo XXI. Ver, Webb, Larry, *Healthy Church DNA: Transforming the Church for Effective Ministry* (Bloomington, IN: iUniverse, 2008), pp. 25-8. La preparación para transformar el cambio es un elemento que debe estar presente en la vida de la comunidad de fe. De esa manera, la cultura y el gobierno se transformarán.

[53] Webb, *Healthy Church DNA,* p. 32.

en nombre del pluralismo social apunta a lograr un logro más apropiado del bien común y la democracia misma, de acuerdo con los principios de solidaridad, subsidiariedad y justicia.[54]

La sociedad civil se aborda aquí como la suma de relaciones y recursos, culturales y asociativos, que son relativamente independientes de la esfera política y el sector económico. El propósito de la sociedad civil es universal, ya que se trata del bien común, al que todos y cada uno de los ciudadanos tienen derecho en la debida proporción. Webb agrega que "esto está marcado por una capacidad de planificación que apunta a fomentar una vida social más libre y justa, en la que los diversos grupos de ciudadanos pueden formar asociaciones, trabajando para desarrollar y expresar sus preferencias, a fin de satisfacer sus necesidades fundamentales y defender sus intereses legítimos."[55]

Prioridad de la sociedad civil

La comunidad política y la sociedad civil, aunque están mutuamente conectadas e interdependientes, no son iguales en la jerarquía de sus fines. La comunidad política está esencialmente al servicio de la sociedad civil. Está al servicio de las personas y grupos de los que está compuesta la sociedad civil. La sociedad civil, por lo tanto, no puede considerarse una extensión o un componente cambiante de la comunidad política. Más bien, tiene prioridad porque es en la propia sociedad civil donde la comunidad política encuentra su justificación. Un erudito pentecostal que ha estudiado la importancia de la sociedad civil como el objeto de servicio de la comunidad política es Bernardo Campos.[56] Aunque no refleja directamente la necesidad de la comunidad política al servicio de la sociedad civil, todavía afirma que la principal tarea del gobierno es estar al servicio de las instituciones civiles y democráticas; algo, que de ninguna manera es un hecho consumado en la realidad latinoamericana.[57]

Campos también afirma que "la autoridad civil debe proporcionar un marco legal adecuado para que los sujetos sociales participen

---

[54] Véase, por ejemplo, el valor de la sociedad civil como se discute en Bastian, Jean Pierre, La *Mutación Religiosa en América Latina: Para una Sociología de Cambio Social en la Modernidad Periférica* (México, DF: Fondo de Cultura Económica, 1997), pp. 121-38.
[55] Webb, *Healthy Church DNA*, p. 82.
[56] Sobre el tema de la participación de los pentecostales en la sociedad civil, véase, Campos, *De la Reforma Protestante a la Pentecostalidad de la Iglesia*, pp. 12-8.
[57] Campos, *De la Reforma Protestante a la Pentecostalidad de la Iglesia*, p. 16.

libremente en sus diferentes actividades y debe estar preparado para intervenir, cuando sea necesario y respetando el principio de subsidiariedad, de modo que la interacción entre las asociaciones libres y la vida democrática puede dirigirse al bien común."[58] La sociedad civil es de hecho multifacética e irregular; no le faltan ambigüedades y contradicciones. También es la arena donde los diferentes intereses chocan entre sí, con el riesgo de que los más fuertes prevalezcan sobre los más débiles.

Lecciones del principio de subsidiariedad

La comunidad política es responsable de regular sus relaciones con la sociedad civil de acuerdo con el principio de subsidiariedad. Es esencial que el crecimiento de la vida democrática comience dentro del tejido de la sociedad.[59] Las actividades de la sociedad civil representan las formas más apropiadas de desarrollar la dimensión social de la persona, que encuentra en estas actividades el espacio necesario para expresarlo plenamente. La expansión progresiva de las iniciativas sociales más allá de la esfera controlada por el estado crea nuevas áreas para la presencia activa y la acción directa de los ciudadanos, integrando las funciones del estado. Este importante fenómeno a menudo se ha producido en gran parte a través de medios informales y ha iniciado formas nuevas y positivas de ejercer los derechos personales, que han producido un enriquecimiento cualitativo de la vida democrática.

La cooperación se muestra como una de las respuestas más efectivas a una mentalidad de conflicto y competencia ilimitada que parece tan prevaleciente hoy en día. Los pentecostales podrían capitalizar en sus múltiples comunidades enfatizando las relaciones que se establecen en un clima de cooperación y solidaridad. Este enfoque de la cooperación servirá para superar las divisiones ideológicas, provocando que la gente busque lo que los une en lugar de lo que los divide.[60]

Muchas experiencias de trabajo voluntario son ejemplos de gran valor que llaman a las personas a considerar a la sociedad civil como un lugar donde es posible reconstruir una ética pública basada en la solidaridad, la cooperación concreta y el diálogo fraterno. Esta área en

---

[58] Campos, *De la Reforma Protestante a la Pentecostalidad de la Iglesia*, p. 18.
[59] Moltmann, *God for a Secular Society*, p. 90.
[60] El Pontificio Consejo para la Justicia y la Paz ha puesto a disposición una discusión sobre este asunto. *Compendium of the Social Doctrine of the Church.* http://www.catholicculture.org/culture/library/view.cfm?id=7218&CFID=77957190&CFTOKEN=51995189. Accesado 19 abril 2011.

particular parece ajustarse naturalmente a los pentecostales. Son bien conocidos por su servicio voluntario y el trabajo espontáneo entre las personas de sus comunidades. Están llamados a mirar con confianza las potencialidades presentes en su servicio y a ofrecer sus esfuerzos personales para el bien de la comunidad.

La libertad religiosa, un derecho humano fundamental

En el caso de la Confraternidad Evangélica de Honduras,[61] esta organización está comprometida con la promoción de la libertad religiosa. Como miembros de esta confraternidad, los pentecostales hondureños suscribieron la "Declaración de San Pedro Sula," que explica que la confraternidad pretende proclamar "el derecho de la persona y de las comunidades a la libertad social y civil en asuntos religiosos".[62] Para que esta libertad, querida por Dios e inscrita en la naturaleza humana, pueda ser ejercida, no debe ponerse ningún obstáculo en su camino, ya que "la verdad no puede ser impuesta excepto en virtud de su propia verdad".[63]

La dignidad de la persona y la naturaleza misma de la búsqueda de Dios requieren que todos los hombres y mujeres estén libres de toda restricción en el área de la religión. La sociedad y el estado no deben obligar a una persona a actuar en contra de su conciencia o impedir que actúe de conformidad con ella. La libertad religiosa no es una licencia moral para adherirse al error, ni como un derecho implícito al error. Entonces, hay límites a la libertad religiosa. En el caso de los pentecostales, han resuelto sus conflictos apelando a tres fuentes de entendimiento, que se basan en su hermenéutica: (1) la autoridad de la Escritura, (2) la revelación del Espíritu Santo y (3) el Consejo de los ancianos.[64]

---

[61] La Fraternidad Evangélica de Honduras (Confraternidad Evangélica de Honduras) fue creada en 1989, como la organización nacional que representa a los cuerpos evangélicos y pentecostales de Honduras.

[62] Confraternidad Evangélica de Honduras. 2001. *Acta de la Asamblea de la Confraternidad Evangélica de Honduras*. San Pedro Sula, Honduras: CEH, p. 4.

[63] Confraternidad Evangélica de Honduras, *Acta de la Asamblea General,* p. 6.

[64] El pentecostalismo clásico ha establecido el método neumático como la fuente de interpretación de las Escrituras. El método Neumático incluye tres agentes en la interpretación: la autoridad de la Escritura, la revelación del Espíritu Santo y el Consejo de la Comunidad de fe. Ver, por ejemplo, Ervin, Howard M., "Hermeneutics. A Pentecostal Option", *Pneuma: The Journal of the Society for Pentecostal Studies* 2.2, pp. 11-25; also, McKim, Donald K. 1986. *A Guide to Contemporary Hermeneutics* (Grand Rapids, MI: Eerdmans, pp. 19-28.

La libertad de conciencia y religión concierne a hombres y mujeres tanto individual como socialmente. El derecho a la libertad religiosa debe ser reconocido en el orden jurídico y sancionado como un derecho civil; sin embargo, no es en sí mismo un derecho ilimitado. Los límites justos del ejercicio de la libertad religiosa deben determinarse en cada situación social con prudencia política, de acuerdo con los requisitos del beneficio común, y deben ser ratificados por la autoridad civil a través de normas legales consistentes con el objetivo del orden moral.

Tales normas son requeridas por la necesidad de salvaguardar efectivamente los derechos de todos los ciudadanos y por la solución pacífica de conflictos de derechos, también por la necesidad de un cuidado adecuado de la paz pública genuina, que se produce cuando los hombres viven juntos en buen orden y en la verdadera justicia, y finalmente por la necesidad de una tutela apropiada de la moralidad pública.

Comunidad de fe y comunidad política

Aunque la iglesia y la comunidad política se manifiestan a sí mismas en estructuras organizacionales visibles, son por naturaleza diferentes debido a su configuración y debido a los fines que persiguen. La Comunidad Evangélica de Honduras reafirmó claramente que, en sus propias esferas, la comunidad política y la iglesia son mutuamente independientes y autogobernadas. La iglesia está organizada de maneras adecuadas para satisfacer las necesidades espirituales de los fieles, mientras que las diferentes comunidades políticas dan lugar a relaciones e instituciones que están al servicio de todo lo que es parte del bien común temporal.[65] La autonomía e independencia de estas dos realidades es particularmente evidente con respecto a sus fines.

El deber de respetar la libertad religiosa requiere que la comunidad política garantice a la iglesia el espacio necesario para llevar a cabo su misión. Por otro lado, la comunidad de fe no tiene un área de competencia particular con respecto a las estructuras de la comunidad política. La iglesia respeta la autonomía legítima del orden democrático y tiene derecho a expresar preferencias por esta o aquella solución institucional o constitucional.

---

[65] Confraternidad Evangélica de Honduras, *Acta de la Asamblea de la Confraternidad Evangélica de Honduras*, p. 10.

Los cristianos deben entrar en dudas sobre el mérito de los programas políticos. Tienen derecho a expresar sus preocupaciones, sus implicaciones religiosas o morales. Los cristianos, tanto individual como colectivamente, tienen la obligación de participar en el debate político. Ellos tienen una perspectiva que necesita ser escuchada. Sin embargo, no se les deben otorgar privilegios especiales en los debates en los que todos los ciudadanos tienen el mismo derecho a participar.

Autonomía y cooperación mutua

La autonomía mutua de la iglesia y la comunidad política no implica una separación que excluya la cooperación. Ambos, aunque por diferentes títulos, sirven a la vocación personal y social de los mismos seres humanos. Tanto la comunidad de fe como la comunidad política se expresan en estructuras organizadas que no son fines en sí mismas, sino que están destinadas al servicio de la humanidad, para ayudar a las personas a ejercer plenamente sus derechos. La comunidad de fe y la comunidad política pueden prestar más eficazmente este servicio para el bien de todos, si cada uno funciona mejor para la cooperación mutua sana de una manera adecuada a las circunstancias de tiempo y lugar.

Los pentecostales también comprenden que la comunidad de fe tiene derecho al reconocimiento legal de su propia identidad, precisamente porque su misión abarca toda la realidad humana. La iglesia está verdadera e íntimamente vinculada con la humanidad y su historia.[66] La comunidad de fe reclama la libertad de expresar su juicio moral sobre esta realidad, siempre que se requiera para defender los derechos fundamentales de la persona o para la salvación de las almas. La comunidad de fe busca ahora la libertad de expresión, la enseñanza y la evangelización; libertad de culto público; libertad de organización y de su propio gobierno interno; libertad de seleccionar, educar, nombrar y transferir a sus ministros; libertad para construir edificios religiosos; libertad para adquirir y poseer bienes suficientes para sus actividades; y libertad para formar asociaciones no solo con propósitos religiosos sino también con fines educativos, culturales, de salud y misionales.

Este estudio inició una discusión que puede suscitar preguntas sobre la participación de los pentecostales en las preocupaciones sociales y la arena política. También puede generar más estudios entre ellos sobre el concepto de servicio público y el valor de la democracia. Este diálogo

---

[66] Álvarez, Carmelo, *Pentecostalismo y liberación: Una Experiencia Latinoamericana* (San José, Costa Rica: DEI, 1992), pp. 24-33.

entre la teología pentecostal y las enseñanzas de la Iglesia Católica sobre el servicio público pretende generar una reflexión sobre campos no tradicionales que obviamente afectan ambas corrientes. En América Latina, tanto los pentecostales como los católicos conviven con diferentes puntos de vista teológicos y actitudes hacia el evangelio y la cultura. No obstante, aún en el caso de argumentos contradictorios, siempre es saludable entender lo que el otro piensa sobre cuestiones comunes que son parte del mismo mundo.

La discusión se enfocó en asuntos que son poco comunes en el discurso pentecostal de la misión, el evangelismo y el servicio social. A propósito, en este estudio dejamos de lado aquellos temas que son del conocimiento común y trabajamos intencionalmente sobre estos, los cuales puedes parecer bastante controversiales para ambas corrientes. En virtud de ello, este estudio tiene la intención de contribuir a la presentación pentecostal del evangelio y su enfoque efectivo hacia la misión integral, el servicio social y la participación política. Tal contribución debe hacerse estudiando cuestiones que pueden ser difíciles de comprender, pero que no pueden dejarse de lado por ser de naturaleza controversial. Este es un estudio responsable que está involucrando estos temas con un un alto sentido de responsabilidad. Esta actitud ayudará a los pentecostales también extiendan su alcance hacia otros ministerios de manera eficiente.

9

MISION, COMUNIDAD Y DISCIPULADO

Una de las características esenciales de los pentecostales es el discipulado llevado a cabo a través de la comunidad local.[1] Los pentecostales enseñan que una vez que los creyentes se convierten en miembros de una congregación local, estos se unen al ministerio del cuerpo de creyentes y se hacen participantes en la vida y la misión de la iglesia. Como discípulos, están motivados para usar e implementar sus dones espirituales para el beneficio de las personas. La identidad como discípulos se nutre a través de las enseñanzas de la fe, la doctrina y la misión. Se les enseña que Cristo Jesús salva, sana, santifica, bautiza con el bautismo del Espíritu Santo y que pronto vendrá por su pueblo.

El bautismo con el Espíritu Santo equipa a los creyentes dar testimonio de Cristo como Salvador y Redentor. Mario Méndez explica cómo se lleva a cabo este proceso de discipulado: "los creyentes están dotados de poder para ser efectivos en su ministerio, con el objetivo de proclamar las buenas nuevas del evangelio y promover una nueva condición de vida para aquellos que creen"[2] (Hechos 2:39).

Como hemos visto, para la mayoría de los pentecostales en América Latina, la responsabilidad inmediata de los creyentes es proclamar el evangelio con un testimonio ejemplar de vida enraizada en Cristo y vivida en realidades temporales. Estos ministran a la familia y a muchos asuntos individuales entre los creyentes. Sin embargo, parecen luchar con la misión que toca al mundo secular, particularmente en el lugar de trabajo. Además, no parecen tener una historia de participación constante en la transformación de la cultura. Sin embargo, en los últimos años han tenido cierta participación en las responsabilidades sociales, económicas y políticas.[3] Pero, históricamente, han pasado por alto las

---

[1] Bravo, *El Fruto del Espíritu*, 44.
[2] Méndez, *La Iglesia: Fuerza del Espíritu, Su Unidad y Diversidad*, 28. El autor revisa las enseñanzas del pentecostalismo clásico y las compara con los movimientos pentecostales contemporáneos en América Latina. Otra fuente para comprender el pentecostalismo es el libro de Robeck, Cecil M., *The Azusa Street Mission and Revival: The Birth of the Global Pentecostal Movement* (Nashville, TN: Thomas Nelson, 2006), pp. 281-331.
[3] Véase, Anderson, Allan H., *El Pentecostalismo: El Cristianismo Carismático Mundial* (Madrid, España: Ediciones Akal, 2007), p. 236. Aunque Allan Anderson escribió

realidades de la sociedad secular. Esto último probablemnte se deba a la falta de preparación para compartir su fe con gente de otro nivel intelectual o económico.

El hecho de que los pentecostales no hayan estado históricamente involucrados en la acción social, y otros escenarios relacionados con las estructuras o instituciones políticas, no necesariamente significa falta de interés. Como hemos visto, la razón real para perder estos escenarios de la misión puede tener que ver con las posiciones teológicas y doctrinales establecidas por los líderes denominacionales o por los niveles socioeconómicos de sus miembros.[4] Sin embargo, es justo afirmar que una vez que aprendan cómo participar adecuadamente en estos campos, lo hacen con gran responsabilidad y entusiasmo. por lo anterior, es obvio que estos necesitan que se les enseñe a involucrarse activamente, como comunidad de fe, en la transformación de la sociedad. Su misión debe proponer soluciones piadosas a las necesidades antropológicas y sociológicas, así como a las espirituales y teológicas.

Responsabilidad social y asociaciones laicas

Una recomendación de este estudio es que los pentecostales se den cuenta que la responsabilidad social involucra una amplia gama de asuntos, más allá de su marco teológico tradicional y, que estas acciones son parte de la formación de los creyentes para el servicio cristiano. Este esfuerzo es más exitoso toddavía cuando es ejecutado por los laicos. Cuando los líderes laicos tienen un criterio objetivo de la misión de la iglesia, se dan cuenta que los grupos, las asociaciones y los movimientos

---

inicialmente este libro en 2004, con el título en inglés, *"Introduction to Pentecostalism: Global Charismatic Christianity"*. Cambridge, UK: Cambridge University Press. Preferí usar la traducción al español en América Latina, usando algunos términos como "secular", "cultura" y otros que tienen aplicaciones particulares para la comunidad latinoamericana.

[4] En el caso de las denominaciones pentecostales originadas en América del Norte, sus líderes se relacionan con la teología y la política conservadoras. Estos enseñaron a los primeros pentecostales a separarse del mundo y, esto fue llevado a posiciones extremas. Por lo tanto, los recién convertidos se centraron en proclamar la palabra, haciendo muy poco para transformar a la comunidad. La mayoría de los esfuerzos para este propósito fueron aislados y hechos por inercia. Véase, Olivera, Ademar, "Bringing out Treasures that are Old and New: Thoughts on Mission Engagement Today from a Latin American URM Perspective," *International Review of Mission* 87.347 (October 1998), pp, 518-24.

de la iglesia local juegan un papel válido en la preparación de los creyentes para el ministerio.

López afirma que si los laicos inician la misión, también son capaces de sostener a grupos de creyentes comprometidos con la transformación de varios sectores de la comunidad.[5]

Si esta misión también está presente en el lugar de trabajo, promoverá acciones que favorezcan al individuo y a la comunidad laboral. Así, la misión se expresa a través de la acción de creyentes que trabajan a través de grupos, asociaciones o movimientos. Estas actividades también deberían incluir a creyentes de otras denominaciones cristianas que también trabajan en beneficio de la comunidad.

La responsabilidad social practicada por la comunidad de fe también es importante para el desarrollo de asociaciones eclesiales dentro de la comunidad cristiana en general. Este tipo de asociaciones ahora están siendo probadas por algunos grupos pentecostales.[6] Una vez que estas relaciones están en su lugar, pueden representar un punto de referencia para trabajar con otros grupos.

Servicio social en los diversos sectores de la vida comunitaria

Norberto Saracco ha definido el servicio como "el signo y la expresión del amor que se ve en las áreas de la familia, la cultura, el trabajo, la economía y la política según aspectos específicos que caracterizan la presencia de los cristianos en la comunidad."[7] Por lo tanto, al considerar estas demandas, como lo señala Saracco, en cuanto al servicio social, los pentecostales pueden expresar la validez de sus principios de fe y su amor por su comunidad donde viven su vida cristiana. Tal amor se convierte en realidad cuando el evangelio se implementa en la comunidad a través del servicio social.[8]

La credibilidad de su fe se hará patente a través del testimonio de la participación social. La acción social es la mejor manera de convalidar la calidad de la misión de una iglesia. Algunos pentecostales son conscientes de esto y, en consecuencia, dedican tiempo a la planificación de actividades que les permita trabajar con diferentes tipos de personas en sus comunidades.

---

[5] López, *Pentecostalismo y Transformación Social*, p. 53.
[6] López, *Pentecostalismo y Transformación Social*, p. 46.
[7] Saracco, "Mission and Missiology from Latin America", pp. 357-66. Él sostiene que "la misión no está completa hasta que alcanza la cultura, la economía y la vida social".
[8] Saracco, "Mission and Missiology from Latin America", p. 359.

Servicio al campo cultural

Según Richard Niebuhr, la cultura es la forma de vida de un grupo de personas: el comportamiento, las creencias, los valores y los símbolos que aceptan, generalmente sin pensar en ellos y en formas transmitidas por la comunicación y la imitación de una generación a otra.[9] En el caso de los pentecostales, la integración de la fe cristiana con estas acciones prácticas de la vida es posiblemente una de las características valiosas de la mayoría de sus comunidades. Estos son capaces de operar dentro y fuera de su realidad sociocultural. Tienen una red natural construida a través de las relaciones, que se incluyen en su práctica de la fe cristiana.[10]

Si se tiene en cuenta la opinión de Richard Niebuhr, los fenómenos culturales se entienden mejor en su contexto y deben evaluarse en la forma en que afectan a las personas en su crecimiento y transformación integrales.[11] Esa es una razón por la que los pentecostales deberían estimular la capacidad de comunicarse y la capacidad de relacionarse con personas de otras culturas y tradiciones. La cultura es también esa realidad en la que vive la gente y a través de la cual los cristianos tienen la oportunidad de hacerse realidad en cumplimiento del propósito de Dios.

En referencia a la participación sociocultural y política, los pentecostales creen que el Espíritu Santo es el agente inspirador de sus acciones. Aunque históricamente no han estado involucrados en la actividad política, más recientemente algunos pentecostales han comenzado a mostrar interés en los cargos públicos. En su historia temprana, los pentecostales tenían una participación limitada en la política, por lo que su participación se limitó principalmente a la transformación espiritual. Debido a esto no pudieron proponer abiertamente un cambio de patrones culturales o de estructuras políticas.

Sin embargo, la participación de hoy requiere un compromiso que sea compatible con la creación de fundamentos para la transformación de la cultura con una nueva fe y moralidad, que se planifica intencionalmente y de acuerdo con los principios del evangelio. Wilson también afirma que "esta conciencia es crítica para los

---

[9] Niebuhr, *Christ and Culture*, p. 212.
[10] Wilson, "Guatemalan Pentecostals: Something of their Own", p. 56. Desde su contexto guatemalteco, el autor describe el tipo de relaciones que los pentecostales construyen en la comunidad.
[11] Niebuhr, *Christ and culture*, p. 210.

pentecostales, de lo contrario podrían ser limitados en su influencia cultural y su misión podría reducirse a una simple actividad espiritual que se centra únicamente en asuntos religiosos".[12] Entonces, uno de sus objetivos es delinear y establecer bases integrales para el ministerio, incluyendo los valores espirituales y sociales del contexto.

Este enfoque debe reflejar tanto la madurez intelectual como los estándares morales que representan a la naturaleza del pentecostalismo, con una misión construida en su fe en Cristo Jesús.[13] Esta declaración de misión debe inspirar a los creyentes a comprometer su vida y ministerio con los principios del evangelio. Debe tener la visión que moviliza a los creyentes para servir en causas sociales y políticas inspiradas por los principios y valores del evangelio.

Lesslie Newbigin afirmó que "el desarrollo completo de un individuo y la sociedad es esencial para el crecimiento de la cultura".[14]

Por lo tanto, los valores éticos de la cultura deben tener prioridad en la actividad social iniciada por la comunidad de fe. A la luz de la declaración de Newbigin, si los pentecostales fracasan en prestar atención a esta dimensión, podrían caer fácilmente en la trampa de hacer de la cultura un instrumento que distorsione el propósito de Dios para la humanidad.

Niebuhr también afirmó que "una cultura puede volverse estéril y encaminarse hacia la decadencia cuando se centra en sí misma. Si cae en interés interno, solo perpetuará formas de vida social obsoletas y viejas".[15] Si los pentecostales prestaran atención a Newbigin y Niebuhr, se darían cuenta que la formación de una cultura es capaz de enriquecer a los individuos y exige la participación de todo el individuo, por lo que las personas deben tener la oportunidad de expresar sus habilidades creativas e inteligencia. Esta formación requiere personas que utilicen su capacidad para activar el autocontrol de sus acciones, así como el sacrificio personal, la solidaridad y la capacidad de perseguir y promover el bien común de las personas. Otros estudios sobre el pentecostalismo pueden explorar cuán dispuestos están los pentecostales a cooperar con otras organizaciones en el trabajo social y cuán capaces son de integrar estas tradiciones en su propia comprensión de la misión.

---

[12] Wilson, "Guatemalan Pentecostals: Something of their Own", p. 62.
[13] Saracco, "Mission and Missiology from Latin America", p. 360.
[14] Newbigin, Lesslie, "Christ and Cultures," *Scottish Journal of Theology*, 31:1 (1978), pp. 1-22.
[15] Niebuhr, "Christ and Cultures," p. 198.

Este servicio social y la participación política de los miembros de la comunidad de fe sugiere estudiar algunas áreas de interés común. Uno de ellos es el derecho que tiene cada individuo a la cultura humana y civil, específicamente a una cultura que opera en armonía con la dignidad de cada individuo, sin distinción de género, raza, nacionalidad o estatus social. Todos los miembros de la comunidad tienen el derecho de ser parte de una educación libre y abierta. También deberían ser libres de acceder a la comunicación social. Idealmente, cada persona debería tener la libertad de debatir, realizar investigaciones y poder compartir sus pensamientos dentro de altos estándares de responsabilidad social.

Pentecostales y la revelación de la verdad

Otro desafío para los pentecostales está relacionado con el contenido y la revelación de la verdad. Según Lamin Sanneh, "la cuestión de la verdad es esencial para la cultura porque sigue siendo un deber de cada persona conservar la comprensión de todo el ser humano en la que los valores del intelecto, la conciencia y el compañerismo son preeminentes".[16] Por lo tanto, una antropología correcta tiene que ser el criterio para arrojar luz y verificar cada forma histórica de la cultura. Sanneh también dijo, "el compromiso cristiano en el campo de la cultura se opone a todas las formas de reduccionismo y perspectivas ideológicas de la vida humana. El dinamismo de la apertura a la verdad está garantizado sobre todo por el hecho de que las diferentes culturas son básicamente formas diferentes de enfrentar la cuestión del significado de la existencia personal."[17]

En conexión con los comentarios previos, si los pentecostales prestan atención a esos valores y dimensiones espirituales de la cultura, pueden estar bien equipados para continuar diseminando la causa de la misión integral. Creo que en este punto sería apropiado estudiar lo que escribió Lesslie Newbigin.

> Cuando se elimina la espiritualidad, la cultura y la vida moral de las naciones se corrompen. La auténtica dimensión espiritual es una parte esencial del hombre y le permite abrir sus acciones al horizonte en el que encuentran significado y dirección. La espiritualidad humana se manifiesta en las formas asumidas por una

---

[16] Sanneh, Lamin O., *Encountering the West: Christianity and the Global Cultural Process* (Maryknoll, NY: Orbis Books, 1993), pp. 62-4.

[17] Sanneh, *Encountering the West*, p. 63.

cultura, a la que da vitalidad e inspiración. Las innumerables obras de arte de todos los períodos de la historia dan testimonio de esto. Cuando se niega la dimensión espiritual de la persona o de un pueblo, la cultura misma comienza a desaparecer, a veces desapareciendo por completo.[18]

Esto es importante para la calidad del servicio y el respeto que los pentecostales están atribuyendo ahora a la condición y la dignidad de la vida a nivel personal y social.[19] De modo que estos pueden comprender el valor social de la espiritualidad en su enfoque de la vida individual y comunitaria, que también se refiere al propósito de Dios para la humanidad.

Pentecostales y el uso de los medios de comunicación

En la promoción de la fe, la comunidad de creyentes ha comenzado a prestar atención al uso de los medios de comunicación. Los pentecostales ahora parecen estar examinando el contenido y el propósito del mensaje entregado por los medios y las múltiples opciones que las personas tienen cuando acceden a los medios de comunicación. La mayoría de estas elecciones tienen implicaciones morales, por lo que deben examinarse bien ya que afectan la vida de las personas.

Los pentecostales ofrecen una larga tradición de sabiduría, arraigada en el don del discernimiento y la revelación del Espíritu Santo. Desafortunadamente, la mayoría de estos han reducido el uso de los medios a la proclamación del evangelio solamente y no han provido la transformación social. En cierto modo, han descuidado las múltiples opciones que ofrecen los medios de comunicación contemporáneos, ahora dirigidos por el poder de la Internet. Por lo tanto, la misionología pentecostal tendrá que ser desafiada a proporcionar instrucciones para el uso adecuado de los medios de comunicación social por parte de aquellos que tienen un llamado específico para servir en este campo.

Los pentecostales pueden mirar a los medios de comunicación como instrumentos de la misión. La industria de los medios debe rendir

---

[18] Newbigin, "Christ and Cultures," p. 18.
[19] Macchia, *Spirituality and Social Liberation*, p. 45. El autor resalta la nueva condición de vida que el Espíritu Santo genera en creyentes llenos del espíritu. La dignidad de la vida se reconstruye y se experimentan nuevos niveles de progreso. Tal es la vida en el Espíritu.

cuentas por el uso correcto de la comunicación, la circulación saludable y la promoción de ideas, en la manera que aumenta o disminuye la información, el conocimiento, las ideas y el respeto por los demás. Debe haber sistemas regulatorios que tengan la autoridad para evaluar y disciplinar a los infractores de los principios sociales.[20]

Los pentecostales deberían involucrarse en la creación de estructuras de comunicación que establezcan políticas y regulen la equidad en la distribución u oportunidades en el uso de la tecnología. Estas decisiones requieren estándares espirituales y morales objetivos, ya que pueden determinar quién se beneficia de la industria de los medios y quién no. Los medios de comunicación podrían convertirse en instrumentos de injusticia o desequilibrio, generando males sociales y sufrimiento por parte de los destinatarios de la información. Entonces, los pentecostales deberían encontrar formas de verificar si los agentes que controlan los medios de comunicación y la tecnología de la información tienen como objetivo eliminar la injusticia social y el desequilibrio económico.[21]

Mejoran de la economía

Los pentecostales también se ven afectados por la complejidad de los contextos económicos emergentes en el siglo XXI. Estos necesitan orientación para sus decisiones económicas y acciones financieras. Los creyentes también se dan cuenta que los principios económicos y financieros son necesarios para operar con una misión y un propósito piadosos en esta esfera. Cuando la economía ignora los valores cristianos, entonces la centralidad de la humanidad se ve comprometida y la calidad de la actividad económica se corrompe.

Los pentecostales son conscientes de la presencia y las acciones del mal en el mundo económico y luchan para que haya compasión hacia los pobres como una forma de ayudar a resolver el problema de la pobreza.[22] Su participación en la esfera de la economía debe orientarse a discernir y recomendar modelos económicos que sean beneficiosos para los pobres y marginados. La cuestión del desarrollo económico no puede reducirse a un problema exclusivamente técnico. Esto privaría a la fe

---

[20] Ver, por ejemplo, Shortt, John y David I, *The Bible and the Task of Teaching*. Nottingham, UK: Stapleford Centre, 2002), pp. 89-100.
[21] Lesslie Newbigin lo expresa de esta manera: "La forma en que entendemos la vida depende de qué concepción tengamos de la historia humana". Ver, Newbigin, Lesslie, *Gospel and a Pluralist Society*. Grand Rapids, MI: Eerdmans, 1989), pp. 16-24.
[22] Saracco, "Mission and Missiology from Latin America," 360.

cristiana de su propósito y contenido, ya que siempre se preocupa por la dignidad de todos los individuos y el bienestar de su sociedad.

Según Suzanne Duryea, los creyentes deben buscar a los economistas que piensan y buscan desarrollar la economía con una consideración urgente para responder al drama de la pobreza con un propósito redentor.[23] También afirma que "la eficiencia económica requiere un sistema armonizado abierto a la justicia social y una participación política sana."[24] En efecto, las redes económicas deben hacer de la solidaridad humana una parte integral del núcleo de valores de sus actividades. Aquí, los pentecostales harían bien en reconocer que necesitan organizar y apoyar asociaciones de creyentes que sean capaces de influir en las decisiones económicas de manera que mejoren la dignidad del individuo y la comunidad.

Aunque este asunto aún no se ha incorporado abiertamente a la misionología pentecostal, la nueva generación de pentecostales parece estar haciendo esfuerzos para incluirlo en su enfoque de la misión, especialmente a medida que continúan creciendo numéricamente.[25] La economía es obviamente un asunto complejo y esta breve discusión no puede hacer justicia al tema de la misión en la economía. Mi intención es mirar a la economía a través de las lentes de la justicia y la compasión como formas de aportar algo distintivamente pentecostal a la discusión de la misión. Sin embargo, este asunto de la misión y la economía tendrá que abordarse adecuadamente en estudios posteriores especializados.

Pentecostales en política

Aunque muchos pentecostales han declinado históricamente su derecho a participar en la política, la verdad es que la participación política está siendo revisitadas y referida como una causa digna y una expresión responsable de su compromiso de servir a las personas.[26] Algunos de los criterios que inspiran a los creyentes a la participación política se establecen con un fuerte espíritu de servicio, la urgencia de implementar la justicia, la atención a las condiciones profundas de la pobreza en la

---

[23] Duryea, Suzanne y Carmen Pagés, "Human Capital Policies: What They Can and Cannot Do for Productivity and Poverty-Reduction en Latin America," in *American Foreign Economic Relations: Policy Dilemmas and Opportunities* (Miami, FL: North–South Press, 2001), pp. 18-24.
[24] Duryea and Pagés, *Human Capital Policies*, p. 22.
[25] Llano-Sotelo, *Pentecostalismo y Cambio Social*, p. 66.
[26] Llano-Sotelo, *Pentecostalismo y Cambio Social*, p. 60.

sociedad, enfrentar el sufrimiento en todos los niveles y fomentar los diálogos por la paz y la justicia.

De ahora en adelante, los que ya ocupan puestos de servicio dentro de las instituciones del estado que se ocupan de las complejas dificultades de la comunidad deben prestar especial atención a la observancia de estos valores, ya sea en el gobierno local o en las instituciones nacionales. En consecuencia, Padilla argumenta que las responsabilidades de los involucrados en las instituciones sociales y el servicio político exigen un compromiso sólido con los valores cristianos que reflejen la dimensión moral de quienes participan en la vida social y política.[27]

Padilla también afirma que descuidar la atención apropiada a los estándares morales del servicio social y político puede conducir a la deshumanización de la vida. Por lo tanto, es crucial descubrir las estructuras del mal que prevalecen en las instituciones sociales y políticas.[28] En consecuencia, los creyentes que toman esta posición pueda que tengan que pagar el precio de sus acciones honestas, pero eso aportará su testimonio de fidelidad y compromiso con el evangelio.
Históricamente, los pentecostales han puesto el compromiso político en el contexto de la autonomía de la iglesia y el estado. Dibujan una clara distinción entre las esferas política y religiosa.[29]

Este tipo de distinción se ha producido y es observado por la mayoría de las iglesias pentecostales y es parte de una herencia de la civilización occidental contemporánea. La vida está en la sociedad y todos los que viven en ella deben rendir cuentas unos a otros. Aquí, la autonomía es con respecto a la actitud de las personas que tienen la obligación de respetar y apreciar la libertad tal como se proporciona a la vida humana en comunidad. Según Mariz, esto significa que otros cristianos fuera de la corriente pentecostal también pueden enseñar ese respeto y aprecio por la libertad. También entienden su rol y responsabilidad de promover verdades morales y defender la justicia

---

[27] Padilla, C. René, "Los Evangélicos: Nuevos Actores en el Escenario Político Latinoamericano", en Padilla, C. René (ed.), *De la Marginación al Compromiso: Los Evangélicos y la Política en América Latina* (Buenos Aires, Argentina: Fraternidad Teológica Latinoamericana, 1991), pp. 5-19. El autor aborda la influencia de los cristianos en los diferentes campos de la política en el área. Los evangélicos han comenzado a enfrentar la crisis política con propuestas basadas en principios cristianos.
[28] Padilla, "Los Evangélicos: Nuevos Actores en el Escenario Político Latinoamericano", p. 14.
[29] Mariz, *Perspectivas Sociológicas Sobre el Pentecostalismo y el Neopentecostalismo*, p. 23.

social y la libertad.[30] Entonces, en su mente, cuando los pentecostales defienden la dignidad humana, piensan que es la responsabilidad y el privilegio de todos los miembros de la iglesia.[31]

Los pentecostales también parecen entender que el principio que identifica la autonomía conlleva un respeto significativo por otras confesiones de fe. Entonces, con respecto al estado, estos estás obligados a respetar a las organizaciones religiosas y garantizarles la libertad de ejercer sus actividades espirituales. Para Padilla, "una sociedad pluralista es capaz de garantizar una comunicación saludable entre las diversas tradiciones espirituales."[32] Este asunto es importante para disuadir la intolerancia religiosa, que continúa existiendo incluso en las sociedades más democráticas.

Históricamente, la intolerancia religiosa ha excluido a algunos cristianos de las actividades sociales. En referencia a esto, John Stott señaló que "esta negación puede conducir a la anarquía; por la cual la actitud que los fuertes prevalecen sobre los débiles, tiene que ser rechazada y opuesta en cualquier sociedad pluralista y democrática legítima."[33] Por lo tanto, la marginación del cristianismo no sería un buen augurio para el futuro de la sociedad o para un consenso entre los pueblos. Eso, amenazaría los fundamentos espirituales y culturales de la civilización.

Los pentecostales también están aprendiendo a discernir en su elección de instrumentos políticos, como ser miembros de un partido o involucrarse en otros tipos de actividad política.[34] A su manera, están eligiendo instrumentos y formas de participación que son consistentes con el evangelio. En cualquier caso, sus elecciones están orientadas por el amor de Dios entre los creyentes y luchan por el bien que es común a todos los miembros de la comunidad. Por otro lado, es posible que estos no encuentren una parte que sea capaz de abrazar las exigencias éticas del evangelio, entonces tendrán que ver su adhesión política no como

---

[30] Mariz, *Perspectivas Sociológicas Sobre el Pentecostalismo y el Neopentecostalismo*, p. 28.
[31] Padilla, C. René (ed.), *Misión Integral* (Buenos Aires, Argentina: Ediciones Kairos, 1987), p. 102.
[32] Padilla, *Misión integral*, p. 80
[33] Stott, John, *La Misión Cristiana Hoy* (Buenos Aires, Argentina: Ediciones Certeza, 1977), 23.
[34] Ver, por ejemplo, Gerber, *Missions in Creative Tension*, p. 56. El autor argumenta que los pentecostales tienen cierta participación en elecciones políticas. Todavía lo hacen con limitaciones, sin embargo, están entrando en debates que afectan a la comunidad.

ideológica sino como crítica. Estas posiciones críticas podrían ser cruciales para evitar que la plataforma política de un partido termine persiguiendo al bien común de la sociedad.

Según Frank Macchia, la distinción entre las exigencias de la fe y los deberes sociopolíticos es evidente en las opciones políticas disponibles y las elecciones que los cristianos hacen para seleccionar candidatos para el servicio público. La membresía de una parte es, por lo tanto, considerada como una decisión personal.[35] Sin embargo, en algún momento, esta elección individual de una parte debe tener en cuenta las opiniones y consejos de la comunidad de fe. Macchia recomienda que el tema de elección se guíe por el consenso de la comunidad de fe en la forma típica como los pentecostales toman sus decisiones.[36]

El nuevo orden mundial

Debido a la naturaleza humana, incluso de forma limitada, cada persona desea conocer el significado y el propósito de su vida y las consecuencias de sus acciones al final de sus días. Los pentecostales harían bien en ayudar a responder estas preguntas y ofrecer el mensaje de esperanza que se encuentra en el evangelio. Sin embargo, la respuesta sigue siendo individual y, por lo tanto, la transformación de la comunidad solo puede garantizarse cuando un número significativo de personas se une a la congregación.

También podría argumentarse que, a pesar del gran número de creyentes en algunas comunidades, las personas continúan sufriendo bajo el impacto del mal. La violencia, la inmoralidad y otras formas de mal están amenazando a los cimientos de la sociedad. Paradójicamente, un gran número de personas en muchas comunidades latinoamericanas hoy en día son miembros de la familia pentecostal, sin embargo, todavía no parecen estar haciendo una diferencia significativa en su sociedad. Este asunto, en particular, deberá ser abordado en futuros estudios.

Sería difícil para los pentecostales decidir por las generaciones emergentes y determinar el tipo de vida que vivirán. Las relaciones internacionales e interdependientes se han vuelto cada vez más complejas, menos ordenadas, pacíficas y peligrosamente motivadas por la doble moral establecida por una comunidad internacional anónima. Por otro lado, la vida humana parece estar en manos de científicos y tecnócratas. Las personas también están comenzando a reclamar sus

---

[35] Macchia, *Spirituality and Social Liberation*, pp. 68-73.
[36] Macchia, *Spirituality and Social Liberation*, pp. 45-9.

derechos, pero deben ceder a las decisiones tomadas por sus autoridades, lo que también es una violación contra sus derechos humanos.

Algunos pentecostales han respondido a estas preguntas sobre el significado y el propósito de la vida. Por ejemplo, Dana Robert ha explicado esto al afirmar que "este evangelio libera la dignidad de la persona y garantiza la libertad de los individuos como ninguna ley humana puede hacer. Los pentecostales ahora tienen la oportunidad de practicar la misión de la iglesia en sus comunidades ayudando a los seres humanos a descubrir el significado último de su existencia."[37]

Los pentecostales saben bien que solo el Espíritu Santo es capaz de satisfacer las necesidades más profundas en los corazones de las personas. El propósito del evangelio es anunciar y proclamar la libertad de los hijos de Dios y rechaza toda esclavitud resultante de las acciones del mal. Respeta la dignidad de la conciencia y su libertad de elección. Los pentecostales también insisten en que el Espíritu Santo alienta el ejercicio de los talentos humanos en el servicio a la humanidad y ordena a todos a amarse unos a otros.[38]

Énfasis en una fe Trinitaria

En la comunidad perfecta de Dios, Jesucristo y el Espíritu Santo, la fe pentecostal ve la luz de los principios morales que son el único e insustituible fundamento de la estabilidad y la tranquilidad del orden social. Según lo explica Wonsuk Ma, "esta fe trinitaria garantiza el equilibrio interno y externo en la teología, doctrina y ministerio de los creyentes. Tal equilibrio se convierte en la salvaguardia para un orden social saludable. Esta es la dimensión teológica que sienta las bases de la vida en la sociedad y que también atestigua el plan de Dios para el mundo. Las personas pueden interpretar y resolver sus necesidades en ese orden divino diseñado para su comunidad."[39]

Para los pentecostales, esta es un área de preocupación porque cualquier forma de explotación y violación de la justicia social es una ofensa contra Dios y la humanidad. Entonces, existe la necesidad de un

---

[37] Robert, Dana L., "From Mission to Mission to Beyond Missions: The Historiography of American Protestant Foreign Missions Since World War II", *International Bulletin of Mission Research* 18.4 (October 1, 1994), pp. 146-62.
[38] Saracco, "Mission and Missiology from Latin America", p. 359.
[39] Ma, Wonsuk, "Biblical Studies in the Pentecostal Tradition: Yesterday, Today and Tomorrow," en Dempster, Murray W., Byron D. Klaus y Doug Peterson (eds.), *The Globalization of Pentecostalism: A Religion Made to Travel* (Oxford, UK: Regnum Books, 1999), pp. 52-69.

cambio que requiere una transformación social que garantiza la justicia, la paz y el amor para todos los miembros de la comunidad. Es por esa razón que Adolfo Miranda argumenta, "para llevar a cabo tal transformación, algunos tendrán que invertir esfuerzos de sacrificio en la causa, especialmente en momentos críticos en la historia de la sociedad."[40]

En cada momento crítico hay una deficiencia cultural, política o socioeconómica que surge de intereses materiales egoístas en el mundo. Es en este momento difícil cuando los creyentes pueden usar su sensibilidad espiritual para enfrentar los problemas morales que perjudican a la comunidad. Con respecto a estas implicaciones sociales, Miranda también argumenta que "los creyentes no deben ser seducidos para renunciar a su misión o pensar que estos desafíos se resolverán fácilmente.[41] Por el contrario, es Cristo y la seguridad de que él da, lo que los salvará."[42] Por lo tanto, no se trata solo de aprender sobre habilidades sociales efectivas o implementar programas atractivos; los creyentes necesitan saber que el plan ya existe en las enseñanzas del evangelio.

En este plan, Cristo es el centro y, él invita a personas a su presencia, para que lo conozcan, lo amen e imiten personalmente. Una vez que estos se convierten en parte de su congregación, experimentarán los beneficios de la relación con la Trinidad. Tal relación trinitaria les permite experimentar y cumplir con el plan redentor de Dios para la comunidad.

La familia y la educación

Los pentecostales reconocen que la familia es la primera agencia en la formación de la dignidad de las personas en la sociedad. La familia es el diseño de Dios para la construcción de la vida comunitaria, en la que el amor constituye el vínculo, con la comunión y relaciones sanas. La familia está especialmente diseñada para enseñar y alimentar los valores éticos, sociales y espirituales, que son esenciales para el bienestar de sus miembros.

---

[40] Miranda, Adolfo, "Nicaragua: La Metamorfosis Política de los Evangélicos," en Padilla, C. René (ed.), De *la Marginación al Compromiso: Los Evangélicos y la Política en América Latina* (Buenos Aires, Argentina: Fraternidad Teológica Latinoamericana, 1991), p. 78.
[41] Miranda, "Nicaragua: La Metamorfosis Política de los Evangélicos", p. 81.
[42] López, *El Nuevo Rostro del Pentecostalismo Latinoamericano*, p. 64.

La familia preserva y enseña las virtudes sociales y contribuye a la sociedad cuando los niños aprenden a respetar y perseguir el bien común. La familia enseña a sus miembros a apreciar la libertad y crecer en sus responsabilidades sociales, que son elementos indispensables para el funcionamiento de la comunidad.[43] Es a través de la formación en la familia que los valores fundamentales de la vida se comunican y se asimilan.

Los pentecostales deben continuar enfatizando que la vida en una familia es el diseño de Dios y el plan original para criar a los hijos. El amor de los padres desarrolla lo mejor de sus hijos. Es el modelo bíblico que inspira y guía a la educación en la sociedad. Por lo tanto, la educación se enriquece con los principios cristianos derivados del amor de Dios. Los niños aprenden sobre la bondad, el servicio, la amabilidad, la constancia y el autosacrificio, que son muy apreciados en las relaciones éticas y morales. Con respecto a este asunto Dane Smilde sostiene que,

> Los padres tienen el derecho y el deber de educar a sus hijos. Esta responsabilidad está relacionada con la existencia de la vida humana. Este modelo es original y primario con respecto al papel educativo de los demás, debido a la singularidad de la relación amorosa entre padres e hijos. Esta relación irremplazable e inalienable y, por lo tanto, no puede ser delegada a otros. Los padres tienen el deber y el derecho de impartir educación cristiana y formación moral a sus hijos. Una del estado no lo puede anular, al contrario, debe respetarlo y promoverlo. Este es un derecho primario para la familia que los creyentes no deben descuidar ni delegar.[44]

La familia es responsable de proporcionar educación integral a los niños. La educación familiar tiene como objetivo inculcar los principios de Dios que forman a los niños en vista del propósito de Dios para sus vidas. Enseña sobre el bien de la sociedad en la que viven y desarrolla un sentido de responsabilidad al asumir deberes que benefician a la comunidad. Este entorno se garantiza cuando los niños

---

[43] López, *El Nuevo Rostro del Pentecostalismo Latinoamericano*, p. 133.
[44] Smilde, David, "Gender Relations and Social Change in Latin American Evangelicalism," en Miller, Donald E. (ed.), *Coming of Age: Pentecostalism in Contemporary Latin America* (Lanham, IL: University Press of America, 1994), p. 40.

son educados en el amor, el cual establece las bases para las virtudes de la justicia y la paz.

Una nueva esperanza

Los pentecostales son buenos en enseñar que el evangelio brinda a los individuos la posibilidad real de vencer el mal y apropiarse de la bendición de Dios. Proclaman y enseñan firmemente que el Señor Jesucristo es el único redentor de la humanidad. Estos enseñan que las personas son compradas con el precio del sacrificio de Cristo en la cruz.[45] Aunque están claros de que toda la humanidad ha caído en el pecado y la depravación humana, no obstante, creen que hay esperanza para todos los que se arrepienten y confiesan a Jesucristo como Salvador de sus vidas. También se dan cuenta que hay esperanza para mejores condiciones de vida a favor de aquellos que son iniciados en la vida cristiana, a medida que los creyentes se integran a la comunidad de fe. Los pentecostales también enseñan que el mundo es el objeto del establecimiento del reino de Dios que Cristo establecerá cuando retorne al mundo.[46] Estos son conscientes de que en las personas existe suficientes cualidades y energías para la bondad,[47] porque la personas son la imagen de su Creador. Además, todos los seres humanos forman parte del plan redentor de Jesucristo en la encarnación. Esto es confirmado por el ministerio del Espíritu Santo que llena la tierra con el amor del Padre a través del sacrificio del Hijo (Filipenses 2:5).[48]

Los pentecostales enseñan que la esperanza cristiana desarrolla una gran energía hacia un compromiso más allá de las necesidades espirituales. Esta es capaz de trascender diferentes campos sociales, generando confianza con el fin de promover una mejor humanidad. Los pentecostales animan a los creyentes a modelarse a sí mismos según el carácter de Cristo Jesús en sus relaciones sociales y familiares. Hacerlo significa practicar una fe que ofrece esperanza a aquellos que sufren bajo toda clase de males opresivos y sociales,[49] y con confianza, esperan la gloria que está por venir.[50]

---

[45] Saracco, "Mission and Missiology from Latin America," p.362.
[46] Ver, Spittler, Russell P., "Suggested Areas for Further Research in Pentecostalism", *Pneuma: The Journal for the Society of Pentecostal Studies* 5:1 (1983), p. 39.
[47] Padilla, *Misión Integral*, p. 79
[48] Saracco, "Mission and Missiology from Latin America", p. 359.
[49] Miranda, "Nicaragua: La Metamorfosis Política de los Evangélicos", p. 81
[50] Padilla, *Misión integral*, p. 71. Smilde, David

Esta declaración encuentra una base bíblica en las palabras del apóstol Pablo, "Porque nuestra lucha no es contra sangre y carne, sino contra los gobernantes, contra las autoridades, contra los poderes de este mundo tenebroso y contra las fuerzas espirituales del mal en el los reinos celestiales" (Ef. 6:12). Por esa razón se espera que los miembros de la comunidad de fe observen tal compromiso, aunque estas convicciones también se encuentran en miembros de otros grupos y pueden representar un punto de encuentro entre creyentes y otras personas de buena voluntad.

Espíritu construye una nueva civilización

La misionología pentecostal tendrá que incorporar aquellos principios que sostienen a la sociedad. Para este fin, un principio importante es la solidaridad humana que estimula esa acción de amor que surge por encima de todos los demás dones otorgados a la comunidad de creyentes.[51] El amor es la base de la actitud cristiana que motiva la actividad social, pero que también afecta a las relaciones humanas en la arena política.

La vida comunitaria se comparte según el principio de la primacía del amor, la cual es una de las características distintivas del pentecostalismo.[52] Jesús enseñó que el amor es el fundamento de las relaciones humanas, por lo que este mandamiento de amor proporciona la base para la transformación de la sociedad.[53] De la misma manera, el amor es la base de un comportamiento moral saludable y la base del nuevo orden social emergente;[54] eso es l que conduce a la transformación personal y social.

A través de la práctica del ministerio, los pentecostales también enfatizan que el amor está presente en la comunidad y es capaz de penetrar a las relaciones sociales. Esta enseñanza es importante para quienes trabajan por el bien de la comunidad. Los creyentes son instrumentos de inspiración en virtud del mensaje de amor que profesan. El verdadero amor cristiano cumple el propósito del evangelio, así que los creyentes

---

[51] Ver, por ejemplo, Padilla, C. René, "Hacia una Evaluación Teológica del Ministerio Integral," en Yamamori, Tetsunao, Gregorio Rake y C. René Padilla (eds.), *Servir con los Pobres en América Latina: Modelos de Ministerio Integral* (Buenos Aires, Argentina: Ediciones Kairós, 1997), pp. 29-52.

[52] Dussel, *The Church in Latin America*, p. 65.

[53] Fumero, *La Iglesia Enfrentando el Nuevo Milenio*, p. 20.

[54] Costas, *Missional Incarnation*, p. 16.

tendrán que expresar ese amor social y políticamente, también y, con ello deben abrazar a toda la comunidad.

René Padilla ha sugerido que la expresión social del amor se opone al egoísmo y al individualismo. Esto es así porque el objetivo del amor es el desarrollo de individuos que se influyen mutuamente pa crecer juntos en la unión del amor de Dios.[55] Esto es contrario, al individualismo que conduce a la distorsión del orden en la sociedad. La historia expone la actitud egoísta o la motivación altruista de las personas. En el caso de los creyentes, estos son capacitados por el Espíritu de Dios para tomar una posición a favor de la justicia y la paz porque eso es parte del cumplimiento del evangelio.

Los pentecostales también afirman la declaración de la Escritura de que el amor es el mayor mandamiento a favor de la sociedad. Los creyentes amorosos respetan a los demás y su derecho a ser diferentes. El amor requiere compromiso con la justicia y hace que las personas sean capaces de practicar sus principios. El amor de Dios inspira a la gente a vivir una vida de autosacrificio: "Quien busca ganar su vida la perderá, pero quien pierda su vida la preservará" (Mateo 16:25). El amor encontrará su expresión plena en la capacidad de las personas para establecer relaciones sanas entre sí. El verdadero amor toma su lugar en la comunidad cuando las personas comprometen sus vidas a Cristo Jesús.

Como se dijo anteriormente, la discusión en este capítulo es de propósito teológico y debido a la propósito del estudio, hemos evitado aquellos temas que son comúnmente conocidos y discutidos entre los misionólogos pentecostales.[56] En lugar de enfocarnos en las virtudes y fortalezas del pentecostalismo, que son obvias, decidimos explorar temas que pueden parecer contorversiales a quienes estudian el pentecostalismo como el involucramiento político, la ética, la cultura y la participación democrática, que no han sido estudiados o documentados antes.

A lo largo de este capítulo, hemos llegado a la conclusión de que los pentecostales, particularmente en América Latina, ya están aprendiendo que la evangelización también incluye y legitima la acción y responsabilidad social, que en última instancia llevan a los creyentes a promover el crecimiento humano y la transformación de sus comunidades locales. Para lograr este propósito, la misión tendrá que

---

[55] Padilla, *Hacia una Evaluación Teológica del Ministerio Integral*, p. 46.

[56] Sin embargo, hay algunos expertos pentecostales que han iniciado discusiones sobre cuestiones socioeconómicas, participación política y transformación humana. Entre los que puedo mencionar a Saracco, Norberto, *Argentine Pentecostalism: Its History and Theology*. Disertación (University of Birmingham, 1989); y, López, *El Nuevo Rostro del Pentecostalismo Latinoamericano*, pp.110-16.

enfrentar las tendencias sociales actuales con gran responsabilidad. También se puede agregar nuevas áreas de servicio, que ahora se extienden más allá de la experiencia espiritual de la redención. Una cosa buena es que ahora estos están dispuestos a enfrentar a los males sociales para promover la transformación de las estructuras políticas cuando sea posible.

Para la implementación de este modelo de misión, sugerimos a los pentecostales que inicien y mantengan diálogos significativos con otras agencias misioneras y otras fuentes de misión y conocimiento en general que funcionen para el bien de la comunidad. Tal actividad interdisciplinaria les permitiría ofrecer enseñanzas relevantes sobre el desarrollo social y comunitario. A través de estas enseñanzas, pueden mejorar el conocimiento y la acción que promueve la reconciliación, la justicia y la transformación social.

También descubrimos que el servicio misionero no siempre ha sido fácil para los pentecostales en América Latina. Como hemos visto, los pentecostales provienen de los márgenes socioeconómicas de la sociedad. La mayoría de ellos nació y todavía vive dentro de esos márgenes. Por lo tanto, el mensaje que predican y el evangelio que anuncian están destinados a llegar a personas de las márgenes. Los pentecostales no planearon ir a los márgenes para llegar a los pobres, porque ya estaban allá. La mayoría de ellos también fueron marginados, junto con personas que ahora son los sujetos de su evangelización. Entonces, nos estamos refiriendo aquí a un contexto de misión significativamente diferente y que involucra a la mayoría de los pentecostales en toda América Latina.

Incidentalmente, los pentecostales no ven a su contexto de ministerio desde el punto de vista como lo ven los misioneros extranjeros, que han abandonado su país, para acercarse a personas diferentes, de otros contextos socioeconómicos y religiosos. Por el contrario, los pentecostales se ven a sí mismos como miembros de estas comunidades y, como tales, se convierten en agentes de transformación para su propia gente. Este hecho, en sí mismo, es un gran avance en la práctica de la misión integral. Lo que necesitan ahora es una enseñanza sólida y capacitación adecuada sobre el tema.

En esta sección también hacemos referencia a las implicaciones teológicas del nuevo contexto de la misión pentecostal. Como se dijo anteriormente, tal enfoque teológico contiene un importante mensaje de esperanza para los pobres y los marginados, que se presenta de dos maneras: primero, el pecador es redimido de su vida vieja, caída y se le coloca en una nueva relación con un Dios Trinitario. El Espíritu Santo, que guía al nuevo converso para aprender sobre el carácter de Cristo, lleva esa relación a un encuentro personal con el Padre. La clave del éxito es aplicar esta relación trinitaria de amor a la realidad de la vida nueva, tanto en lo personal como en la comunidad.

En segundo lugar, a través de un proceso de discipulado, el creyente es llevado a una mejor condición de vida. Él o ella son levantados naturalmente para experimentar la redención que también ocurre a su condición socioeconómica. Aquellos que nacen de nuevo en la familia pentecostal comúnmente conocen esta experiencia como una bendición. Por lo tanto, la sociedad se transforma naturalmente cuando se agrega a más personas a la familia.

Los pentecostales son capaces de promover una civilización de amor. Su fe trinitaria les permite comprender y administrar su relación con Dios. Esta dimensión espiritual se hace realidad a medida que practican los principios redentivos del evangelio, lo que también se puede ver a través de la implementación de los valores familiares, proporcionados por la educación cristiana. Tal realidad nueva les proporciona esperanza para el futuro y permite a los creyentes trabajar para una sociedad que muestra el amor de Dios y donde sus miembros también son capaces de considerar y tratarse unos a otros como hermanos y hermanas en Cristo Jesús.

CONCLUSION

Para la ejecusión de este estudio, era necesario establecer una base histórica sobre el entendimiento y práctica de la misión integral en América Latina. Para lograr este propósito, fue clave el examen de varios textos escritos por misionólogos y algunos documentos que han surgido de importantes consultas cristianas que se refirieron a la misión, en años recientes.[1]

El enfoque histórico revisó gran parte de los documentos evangélicos y pentecostales, más conocidos, comenzando con el Congreso de Lausana, que es ampliamente reconocido la cuenca más influyente sobre evangelicalismo, especialmente en el Sur Global. También examinamos otros documentos producidos, posteriormente, por el Movimiento de Lausana y el Consejo Mundial de Iglesias (CMI) en sus múltiples conferencias alrededor del mundo.

En las lecturas prestamos especial atención a autores como René Padilla, Samuel Escobar, que son considerados los paladines de la teología de la misión integral. Estos han escrito muhco sobre misión y evangelismo para la sociedad contemporanea de America Latina. Padilla ha publicado muchas obras sobre el tema, que ahora sirven como referencia en el ministerio y las aulas de clase en America Latina.

Además encontramos publicaciones escritas por Cecilia Blondet, David Sergio Bernal, Virginia Garrard Burnett, Charles Van Engen, Esperanza Bautista, Carmelo Alvarez y otros destacados académicos evangélicos de América Latina que han producido importantes obras sobre la misión. Leyendo a través de misionólogos pentecostales, nos encontramos con Norberto Saracco, Elizabeth Salazar, Juan Sepúlveda, Darío López, Cecilia Loreto Mariz, Bernardo Campos, Cecilia Castillo, Daniel Chiquete y Luis orellana, entre otros, que han influido muchos sobre la lectura misionológica del pentecostalismo en América Latina. Chique y Orellana han editado varios volúmenes, a través de la Red Latinoamericana de Estudios Pentecostlaes, que contienen información teológica muy valiosa y actualizada de las diferentes redes y teólogos pentecostales en la región.

También revisamos documentos y literatura de misiones de África y Asia para demostrar que la misión integral es una disciplina ya

---

[1] Campos, *Experiencia del Espíritu: Claves para una Interpretación del Pentecostalismo*, 53-68.

adoptada en todo el mundo. A modo de comparación, vimos algunos textos del CMI, como la Afirmación Ecuménica de Misión y Evangelismo en Vancouver, Canadá (1983), la V Asamblea de Nairobi, Kenia (1975) y las Conferencias en Melbourne, Australia (1981) y San Antonio, Texas (1989).

También exploramos algunos documentos producidos en la la conferencia sobre Misión Evangelismo de Atenas, Grecia en el año 2005. Entre otras fuentes relacionadas con la misión integral, también hemos revisado documentos que han sido publicados en revistas y periódicos influeyentes en el mundo evangélico y pentecostal. Uno de llos es el Boletín Teológico de la Fraternidad Teológica Latinoamerica, cuya influencia a traves de los años ha sido notable en el continente. Acá también hay que mencionar los documentos publicados por el Congreso Latinoamericano de Evangelismo (CLADE). Estas publicaciones contienen iformación valiosa para el estudio de la teología y la misión evangélica en América Latina. Por último, examinamos algunos documentos recientes producidos antes de las conferencias de Edimburgo 2010 y Lausana III en Ciudad del Cabo, Sudáfrica en septiembre en el año 2010.

Estas fuentes fueron útiles para crear un marco de referencia que nos diera ideas para comprender algunos desarrollos históricos y contemporaneos de la misión a nivel global, regional y local. Finalmente nos acercamos a los autores latinoamericanos para revisar los documentos que se han producido en consultas y conferencias a nivel latinoamericano, regional y nacional. Con todo este marco de referencias encontramos información muy útil que nos permitió comprender más profundamente la teología de la misión integral y su implementación práctica en algunos países, como Honduras, por ejemplo. Lo que sigue a continuación son algunos puntos concluyentes que destacamos para esta sección.

Misión en América Latina.

Los pentecostales ahora están estudiando otros modelos de misión en la región. Algunos de los hallazgos de esta investigación muestran que otras organizaciones cristianas han invertido mucha energía y recursos en el estudio de la misión, particularmente entre los pobres. Hay casos particulares y escenarios que podrían ser estudios para formarse una idea más completa sobre la práctica de la misión por las iglesias pentecostales y evangélicas en la región. Un ejemplo es el caso de los desastres naturales, como el huracán Mitch en Honduras. Individuos, iglesias y organizaciones no gubernamentales unieron esfuerzos para reconstruir el país. Varias lecciones podrían aprenderse de esos esfuerzos. Como resultado de la ayuda solidaria internacional y de los esfuerzos nacionales y locales, el país logró recobrase prontamente y las iglesias crecieron numéricamente, creando nuevas condiciones sociales en el país.

Aunque este estudio se enfocó en el debate de la misión pentecostal en América Latina, en particular, no se podía ignorar el papel histórica del Iglesia Católica sobre la vida y la mentalidad de la mayoría de los latinoamericanos. Por ejemplo, hay un sinnúmero de prácticas religiosas y tradiciones iniciadas en la Iglesia Católica que son observadas cultural y religiosamente, incluso por parte de aquellos que, debido a la conversión al pentecostalismo, han decidido abandonar la Iglesia Católica. Una gran cantidad de ex católicos se han convertido ahora en miembros de la familia pentecostal, pero culturalmente, todavía conservan algunso valores y principios arraigados en el catolicismo histórico.

Los antropólogos y los misionólogos reconocen que la liturgia católica y las festividades populares aún forman parte de la cultura de los pueblos de América Latina, incluso cuando las personas se adhieren a otra tradición cristiana.[2] Esta variable es particularmente significativa en el desarrollo de la teología ya que toca el corazón de las personas con su comprensión y práctica de la religión. Estos hallazgos nos ayudaron a construir el caso para el evangelio y la cultura como se experimentó en América Latina y específicamente en el contexto de Honduras. Para estudios posteriores es recomendable estudiar la conducta poscatólica de los nuevos convertidos al pentecostalismo.

Diálogo con la Iglesia Católica

Como se indicó anteriormente, un número significativo de pentecostales han abandonado formalmente su adhesión religiosa a la Iglesia Católica, por convicción perosnal. Sin embargo, en su cultura, historia y tradición todavía se adhieren a su origen católico, en lo que respecta al comportamiento religioso y la práctica de la fe, especialmente en la liturgia.[3] Por lo tanto, no será fácil para las nuevas corrientes del

---

[2] Ver, por ejemplo, el trabajo de Vaccaro, *Identidad Pentecostal*, pp. 23-31; y el libro de Wilson, *Sociología de las Sectas Religiosas*, pp. 74-82; también, Troeltsch, Ernst, *El Protestantismo y el Mundo Moderno* (México, DF: FCE, 1983), pp. 108-14.
[3] Vaccaro, *Identidad Pentecostal*, p. 28.

cristianismo en América Latina borrar el legado e influencia de la Iglesia Católica en la comprensión y la práctica de la misión. Esta relación todavía existe y se necesita más estudios para explicar la misión cristiana en América Latina en términos de su mezcla de tradiciones católicas, evangélicas y pentecostales en términos del enfoque de la misión integral.

Debido a la influencia de la Iglesia Católica en la vida religiosa y la cultura de América Latina, nos preocupamos por explorar sus enseñanzas sobre misión en la región. Aunque el término 'misión' no es utilizado por los teólogos católicos, no obstante, podría encontrarse en su enfoque práctico de la acción social, que una de las enseñanzas que prevaleció después del Concilio Vaticano II fue la llamada 'opción por los pobres'.[4]

Este diálogo a través de la literatura entre católicos y pentecostales sugirió algunas ideas y puntos de vista, nuevos, sobre el debate de la misión integral en América Latina. Exploramos la noción pentecostal del desarrollo de la persona humana en el plan de amor de Dios. También estudiamos el pensamiento pentecostal sobre la salvación para el individuo, la comunidad y la persona en su desarrollo de la misión cristiana. Además, dado que los pentecostales parecen estar mayormente orientados a la comunidad en su comprensión y práctica de la misión, también observamos la motivación pentecostal hacia áreas comunes relacionadas con la misión, como la educación y la formación cultural. Algunos de nuestros hallazgos podrían parecer controversiales tanto para católicos como para pentecostales, pero la meta de este estudio

---

[4] La 'misión integral' sigue siendo un término teológico nuevo que ya se usa más frecuentemente entre los pentecostales en América Latina. Autores como Richard Waldrop pueden haber incorporado el término desde sus estudios en escuelas de erudición evangélica. Ver, Waldrop, Richard, "The Social Consciousness and Involvement of the Full Gospel Church of God of Guatemala," *Cyberjournal of Pentecostal-Charismatic Research*, 1997, http://www.pctii.org/cyberj/cyberj2/waldrop.html. Accesado el 10 de octubre, 2009. René Padilla, ha publicado varias obras que explican su comprensión sobre la misión integral en el contexto de América Latina. Dos de esos artículos son, Padilla, C. R. 2002. "Integral Mission and its Historical Development," en Chester, Tim (ed.), *Justice, Mercy & Humility: Integral Mission and the Poor* (London, UK: Paternoster, 2003), pp. 42-58); y, Padilla, "Hacia una Evaluación Teológica del Ministerio Integral," en *Servir con los Pobres en América Latina: Modelos de Ministerio Integral*, pp. 29-52. Otros teólogos como Orlando Costas y Samuel Escobar incorporaron la definición de Padilla en sus estudios de misión. Ver, por ejemplo, Costas, Orlando, *Missional Incarnation: Christ Outside the Gate: Mission Beyond Christendom* (Maryknoll, NY: Orbis Books, 1982), pp. 78-81; y Escobar, Samuel 2006. "Christian Reflections from the Latino South," *Journal of Latin American Theology* 1.2 (2006), pp. 8-16.

es sugerir nuevas posibilidades y oportunidades para una comprensión y práctica de la misión que sea más completa en el continente que todos queremos.

También examinamos la relación histórica entre la teología de la Iglesia Católica y el desarrollo de la misión pentecostal en América Latina. Hay temas comúnmente conocidos como parte de la teología católica, que consideramos importantes en la formulación de la misión pentecostal en América Latina, por la siguinete razón; enseñanzas tales como la responsabilidad social, la participación pública, la solidaridad humana, el bien común, la subsidiariedad y la moralidad que han sido históricamente enseñadas por la Iglesia Católica, pero en los últimos años han sido incorporadas, como campos de estudio, por algunos pastores adheridos al nuevo movimiento apostólico y profético que ha surgido en América Latina.[5] En este estudio no estamos legitimando este movimiento y sus enseñanzas, pero en lapráctica de ministerio, estos aplican las mencionadas enseñanzas. Así que para ampliar el estudio de la misión en las comunidades pentecostales de América Latina sería apropiado incorporar una investigación y diálogo objetivo entre la misión pentecostal y la enseñanza de la acción social de la Iglesia Católica.

Como resultado del estudio, también descubrimos algunos puntos en común, que los pentecostales y los teólogos católicos podrían considerar para potenciales diálogos. Algunos colegas pentecostales que hemos ido demasiado lejos en nuestro enfoque de la enseñanza católica sobre el servicio social y este estudio podría causar alguna controversia. Sin embargo, suponemos que habrá algunos académicos que estarán dispuestos a dialogar, con madurez, en este debate y así contribuir a construir el respeto mutuo entre ambos movimientos cristianos que coexisten en la región. Este diálogo también podría conducir a la identificación de las bases comunes de entendimiento mutuo sobre el desarrollo de una teología de la misión para América Latina.

Aprender a través de un diálogo responsable podría reducir la distancia entre católicos y pentecostales en su comprensión y práctica de la misión.[6] Aunque acá solo presentamos el tema como uno de los

---

[5] Véase el análisis a estos nuevos movimientos de Alvarez, Miguel, *Pasión por la Palabra: Hacia una Hermenéutica Latina* (Cleveland, TN: Centro Estudios Latinos, 2017), pp. 43-6.

[6] Un diálogo entre pentecostales y católicos ha estado en curso desde 1972. Algunos representantes de las iglesias pentecostales se reunieron con representantes del Vaticano con el propósito de dialogar sobre temas de interés de ambas partes. Los pentecostales también mantienen diálogos continuos con el Consejo Mundial de Iglesias, así como

hallazgos de la investigación, se recomienda que el tema siga siendo considerado para una investigación más a fondo. Esperamos que sea investigado particularmente por los teólogos pentecostales que ahora escriben sobre la historia de la misión y la teología en el contexto de América Latina.

La misión a los pobres

Otro tema clave de investigación fue la actitud de los pentecostales hacia los pobres y marginados. Históricamente, los pentecostales clásicos provienen de los pobres y los marginados.[7] Nacen en la fe pentecostal en la pobreza, hablando socio-económicamente. Luego entonces, por naturaleza, cuando asumen el mandato de testificar a los pobres, no tienen que ir a los pobres porque ellos mismos son parte de los pobres, ya están allá. Aquí se entiende a la acción de la misión de los pobres que alcanzan a otros pobres.[8]

A diferencia de otras agencias emisoras de misiones, los pentecostales no tenían que invertir grandes sumas de dinero y tiempo para entrenar y enviar misioneros para llegar a los pobres. Por el contrario, el enfoque pentecostal al evangelismo ha sido capaz de liderar el camino hacia numerosas conversiones y ha sido capaz de llegar a las multitudes, más rápidamente que las agencias misioneras tradicionales, con su alto costo de mantenimiento. Este fenómeno es reciente y continúa creciendo significativamente en el Sur Global. Es posible para entender mejor este fenómeno se requiera una investigación más profunda, para explicar las tendencias actuales en la misión pentecostal hacia los pobre y marginados de hoy.

---

con los luteranos, anglicanos, reformados y otras tradiciones cristianas. En la mayoría de estos diálogos, representantes de América Latina han sido invitados a participar. Algunos de esos documentos se pueden ver en los documentos publicados por Maffeis, Angelo, *Ecumenical Dialogue* (Collegeville, MN: Liturgical Press, 2000).

[7] Ver, por ejemplo, Schäfer, *Protestantismo y Crisis Social en América Central*, pp. 58-61. Aunque Schäfer escribió sobre el protestantismo en general, en algún momento reconoció la fuerza del pentecostalismo como un movimiento de los pobres y entre los marginados. Otra fuente fue escrita por Sepúlveda, Juan, "Pentecostalismo y Religiosidad Popular", *Pastoral Popular* 32.1 (1981), pp. 16-25.

[8] Ma, Wonsuk, "When the Poor are Fired Up: The Role of Pneumatology en Pentecostal-Charismatic Mission," *Transformation* 1.24 (2007), pp. 28-34. En su artículo, Wonsuk Ma describe como los pentecostales se han hecho cargo de la evangelización, incluso en su condición de pobres, lo que los hace relevantes en la evangelización del mundo de hoy.

Para los pentecostales, la misión integral ocurre a través de la evangelización del pueblo, seguida por la enseñanza práctica y el discipulado de los nuevos creyentes. La comunidad de fe abraza a los nuevos conversos mediante el ejemplo, en lugar de adoctrinamiento. Por lo tanto, un creyente está listo para dar testimonio a Cristo y a la comunidad en general sobre el poder de la transformación que ocurre cuando las personas y las comunidades entregan sus vidas a Jesucristo. La transformación de las personas se completa cuando los individuos son santificados y bautizados por el Espíritu Santo. Esta es la llamada experiencia pentecostal que permite al creyente atestiguar eficientemente sobre su fe con los que aún no conocen a Cristo. Su ministerio es seguido por señales y maravillas que ayudan a las personas a convertirse a Cristo de manera convincente y eficiente.

El rápido crecimiento y multiplicación de los creyentes pentecostales ha traído nuevas esperanzas y oportunidades a un número significativo de comunidades en América Latina. Además, este fenómeno tiene sucesos similares en otras partes del mundo, lo que lleva a pensar que la misión pentecostal se ha ganado un derecho legítimo a ser estudiada seriamente por quienes investigan sobre las corrientes cristianas actuales de la misión en América Latina.

Misión en Honduras

Si bien este estudio no se enfocó solo en Honduras, sí resolvió temas que eran comunes a Honduras y a otros países de América Latina, especialmente a las naciones de América Central.[9] En el estudio sobre Honduras fuimos conscientes de las dificultades de presentar una imagen precisa del país, que en un estudio como este presenta una serie de variables que deben ser consideradas para lograr este propósito:

(1) Para explorar el desarrollo del pensamiento y la práctica de la misión en las iglesias pentecostales de Honduras y para poder reunir información y datos adecuados, tuvimos que involucrar a algunos de los líderes pentecostales más representativos del país. En lugar de encuestar a los miembros las congregaciones, nos pareció más útil entrevistar a sus

---

[9] Se puede encontrar un informe completo sobre el crecimiento del pentecostalismo en Honduras y su enfoque de la misión en World Council of Churches, "Latin American Evangelical Pentecostal Commission," *In Focus*, 2006.
http://www.oikoumene.org/gr/member-churches/regions/latin-america/cepla.html.
Accesado 13 noviembre 2009.

líderes, quienes ofrecieron una opinión adecuada sobre la misión entre los pentecostales hondureños.

(2) Este estudio exploró la misión en el contexto de la iglesia nacional y local. Se centró en la comprensión y la práctica de la misión por parte de la comunidad de fe, según lo informado por sus líderes. Debido a que los pentecostales se desenvuelven mejor en el contexto de la comunidad, en el estudio a menudo nos referimos a ellos como una comunidad de fe (de creyentes), en su entendimiento y práctica de la misión.

(3) Una porción significativa de los datos recopilados sobre este tema, en particular, es relativamente nueva en este campo. La información primaria fe recolectada y reunida solo para el propósito de este estudio. En el análisis de los datos, incluimos una evaluación contextual del asunto sobre la misión integral, como lo entendieron los líderes de la iglesia pentecostal, en este caso. Los hallazgos de estos datos se estima que son de importancia crítica para el desarrollo de la hipótesis original, que las iglesias pentecostales aún eran limitadas en su entendimiento y práctica de la misión integral. Las conclusiones y recomendaciones para resolver este problema fueron consideradas al final con una discusión de aquellos asuntos que más afectan la misión Integral entre los pentecostales.

Comentarios polémicos

En algún punto del estudio, utilizamos los datos recopilados de diferentes tradiciones cristianas en América Latina para presentar una discusión que puede no ser familiar para algunos pentecostales, ya que aborda algunas enseñanzas teológicas de la Iglesia Católica, relacionadas con el servicio público, el valor de la democracia, el bien común, la moral y participación política como parte de la misión de los creyentes. En el estudio prestamos mucha atención a estos asuntos porque los pentecostales ahora se están volviendo más responsables con respecto a los asuntos que tienen que ver con el bien de la comunidad en general.

Estos temas ya ha sido abordado en otros foros de investigación en América Latina y, es un terreno muy conocido en los círculos de investigación académica y discusión práctica entre los cristianos comprometidos con el evangelio.[10] Los creyentes ahora tienen el desafío de responder a las necesidades que son comunes a la sociedad en general. La pobreza no tiene color, edad, sexo ni religión. Tiene que ser

---

[10] Sepúlveda, "Pentecostalismo y Religiosidad Popular", p. 22.

enfrentada por todas las personas que son parte de la comunidad y, los pentecostales están conscientes de esto. Entonces, para ser objetivos en el enfoque de la pobreza y la misión integral, decidimos incluir una discusión de estos asuntos, lo que permitiría a los pentecostales extraer más información que puede ser útil en su comprensión y práctica de la misión.

Una vez más, la discusión se centró en temas que tradicionalmente no son abordados por los académicos y practicantes de la misión entre pentecostales. Commo hemos expresado anteriormente, debido a la naturaleza de la investigación, decidimos evitar aquellos asuntos que son comúnmente conocidos entre los misiónologos pentecostales. En cambio, como examinamos aquellos asuntos que pueden parecer extraños para quienes estudian el pentecostalismo de cerca. Cuestiones tales como participación política, ética, cultura y participación democrática no han sido revisadas y documentadas tan especícamente por fuentes pentecostales como lo hemos planteado este estudio.[11]

Esta investigación también contiene un intento constructivo y creativo de producir un modelo de misión integral para las iglesias pentecostales. Hemos tratado de construir el caso para una perspectiva más amplia, refiriéndonos a la comunidad pentecostal en general y no solo a Honduras o América Latina. Al final, el estudio pretende convertirse en una referencia académica para la comprensión de la misión integral en general. Los pentecostales de otros contextos pueden usarlo como referencia para futuros estudios. Este modelo hace un llamado a los pentecostales para que se relacionen integraalmente con el mundo. Es un modelo que va más allá de predicar el evangelio y alimentar a los pobres. Integra el mensaje de esperanza de Dios con todas las necesidades sociales, económicas, culturales, políticas y espirituales, especialmente a favor de los pobres y los marginados.

Ideas finales

Este estudio de la misión integral se presenta siguiendo dos objetivos: (1) una pregunta de investigación, que comenzó con la necesidad de identificar la naturaleza de la misión integral en el contexto particular de

---

[11] Sobre la cuestión de la participación política, vea el trabajo clásico de Yoder, *The Politics of Jesus*, pp. 23-35. Aunque esta no es una fuente pentecostal sobre política, sí ofrece información útil, que algunos pentecostales están buscando para justificar su participación política en la sociedad.

las iglesias pentecostales y, (2) una hipótesis que hemos explorado, a saber, que las iglesias pentecostales todavía presentan limitaciones en su comprensión e implementación de la misión integral. Una vez que se recopiló la información de todas las fuentes investigadas, se llegó a una conclusión, que dio origen a una propuesta para una teología pentecostal de la misión integral.

A pesar de que las iglesias pentecostales en América Latina actualmente están prestando mucha atención al fenómeno de crecimiento de la iglesia, las cifras que se muestran sugieren que su crecimiento está generando una cierta capacidad para afectar a la comunidad, más bien por inercia que por intecionalidad. En algunos escenarios, estas parecen estar transformando viejos paradigmas en nuevos estándares de vida que completarán la plenitud del propósito de Dios para la humanidad en sus comunidades. Para satisfacer tales demandas, los pentecostales tendrán que volver a centrar su atención en otras áreas de servicio, como el desarrollo comunitario y la asistencia a los pobres, que son responsabilidades sociales que por ahora se incluyen intencionalmente en la mayoría de los ministerios pentecostales.[12]

Este estudio ofrece nuevas posibilidades constructivas, que es uno de los principios históricos observados en el pentecostalismo.[13] Naturalmente, para ser eficaz, la investigación tenía que ser objetiva para cumplir con los estándares académicos. En realidad, solo el tiempo demostrará su validez.

Esta investigación ofrece un amplio espectro de pensamiento y práctica de la misión. Se extiende más allá de las fronteras tradicionales del pentecostalismo. Entabla un diálogo con otras tradiciones cristianas y abre la oportunidad para el trabajo en red, la cooperación y la colaboración.[14] Esto es parte de la nueva mentalidad de la generación emergente de pentecostales. El estudio ofrece nuevas posibilidades a las iglesias pentecostales para participar en una misión integral desde el

---

[12] Un importante informe sobre el impacto del crecimiento y ministerio pentecostal en América Latina se puede encontrar en Kwon, "Pentecostal Impact Growing in Latin America," *The Christian Post*.

[13] Peterson, Douglas, "A Moral Imagination: Pentecostal Theology – and Praxis – of Social Concern in Latin America", 2006. http://www.agts.edu/faculty/faculty_publications/klaus/dmiss/moral_imagination.pdf. Accesado el 22 de junio, 2010.

[14] Sobre el tema de colaboración y cooperación para la misión, véase, Legrand, Lucien, *Unity and Plurality: Mission in the Bible* (Maryknoll, NY: Orbis, 1990), pp. 8-27; y, Senior, Donald y Carroll Stuhlmueller, *The Biblical Foundations for Mission*. Part I. (Maryknoll, NY: Orbis Books, 1983), pp. 9-13.

nivel de base. Los pentecostales son creativos y desde sus comunidades pueden participar activamente en los intereses comunes de la sociedad. Podrían servir en los procesos democráticos y ser participantes activos en asuntos sociales.[15]

Finalmente, los pentecostales son capaces de integrar nuevas ideas. Están dispuestos a aprender. Conocen la educación y reconocen la necesidad de una capacitación formal. La búsqueda de la excelencia los impulsa a alcanzar niveles más altos de eficiencia y eficacia en su servicio. Con todas estas ideas en perspectiva, este estudio propone ajustes a la comprensión tradicional y la práctica de la misión en las iglesias pentecostales. Esta es una de las contribuciones más distintivas de esta investigación a la teología pentecostal de la misión.

Estudios adicionales

Este trabajo presenta propuestas creativas, que pueden servir a los pentecostales a medida que continúan estudiando su tología y práctica, manejando nuevas ideas y puntos de vista que surgen de algunos de los asuntos discutidos en este estudio. En esta investigacion, hemos clasificado algunos temas, que son únicos en su naturaleza y procedimos a analizarlos para ofrecer propuestas que pueden ser útiles en el campo de misión pentecostal.

Durante el curso de la discusión, también hicimos referencia a otros temas emergentes encontrados en el estudio, que requerirán más investigación y reflexión. Sin embargo, solo los mencionados acá fueron necesarios para el propósito de este estudio. En esta investigación, no investigamos cuestiones como la misión al medio ambiente, problemas de género, evangelización intercultural y otros temas que podrían ampliar este estudio. Sin embargo, confiamos que habrá otras ocasiones y oportunidades para futuras discusiones e investigaciones. Estos temas pueden volver una y otra vez a la mesa de discusión y los pentecostales deberán estar preparados para responder adecuadamente cuando surjan preguntas.

En la misión pentecostal

Para algunos estudiosos, la "próxima ola" del cristianismo puede venir en forma pentecostal. Se sabe que el pentecostalismo ahora

---

[15] Sepúlveda, "Pentecostalismo y Religiosidad Popular", p. 24.

comprende una de las mayores comunidades de cristianos en el mundo.[16] El pentecostalismo, en todas sus formas, con su crecimiento continuo y su comprensión única de la experiencia cristiana, promete remodelar el cristianismo en el siglo XXI con su crecimiento continuo y su comprensión única del Evangelio. Margaret Paloma afirma que "el ascenso del pentecostalismo es más análogo al surgimiento del protestantismo en el cristianismo que el nacimiento de una nueva denominación. Es un ejemplo de la reestructuración del cristianismo".[17] Paloma también ha concluido.

> El pentecostalismo es un movimiento en lugar de una denominación. En lugar de una organización centralizada y burocrática, los pentecostales forman una red unida por lazos personales y creencias similares. La misión pentecostal viaja a lo largo de las relaciones sociales diarias preexistentes, como la familia, los amigos o los compañeros de trabajo. Entonces este tipo de actividad misionera es otra fuente de crecimiento en una nueva reforma del cristianismo. Esta "Reforma" se entiende comúnmente como un "cambio de peor a mejor", pero un significado secundario de la reforma es "el acto de formar de nuevo". En este último sentido, el pentecostalismo puede representar la "próxima Reforma" del cristianismo. Con su exponencial crecimiento en las naciones en desarrollo, y su comprensión única de la experiencia cristiana, el pentecostalismo podría formar un nuevo cristianismo en el siglo XXI.[18]

Los pentecostales también han vinculado su servicio a la misión con el derramamiento de los dones del Espíritu Santo. Existe una comprensión común entre los pentecostales de que el cumplimiento del programa de Dios para la humanidad está a punto de completarse. Los juicios contra el mal y las bendiciones eternas para los fieles están a

---

[16] Véase, Barrett, David, B. y Todd M. Johnson, "Annual Statistical Table on Global Mission," *International Bulletin of Missionary Research* 23.1 (1999), pp. 24-5.
[17] Paloma, Margaret M., *The Spirit Bade Me to Go: Pentecostalism and Global Religion* (Knoxville, TN: University of Tennessee Press, 2004), pp. 56-67.
[18] Paloma, *The Spirit Bade Me to Go*, p. 78

punto de suceder. La apropiación de esta comprensión ha dado a los pentecostales un sentido de urgencia en su actividad misionera.[19]

Con todos los datos recopilados en este estudio, los pentecostales están en camino a un fuerte testimonio de Cristo en la presente generación.

Por lo tanto, ahora están entrando en el campo de la misión con una imagen clara de su destino y propósito. Esto permitirá a sus miembros servir a sus comunidades de una manera completa.[20] Evidentemente, lo que se necesita ahora es proporcionar una capacitación adecuada para sus miembros para que puedan salir a recoger la cosecha mundial de manera eficiente. Este proyecto podría realizarse intencionalmente, a través de la planificación estratégica y, a través de la cooperación y la colaboración con pentecostales y cuerpos no pentecostales. Este impulso exterior dependerá, a su vez, de la capacidad de los pentecostales para absorber las lecciones explicadas en este estudio, particularmente al dialogar más positivamente con el mundo exterior.

---

[19] Smidt, Corwin E., "The Spirit-Filled Movements and American Politics," en Green, John C., James L. Guth, Corwin E. Smidt y Lyman A. Kellstedt (eds.), *Religion and the Culture Wars* (Lanham, MD: Rowman & Littlefield, 1996), pp. 219-239.

[20] Cox, Harvey, "Pentecostalism and Global Market Culture: A Response to Issues Facing Pentecostalism in a Postmodern World", en Dempster, Murray, Byron Klaus y Doug Petersen (eds.), *The Globalization of Pentecostalism: A Religion Made to Travel* (Oxford, UK: Regnum Books, 1999), pp. 386-95.

BIBLIOGRAFIA

Alvarado López, Gilberto, *El Poder Desde el Espíritu. La Visión Política del pentecostalismo en el México Contemporáneo* (Buenos Aires, Argentina: Publicaciones Científicas para el Estudio de las Religiones, 2006).

Alvarez, Carmelo E., *Santidad y Compromiso: El Riesgo de Vivir el Evangelio* (México, D. F: Casa Unida de Publicaciones, 1985).

Alvarez, Miguel, "Hacia una hermenéutica esperanzadora," en Zaldívar, Raúl, Miguel Álvarez y David E. Ramírez *El Rostro Hispano de Jesús* (Tegucigalpa, Honduras: Editorial Universidad para Líderes, 2009).

_____, Miguel, "The South and the Latin American Paradigm of the Pentecostal Movement", Asian Journal of Pentecostal Studies 5.1 (2002), pp. 135-153.

Alves, Rubem, *A Theology of Human Hope* (Washington, DC: Corpus Books, 1985).

Amaya, Jorge Alberto, *Los Árabes y Palestinos en Honduras 1900-1950* (Tegucigalpa, Honduras: Editoriales Guaymuras, 1997).

Anderson, Thomas P., *Politics in Central America: Guatemala, El Salvador, Honduras and Nicaragua* (Westport, CT: Greenwood Publishing Group, 203).

Assmann, Hugo, *Opresión-Liberación: Desafío de los Cristianos* (Montevideo, Uruguay: Tierra Nueva, 1991).

Azevedo, Mariano, "Opción por los Pobres y Cultura Secular en América Latina," *Razón y Fe* 10.2 (1983), pp. 147-61.

Baltodano, Andrés, "Dimensiones Culturales del Desarrollo Político e Institucional de América Latina", *Nueva Sociedad* 2.1 (2007), pp. 73-94.

Bastian, Jean Pierre, *La Mutación Religiosa de América Latina: Para una Sociología del Cambio Social en la Modernidad Periférica* (México, DF: Fonda de Economía Cultural, 1997).

Bastian, Jean Pierre, *Historia del Protestantismo en América Latina* (México, DF: CBP, 1990).

Bernal, Sergio, *La Iglesia del Brasil y el Compromiso Social: El Paso de la Iglesia de la Cristiandad a la Iglesia de los Pobres* (Rome: Pont University Gregoriana, 1986).

Berryman, Phillip, *Liberation Theology: Essential Facts About the Revolutionary Movement in Latin America and Beyond* (New York, NY: Harper & Row, 1987).

Bonilla, Plutarco "La Misión de la Iglesia según el Libro de los Hechos", *La Biblia en las Américas* 5.53 (1998), pp. 12-6.

Brett, Edward T. and Dona W. Brett. 1988. "Facing the Challenge: The Catholic Church and Social Change in Honduras", en Ralph Lee Woodward (ed.), *Central America: Historical Perspectives on the Contemporary Crises* (New York, NY: Greenwood, 1988).

Campos, Bernardo, *Experiencia del Espíritu: Claves para una Interpretación del Pentecostalismo en América Latina* (Quito, Ecuador: CLAI, 2002).

_____, Bernardo, *Pentecostalismo y Cultura: La Espiritualidad Pentecostal en el Perú* (Quito Ecuador: CLAI, 199),

Campos-Machado, María das Dores, *Carismáticos e Pentecostais: Adesão Religiosa na Esfera Familiar* (São Paulo, Brasil: Editora Autores Asociados, 1996),

Carías, Marcos, *De la Patria del Criollo a la Patria Compartida: Una Historia de Honduras* (Tegucigalpa, Honduras: Ediciones Subirana, 2005).

Castillo Nanjarí, Cecilia," Imágenes y Espiritualidad de las Mujeres en el Pentecostalismo Chileno", en Chiquete, Daniel y Luis Orellana (eds), *Voces del Pentecostalismo Latinoamericano* III (Concepción, Chile: RELEP, 1999).

Chestnut, Andrew R., *Born Again in Brazil: The Pentecostal Boom and the Pathogens of Poverty* (New Brunswick, NJ: Rutgers University Press, 1997).

Chiquete, Daniel, *Haciendo Camino al Andar: Siete Ensayos de Teología Pentecostal* (San José, Costa Rica: DEI, 2007).

_____, Daniel, "Healing, Salvation and Mission: The Ministry of Healing in Latin American Pentecostalism," *International Review of Mission* 93.370 (2004), pp. 474-85.

Cleary, Edward L. "Latin American Pentecostalism," en Dempster, Murry W., Byron D Klaus y Douglas Petersen, (eds.), *The Globalization of Pentecostalism: A Religion Made to Travel* (Oxford: UK: Regnum Books, 1999).

Comblin, José, "Brasil: Base communities in the Northeast," in Guillermo Cook (ed.), *New Face of the Church in Latin America: Between Tradition and Change* (New York, NY: Obis Books, 1994).

Deiros, Pablo, A. y Everett A. Wilson, *"Hispanic Pentecostalism in the Americas"*, en Synan, Vinson (ed.), *The Century of the Holy Spirit: One Hundred Years of Pentecostal and Charismatic Renewal* (Nashville, TN: Thomas Nelson, 2001).

_____, Pablo, *La Acción del Espíritu Santo en la Historia: Las Lluvias Tempranas* (Miami, FL: Caribe, 1998).

Domínguez, Roberto, *Pioneros de Pentecostés en el Mundo de Habla Hispana: México y Centro América* (Barcelona, España: CLIE, 1990).

Enrique Dussel, "Hipótesis para una Historial de la Teología en América Latina (1492-1980)", en Richard, Pablo (ed.), *Historia de la Teología en América Latina* (Lima, Perú. CEHILA: Departamento Ecuménico de Investigaciones, 1980).

Edwards, Sebastian, *Crisis and Reform in Latin America: From Despair to Hope* (Oxford, UK: Oxford University Press, 1995).

Ensor, Marisa Olivo (ed.), *The Legacy of Hurricane Mitch: Lessons from Post-Disaster Reconstruction in Honduras* (Phoenix, AZ: The University of Arizona Press, 2009).

Escobar, Samuel, "Christian Reflections from the Latino South", *Journal of Latin American Theology* 1.2 (2006), pp. 12-6.

Euraque, Darío A. *Estado, Poder, Nacionalidad y Raza en la Historia de Honduras: Ensayos* (Tegucigalpa, Honduras: Ediciones Subirana, 1996).

Flora, Cornelia B., *Pentecostalism in Colombia* (Rutherford, NJ: Farleigh Dickinson University Press, 1976).

Furlán, Angel F., "Perspectiva Histórica del Paradigma de Desarrollo desde América Latina y el Caribe", en Milton Mejía (ed.), *Perspectiva Ecuménica del Paradigma de Desarrollo* (Quito, Ecuador: CLAI, 2016).

Gálvez, Rigoberto, *Prácticas Dudosas en el Ejercicio de Nuestra Fe: Un Estudio de la Religiosidad Popular Evangélica, Una Autocrítica* (Guatemala: Guatemala: Editorial Fortaleza, 2009).

Garrard-Burnett, Virginia, "Neo-Pentecostalism and Prosperity Theology in Latin America: A Religion for Late Capitalist Society", *IBEROAMERICANA: Nordic Journal of Latin American and Caribbean Studies* 42.1 (2012), pp. 21-34.

_____, *Protestantism in Guatemala: Living in the New Jerusalem* (Austin, TX: University of Texas Press, 1998).

González Carías, Silvia y Rosa Margarita Montenegro, *Sueños Truncados: La Migración de Hondureños Hacia los Estados Unidos* (Tegucigalpa, Honduras: Editorial Guaymuras, 2003).

Gutiérrez, Benjamín G., *En la Fuerza del Espíritu; Los Pentecostales de América Latina: Un Desafío de las Iglesias Históricas* (Guatemala, Guatemala: CELEP, 1995).

Gutiérrez, Gustavo, *The Truth Shall Make You Free: Confrontations* (Maryknoll, NY: Orbis Books, 1990), pp. 19-22.

_____, *Teología de la Liberación* (Salamanca, España: Ediciones Sígueme, 1971).

Holland, Clifton L., (ed.) *World Christianity: Central America and the Caribbean* (Monrovia, CA: MARC-World Vision, 1981).

Hong, En Sik, *¿Una Iglesia Posmoderna? En Busca de un Modelo de Iglesia y Misión en la Era Posmoderna* (Buenos Aires, Argentina: Ediciones Kairos, 2001).

Hunsberger George R., *Bearing the Witness of the Spirit: Lesslie Newbigin's Theology of Cultural Plurality* (Grand Rapids, MI: Eerdmans, 1998).

Hurtado, Manuel, *El avivamiento de 1909: Estudio Histórico a Partir de Noticias y Publicaciones de la Época* (Buenos Aires, Argentina: Ediciones Paulinas, 2001).

Lalive d'Espinay, Christian, *El Refugio de las Masas* (Santiago de Chile: Editorial del Pacifico, 1968).

Lindhardt, Martin, *Power in Powerlessness: A Study of Pentecostal Life Worlds in Urban Chile* (Leiden, The Netherlands: Brill, 2012).

MacDonald, Mandy y Gatehouse, Mike, *In the Mountains of Morazán: Portrait of a Returned Refugee to His Community* (London, UK: Monthly Review, 1995).

Martin, Bernice, "Latin American Pentecostalism: The Ideological Battleground," en Smith, Calvin L. (ed.), *Pentecostal Power. Expressions, Impact and Faith of Latin American Pentecostalism* (Leiden, The Netherlands: Brill, 2011).

Monteiro, Yaira, "Congregación Cristiana en Brasil, de la Fundación Centenario: La Trayectoria de una Iglesia Brasileña," en Chiquete, Daniel y Luis Orellana (eds.), *Voces del Pentecostalismo Latinoamericano* IV (Concepción, Chile: RELEP, 2011).

Muñoz Vega, Alicia, "Devoción y Sacrificio: La Búsqueda de Dios a Través de los Aposentos en el Neopentecostalismo" *Alteridades* 23.45 (2013), pp. 63-77.

López, Darío, *Pentecostalismo y Misión Integral: Teología del Espíritu, Teología de la Vida* (Lima, Perú: Ediciones Puma, 2008).

_____, *Pentecostalismo y Transformación Social: Más allá de los Estereotipos, las Críticas se Enfrentan con los Hechos* (Buenos Aires, Argentina: Ediciones Kairós, 2000).

Loreto Mariz, Cecilia, *Haciendo Frente a la Pobreza*. Philadelphia, PA: Temple University Press, 1994).

Lugo, Gamaliel, "Ética Social Pentecostal: Santidad Comprometida," en Álvarez, Carmelo (ed.), *Pentecostalismo y Liberación: Una Experiencia Latinoamericana* (San José, Costa Rica: DEI, 1992).

Llano-Sotelo, Gabriela, *Pentecostalismo y Cambio Social: El Caso de la Colonia Emiliano Zapata en Hermosillo, Sonora* (México, DF: INHA, 1995).

Martin, Berenice, "From Pre to Postmodernity in Latin America: The Case of Pentecostalism", en Heelas, Paul (ed.), *Religion, Modernity and Postmodernity* (Oxford, UK: Blackwell, 1998).

Martin, David. 1990. Tongues of Fire: The Explosion of Protestantism in Latin America (Oxford, UK: Blackwell, 1990).

Menéndez Martínez, Valentín, *La Misión de la Iglesia: Un Estudio Sobre el Debate Teológico y Eclesial en América Latina* (Roma, Italia: Universidad Pontifica Gregoriana, 2001).

Moffitt, Robert, *Si Jesús Fuera Alcalde* (Buenos Aires, Argentina: Editorial Peniel, 1997).

Morales, Gamaliel L. 1998. "Moving Forward with the Latin American Pentecostal Movement," *International Review of Mission* 87.347 (1998), pp. 501-12.

Núñez, Emilio Antonio y William D. Taylor. 1995. *Crisis and Hope in Latin America: An Evangelical Perspective* (Pasadena, CA: William Carey Library, 1995).

Orellana, Luis, "El Futuro del Pentecostalismo en América Latina," en *Voces del Pentecostalismo Latinoamericano* IV, en Chiquete, Daniel y Luis Orellana (eds.), Concepción, Chile: RELEP, 2011).

Padilla, C. René, "Integral Mission and its Historical Development," en Tim Chester (ed.), *Justice, Mercy & Humility: Integral Mission and the poor* (London, UK: Paternoster Press, 2002), pp. 86-94.

_____, "How Evangelicals Endorsed Social Responsibility 1966-1983", *Transformation* 2.3 (1985), pp. 28-32.

Paloma, Margaret M., *The Spirit Bade Me to Go: Pentecostalism and Global Religion* (Knoxville, TN: University of Tennessee Press, 2004).

Piedra, Alberto M., "Some Observations on Liberation Theology", *World Affairs* 148.3 (1985), pp. 151-58.

Pollak Eltz, Angelina y Yolanda Salas de Lecuna (eds.), *El Pentecostalismo en América Latina entre Tradición y Globalización* (Quito, Ecuador: Docutech 7, 1998).

Ramos, Marcos Antonio, "cristianismo, Política y Revolución", *Misión* 3.1 (1984), pp. 92-5.

Salazar, Elizabeth, "Gracia y Reconciliación, Un Tema Pertinente para Hoy," en Israel Batista (ed.), *Gracia, Cruz y Espera* (Quito, Ecuador: CLAI, 2004).

Salinas, Daniel, *Latin American Evangelical Theology in the 1970's: The Golden Decade* (Leiden, The Netherlands: Brill, 2009).

Santa Ana, Julio, *protestantismo, Cultura y Sociedad* (Buenos Aires, Argentina: Editorial La Aurora, 1990).

Saracco, Norberto, "Mission and Missiology from Latin America," en Taylor, William, D. (ed.), *Global Missiology for the 21st Century* (Grand Rapids, MI: Baker Academic, 2000), pp. 357-66.

_____, "The Word and the Spirit of the Evangelizing Community", *Boletín Teológico Latinoamericano* 2.1 (1980), pp. 14-25.

Saranyana, Josep Ignasi y Carmen-José Alejus, *Teología en América Latina* (Madrid, España: Iberoamericana, 2002).

Schäfer, Heinrich, "Explicando el Pentecostalismo Centroamericano con la Desigualdad Social y el Conflicto: Habitus-Análisis como Pista para Describir la Praxis Religiosa", in Smith Calvin L. (ed), *Pentecostal Power: Expressions, Impact and Faith of Latin American Pentecostalism* (Leiden, The Netherlands: Brill, 2011).

_____, "La Generación del Sentido Religioso: Observaciones Acerca de la Diversidad Pentecostal en América Latina," en Chiquete, Daniel y Luis Orellana (eds.), *Voces del Pentecostalismo Latinoamericano* (Concepción, Chile: RELEP, 2009).

Segundo, Juan Luis, *Masas y Minorías* (Buenos Aires, Argentina: Editorial La Aurora, 1993).

Sepúlveda, Juan, *De Peregrinos a Ciudadanos: Breve Historia del Cristianismo Evangélico en Chile* (Santiago, Chile: Comunidad Teológica de Chile, 1999).

Simpson, John, *In the Forest of the Night: Encounters in Peru with Terrorism, Drug Running and Military Oppression* (New Haven, CT: Arrow Books, 1994).

Sobrino, Jon, *Jesús en América Latina* (Santander, España: Editorial Sal Terrae, 1997).

Soneira, Jorge, "Los Estudios Sociológicos Sobre el Pentecostalismo en América Latina", *Sociedad y Religión* 8.1 (March 1991), pp. 60-7.

Tapia, Andrés, "Growing Pains," *Christianity Today,* 6 (February), pp. 12-3.

Tojeira, José María, *Historia de la Iglesia en Honduras* (La Ceiba, Honduras: Talleres Claret, 1987).

Vaccaro, Gabriel, *Indentidad Pentecostal* (Quito, Ecuador, CLAI, 1990).

Venables, Gregorio, et al, *Fe y Prosperidad: Reflexiones Sobre la Teología de la Prosperidad* (La Paz, Bolivia: Editorial Lámpara, 2008).

Walker, Thomas W., *Nicaragua: The Land of Sandino* (Boulder, CO: Westview Press, 1981).

Wells-Davies, Wilma, "La Naturaleza de la Conversión Pentecostal en la Argentina: Implicaciones Misionológicas," en *Voces del Pentecostalismo Latinoamericano* (Concepción, Chile: Red Latinoamericana de Estudios Pentecostales, 2009).

Westmeier, Karl-Wilhelm, *Protestant Pentecostalism in Latin America: A Study in the Dynamics of Missions* (London, UK: Associated University Press, 1999).

Wolseth, Jon, *Jesus and the Gang: Youth Violence and Christianity in Urban Honduras* (Phoenix, AZ: The University of Arizona Press, 2011).

Yamamori, Tetsunao y C. René Padilla (eds.), *The Local Church, Agent of Transformation: An Ecclesiology for Integral Mission* (Buenos Aires, Argentina: Kairos, 2004).

Zaldívar, Raúl, "Relación Estado-Iglesia y su Apertura al protestantismo en Honduras", *Vida y Pensamiento* (1996), pp. 12-9.

www.ingramcontent.com/pod-product-compliance
Lightning Source LLC
Chambersburg PA
CBHW081126170426
43197CB00017B/2763